魏晋南北朝时代的社会与国家

川本芳昭 著
黄桢 张雨怡 译

日本学者古代中国研究丛刊
复旦大学历史学系 编
徐冲 主编

复旦大学出版社

目 录

中译本序 ··· 1

前言 ··· 1

第一篇　胡汉抗争与融合的轨迹

第一章　五胡十六国北朝时期华夷观的变迁 ············· 3
引言 ··· 4
第一节　五胡十六国时代的胡汉互斥 ··············· 7
第二节　汉族士大夫在北魏时期的变化 ············· 11
第三节　太武帝时代的胡族观、汉族观 ············· 15
第四节　太武帝朝以降的变化——以孝文帝
　　　　时代为中心 ··························· 23
第五节　南朝汉族北朝观的变化以及北周
　　　　时期的新动向 ························· 29
小结 ··· 33

第二章　关于五胡十六国北朝时代的"正统"王朝 ······· 35
引言 ··· 36
第一节　北魏孝文帝时代的变化 ··················· 39
第二节　关于前北魏时代的正统性 ················· 50

第三节　后孝文帝时代的展开 …………………………………… 60

第三章　景穆太子与崔浩——以北魏太武帝废佛前后的
　　　　政局为中心 ………………………………………………… 67
　　引言 …………………………………………………………………… 68
　　第一节　围绕景穆太子之死 ………………………………………… 69
　　第二节　太武帝与景穆太子之争 …………………………………… 73
　　第三节　围绕崔浩之死 ……………………………………………… 78

第四章　关于对部族解散的理解 ………………………………………… 85
　　引言 …………………………………………………………………… 86
　　第一节　酋帅在整个北魏时期的存在 ……………………………… 87
　　第二节　部落解散后部族制度的存续 ……………………………… 103
　　第三节　孝文帝的部族解散 ………………………………………… 118
　　第四节　北朝社会中的部族制传统 ………………………………… 124

第二篇　北魏孝文帝改革前的政治、社会体制与
　　　　　孝文帝改革

第一章　内朝制度 ………………………………………………………… 141
　　第一节　孝文帝改革前的内朝 ……………………………………… 142
　　第二节　孝文帝的内朝改革 ………………………………………… 161
　　小结 …………………………………………………………………… 172

第二章　监察制度 ………………………………………………………… 175
　　第一节　天兴四年的御史台改革 …………………………………… 176
　　第二节　孝文帝官制改革前的监察官 ……………………………… 178
　　第三节　孝文帝官制改革前的御史 ………………………………… 182

第四节　孝文帝的官制改革与御史台 188
　　小结 194

第三章　封爵制度 197
　　第一节　孝文帝爵制改革前的北魏爵制 198
　　第二节　孝文帝的爵制改革以及与其他改革的关系 211
　　小结 215

第四章　北族社会的质变与孝文帝的改革 217
　　第一节　通过祭天礼仪看北族社会的质变与孝文帝的改革 218
　　第二节　通过军制看北族社会的质变与孝文帝的改革 226
　　第三节　通过婚姻形态看北族社会的质变与孝文帝的改革 234

第五章　孝文帝的个性与改革 241
　　第一节　文明太后、孝文帝母子说的检讨 242
　　第二节　孝文帝的北族意识与阶层意识 253

第六章　北族集团的崩坏与太和二十年的谋反、北镇之乱 261
　　第一节　太和二十年谋反的场合 263
　　第二节　北镇之乱的场合 269

第三篇　关于五胡十六国北朝时代的胡汉融合

第一章　关于北魏的身份制 279
　　引言 280
　　第一节　关于北魏时期的"北人、南人结构" 282
　　第二节　"北人、南人结构"与"良"身份的关系 288
　　第三节　何谓"良"？——"北人"的情形与"南人"的

情形 ……………………………………………………… 291
　小结 ………………………………………………………… 295

第二章　关于五胡十六国北朝史上对周礼的接受 ………… 299
　引言 ………………………………………………………… 300
　第一节　胡族君主的历史认识——胡族如何看待
　　　　　汉族此前的历史 ………………………………… 300
　第二节　汉族士大夫的历史认识——汉族如何
　　　　　看待此前的历史 ………………………………… 305
　第三节　北魏接受周礼的历史 …………………………… 307
　小结 ………………………………………………………… 317

第三章　关于胡族汉化的实态 ……………………………… 319
　引言 ………………………………………………………… 320
　第一节　同化与汉化 ……………………………………… 320
　第二节　胡族要素的残存 ………………………………… 325
　小结 ………………………………………………………… 336

第四篇　蛮汉抗争与融合的轨迹

第一章　关于六朝时期蛮的汉化 …………………………… 339
　引言 ………………………………………………………… 340
　第一节　国家权力对蛮的讨伐及其目的 ………………… 341
　第二节　江南地区蛮与一般汉人的接触 ………………… 351
　第三节　蛮入官场 ………………………………………… 356
　小结 ………………………………………………………… 362

第二章　关于理解六朝时代蛮的一项考察——以山越、

目录

　　　　蛮汉融合的问题为中心 …………………………………… 365
　　引言 …………………………………………………………… 366
　　第一节　山越问题的检讨 ……………………………………… 367
　　第二节　关于"洞" ……………………………………………… 376
　　第三节　关于豪强的实态与蛮汉之别 ………………………… 386
　　小结 …………………………………………………………… 398

第三章　以蛮问题为中心所见六朝时期各地域的状况 ………… 401
　　引言 …………………………………………………………… 402
　　第一节　河南、淮北 …………………………………………… 403
　　第二节　淮南 …………………………………………………… 408
　　第三节　长江下游 ……………………………………………… 411
　　第四节　福建 …………………………………………………… 415
　　第五节　江西 …………………………………………………… 425
　　第六节　湖北 …………………………………………………… 432
　　第七节　湖南 …………………………………………………… 439

第五篇　4、5世纪东亚的国际关系

第一章　倭五王遣使刘宋的开始与终结 …………………………… 453
　　引言 …………………………………………………………… 454
　　第一节　关于倭五王遣使中国的开始 ………………………… 456
　　第二节　北魏伐北燕以降东亚政治史的演进 ………………… 460
　　第三节　东亚的政治状况与倭五王遣使的终结 ……………… 464
　　小结 …………………………………………………………… 470

第二章　4、5世纪的中国与朝鲜、日本 …………………………… 473
　　引言 …………………………………………………………… 474

第一节　内朝制度 …………………………………… 475
　　第二节　关于人制 …………………………………… 476
　　第三节　八部、五部、六部 ………………………… 478
　　第四节　新人与旧人 ………………………………… 480
　　第五节　族制秩序的变迁 …………………………… 482
　　小结 …………………………………………………… 485

第三章　关于高句丽五部与中国"部"的一项考察 …… 487
　　引言 …………………………………………………… 488
　　第一节　关于高句丽五部制的理解 ………………… 491
　　第二节　关于高句丽的部的起源 …………………… 497
　　小结 …………………………………………………… 513

结语 …………………………………………………… 515

后记 …………………………………………………… 529

译者后记 ……………………………………………… 533

编者后记 ……………………………………………… 535

中 译 本 序

在复旦大学徐冲先生、黄桢先生等的努力下，拙著的中译本得以出版，我在此向大家致以衷心的感谢。

本书以1995年提交的博士论文《魏晋南北朝時代の民族問題——民族間抗争と異文化受容の軌跡》为基础，汇集了我从踏上研究之路到本书出版的1998年这二十多年里发表的成果。当时日本的大学组织正进行全面改革，我也受到影响，被供职的佐贺大学要求取得博士学位。为此，我拜托了大学时代以来的恩师，也是春秋战国秦汉六朝史研究大家的越智重明先生，他当时已从我的母校九州大学退休，任教于久留米大学。提交博士论文后，我获得了博士学位（主审查是越智重明师，副审查是汉六朝文学研究的大家冈村繁师）。在当时的日本，公开出版博士论文是一项义务，我补充了若干内容，于三年后通过东京的汲古书院刊布了本书。

1998年本书刊布时，我基本依照各篇拙论当初发表的原貌收录。其中一部分的发表时间距现在已有四十多年。在尽可能保持原貌的同时，我也努力添加了学界后来的研究进展情况。

这次由徐冲先生、黄桢先生等推出的中译本，是对1998年拙著原本的翻译，因此我必须向各位读者道歉，此译本并未补充1998年以来学界的进展。学术研究不断发展，但我认为本书的主要观点与其出版后学界的进展、成果没有大的冲突。这是刊出拙著中译本的缘由。

想顺便提到的是，关于我后续开展的研究，希望读者诸君可以参看本书出版后刊行的拙著，尤其是在中国已问世的译著：《中华的崩溃与扩大：魏晋南北朝》（余晓潮氏译，广西师范大学出版社，2014年）、《东亚古代的诸民族与国家》（刘可维氏译，社会科学文献出版社，2020年）。

我出生于日本九州岛的长崎，成年后居住于同在九州的福冈至今。九州地区处在日本最靠近大陆的位置，自古就与大陆之间进行着各式各样的交流，直到现在亦是如此。我踏上研究之路，正值越南战争爆发、中国"文革"以及日本大学纷争的火热时代，在这种影响之下，国家和政治对我来说是极为切实且深刻的问题。我在位于九州福冈的九州大学开始我的研究，当时指导我的教师仅有唐宋社会经济史学者日野開三郎先生、明清社会经济史学者中村治兵衛先生及越智重明先生等少数几位。最初因上述情形我立志研究清史，之后日野先生与中村先生相继退休，又由于大学纷争出现了破坏教育及研究环境的事态，我大学院阶段的研究可以说是在与越智先生一对一的环境中进行的。现在回过头来看，那是一个可以放眼广阔世界又能探究事物本质的宁静环境。

由于以上经历，我关心的问题转向了理解国家与共同体的内在实质，以及它们之间的对抗。在此过程中，我的研究从阐明中国、日本两个国家的内在实质以及二者之间的抗争与交流，逐渐聚焦于探讨双方兼有的民族问题。随即展开对汉民族如何形成、通过与中国的交流日本国家如何形成等问题的诠释，这成为我直至今日的主要学术关怀。本书是上述研究推进轨迹的结集。

我的大学毕业论文是收入本书第一篇第四章的关于北魏部族解散的研究，在大学院的修士论文是收入本书第四篇第一章的关于江南蛮族汉化的研究。如前所述，我最初关心的问题是国家理论，这受到马克思、恩格斯和摩尔根的研究引导。因此，在研究魏晋南北朝时代的这一问题时，我选择了北魏的部族解散。在此学术兴趣之下，升入大学院后，我很自然地从鲜卑与匈奴的民族问题推进到对同时代南方非汉民族的研究，撰成修士论文。

据葛兆光氏等学者的研究，所谓的汉民族意识在赵宋时代承继自古以来的发展，迎来了划时代的变化（葛兆光《宅兹中国——重建有关"中国"的历史论述》[中华书局，2011年]及《中国再考——その領域・民族・文化》[岩波书店，东京，2014年]），且基本延续至当下。这可以说是学者们渐已达成的共识。对此，我的研究以汉唐间为领域，从胡汉蛮融合的视角，力图阐明宋以前汉民族形成的过程。而这又是中国周边民族逐渐觉醒的时代，日本也与诸民族步调一致，开始走上国家形成的道路。所以东部欧亚诸民族的动向如何与中国历史的展开相联系的问题意识亦同时产生，并成为本研究的主要视角之一。

本书的各编各章由旨在回答这些问题的实证论文组成。我真诚地希望各位读者不吝赐教。

川本芳昭
2021年10月

前　言

　　源自华北平原的汉民族如今已发展为世界上最大的民族，其成因可以举出很多。由汉与非汉民族双方在中国内乱中的流动或是拓境徙民而催生的各民族间的融合，显然是当中一项要素。魏晋南北朝曾出现这样的人口大迁移，同唐宋变革期等时代发生的一样，其规模在中国前近代史上留下了浓重的一笔。它的起因当归结于汉帝国的崩坏，以及继起的三国时期的动荡，还有八王之乱、永嘉之乱这些内外各种势力的冲突。这段时期，汉与非汉民族的迁徙浪潮波及四方，比如鲜卑等北亚非汉民族进入华北平原，随之发生了汉民族的南迁。这些流动又对后续历史的展开造成了巨大影响，比如华北形成了"五胡十六国"的多国相争，江南则见证了区域开发的急速进展，而在朝鲜半岛，高句丽等古代国家先后建立。此处应该注意的是，上述迁徙绝不只是在地域开发等经济性侧面有所推动，它在其他方面也为中国以及围绕中国的各地域带来了种种改变。其中一项就是汉民族本身在这个时代发生的演化。

　　北亚非汉民族向华北的迁徙对旧有的汉民族造成了怎样的变化？历史研究者中存在这样的见解：文化、人口上占优势的汉民族最终同化了来到华北的非汉民族。比如，研究西洋中世史的增田四郎氏在其著作中提到，"对中国来说，秦汉时代建立起的统一国家尽管经历了五胡十六国、南北朝那样的分裂，'天下国家'或者说是'世界帝国'这一框架却一直顽强存在，改变的只是朝代而已"，"我认为东西两支日耳曼人迁徙的区别深具意味。先前关于东洋史说到，异民族一旦进入汉帝国，其特色终将被消解。我总觉得东日耳曼诸族的情形与此现象类似"[1]。然而，这种"同化"的观点与历史本相严重不符，当时北方民

---

1. 参见增田四郎：《ヨーロッパ中世の社会史》，岩波书店，1985年，第58、81页。

族的迁徙对汉民族旧有的生存状态也造成了深刻改变。譬如，《资治通鉴》卷一〇八《晋纪三〇》孝武帝太元二十一年（公元396，北魏皇始元年）魏王拓跋珪称尊号条胡三省注云：

> 呜呼！自隋以后，名称扬于时者，代北之子孙十居六七矣，氏族之辨，果何益哉！

可见，北方民族的子孙在隋唐时代的政治、文化等各个领域都十分活跃。沈括《梦溪笔谈》卷一《故事一》有言：

> 中国衣冠，自北齐以来乃全用胡服。

此例显示，中国的服制受到胡（北方胡族）制的强烈影响。风俗习惯不必多说，这样的影响还触及了军事制度[1]、都城制度[2]等国制的重要部分。

而且，在那些乍看之下属于中国的制度或习俗里，也有北方民族打上的深刻烙印。比如，这个时代许多人物在身后留下了"中国式"的墓志铭。墓志铭这样的形式确实源自中国。不过，墓志铭发展为我们今天从隋唐实物里看到的那种典型形制，并且得以普及，却是在北族建立的北魏迁都洛阳以后才急剧发生的事情。由此可以窥见北方民族彻底吸收中国文化并将其发扬光大的能量[3]。关于北方民族给此时的中国带来了什么，宫崎市定氏曾提到（括号内文字乃笔者所加，下同）：

> 对于（汉民族的）贵族群体而言，最大的威胁是北周政权（由胡族宇文泰建立）排斥贵族主义并无畏地倡导军阀式官僚主义。于是在另一方面，他们自己也逐渐结成军阀贵族。

---

1. 参见陈寅恪：《府兵制前期史料试释》，《国立中央研究院历史语言研究所集刊》第7本3分册，1937年，后收入《隋唐制度渊源略论稿》，生活·读书·新知三联书店，1954年。
2. 参见刘淑芬《六朝的城市与社会》，台北：学生书局，1992年；朴漢济《北魏洛陽社会と胡漢体制——都城区画と住民分布を中心に》，《お茶の水史学》第34号，1994年。
3. 参见拙稿《北魏時代における所謂良奴制の成立——良の問題を中心として見た》，《史学雑誌》第96编12号，1987年。改订后收入本书第三篇第三章。

某种意义上，这可以说是北方民族侵入华北产生影响的最终结果。从中国社会内部，难以生长出足以对抗（魏晋以来的）贵族制度的强劲势力。此等政治力量远比曹操短时间里人为打造的集团强大，必须得从来自中国之外的北方民族的社会观念中寻找根源。到了继北周而起的隋代，北族性的力量导致了贵族制度的剧烈崩坏，这就是隋文帝的地方制度和选举制度的改革。[1]

如以上所述，这样的变动正在此时的中国上演。

另一方面，汉民族大量迁居江南，以其为中心的中国南方世界也经历了巨大的变化。中古前期，山越等非汉民族广泛分布于长江以南的地区，甚至包括江苏、浙江、安徽这些长江下游流域，尽管如今在此已难觅其踪迹。《三国志》卷四七《吴书二·孙权传》黄武元年（222）九月有这样一条记载：

> 时扬、越蛮夷（扬州或长江下游的越人，这里指山越）多未平集，内难未弭，故（孙）权卑辞上书（于魏），求自改厉，"若罪在难除，必不见置，当奉还土地民人，乞寄命交州，以终余年"。

可以看出，当时的山越拥有足以给吴国造成"内难"的实力。为了抗衡敌国魏、蜀，对孙吴来说，消灭国内的反对势力实为燃眉之急。因此，孙吴决然开展了多次山越讨伐。关于这些战争中被俘虏的山越，《梁书》卷五四《诸夷传》中天竺国条有一段意味深长的记述（《南史》卷七八《夷貊传》所记略同）：

> 孙权黄武五年（226），有大秦贾人字秦论来到交趾，交趾太守吴邈遣送诣权，权问方土谣俗，论具以事对。时诸葛

---

[1]. 参见宫崎市定：《九品官人法の研究》，同朋舍，1956年，第543页。

> 恪讨丹阳（山越），获黟、歙（安徽南部）短人，论见之曰："大秦希见此人。"权以男女各十人，差吏会稽刘咸送论，咸于道物故，论乃径还本国。

孙吴捕获的山越在体貌上异于普通的汉民族，引文以"短"字形容。与此相关，宋版《太平寰宇记》卷一一六《江南西道》道州条提供了一则唐代史事：

> 道州土地产民多矮，每年尝配乡户贡其男，号为"矮奴"。唐阳城为刺史，不平以良为贱，又悯其编甿岁有离异之苦，乃抗疏论而免之。自是乃停其贡，民皆赖之，无不泣荷。

可以注意到，《新唐书》卷一九四《阳城传》有对同一件事的记录：

> （道）州产侏儒，岁贡诸朝，城哀其生离，无所进。帝使求之，城奏曰："州民尽短，若以贡，不知何者可供。"自是罢（此贡）。州人感之，以"阳"名子。

道州位于今湖南南部。两条引文提到，道州之民每年被当作"奴"上贡，后因刺史阳城的怜悯与抗疏才被取消。他们既然是国家的良民，为何不得不作为奴被上贡？史料记载道州之民多矮，又是何故？如所周知，魏晋南北朝时代，非汉民族大量存在于包含道州在内的湖南南部。其间由于伐蛮等因素，他们常沦为奴婢[1]。另外，中国南方居民平均身高低于北方，据说是与原住民混血的结果[2]。综上可知，道州之民很大程度上继承了非汉民族的血统。也就是说，他们一方面具有非汉民族性的元素，同时又已被纳入国家的州县统治体制，并且作为征税对象，成了拥有"良"这一身份的汉民。如果将此与前述"短人"山越比较，

---

[1] 参见拙稿《六朝期における蛮の漢化について》，《史淵》第118辑，1981年。收入本书第四篇第一章。
[2] 参见铃木俊编：《中国史》，山川出版社，1964年，第7页。

我们可以想见，伴随汉民族向南方的扩展，这个时代正发生着非汉民族的汉族化进程。

接下来看看汉与非汉民族在中国南方的融合，对旧有的汉民族及其文化造成的改变。陈宝应是梁末陈初福建地区的潜在势力，后与留异、周迪等联合抗陈。《陈书》卷三五《陈宝应传》云：

> 陈宝应，晋安候官人也。世为闽中（福建）四姓（名族）。父羽，有材干，为郡雄豪。……（陈文帝命令诸将）以讨（掀起叛乱的）宝应，并诏宗正绝其属籍（陈宝应在陈开国之际有功，因与帝室同姓，遂被编入宗室属籍）。于是尚书下符曰："……案闽寇陈宝应父子，卉服支孽（南方非汉族的支脉），本迷爱敬。梁季丧乱，闽隅阻绝，父既豪侠，扇动蛮陬（南方非汉民族的居住地），椎髻箕坐（亲身效法南方非汉民族的风俗），自为渠帅……"

引文提到，陈宝应父子作为"卉服（葛等材料织成的蛮服）"的"支孽（庶子）"，"椎髻（蛮人发式）箕坐（胡坐）"，成为蛮帅。这个例子正好可以说明汉民族在这个时代的变化[1]。另外，《隋书》卷三一《地理志》扬州条载，现在的浙江、安徽、江西、福建等地在当时盛行畜蛊的奇特习俗，人们饲养大至蛇、小至虱的"虫"：

> 新安（安徽黟县）、永嘉（浙江丽水）、建安（福建福州）、遂安（浙江淳安）、鄱阳（江西鄱阳）、九江（江西九江）、临川（江西抚州）、庐陵（江西吉安）、南康（江西于都）、宜春（江西宜春），其俗又颇同豫章（江西南昌），而庐陵人厖淳，率多寿考。然此数郡，往往畜蛊（沾染饲虫的风习），而宜春偏甚。其法以五月五日聚百种虫，大者至蛇，小者至虱，合

---

1. 参见拙稿《六朝期における蛮の理解についての一考察——山越・蛮漢融合の問題を中心としてみた》，《史学雑誌》第95编8号，1986年。收入本书第四篇第二章。

置器中，令自相啖，余一种存者留之，蛇则曰蛇蛊，虱则曰
虱蛊，行以杀人。因食入人腹内，食其五藏，死则其（被杀
之人）产移入蛊主之家，三年不杀他人，则畜者自钟其弊。

这一风俗不应当源自汉民族[1]。易言之，它是汉民族在向南扩张的过程中习得的，从中也可以窥见汉与非汉民族相融合的一面。

如文章开头所述，该时代人口的流动与随之而来的影响，波及四面八方。朝鲜半岛以及日本也在此范围内。关于百济的都城，《北史》卷九四《百济传》云：

都下有方（万家？），分为五部，曰上部、前部、中部、下部、后部，部有五巷，士庶居焉。部统兵五百人。……其人杂有新罗、高丽、倭等，亦有中国人。……

百济五部之下各有五巷，为士庶所居。百济如何区分士庶，并不明晰。不过在1995年5月至6月对百济后期都城泗沘城宫南池的调查中出土的木简上，有"西部后巷"这一记录。因此，"巷"确实存在，而且可以推断，五巷与五部一样，分为中巷、前巷、后巷、上巷、下巷。这样的巷在多大程度上受到建康乌衣巷等所见巷制的影响，其详情须等待今后探讨[2]，但该事例还是足以揭示，当时高句丽、百济诸国中有不少熟知中国文化的人或者中国人。上引《北史》记载末尾"其人杂有新罗、高丽、倭等，亦有中国人"之语，正部分反映了这一点。

此前冈崎敬围绕安岳第三号墓（冬寿墓）的研究指出，亡命高句

---

1. 参见李卉：《说蛊毒与巫术》，台北"中研院"《民族学研究所集刊》第10期，1964年；稲畑耕一郎："沅湘之間"における巫俗について——湘巫雜識，《中国文学研究》（14），早稻田大学文学部，1988年等。
2. 参见田中俊明：《朝鮮三国の都城制と東アジア》，上田正昭编：《古代の日本と東アジア》，小学馆，1991年；《百済後期王都泗沘城をめぐる諸問題》，《激動の古代東アジア——6·7世紀を中心に》，帝塚山考古学研究所，1997年。另外，《南齐书》卷五七《魏虏传》有关于北魏平城郭城的记述，其中"其郭城绕宫城南，悉筑为坊，坊开巷，坊大者容四五百家，小者六七十家"数语，显示了巷制也存在于北魏的可能性。

丽后的汉人冬寿仍是一支潜在力量。关于当时朝鲜半岛及日本来自大陆的归化人的实态，冈崎氏将其与中国的动乱建立联系，由此揭示：乐浪、带方、辽东郡遗民在本郡被攻灭后，依然奉行东晋年号；《日本书纪》所见归化人王仁的王姓乃乐浪郡的大姓；《宋书·倭国传》所见司马曹达当为汉人归化人。这些都是极具意趣的观点[1]。最近，中国的韩昇氏出版了题为《日本古代的大陆移民研究》的论著，全面讨论了从包含朝鲜半岛在内的大陆进入古代日本的移民。他在书中指出，由坞主率领的难民集团在当时的中国广泛存在，乐浪、带方、辽东诸郡也出现了与其同质的势力。1935年秋，黄海道安岳面柳城里的古墓出土了"逸民含资王君藏""含资逸民王君砖"等刻铭砖。韩氏注意到其中的"逸民"二字，他认为这一用语流行于中原士大夫的圈子，该词亦于朝鲜使用，说明不少与中原士大夫怀有相同价值观的人物居于当时的半岛。另外，关于《新见姓氏录》所见中国移民，过去一般认为："他们是朝鲜移民，在日本社会憧憬中国文化的风潮下，遂诈称来自中国。"韩氏详细考察了这些移民，发表了值得关注的否定性意见："朝鲜人在当时比中国人更受优待，因此，故意冒充中国人一事并无可能。"[2]

在上述研究的基础上，笔者将围绕魏晋南北朝时期（3世纪前半期至6世纪后半期）以中国为中心的东亚地区的民族问题进行考察。全书内容可以归纳为三个方面，并互有关联。

第一，可与欧洲史上日耳曼民族迁徙相提并论的五胡入华，对中国大地造成了怎样的影响，是从研究伊始便萦绕于心的问题。第一、二、三篇即由此展开。第一篇以胡汉双方的相互认知与胡族氏族制的变化过程为切入点，讨论胡汉之间抗争与融合的轨迹。北魏孝文帝时代是胡汉抗争与融合的转折阶段，关于此间各项改革的考察置于第二篇。第三篇是对前面两篇的总结，探讨了胡族汉化的历史意义。

第二，第四篇各章关注长江以南非汉民族的问题。多数南方非汉

---

1. 冈崎敬：《安岳第三号墳（冬寿墓）の研究——その壁画と墓誌銘を中心として》，《史淵》第93辑，1954年。另可参见三上次男：《楽浪郡社会の支配構造》，《朝鮮学報》第30辑，1964年。
2. 参见韩昇：《日本古代的大陆移民研究》，台北：文津出版社，1995年。

民族最终未能成长为具有自主意识的民族或国家，他们被汉民族吸收，其居住地也变成汉民族向南拓展的沃野。不过如今居住在中国南、北方的人们在风俗、习惯、言语、体质等方面还是多有区别。因而这一问题与汉民族的形成、汉民族的实态密切相关。

第三，第五篇各章从东亚史的角度考察中国周边诸民族及其国家的形成同中国的关系。笔者以为，古代日本、古代朝鲜的国家形成，在很大程度上与当时中国北方及南方民族的中国化，或者说是汉化，具有同质的一面。当然必须强调，这一想法并非否定各民族拥有的主体性。在充分承认此点的同时，笔者也相信，仅从各地域、各民族的主体性入手，无法讨论罗马史、欧洲各族历史这样的问题。在上述思路下，这一部分将就所谓"中国化"的意义展开探讨。

另外，本书是关于魏晋南北朝时期民族问题的研究。不过众所周知，"民族"是伴随西方近代民族国家的形成才逐渐受到注意的概念。用它去讨论魏晋南北朝的问题，会带来将近代出现的民族主义误植于过去的危险，以民族来标示当时的集团也有不合适的一面。所以或许应该采取种族、部族、氏族或族群（ethnic group）这样的术语。然而，考虑到这几个词也各有暧昧之处及其指涉范围偏小等因素，用它们来统领全书似乎也没有比"民族"一词更加妥当。民族的概念在今天仍含有各种不明晰的方面，即使学者之间也尚未就其细节达成一致。但不能否认的是，在以相同的言语、文化等为内核的"我们"意识之下，人类确实结成着或结成过某些集团。魏晋南北朝时代也是如此。比如，在《晋书·刘元海载记》"非我族类，其心必异"的记述中所见"我族类"一词，就昭示着这种集团的存在。目前我们找不到更适合的术语来替代"民族"，本书后文讨论的"民族"均限定于"魏晋南北朝时代"之内，谨在此预先说明[1]。

---

1. 参见堀敏一：《中国と古代東アジア世界》，岩波书店，1993年，"前言"第XI页。

第一篇　胡汉抗争与融合的轨迹

第一章

五胡十六国北朝时期华夷观的变迁

引言

如所周知,魏晋南北朝时期佛教这一外来思想在中国民众间急速地渗透与扩展。当然也存在对该潮流的抗拒,所谓"三武一宗法难"的废佛运动竟有两次发生在此时期,清晰地说明了这一点。应当注意的是,"法难"的掀起者乃北魏世祖太武帝(以下用谥号称呼皇帝)与北周武帝。这么说是因为,按当时的一般情况,非汉的胡族君主往往认为佛教与己相涉而对其抱有亲近感,并且还会施予保护。《高僧传》卷九《竺佛图澄传》所记发生在五胡十六国时期后赵政权的下述事件就是一例:

> 虎下书曰:"度议云:佛是外国之神,非天子诸华所可宜奉。朕生自边壤,忝当期运,君临诸夏。至于飨祀,应兼从本俗。佛是戎神,正所应奉。夫制由上行,永世作则,苟事无亏,何拘前代。其夷赵百蛮有舍其淫祀,乐事佛者,悉听为道。"

面对中书著作郎汉人王度的废佛建议,胡族君主石虎做出如是回应。与之相反,北魏太武帝、北周武帝却断然推行了灭佛。而处在北来非汉民族政权压力下的江南诸朝,围绕佛教的夷夏之争尽管一度高涨[1](华北几乎没有针对该问题的议论[2]),但由政治权力策动的废佛事态从未发生,还出现了像梁武帝这样抛弃道教而狂热尊崇佛教的皇帝[3]。北朝的灭佛也能与此构成强烈的对照。

那么,北魏太武帝、北周武帝在决心灭佛之际,到底怎样看待胡

---

1. 参见《弘明集》卷六、卷七以及久保田量遠《夷夏論》(《支那儒仏道三教史論》,1931年,第十章)、吉川忠夫《夷夏論争》(《京都大学教養部人文》第17集,1971年,后收入《六朝精神史研究》,同朋舍,1984年)、中嶋隆蔵《古今と華夷》(《東北大学文学部研究年報》27,1978年)等。
2. 除了两次灭佛的时候。但彼时的夷夏论争也没有达到沸腾的程度。
3. 参见《广弘明集》卷四《叙梁武帝舍事道法》。

族、汉族的区别呢？首先可以想到的是，二人也许已经充分汉化，所以能毫无抵触地推行灭佛政策。这一面向确实无法忽视，因为粗翻史书即可看到他们对汉文化抱有的理解。不过，关于北魏太武帝，《宋书》卷九五《索虏传》所载元嘉二十七年（450）宋魏冲突时太武帝的书信中有如下一节：

> 彼（指宋文帝，时文帝有北伐之意）年已五十，未尝出户，虽自力而来，如三岁婴儿，复何知我鲜卑常马背中领上生活。

太平真君年间，太武帝遣中书侍郎李敞赴鲜卑拓跋部的起源地致祭。《魏书》卷一〇八之一《礼志一》记此事云：

> 魏先之居幽都也，凿石为祖宗之庙于乌洛侯国西北。自后南迁，其地隔远。真君中，乌洛侯国遣使朝献，云石庙如故，民常祈请，有神验焉。其岁，遣中书侍郎李敞诣石室，告祭天地，以皇祖先妣配。祝曰："天子焘（即太武帝）谨遣敞等用骏足、一元大武敢昭告于皇天之灵……"

从这些事例可以知晓，太武帝在废佛前后，依旧保持着鲜卑意识（前一条材料的元嘉二十七年相当于北魏太平真君十一年；根据《魏书》卷一〇〇《乌洛侯国传》及1980年发现的鲜卑石室，后一引文的祭使派遣发生于太平真君四年[1]。而众所周知，废佛乃分阶段实施，在太平真君七年规模最大）。

北周武帝又是怎样的情况？内田吟风氏、浜口重国氏指出，北周胡族势力强盛，胡风（胡语、胡服等）席卷境内[2]。在《隋书》卷三二

---

1. 参见米文平：《鲜卑石室的发现与初步研究》，《文物》1981年第2期。
2. 参见内田吟風：《北朝政局に於ける鮮卑匈奴等諸北族系貴族の地位》，《北アジア史研究 匈奴篇》，1975年，"北朝政局に於ける北族の優勢"一节；浜口重国：《西魏に於ける虜姓再行の事情》，《秦漢隋唐史の研究》下卷，東京大学出版会，1966年。

《经籍志一》中还可以看到武帝撰写的名为"鲜卑号令"的书籍[1]。另外，同书卷四二《李德林传》记北周克齐以后：

> 武帝尝于云阳宫作鲜卑语谓群臣云……

可见宇文邕也会说鲜卑语。以上这些材料显示，武帝尽管已经汉化，但仍然掌握鲜卑语（胡语之一）。

总之，无论是北周武帝还是先前的北魏太武帝，他们对自己的胡族出身有清醒的认识。这样看来，在断然灭佛之际，二人内心有意无意地调整了对胡汉之别的看法。此华夷观既异于石虎对同出胡族的佛教怀有的那种亲近感，也跟他们自身的汉化无关。那这是经历了怎样的过程才实现的呢[2]？

以上讨论的，可以说是太武帝、武帝等在个人层面上的认识问题。而在国家的政治方针这样更宏大的视角下，我们还是可以发现，该时期面临同样的问题。比如，《通志》卷三〇《氏族略·变于夷》载郑樵之史论云：

> 臣谨按，后周（即北周）宇文氏以其起于夷虏，故欲变夏为夷，以夷为贵也。然官制一遵三代，而姓氏用夷虏，何相反之如是。

从西魏及其继承者北周对周礼的采纳可知，其国策的推行建立在汉化主义的立场上[3]。然而与此同时，著名的赐胡姓政策（将汉人的姓改为鲜卑等胡族的姓[4]）也在实施，故存在龃龉的一面。上引文敏锐地指出了这

---

1. 《北齐书》卷二一《高昂传》记东魏时，"高祖（即北齐创始人高欢）每申令三军，常鲜卑语"。《隋书》卷三二《经籍志一》云："后魏初定中原，军容号令，皆以夷语（即鲜卑语）。"
2. 另外，北魏太武帝、北周武帝灭佛还与军事、财政等因素有关，这不属于本章论题，故未加考察。
3. 参见大川富士夫：《西魏における宇文泰の漢化政策について》，《立正大学文学部論叢》第7号，1957年。
4. 关于虏姓的再兴，参见前揭浜口氏文。

一点。那当时西魏、北周的统治者们是怎样考虑的呢？众所周知，西魏、北周在国政运行中，高举以周礼为中心的政治意识形态。针对此间的矛盾，他们一定进行了某些调整。那是什么形式的调整呢？

本篇标题提出的胡汉抗争与融合，是给这段历史打上烙印的极具标志性的现象。上述问题与此抗争、融合的过程密切相关。本章将具体探讨胡族的汉族观、汉族（尤其是士大夫阶层）的胡族观，力图通过对其变迁过程的考察来解决上述问题，进而接近这一时期胡汉融合的实相。

第一节　五胡十六国时代的胡汉互斥

《晋书》卷一〇一《刘元海载记》云：

> 刘宣（匈奴）等固谏曰："晋为无道，奴隶御我……"

八王之乱的中心人物之一成都王颖（汉族），在败于幽州刺史王浚（汉族）后，向前赵建立者刘元海（刘渊，匈奴）求援。上引文是当时刘元海一方的部分议论。同载记所记孔恂、杨珧（均为汉族）对西晋武帝的进言云：

> 孔恂、杨珧进曰："臣观元海之才……非我族类，其心必异……"

由此可见，西晋五胡十六国时期，胡族、汉族均严格区分自身（我）与他者（非我族类），并怀有各自属于不同集团的强烈意识，因而相互排斥。正如我们知道的那样，受这一意识支配的两者，在整个五胡十六国时代展开了血雨腥风的对抗。接下来想要讨论的是汉族与胡族在当时所萌发的完全相反的看法。首先，《晋书》卷一〇四《石勒载记》记录了晋忠臣刘琨致后赵建立者石勒（羯族，胡族之一）的一封书信，其中有言：

> 自古以来，诚无戎人而为帝王者，至于名臣建功业者，则有之矣。

据引言，汉族刘琨认为，胡族无论如何也无法成为帝王。同载记又载，王浚对怀有野心的石勒颇为猜疑，石勒使者王子春加以劝慰：

> 子春对曰："……自古诚胡人而为名臣者实有之，帝王则未之有也。石将军非所以恶帝王而让明公也，顾取之不为天人之所许耳。愿公勿疑。"浚大悦。

上引言与先前刘琨表达的意思相同。王子春这样说，是因为他认定该理据可以说服王浚。王浚听后确实大感欣悦。这些事例显示，胡族不能为帝王的观念在当时的汉族间流行[1]。这种观念固然建立在相对于胡族的文化优越感之上，但考虑到时代背景，可以认为它是历来的夷狄观（将夷狄视为禽兽且不过是汉族之仆隶的思考方式）在当前胡族的政治、军事重压之下的现实流露。而另一方面，《晋书》卷一〇一《刘元海载记》记刘元海之语：

> 夫帝王岂有常哉，大禹出于西戎，文王生于东夷，顾惟德所授耳。

《晋书》卷一〇八《慕容廆载记》所附《高瞻传》记前燕建立者慕容廆（鲜卑）之语：

> 奈何以华夷之异，有怀介然。且大禹出于西羌，文王生于东夷，但问志略何如耳。

---

[1]. 据下文引用的后续记载，王子春为石勒使者。所以，王子春尽管发表了如是言论，但他自己并不认可这个道理。当然，这不会与本节主旨相抵触。

可以看到，上引文与先前所述截然相反，蕴含的是胡族亦可为帝王的观念。在这两条材料里，一套为了反驳和克服胡族不能称帝的汉族观念而创造的逻辑，通过胡族君主刘元海与慕容廆之口被明确表达。

下面就胡族方面的这一问题进行更细致的探讨。《晋书》卷一一六《姚弋仲载记》述五胡之一羌族的首领姚弋仲云：

> 弋仲有子四十二人，常戒诸子曰："吾本以晋室大乱，石氏待吾厚，故欲讨其贼臣以报其德。今石氏已灭，中原无主，自古以来未有戎狄作天子者。我死，汝便归晋，当竭尽臣节，无为不义之事。"乃遣使请降。

姚弋仲乃后秦建立者姚苌之父。引文显示，他的观念与刘元海、慕容廆不同，沿袭的是先前举出的汉族立场。那姚弋仲为何会如此考虑？当时的史书没有给出明确理由，但因为这段话发表在后赵灭亡不久，可以推测，这一政治形势的变化曾给他带来直接影响。而从更宏观或是更本质性的立场来看，认为姚弋仲这番话出自他对汉文化的自惭情结或自卑感，当不为过。这是因为，较汉族低的文化发展水平，或是像农耕化那样对自身文化的抛弃与遗失，以及随之而来的对汉文化的接受，会有意无意地催生胡族的这种自卑情结。

又，《晋书》卷一〇四《石勒载记》载石勒回复刘琨的书信曰：

> 勒报琨曰："事功殊途，非腐儒所闻。君当逞节本朝，吾自夷，难为效。"遗琨名马珍宝，厚宾其使，谢归以绝之。

同载记下文述王浚有僭逆之志时提到：

> 时王浚署置百官，奢纵淫虐，勒有吞并之意，欲先遣使以观察之……乃遣其舍人王子春、董肇等多赍珍宝，奉表推崇浚为天子曰："勒本小胡，出于戎裔……"

在以上两条引文中，羯族石勒面对汉族刘琨、王浚，以"夷""小胡""戎裔"等自称，将自己放在低等位置。乍看之下，石勒似乎怀有跟前举姚弋仲相同的念头。然而，石勒自居为"夷"，却最终与刘琨绝交；他对王浚表面上谦卑，实则有吞并之意：说明石勒并不像姚弋仲那样考虑问题。尽管自称"夷""小胡"，他的本心饱含对汉族的强烈拒斥以及自立的志向。石勒的这种观念与姚弋仲有别。那么，在当时的胡族中，姚弋仲式和石勒式的观念，是各自分别存在的吗？粗看确实如此。不过，若进一步深入他们内部，同时注意到胡族进入汉地并成为其支配者这一时代状况，这个问题似乎不能这样轻易作答。围绕当时胡族心态的具体考察，因史料本身难以保存的性质变得极度困难。但大胆推测的话，在他们内心，或是在他们自身也没有完全意识到的灵魂深处，面对汉族、汉文化的自卑感与追求自立的志向应该是相互缠结的。这样才比较自然。

另外，前文已经部分引用的《晋书》卷一〇八《慕容廆载记》所附《高瞻传》，记录了慕容廆与华北汉族名士高瞻之间的一段对话：

> 高瞻字子前，渤海蓨人也。……瞻随众降于廆。廆署为将军，瞻称疾不起。廆敬其姿器，数临候之，抚其心曰："……奈何以华夷之异，有怀介然。且大禹出于西羌，文王生于东夷，但问志略何如耳，岂以殊俗不可降心乎！"瞻仍辞疾笃，廆深不平之。瞻又与宋该有隙，该阴劝廆除之。瞻闻其言，弥不自安，遂以忧死。

引文讲述了以下数事：作为胡族君主的慕容廆充满自信，在此背景下，他敦促渤海高瞻在其麾下任职（渤海蓨县高氏乃华北名族。吸收汉族士大夫进入官僚机构是经营汉地的必要条件，原因在于他们拥有行政能力，或是作为豪族而具备对于地方社会的影响力等）；视胡族为夷狄的高瞻拒绝了这项要求；尽管慕容廆因高瞻的态度深感不满，但也没有狠下杀手；然而高瞻最终因害怕报复忧心而死。根据本节上文考察所得结论，可以说，这段材料真实地透露了先前提到的胡族心态，以及与此相对的汉族心态。

　　这样看来,尽管存在各种各样的情形,但大体可以认为,在当时的汉族心中存在相对胡族的文化优越感,胡族因此被视为夷狄,而在胡族的政治高压下,屈辱感与恐惧感也随之产生。另一方面,面对汉族、汉文化时的自卑和拒斥这两种倾向,在胡族的内心不断地搅动与混合,同时,他们或多或少怀有军事上的优越感,尤其在胡族作为统治者的场合,这种"优越性"注定被强调。那么,五胡十六国时代的此等胡族观、汉族观在实现华北统一的北魏又会如何延续?以下几节将就此展开考察。

第二节　汉族士大夫在北魏时期的变化

　　本节的探讨围绕以下内容展开:北魏初期几乎原样继承了上节所见胡族观、汉族观,不过汉族士大夫的胡族观或胡族国家观在此后发生了巨大变化。《魏书》卷三二《崔逞传》记载了出自华北第一名族清河崔氏的崔逞与北魏开国皇帝道武帝之间的争端:

> 太祖(道武帝)攻中山未克,六军乏粮,民多匿谷,问群臣以取粟方略。逞曰:"取椹可以助粮。故飞鸮食椹(桑果)而改音,《诗》称其事。"太祖虽衔其侮慢,然兵既须食,乃听以椹当租。逞又曰:"可使军人及时自取,过时则落尽。"太祖怒曰:"内贼未平,兵人安可解甲仗入林野而收椹乎?是何言欤!"以中山未拔,故不加罪。……(后)遂赐死。

引文中崔逞所论,典出《诗经·鲁颂·泮水》:

> 翩彼飞鸮,集于泮林。食我桑葚,怀我好音。憬彼淮夷,来献其琛。元龟象齿,大赂南金。

可见,这明显是将鲜卑与飞鸮、淮夷相提并论的侮蔑之语。正因为如此，身为鲜卑人的道武帝大怒，最终将崔逞赐死。道武帝怀有与之前的五胡君主同样的非汉族意识，也从这一事例中展现出来。要之，该引文证明了前一节所揭示的图景原封不动地延续到魏初[1]。不过，拓跋部是五胡里最晚与汉文化正式接触的族群，而且北魏初期的拓跋部在很多方面还保留了原本的生活方式[2]。相应地，此时的他们可能不太会像之前的五胡诸族那样抱有对汉文化的自卑感。

又，《魏书》卷二四《崔玄伯传》有针对活跃于道武帝、明元帝两朝并连续担任宰相的清河崔玄伯（崔宏）的一段记述：

> 始玄伯因苻坚乱，欲避地江南，于泰山为张愿所获，本图不遂，乃作诗以自伤，而不行于时，盖惧罪也。及浩诛，中书侍郎高允受敕收浩家，始见此诗。允知其意，允孙绰录于允集。

引文透露，怀有前述胡族观的华北汉族士大夫以仕于胡族国家为耻，内心向往江南的东晋朝廷。这样的情绪已见于上面谈到的崔逞，另外《魏书》卷三三《封懿传》关于渤海名族封懿的记述提到：

> 懿俊伟有才气，能属文……太祖（道武帝）数引见，问以慕容旧事。懿应对疏慢，废还家。

综合这些事例可知，该时期其他的华北士大夫大多抱有相同的心情。也就是说，以清河崔氏、范阳卢氏等为代表的华北士大夫在面对北魏

---

1. 《晋书》卷一三〇《赫连勃勃载记》记载了与道武帝同时代的匈奴人赫连勃勃征辟京兆名士韦祖思的事迹："勃勃归于长安，征隐士京兆韦祖思。既至而恭惧过礼，勃勃怒曰：'吾以国士征汝，奈何以非类处吾！汝昔不拜xxx兴，何独拜我？我今未死，汝犹不以我为帝王，吾死之后，汝辈弄笔，当置吾何地！'遂杀之。"可见当时关中地区发生了与河北相类似的事态。另外，同卷还提到，赫连勃勃自称大禹之后，立志复大禹之业，这比此前的五胡君主更进一步。
2. 参见拙稿《北魏高祖の漢化政策についての一考察——北族社会の変質との関係から見た》，《東洋学報》第63卷3、4号，1981年。修改后收入本书第二篇第四章。

时，全然没有将其视为自身王朝的亲近感。《魏书》卷二《太祖纪》天兴三年十二月乙未条载：

> 诏曰："……自非继圣载德，天人合会，帝王之业，夫岂虚应……有国有家者，诚能推废兴之有期，审天命之不易……"

北魏初期常常搬出"天命"来证明王朝的正统性，当与前述史实不无关系[1]。

然而，随着时代演进，华北士大夫对鲜卑及其建立的北魏朝廷的态度发生了巨大改变。有多条史料说明这一点。(一)《魏书》卷四〇《陆叡传》关于胡族名门出身的传主有以下记载：

> 沉雅好学，折节下士。年未二十，时人便以宰辅许之。娶东徐州刺史博陵崔鉴女，鉴谓所亲云："平原王（陆叡之封爵）才度不恶，但恨其姓名殊为重复。"时高祖（孝文帝）未改其姓。叡婚自东徐还。

(二)《资治通鉴》卷一四〇齐明帝建武二年（495）八月条云：

> （孝文帝）好贤乐善，情如饥渴，所与游接，常寄以布素之意，如李冲、李彪、高闾、王肃、郭祚、宋弁、刘芳、崔光、邢峦之徒，皆以文雅见亲，贵显用事；制礼作乐，郁然可观，有太平之风焉。

(三)《北齐书》卷二一《高乾传》记载了魏末大乱时渤海高翼（高乾之父）的言论：

---

1. 与北魏同为异民族王朝的清也主张天命观，想方设法地确立清朝正统的思想（参见东亚研究所编：《異民族の支那統治概説》，1943年，第228页）。

> 谓诸子曰："主忧臣辱，主辱臣死，今社稷阽危，人神愤怨，破家报国，在此时也……"

（四）同书卷二一《封隆之传》提到尔朱一族垄断北魏朝政时期的一段对话：

> 封隆之，字祖裔，小名皮，渤海蓨人也。……高乾告隆之曰："尔朱暴逆，祸加至尊，弟与兄并荷先帝殊常之眷，岂可不出身为主，以报仇耻乎？"隆之对曰："国耻家怨，痛入骨髓，乘机而动，今实其时。"

引文（一）述及孝文帝所谓汉化政策实施以前汉族士大夫与胡族间的婚姻关系。其中的博陵崔氏是当时华北第一等高门，作为汉族士大夫的崔鉴尽管对"姓名重复"这一点感到遗憾，但仍然与原先被视为夷狄的胡族陆叡（在孝文帝改革之前，陆叡的姓名是步六孤贺鹿浑[1]）结为姻亲。要知道在那个时代，士大夫阶层在判定士族身份以及门第高低时极其重视婚姻关系。也就意味着，胡族陆叡已被华北的汉族士大夫视为一流士人。引文（二）是对孝文帝朝事务的记述，此处列举了参与规划政治改革的人物的名字，自李冲以下均为汉族士大夫。除了李彪，这些人都来自当时第一等的高门。引文（二）也显示，李冲等人可谓带头参与了北魏政治（参见各人列传）。汉族士大夫尤其是上层士大夫积极参政的局面，与上一节考察的高瞻以及本节已举出的崔逞、崔玄伯等人以仕于胡族王朝为耻的行为相比较，存在巨大差别。引文（三）（四）都是关于北魏末期的记载，从"破家报国"等表达能够看出，到了这个阶段，汉族士大夫已经彻底将北魏视为自己的王朝。

根据以上的梳理可以知晓，在北魏朝的某个时期，汉族士大夫阶层对于胡族、胡族国家的心态和反应发生了重大转折，那么到底是在什么时期呢？基于这一问题意识观察北魏史，汉族宰相崔浩被杀事件

---

1. 见《魏书》卷一一三《官氏志》、《南齐书》卷五七《魏虏传》。

第一章　五胡十六国北朝时期华夷观的变迁

（以下称为崔浩事件）应作为分水岭来进行关注。因此下文将焦点置于该事件，希望由此推进对本章问题的阐明。

第三节　太武帝时代的胡族观、汉族观

本节讨论崔浩事件前后汉族一方的胡族观和胡族一方的汉族观。《魏书》卷三五《崔浩传》记载了前文提及的崔玄伯的儿子、为北魏统一华北做出巨大贡献的汉族宰相崔浩被杀的相关情况：

> 真君十一年（450）六月诛浩，清河崔氏无远近，范阳卢氏、太原郭氏、河东柳氏，皆浩之姻亲，尽夷其族。初，郄标等立石铭刊国记，浩尽述国事，备而不典。而石铭显在衢路，往来行者咸以为言，事遂闻发。有司按验浩，取秘书郎吏及长历生数百人意状。浩伏受赇，其秘书郎吏已下尽死。

所谓崔浩事件，指这场发端于国史笔祸的针对汉族士大夫的大规模诛杀事件。一般认为其基底是胡汉之间的暗斗[1]，大概来说就是，汉族士大夫视胡族为夷狄、视江南政权为正统的行为，与胡族的反弹、敌视之间发生了相互碰撞。这样看，此时的胡族观、汉族观同之前没有差异。然而，稍稍细察该事件前后的状况，可以找到一些变化的迹象。质言之，第一，崔浩本人认可由胡族建立的北魏王朝，以此为线索能够强烈感受到崔浩探寻新型中国的态度；第二，除崔浩外其他汉族士大夫同样认可北魏；第三，在统一华北的背景下，当时的皇帝拓跋焘超越历来的胡汉对立立场，开始努力向"中华"皇帝迈进；第四，对于除太武帝外的其他胡族来说，变化的基础已经形成，尽管他们自己还没

---

1. 例如宫崎市定氏认为："崔浩之诛的缘由固然是国史事件，但根源在更深处。最重要的是其与鲜卑系官僚之间的暗斗。"见《九品官人法の研究》，1956年，第386页。另外，有来自中国学者的研究否认崔浩事件系因民族矛盾引发，将崔浩在官场树敌众多视为真正的缘由（陈汉平、陈汉玉：《崔浩之诛与民族矛盾何干》，《民族研究》1982年第5期）。若考虑到这一事件的连坐者甚众、波及甚广，或是注意到目前可以确认的连坐者均为汉人，大部分未确定者也应该是汉人，便难以赞同上述观点。本书本篇第三章对此有讨论。

有意识到。

（1）崔浩的情况

先来看崔浩的情况。崔浩积极参与军事、行政、宗教等多方面的国家政务，已足以表现他对北魏的认同以及对新型中国的探寻。《魏书》卷四七《卢玄传》还记载了崔浩与其外弟范阳卢玄的一段著名的对话，在这简短的记述中，崔浩面对胡族王朝时与以往汉族士大夫相异的态度，展露无遗：

> 浩大欲齐整人伦，分明姓族。玄劝之曰："夫创制立事，各有其时，乐为此者，讵几人也？宜其三思。"浩当时虽无异言，竟不纳，浩败颇亦由此。

引文提到，卢玄以"乐为此者，讵几人也"来反对崔浩分定姓族的计划，崔浩不从，他的败亡被认为与此有关。这一记载也显示，崔浩分定姓族的对象包括胡族。看来，纵使这一计划以汉族为本位，但其框架是将胡汉放在一起用门第这一相同的标准来安排上下关系，因而可以认为，它是促成更广意义上胡汉融合的一次契机。这种具备一定政治意图的胡汉融合的尝试在以前不曾见到（如果上述分定姓族得以实施，同一门第的胡汉之间的婚姻将成为可能。在崔浩之死的四十余年后，孝文帝推动的著名的定姓族正是如此）。

（2）崔浩之外其他汉族士大夫的情况

下面讨论其他汉族士大夫的情况。我们由北魏征辟汉族士大夫的态度变化入手，展开论述。北魏的前身代国时期到北魏初，对汉族士大夫的征辟带有暴力性质。《魏书》卷二四《燕凤传》载：

> 燕凤，字子章，代人也。……昭成素闻其名，使人以礼迎致之。凤不应聘。乃命诸军围代城，谓城人曰："燕凤不来，吾将屠汝。"代人惧，送凤。

可见，代国时期拓跋部首领昭成帝征召燕凤时，采取了军事恐吓的手段。又，同书同卷《崔玄伯传》云：

> 太祖（即道武帝）征慕容宝，次于常山，玄伯弃郡，东走海滨。太祖素闻其名，遣骑追求，执送于军门。

引文显示，道武帝征后燕时还曾派遣骑兵追捕崔玄伯。可是，到了道武帝孙太武帝的时代，征辟之际的强制色彩已经淡薄。接下来对此加以确认。《魏书》卷四上《世祖纪上》神䴥四年（431）九月壬申条所记诏书，宣告了太武帝朝最大规模的征士活动的展开：

> 诏曰："……访诸有司，咸称范阳卢玄、博陵崔绰、赵郡李灵、河间邢颖、勃海高允、广平游雅、太原张伟等，皆贤俊之胄，冠冕州邦，有羽仪之用。……如玄之比，隐迹衡门、不耀名誉者，尽敕州郡以礼发遣。"遂征玄等及州郡所遣，至者数百人，皆差次叙用。

诏书含有"以礼发遣"之语，实际措施如果与此相符，那就与上文所见北魏初期以前的强制性征辟构成巨大差异。《魏书》卷四八《高允传》云：

> 昔岁同征，零落将尽，感逝怀人，作《征士颂》，盖止于应命者，其有命而不至，则阙焉。

引文显示，当时也存在不应辟命的人物。每个人的情况已无从查考，从大的趋势上看，至少可以认为，"以礼发遣"这一与以往不同的政策确实施行了。

以上围绕北魏征辟汉族士大夫之际的策略变化进行了若干论述，那汉族士大夫对于来自朝廷的这种"软化"是怎样的态度？如果他们仍然保持着过去那样的胡族观或胡族国家观，"软化"一定只能招致拒绝。然而实际上，前面《世祖纪》引文的末尾有"至者数百人，皆差次叙用"之语，显示大量士大夫应命入朝。这可以说明，汉族士大夫正在朝着认可北魏这一胡族王朝的方向大步迈进。《魏书》卷四八《高允传》所引《征士颂》的序言云：

> 昔与之俱蒙斯举，或从容廊庙，或游集私门，上谈公务，下尽忻娱，以为千载一时，始于此矣。

《征士颂》正文又云：

> 群贤遭世，显名有代，志竭其忠，才尽其概。

文辞可能稍微有些夸张，但当时认可胡族王朝、参与朝政的汉族士大夫的心情被非常巧妙地表现出来。

另外，《高允传》关于太武帝时代的征士还有如下记载：

> 崔浩荐冀、定、相、幽、并五州之士数十人，各起家郡守。

神麚四年之外还有征士活动。可以认为，当时应命的汉族士大夫与神麚四年的征士怀有几乎相同的心情。

那么，这种认可胡族王朝的态度为何是从此时开始形成的呢？我们可以举出各种理由，但最根本的应该是北魏推进并完成了华北的再统一，以及与此密切相关的、实为北魏自信之表现的"软化"。因为前者，即统治着广大华北地区的北魏，成为异于五胡诸国的稳定政权，这给当时的汉族士大夫带来巨大压力。而后者则强烈激发了汉族士大夫本来就怀有的经世济民之志（西晋末年以来足足持续百年的战乱状态只会增强这种志向，而非减弱）。

前面我们考察了以崔浩为首的汉族士大夫认可北魏的动向，对此还有一点值得留意，即他们在转向承认北魏的过程中，依然保持跟过去一样的视胡族为夷狄的态度。《魏书》卷三五《崔浩传》载：

> 浩既不信佛、道，（崔）模深所归向，每虽粪土之中，礼

拜形像。浩大笑之，云："持此头颅不净处跪是胡神也。"

引文中，崔浩将佛教看作是"胡神"信仰而加以排斥。如所周知，崔浩乃激烈的废佛论者[1]，《魏书》卷一一四《释老志》载有据说出自崔氏之手的太平真君七年（446）废佛诏[2]，其中一段提到：

> 昔后汉荒君，信惑邪伪，妄假睡梦，事胡妖鬼，以乱天常，自古九州之中无此也。……欲除伪定真，复羲农之治。其一切荡除胡神，灭其踪迹，庶无谢于风氏矣。

从"胡妖鬼""胡神"等表述，可以明显感受到崔浩视佛教为夷狄教法的否定态度。另一方面，上一节提到崔浩之父崔玄伯在心底怀有归阙江南的强烈愿望，笃孝的崔浩想必知晓[3]。又，《魏书》卷三八《王慧龙传》记载了一件因江南流寓贵族王慧龙而起的事件：

> 崔浩弟恬闻慧龙王氏子，以女妻之。浩既婚姻，及见慧龙，曰："信王家儿也。"王氏世齇鼻，江东谓之齇王。慧龙鼻大，浩曰："真贵种矣。"数向诸公称其美。司徒长孙嵩闻之，不悦，言于世祖，以其叹服南人，则有讪鄙国化之意。世祖怒，召浩责之。浩免冠陈谢得释。

引文中，崔浩奉王慧龙为贵种，这引发了胡族（长孙嵩）的反感，因其认为崔氏乃诽谤国化。另外，在征伐柔然、赫连夏、北凉的过程中，崔浩精妙无比的建策为北魏统一华北做出了巨大贡献，可是

---

1. 参见塚本善隆《北魏太武帝の廃仏毀釈》，《支那仏教史研究　北魏篇》，弘文堂，1942年。
2. 太平真君年间，崔浩负责草诏。而且，与废佛诏内容相称的废佛论者，在当时的北魏朝廷里除了崔浩找不到第二人。
3. 第二节引用的崔玄伯传记提到，玄伯曾作有包含归顺江南之愿的诗文，崔浩被诛时，由高允在崔家发现。崔浩笃孝过于常人（参见《崔浩传》），自然会对其父的遗物有所整理。正因为如此，这些诗文才会被抄崔浩家的高允注意到。这样看来，崔浩至少在玄伯死后是知晓其父归阙江南的心情的。

到商讨攻伐江南的时候，他总是准备各种理由来反对（参照《崔浩传》）。

从这些例子来看，崔浩的内心仍然持有将鲜卑视为夷狄的情绪。崔浩以外的汉族士大夫又是如何？各种事例、情况或许都会存在，但崔浩毕竟是引导时代动向的人物，而且是汉族士大夫的领袖。他都怀揣这种观念的话，其他汉族士大夫中视鲜卑为夷狄者的数量也该不少。可是尽管如此，他们也在另一方面朝着认可北魏的方向迈进。换言之，这一对矛盾的双方并存于太武帝时代汉族士大夫的内心，同时，天平也在缓缓地向认可北魏的一边倾斜。

（3）太武帝的情况

那么，崔浩事件另一方的当事人——胡族，是怎样的情况？首先来看胡族的领袖太武帝。太武帝持有强烈的鲜卑认同，本章引言已经述及。这一点与其废佛的行动构成矛盾，令人困惑。此处就该问题提出笔者的看法，由此展开论述。首先需要明晰的是，太武帝对佛教具有何种程度的亲近感？也就是说，在他看来，佛教与胡、与鲜卑具有怎样的关系？《魏书》卷四下《世祖纪下》太平真君五年（444）正月戊申条所载禁私养沙门诏提到：

沙门之徒，假西戎虚诞，生致妖孽。

诏书以"西戎虚诞"来评价佛教。且前引太平真君七年的废佛诏还有"胡妖鬼"一类的表述。两份诏书可能都由废佛论者崔浩起草，但太武帝对其中包含的这些侮蔑胡族的内容也是认可的。如果太武帝像本章开头提到的石虎那样，对释迦、西戎抱有连带感，想必不会让此类诏草通过。换言之，作为鲜卑的太武帝，并不认为自己与释迦、西戎有关联。这是什么原因呢？

第二节曾指出，拓跋部是五胡中最后侵入汉地的部族，因而比较起来，他们最晚才受到汉文化的影响。拓跋部也就可以说是"未开化"，这样的状态影响了他们接受佛教的方式。关于佛教最初在拓跋部的传播，《魏书》卷一一四《释老志》云：

> 魏先建国于玄朔，风俗淳一，无为以自守，与西域殊绝，莫能往来。故浮图之教，未之得闻，或闻而未信也。及神元与魏、晋通聘，文帝久在洛阳，昭成又至襄国，乃备究南夏佛法之事。太祖平中山，经略燕赵，所径郡国佛寺，见诸沙门、道士，皆致精敬，禁军旅无有所犯。

引文所记主要为北魏建国以前之事。拓跋部与佛教真正的接触，还是要等到道武帝进兵中原以后。换句话说，对于道武帝及其子明元帝时期的拓跋部众，佛教是作为汉文化的一部分，或是一种与己无关的外来思想被接收的。职是之故，他们肯定难以像石虎那样将佛教跟自己绑定在一起。该状况也影响到从这段时期成长起来的太武帝。根据笔者另文的考察，北魏的拓跋鲜卑（《魏书·官氏志》记载了拓跋氏的"宗族"以及随从诸部的姓氏。这些人构成了北魏政治的支配阶层，以下总称为拓跋鲜卑）是在部族联合的时代以象征其起源的符号（祭祀、官制、习俗等）为纽带凝成的一个集团[1]（这一集团的凝聚力比五胡更为稳固）。从另外的角度看，这意味着，即便同样是胡族，只要来自拓跋鲜卑以外，也会被他们视作"他者"。先前提出的疑问，即鲜卑人太武帝为何没有对释迦、西戎抱有连带感，因此有了明确的答案。主要原因为，太武帝是作为拓跋集团的一员成长起来的，并且强烈意识到自己是不同于其他胡族的个体。《宋书》卷七四《臧质传》记有太武帝在攻讨宋人臧质守卫的盱眙城时送出的一封书信：

> 焘（太武帝之名）与质书曰："吾今所遣斗兵，尽非我国人，城东北是丁零与胡，南是三秦氐、羌。设使丁零死者，正可减常山、赵郡贼；胡死，正减并州贼；氐、羌死，正减关中贼。卿若杀丁零、胡，无不利。"

---

[1]. 参见拙稿《北魏高祖の漢化政策についての一考察——北族社会の変質との関係から見た》,《東洋学報》第63卷第3、4号，1981年。修改后收入本书第二篇第四章。

正是基于上述原因，这封书信才会含有对胡族来说如此冷酷无情的内容[1]，包含"西戎虚诞""胡妖鬼"等表述的废佛诏草也才得以通过并颁发（附带说明一下引文中的"胡"。根据胡的狭义用法系指称匈奴，以及"胡"被与并州贼联系起来，此处之"胡"当为匈奴或匈奴系的人群。因为"胡"出现在太武帝的书信中，可以看出他将"胡"看成是匈奴或匈奴系人群，而不具有"五胡""胡经"之胡那样的广义）。本章引言曾提及胡族君主太武帝推行废佛的这种"矛盾"，以上就是笔者对此的看法。

然而，怀有上述意识的太武帝，为何会接受崔浩、寇谦之的想法，尊崇源自汉地、对他来说是外来思想的道教，并且号称太平真君？接下来讨论这个问题。通观鲜卑拓跋部时代以来的北魏历史进程，可以看到皇权强化（或族长权强化）的动向至此不绝。这一动向往往与吸收汉文化以及汉化政策相联动，也常伴随着以拓跋部治下诸部帅为中心的保守势力（部族制度是其存立的基础）的反对[2]。我们知道，道武帝的不幸结局由其子清河王绍一手造成，但从更广的层面上看，这跟强化皇权的诸改革（如部族解散[3]）所引发的保守势力的抗拒也不无关系。正因为如此，即位的明元帝不得不在保守势力的反对面前违反此前的路线而采取让步的姿态[4]。明元帝的守成稳固了权力基础，在此背景下，其子太武帝在即位后再度秉承祖训，坚决推行官制、法令等改革，并发动多场征服战争。前所未有的皇权强化因而实现，与此同时，北魏统一了八王之乱、永嘉之乱以来混乱不堪的华北，甚至拥有了凌驾于南朝的强大国力。这些事态的出现意味着，统一全国作为现实的政治目标被提上日程。太武帝必然受到很大刺激，也需要推出新的政策。那他是怎样应对的呢？众所周

---

1. 《晋书》卷一○四《石勒载记上》记录了石勒生擒曾支持王浚的辽西鲜卑段末柸后的应对："勒曰：'辽西鲜卑，健国也，与我素无怨仇，为王浚所使耳……'……遣还辽西。末柸感勒厚恩，在途日南面而拜者三。"可见，太武帝的态度与此处的石勒差异巨大。
2. 参见唐长孺：《拓跋国家的建立及其封建化》，《魏晋南北朝史论丛》，生活·读书·新知三联书店，1955年；谷川道雄：《北魏の統一過程とその構造》，《隋唐帝国形成史論》，筑摩书店，1971年等。
3. 笔者关于部族解散的观点参见拙稿《北魏太祖の部落解散と高祖の部落解散——所謂部落解散の理解をめぐって》，《佐賀大学教養部研究紀要》第14卷，1982年。收入本篇第四章。
4. 这段时期的政治史参见严耕望：《北魏尚书制度考》，《中央研究院历史语言研究所集刊》（18），1948年。

知,太武帝接纳了革新道教的寇谦之的说教,将新道教国教化,宣扬太平真君(在灭北凉实现华北统一的翌年,北魏将年号由太延改为太平真君)。注意到这一点,太武帝如何应对华北统一的事态就非常清楚了。质言之,他从以往胡族君主的立场中超脱,开始向中华皇帝迈进。此处应该注意的是,太武帝尊奉的道教并非天师道,而是扬弃此前道教的新道教,他所构想的中华世界也不是过去那样的汉族式的中华世界。

综上所述,太武帝的内心深处保留着种族主义意识,在该意识的上层,同时存在创造更高级的中华世界的企图。而在这一方向之外的佛教,则被视为有害无益的事物。如此看来,太武帝与崔浩一样,怀有创造中华世界的志向。尽管一方是从胡族的立场出发,另一方是从汉族的立场出发,但最终都是为了创造一个胡汉融合的世界。

(4)其他胡族的情况

现在讨论太武帝以外胡族的情况。前文引用的《魏书·王慧龙传》的记载显示,当时拓跋鲜卑中的领导性人物长孙嵩对崔浩强烈反感。多数拓跋鲜卑应该都怀有此种情绪(参看《崔浩传》),这应该是引发崔浩事件的最主要因素。大部分的拓跋鲜卑在其观念中严格区分自我与他者,依然停留在将汉族视为他者加以排斥的阶段。也就是说,此时大部分拓跋鲜卑的汉族观与五胡十六国时代其他胡族的汉族观基本相同。然而,华北统一以降,拓跋鲜卑受汉文化的影响开始掌握汉语[1]。这一状况的持续,提供了让拓跋鲜卑接受汉族的契机。总之,在太武帝时代的拓跋鲜卑中,也以异于汉族的形式出现了变化的征兆。

第四节 太武帝朝以降的变化——以孝文帝时代为中心

本节将讨论崔浩事件后汉族观、胡族观的变化,以及汇集双方于一身的人物——孝文帝的相关认识。

先看拓跋鲜卑的汉族观。上节末尾提到的拓跋鲜卑的汉化,在

---

[1] 参见拙稿《北魏の内朝》,《九州大学東洋史論集》第6号,1977年,第59页。收入本书第二篇第一章。

这段时期有了进一步的发展，甚至成为时代浪潮。这一汉化潮流从根本上颠覆了他们过去的汉族观。此时的拓跋鲜卑（特别是上层）以成为具备汉族式教养的士大夫为目标，这一形式的士大夫也确实开始出现。相关例证可以在《魏书》的记载中找到很多，后文要讨论的孝文帝，第二节已举出的陆叡，以及下引《魏书》卷二一下《元飍传》所见元飍（孝文帝废止胡姓前，元飍姓拓跋）等都是很好的例子：

> 飍生而母潘氏卒，其年显祖（即献文帝，元飍之父）崩。及有所知，启求追服。文明太后不许，乃毁瘠三年，弗参吉庆。高祖大奇之。敏而耽学，不舍昼夜，博综经史，雅好属文。

那汉族士大夫的胡族观又是怎样的情况？由第三节提及的他们的认识可以判断，崔浩事件刚发生后，汉族士大夫或多或少再度品尝到一种挫折感或屈辱感。但是这种情绪没有持续太久，毕竟承认胡族国家的态度已在汉族士大夫群体中形成，胡族也出现汉化的迹象。崔鉴恨陆叡"姓名重复"，却以士人遇之并以女妻之，这个事例很好地说明了这段时期的变化。最终到孝文帝时期，视北魏为夷狄的态度在汉族士大夫当中不复存在[1]。不仅如此，一种自负之心开始产生，他们认为，北魏至孝文帝时期所达到的繁荣，是自己积极参政并苦心经营的成果，由此构筑的国家比起南朝也毫不逊色。心态已经发生质的改变。这可以从以下史实确认。

如第二节中崔玄伯的例子所示，处在异民族支配下的华北士大夫，

---

[1]《魏书》卷六七《崔鸿传》："鸿弱冠便有著述之志。……（十六国）跨僭一方，各有国书，未有统一，鸿乃撰为《十六国春秋》，勒成百卷，因其旧记，时有增损褒贬焉。鸿二世仕江左，故不录僭晋、刘、萧之书。又恐识者责之，未敢出行于外。世宗（孝文之子宣武帝）闻其撰录，遣散骑常侍赵邕诏鸿曰：'……朕当于机事之暇览之。'鸿以其书有与国初相涉，言多失体，且既未讫，迄不奏闻。"乍看之下，这条记载似乎显示了孝文帝时期仍有将北魏视为夷狄的事例。然而，崔鸿乃平齐民（南朝降人）之子（如后文所述，视北朝为夷狄是南朝的国是），又由于著述尚未完成，他对十六国书各种记录的调整还不够完善，这些才是上引记载的起因。关于这一点参见本篇第二章。

因其仕于胡族国家的身份，在面对贵族文化高度发达的江南汉族国家时，往往既憧憬又自卑。但这种态度渐渐转变。《魏书》卷五四《高闾传》所记高闾劝说孝文帝封禅一事就是很好的例证：

> 闾曰："司马相如临终恨不见封禅。今虽江介不宾，小贼未殄，然中州之地，略亦尽平，岂可于圣明之辰，而阙盛礼。齐桓公霸诸侯，犹欲封禅，而况万乘。"高祖曰："由此桓公屈于管仲。荆扬未一，岂得如卿言也。"闾曰："汉之名臣，皆不以江南为中国。且三代之境，亦不能远。"高祖曰："淮海惟扬州，荆及衡阳惟荆州，此非近中国乎？"

引文中孝文帝朝名臣高闾（汉族士大夫）的发言将江南置之度外，这种思考方式不止见于高闾一人。《北齐书》卷二《神武纪下》永熙三年（534）六月辛未条所记北魏末代皇帝孝武帝的诏敕云：

> 东南不宾，为日已久，先朝已来，置之度外。

可见，这已成为多数人的共识。《南齐书》卷五七《魏虏传》有一段关于孝文帝时期的记事：

> 每使至，宏亲相应接，申以言义。甚重齐人，常谓其臣下曰："江南多好臣。"伪侍臣李元凯对曰："江南多好臣，岁一易主；江北无好臣，而百年一主。"宏大惭，出元凯为雍州长史，俄召复职。

从李元凯的话中已能看出当时华北士大夫内心强烈的自负。又，裴植是孝文帝子宣武帝即位后不久由南齐投奔北魏的降臣，《魏书》卷七一《裴植传》云：

> 植虽自州送禄奉母及赡诸弟，而各别资财，同居异爨，

一门数灶，盖亦染江南之俗也。植母既老，身又长嫡，其临州也，妻子随去，分违数岁。论者讥焉。

与之关联的是《宋书》卷八二《周朗传》所载刘宋孝武帝朝周朗的一段奏议：

今士大夫以下，父母在而兄弟异计，十家而七矣。庶人父子殊产，亦八家而五矣。凡甚者，乃危亡不相知，饥寒不相恤，又嫉谤谗害，其间不可称数。

父母健在而异居分财有违礼教，这一风俗却"席卷"江南。引文揭示了华北士大夫对江南风俗的批判态度。

另外，如所周知，北魏贬称江南诸朝为"岛夷"。此行为始于何时？《魏书》卷九六至卷九八记载南朝统治者的事迹，他们分别被安排在"僭晋司马叡""岛夷桓玄""岛夷刘裕""岛夷萧道成""岛夷萧衍"等标题之下。桓玄以后被呼为"岛夷"这一点值得注意。北魏与江南政权的接触、对抗正始于东晋末，因此"岛夷"一词当出现在这一时期。而真正广泛地使用应该是在太武帝顺利推进对华北的攻伐以后。另一方面，《洛阳伽蓝记》城南龙华寺条载：

伊洛之间，夹御道，东有四夷馆，一曰金陵，二曰燕然，三曰扶桑，四曰崦嵫。道西有四夷里：一曰归正，二曰归德，三曰慕化，四曰慕义。吴人投国者，处金陵馆。三年已后，赐宅归正里。

北魏后半期的首都洛阳设有四夷馆、四夷里，表现了当时北魏在中华思想下是如何对待南朝人的（与四夷馆、四夷里类似的设施、行政规划可能在北魏前半期的首都平城已经存在）。"岛夷"的称呼、四夷馆的设置，是对付南朝贬称北魏为"索虏"的措施，很可能出自华北士大夫的献策。那他们对"岛夷"等称呼的采用，对以北魏为中心的中华思想的接受，是出自真心吗？本章目前的考察已给出明确答案。总之，以北魏为中心的中华思想与华北士大夫的观念相吻合，由此也能看出其自负心的高涨。

以上所见与北魏繁荣相伴的汉族士大夫的强烈自负，说明其内心认同北魏作为自身王朝的意识逐渐巩固。第二节曾言及，魏末时期试图拯救北魏于危亡的汉族士大夫将国耻与家怨并提，该动向正是处在这一延长线上。

可以说，本节考察的汉族观、胡族观都集中反映在孝文帝身上。下面就来讨论他的相关认识。孝文帝时代上距崔浩事件约四十年，胡族（拓跋鲜卑）的汉化取得长足进展，其上层的贵族化趋势也已非常强烈。孝文帝从崇重社会上层的立场出发，为创造身份制国家而进行姓族分定，并且鼓励胡族高层与汉族士大夫之间的通婚。昔日崔浩的理想如今由胡族一方推动实现。《南齐书》卷五七《魏虏传》关于孝文帝改革时期的记载提到：

> 伪征北将军恒州刺史巨鹿公伏鹿孤贺鹿浑（即陆叡）守桑干，宏（即孝文帝）从叔平阳王安寿（即阳平王元颐）戍怀栅，在桑干西北。浑非宏任用中国人，与伪定州刺史冯翊公目邻（即穆泰）、安乐公托跋阿干儿（即元隆）谋立安寿，分据河北。期久不遂，安寿惧，告宏。杀浑等数百人，任安寿如故。

引文叙述了反对改革而爆发的胡族谋反，以及孝文帝对参与人员的诛杀[1]。将针对胡族的诛杀与前述崔浩事件中对汉族的屠杀比较，可以看出孝文帝的立场与太武帝判然有别。那么，本章的重点问题——孝文帝眼中的胡汉之别，究竟是怎样的呢？对此，应该注意以下两条材料。《魏书》卷二一上《元禧传》围绕孝文帝禁胡语的一段记载云：

---

1. 此事件参见拙稿《北魏高祖の漢化政策の理解について》,《九州大学東洋史論集》第9号，1981年，第66页以下。修改后收入本书第二篇第六章。

> 高祖曰："……今欲断诸北语，一从正音。……如此渐习，风化可新。若仍旧俗，恐数世之后，伊洛之下复成被发之人。王公卿士，咸以然不？"

同书同卷《元羽传》同样关于孝文帝时期的记载云：

> 高祖引陆叡、元赞等于前曰："北人每言北人何用知书，朕闻此，深用忧然。今知书者甚众，岂皆圣人。朕自行礼九年，置官三载，正欲开导兆人，致之礼教。朕为天子，何假中原，欲令卿等子孙，博见多知。若永居恒北，值不好文主，卿等子孙，不免面墙也。"

第一段引文里孝文帝认为，学会汉语可以扭转胡族的"陋风"，如果固执于旧俗，数世之后将再度退回"野蛮"状态。后一条引文叙述道，长久居于恒北之地只会让胡族停留在无知状态，如果让胡族博见多闻则可使其进于礼乐。由此可以看出，对孝文帝来说，胡汉之间并非隔绝对立，而是存在承接关系。他从不像石勒、石虎那样站在胡族的立场上，摆出自主自信的姿态，或是对汉族施以拒斥。又，按第一节所述，五胡十六国时代的胡族曾以中国圣君禹、文王为例说明胡人亦可为帝王。与之相较，孝文帝的视野更为宏阔，他不止着意于君主，而是将此道理推及一般的胡族。

另一方面，《北史》卷三六《薛聪传》关于孝文帝时期的一条记载云（引文里的"蜀"在当时被视作非汉民族[1]）：

> 帝曾与朝臣论海内姓地人物，戏谓聪曰："世人谓卿诸薛是蜀人，定是蜀人不？"聪对曰："臣远祖广德，世仕汉朝，时人呼为汉。臣九世祖永，随刘备入蜀，时人呼为蜀。臣今事

---

1. 参见陈寅恪：《魏书司马叡传江东民族条释证及推论》，《陈寅恪先生论集》，历史语言研究所特刊之三，1971年。

陛下，是虏非蜀也。"帝抚掌笑曰："卿幸可自明非蜀，何乃遂复苦朕。"聪因投戟而出。帝曰："薛监醉耳。"其见知如此。

据引文，孝文帝并不那么在意胡汉之别，他一方面从汉族的角度揶揄身为"蜀人"的薛聪，而当薛聪反呛其为"虏"，即索虏（拓跋鲜卑）时，也没有被激怒。凭借自身的经学造诣，即使同当时华北第一流的汉族学者进行学理辩论也不落下风，具备极高学养的孝文帝志在成为中华皇帝。尽管如此，或许正因为如此，从引文中"卿幸可自明非蜀，何乃遂复苦朕"之语可以看出，孝文帝对自己胡族的出身还是抱有一丝顾虑。也就是说，孝文帝内心残存着一些与第一节所见五胡十六国时代姚弋仲等人相同根源的情绪（慎重起见想补充的是，孝文帝的自卑感不会强于姚弋仲等人。仅从《薛聪传》的记载就可以看出，孝文帝以"抚掌笑"的态度回应薛聪的诘难，也没有因其无礼的举止而大发雷霆。据该传后文的叙述，薛聪还一直受到孝文帝信任[1]）。

彪炳史册的汉化政策（禁胡服胡语、废胡姓等）可以说是以上所见孝文帝政治态度的集中反映。消除胡汉对立、促进胡汉融合的政治路线始自崔浩与太武帝，到了孝文帝的时代，将胡族同化于汉族社会的一面也深植其中。这种"同化"固然是时代的趋势，但通过本节的讨论可以看出，它也是孝文帝与其他胡族（特别是上层）在自发的意志下积极推动的结果[2]。

第五节 南朝汉族北朝观的变化以及北周时期的新动向

本节讨论标题所举事项，兼及北周、北齐的动向。

前文提到，南朝汉族呼北魏为索虏，以夷狄视之。但是，《洛阳伽蓝记》卷二城东景宁寺条有一则关于魏末跟随北海王元颢北伐的梁人

---

1. 事件发生以后，薛聪升任御史中尉。孝文帝改革时为伸张皇权，对御史台进行了调整、强化，以御史中尉为长官。受皇帝宠信者任此职乃常态。关于北魏御史，参见拙稿《北魏の御史》，《九州大学東洋史論集》第5号，1977年。收入本书第二篇第二章。
2. 此"同化"的意味在本篇第三章有讨论。

陈庆之的记载：

> 北海寻伏诛。其庆之还奔萧衍，用为司州刺史，钦重北人，特异于常。朱异怪复问之。曰："自晋、宋以来，号洛阳为荒土，此中谓长江以北，尽是夷狄。昨至洛阳，始知衣冠士族，并在中原。礼仪富盛，人物殷阜，目所不识，口不能传。所谓帝京翼翼，四方之则。如登泰山者卑培嵝，涉江海者小湘、沅。北人安可不重？"庆之因此羽仪服式，悉如魏法。江表士庶，竞相模楷，褒衣博带，被及秣陵。

引文中，陈庆之到访洛阳，认识到真正的衣冠士族实在彼处，此后便以北方的羽仪服式参与仪典等，引发众多效仿，成为南朝士庶间的一种潮流（"胡族"首倡的佛教在南朝传播，至萧梁发展为国教，该动向或许与这一时代氛围相关）。这条记述存在一些夸张，但能够窥知，宋齐梁间陈陈相因的历史图景（北魏→夷狄）中，出现了一些可能与前述北魏一侧的变化相联动的新迹象[1]。当然，把北朝当作五胡十六国的遗孽（非汉民族国家→非正统）可以说是江南朝廷的国是，南朝汉族视北魏为夷狄的观念与之息息相关。新迹象还不足以引起全面的变化，必须等待来自他处的能量。最终，转折发生在梁末陈初。侯景之乱攻破建康，江陵复陷落于西魏，这一系列事件的发生几乎完全摧毁了秉持秦汉以来夷狄观的南朝贵族制，以江南汉族为中心的顽固的华夷理念也随之失去了主要根基。于是，兴起自五胡的北朝的中华思想开始成为引领中国的"正统"思潮，尽管南朝最后的王朝——陈仍在江南保有一隅。

另一方面，如所周知，华北也发生了巨大的政治变动。六镇之乱在萧梁中叶已经爆发。经历这场胡族主导的动乱以后，西魏北周的胡族萌

---

[1] 关于陈庆之的这条记载，后来越智重明《華夷思想の形成と展開》（载《比较文化年報》第3辑，久留米大学比较文化研究科，1994年，第123页以下）提出了不同的见解。笔者只进行了小幅订正，主要是因为本章所据论文原型并非站不住脚，而且即便依照越智氏的观点，如何理解陈庆之与朱异之间的问答仍然难下定论。

第一章　五胡十六国北朝时期华夷观的变迁

生了比孝文帝时期胡族观、汉族观还要激进的想法。接下来就此问题展开讨论。《广弘明集》卷一〇《辩惑篇》"叙任道林辩周武帝除佛法诏"条记载了北周武帝与任道林之间的问答，在其中一节武帝有言：

> 诏曰："佛生西域，寄传东夏，原其风教，殊乖中国。汉魏晋世，似有若无，五胡乱治，风化方盛。朕非五胡，心无敬事，既非正教，所以废之。"

该书同卷"叙释慧远抗周武帝废教事"条亦有同样来自武帝的言辞：

> 佛经外国之法，此国不须，废而不用。七庙上代所立，朕亦不以为是，将同废之。

北周武帝即吞并北齐的高祖宇文邕，后在实现重新统一中国的前夜早逝。以上两条记载显示，更加自信的胡族君主已以"华人"自命，不再像以前那样视汉文化为外物，仅有程度之别的自卑情结遂完全消失。"华人"皇帝宇文邕的出现是五胡十六国至北朝华夷观变迁的结果，我们于此可以如实地窥见其面貌。另外，第二条引文中"七庙上代所立，朕亦不以为是，将同废之"数语是武帝跟慧远辩难之际的一则回复。之前武帝提出，佛像、塔堂建立无益，皆须荡除。针对于此，慧远举国家七庙为同类以相抗衡。这里可以注意到，虽然武帝志在成为"中华"皇帝，但其描绘的"中华"存在与传统礼教理念相偏离的一面（顺便一提，北魏孝文帝热心于七庙建设，参《魏书·礼志》）。

我们知道，西魏、北周多采周礼，且尊之为国家的指导理念，另一方面却重新捡起北魏孝文帝时代已被废弃的胡姓。如本章引言部分所述，前者可谓汉化路线，后者为胡化路线，因而是相互矛盾的政策。这让历代史家都十分费解。尽管按照秦汉以来的华夷观，复姓宇文的宇文邕显系胡族（他本人亦当知悉自己的胡族出身），但如前揭《广弘明集》"朕非五胡"之语反映的，他并不以五胡自视。在这一认识的基础上，再结合本章目前考察所得，以上疑惑自然冰释。也就是说，西魏、北周实行的乍一看很矛盾的政策，之所以能在现实中发挥作用，是因为一个胡汉融合的、崭新的中华世界已经出现，在那里即使同时开展这些措施也不会有违和感。西魏、北周采用周礼这一遥远的上古政治思想作为指导理念，而不以魏晋作为模范，此两者是相互关联的。又，这样的政策与第三节所见北魏太武帝推行的新道教国教化有相通的方面。

若将胡族残余保留在姓氏等方面，同时又把具备汉文化修养的胡族看作汉人，或是这些人能自认为华人的话，诸如使用复姓代表胡族出身这样的事实本身并不会消失（《新唐书》卷一九九《柳冲传》[1]），因而将出现一个不严格区分自身华夷的宽松社会。唐代前半期的华夷观念正是处在这样的状态[2]，尽管如所周知，自安史之乱以降，华夷之别再度成为甚嚣尘上的问题。唐修《晋书》卷八九《忠义传》将先后仕于西晋与五胡政权的王育、韦忠等人置于"忠义"之列，《广弘明集》卷七、《周书》卷四九《獠传》反映的北周以来獠在法律上获取了"良"的地位等现象，都是这个时代的产物[3]。

接下来附带谈谈与西魏、北周平分华北的东魏、北齐的胡汉问题。《北齐书》卷二一《高昂传》追述魏齐鼎革前的事迹：

> 于时，鲜卑共轻中华朝士，唯惮服于昂。高祖（即北齐创始人高欢）每申令三军，常鲜卑语，昂若在列，则为华言。

同书卷二三《魏恺传》云：

> 迁青州长史，固辞。文宣大怒曰："何物汉子，与官不就！"

---

1. 该传提到唐代的情况："代北则为虏姓，元、长孙、宇文、于、陆、源、窦首之。虏姓者，魏孝文帝迁洛，有八氏十族，三十六族九十二姓。八氏十族，出于帝宗属，或诸国从魏者；三十六族九十二姓，世为部落大人。并号河南洛阳人。"
2. 参见傅乐成：《唐代夷夏观念之演变》，《汉唐史论集》，联经出版事业公司，1977年。
3. 《广弘明集》卷七卫元嵩条有"劝獠为民"之语。《周书》卷四九《獠传》："递相掠卖，不避亲戚。被卖者号叫不服，逃窜避之，乃将买人指拟捕逐，若追亡叛，获便缚之。但经被缚者，即服为贱隶，不敢更称良矣。"

同书卷二四《杜弼传》同样提到东魏时高欢的言辞：

> 江东复有一吴老翁萧衍，专事衣冠礼乐，中原士大夫望之，以为正朔所在。

以上三条材料都说明胡汉对立此时变得再度严峻，结合散见于《北齐书》的其他同类记载可知[1]，这种对立持续到了北齐之末。而在作为北周前身的西魏，宇文泰和苏绰、卢辩为达成宪章周礼的理想而推行的诸改革，正基于他们的亲密合作断然展开（《周书·苏绰传》记绰死时，宇文泰曰："尚书平生为事，妻子兄弟不知者，吾皆知之。惟尔知吾心，吾知尔意。方欲共定天下，不幸遂舍我去，奈何！"）。但是，胡族君主与汉族士大夫间的这种亲密关系不见于北齐，反倒产生了杨愔那样的悲惨结局（《北齐书·杨愔传》），堪称"北齐的崔浩"。可以判断，这类现象系因上述胡汉对立的状态而起。以六镇之乱为契机，大量尚未充分汉化的胡族由北境南迁（参照前引《高昂传》的材料，这些人当时仍说鲜卑语），从根本上造成了胡汉对立的再现。太武帝朝以降，胡汉协调实乃历史发展的大方向，若暂且不考虑六镇之乱作为被压迫民众之解放斗争的特质，这在某种程度上可以说是时代的倒退。不过，流入汉地的胡族也随着迁徙而急速地中国化，胡汉对立再度兴起的情景此后没有重演（西魏、北周没有出现像东魏、北齐一样的胡汉对立，原因在于，前者的胡族数量比后者更少，建立胡汉合作的体制成为国家存续的必要条件[2]）。

小结

回顾学术史，围绕该时代的胡汉对立与融合已有不少讨论[3]，但胡、

---

1. 参见《北齐书》卷一二《高俨传》、卷三〇《高德政传》、卷三九《崔季舒传》、卷三九《祖珽传》。
2. 参见浜口重国：《西魏の二十四军と仪同府》，收入前揭浜口氏书。
3. 参见内田吟风：《南匈奴に关する研究》（收入前揭内田氏书）、浜口重国《魏晋南北朝史概说》（收入前揭浜口氏书）、宇都宫清吉《中国古代中世史把握のための一视角》（中国中世史研究会编《中国中世研究》，1970年，"五、胡汉複合社会と隋唐帝国"）、前揭宫崎氏书等。

汉双方面对彼此的"意识"及其变迁尚未被关注。另一方面，如所周知，这段时期频繁上演胡族、汉族的浴血斗争，因而企盼一个没有战乱掠夺的和平社会是植于人心的强烈观念。随着时间进展，生活在这种环境中的人们亦强烈认识到，消除胡汉对立乃实现愿望的必备前提。正是源于这一认识的增长，本章所述的那些汉族士大夫们冒着仕于夷狄王朝的屈辱，在其原本就具有的经世济民的理念下，积极地加入北魏官场。这里确实存在屈从于胡族军事力量的一面，但不能否认，归顺胡族国家也是出于他们对自身利害等因素的考量。当然笔者认为，汉族士人积极投身政界的主要理由，若只从这个角度来把握，将失于片面。而且，克服与消除胡汉对立的必要性并非只被汉人意识到，它也逐渐受到胡族一方的认同。因而在思考胡汉对立为何会转变为胡汉融合时，如果忽略胡族基于自身意志所做出的选择，视胡族文化为劣等文化，把胡汉融合看成是劣等文化败退于汉族文化的结果，同样会导致片面的理解。

以往的研究偏向于考察显露在制度、事件等历史表面的胡汉对立，或是过分关注因共处一地而自然发生的胡汉融合。为了扭转这一状况，本章在前述问题意识之下，揭示了那个堪称绝境、充满痛苦的时代里人们内心的胡族观、汉族观，并且探寻他们如何跟随自身意志走上摆脱胡汉对立的道路（这一视角下的考察在后文还有进一步的展开）。

需要附带说明的是，本章将胡族、汉族中居于领导地位的人物作为主要考察对象，系基于以下缘由：一是史料的制约；二是他们拥有更广阔的视野来看待时代；第三，这些人物的活动毕竟也跟当时一般民众掀起的潮流密切相关，尽管不能说是非常充分，但也足以据之窥测胡族观、汉族观的总体面貌[1]。

---

1. 如所周知，现存《魏书》有些卷因原文散佚，已非魏收旧笔，多系后人据《北史》等校补。为避免繁杂，本书利用校补部分时直接记作引自《魏书》。另外，《魏书》用附传的形式记载了大量人物，除非必要，引述时径将这些附传视为其本人的传记，理由同上。

第二章

关于五胡十六国北朝时代的"正统"王朝

引言

如今我们使用五胡、十六国或是五胡十六国时代这样的术语来指称永嘉之乱后那个混乱的阶段。这样的术语究竟经历了怎样的过程才定型下来？视匈奴、鲜卑、羯、氐、羌为五胡，将前赵、后赵、前燕、前秦、后燕、后秦、南燕、夏、前凉、成汉、后凉、西秦、南凉、西凉、北凉、北燕诸国认作十六国，把这些国家存在的阶段用五胡十六国时代这一形式来理解，想必也是在一定的历史背景下才出现的。不难想到，崔鸿《十六国春秋》一书的问世肯定对这类称呼的形成发挥了作用，但当我们回顾以往的研究时却发现，上述概念固定化的具体过程仍不甚明晰。

例如，《晋书》卷一一四《苻坚载记下》记前秦苻坚为姚苌所执，后者向其索要传国玺：

> （姚）苌求传国玺于（苻）坚曰："苌次膺符历，可以为惠。"坚瞋目叱之曰："小羌乃敢干逼天子，岂以传国玺授汝羌也。图纬符命，何所依据？五胡次序，无汝羌名。违天不祥，其能久乎！玺已送晋，不可得也。"

据苻坚所谓"五胡次序，无汝羌名"可以推定，羌并不属于当时的五胡。所以现在我们按匈奴、鲜卑、羯、氐、羌来理解的五胡，在前秦末的这个时点尚未固定化。又考虑到五胡排列依据的是各族称霸华北的顺序，这一术语的定型应当发生在姚苌建立后秦、像此前的非汉族王朝一样问鼎中原之后。

那么，匈奴、鲜卑、羯、氐、羌五者并包含其排列顺序所构成的五胡概念，到底是在前秦建立以后的什么时间节点形成的呢？《魏书》卷六七《崔鸿传》云：

> 鸿弱冠便有著述之志，见晋魏前史皆成一家，无所措意。

第二章　关于五胡十六国北朝时代的"正统"王朝

> 以刘渊、石勒、慕容儁、苻健、慕容垂、姚苌、慕容德、赫连屈孑、张轨、李雄、吕光、乞伏国仁、秃发乌孤、李暠、沮渠蒙逊、冯跋等，并因世故，跨僭一方，各有国书，未有统一……

如果《魏书》的记载反映的是《十六国春秋》原本的篇章排列，从"刘渊（匈奴）→石勒（羯）→慕容儁（鲜卑）→苻健（氐）→慕容垂（鲜卑）→姚苌（羌）……"这一顺序可知，崔鸿对五胡的理解是匈奴→羯→鲜卑→氐→羌。这种对篇章排列的推定即便有误，因现存《十六国春秋纂录》对十六国的记述顺序为前赵、后赵、前燕、前秦、后秦、蜀、前凉、西凉……《晋书·载记》的顺序为前赵、后赵、前燕、前秦、后秦、蜀、后凉、后燕……也难以动摇《十六国春秋》原先的记述顺序为匈奴→羯→鲜卑→氐→羌这一认识。换句话说，崔鸿以"匈奴→羯→鲜卑→氐→羌"来理解五胡是确定无疑的。尽管不清楚这种认识具体是在后秦建立以后的哪个时间节点出现的，但至少可以将其下限定格在崔鸿《十六国春秋》撰成之际。

接下来讨论十六国的概念。《魏书》卷六七《崔鸿传》录有崔鸿擅自添加进起居注的上表，其中谈及《十六国春秋》的编纂经过：

> 鸿以其书有与国初相涉，言多失体，且既未讫，迄不奏闻。鸿后典起居，乃妄载其表曰："……考诸旧志，删正差谬，定为实录。商校大略，著《春秋》百篇。至三年之末，草成九十五卷……"鸿意如此。

从表文中"著《春秋》百篇"可知，崔鸿给《十六国春秋》赋予的本名为"春秋"。在崔鸿之子崔子元的传记中，后者的一篇上奏提到：

> 先臣（崔鸿）弃世。凡十六国，名为《春秋》，一百二卷，近代之事最为备悉……

崔子元亦称该书为《春秋》。而《隋书》卷三三《经籍志二》霸史条云：

> ……
> 《敦煌实录》十卷　刘景撰。
> 《十六国春秋》一百卷　魏崔鸿撰。
> 《纂录》一十卷
> 《战国春秋》二十卷　李槩撰。
> ……

据汤球《十六国春秋辑补》叙例考述，"《纂录》一十卷"是崔鸿《十六国春秋》之节本。该节本的名字并未像现行的《十六国春秋纂录校本》一样冠以"十六国"之语，而是单纯地作为"纂录"收录于《经籍志》，这也可以支持上文的见解。从"春秋"这一原名到逐渐被唤作《十六国春秋》，成因很可能来自这部著作在复杂的背景下所经历的传阅过程，如《魏书·崔鸿传》所示：

> 然自正光以前，不敢显行其书。自后以其伯（崔）光贵重当朝，知时人未能发明其事，乃颇相传读。亦以光故，执事者遂不论之。

《魏书》同卷又载：

> 鸿弱冠便有著述之志，见晋魏前史皆成一家，无所措意。以刘渊、石勒……等并因世故，跨僭一方，各有国书，未有统一，鸿乃撰为《十六国春秋》，勒成百卷，因其旧记，时有增损褒贬焉。

据此，书名的变化在魏收撰成《魏书》之前已经发生。

不过，"刘渊、石勒……等并因世故，跨僭一方，各有国书，未有统一"一语可以让我们确定，用"十六国"的框架去概括此前的时代，

第二章 关于五胡十六国北朝时代的"正统"王朝

已经成为崔鸿编纂《春秋》时的历史认识，而无关乎该书的原名究竟为何。

以上的考察揭示出：以"五胡"指称"匈奴→羯→鲜卑→氐→羌"形成于后秦建立之后；《十六国春秋》原名"春秋"；以"五胡十六国时代"来把握那段先于南北朝的时期，这样一种历史认识是现今使用的五胡、十六国等历史术语的根基，《十六国春秋》一书对它的形成发挥了极大的作用。但并不意味着，此项历史认识是随着《十六国春秋》编纂而生成的。这是因为，历史认识本就不可能一朝成型，而必然存在其诞生的前史和过程。

本章从这一问题意识出发，探寻上述历史认识的出现过程，进而考察五胡十六国北朝时代各政权的所谓"正统性"问题。

第一节 北魏孝文帝时代的变化

《晋书》卷一〇一《刘元海载记》河瑞元年（309）条记刘聪、王弥等侵攻洛阳云：

> 于是（刘渊）命其子聪与王弥进寇洛阳，刘曜与赵固等为之后继。……王师败绩。……使呼延翼率步卒继之，败王师于河南。聪进屯于西明门……

晋军被称作"王师"。同样的例子又见于同书卷一〇二嘉平元年条、嘉平三年条、建元元年条、麟嘉元年条等，不胜枚举（《十六国春秋辑补》同）。这就容易让人相信，《十六国春秋》站在以晋为正统的立场上。然而，《晋书·载记》将刘渊写作刘元海系避李渊讳，将石虎写作石季龙系避李虎讳，这不可能是《十六国春秋》原文的操作。又由于今本《晋书·载记》的基底被认为是《十六国春秋》，《十六国春秋辑补》为复原散佚的《十六国春秋》，大量吸收了《载记》的文字。所以必须提防，《载记》《辑补》等尽管因袭自《十六国春秋》，其中却存在许多来自后代的有意无意的改动。但是，我们仍然可以确定，以晋为正统原本就是《十六国春秋》的编纂立场。这是为何？第一，《十六国春秋纂录》卷一《前赵录·刘渊传》云：

> （刘渊）僭即汉王位，改晋永兴元年为元熙元年。……永凤元年……十月，僭即皇帝位于南郊。

以此为始，《十六国春秋纂录》对五胡十六国诸政权国主的即位皆以"僭"相称。《纂录》是《十六国春秋》的节本，当大幅度保留了后者的原始形式（参见汤球《十六国春秋纂录叙》）。第二，前文已作若干考察的《魏书·崔鸿传》所载崔鸿上表提到：

> 昔晋惠不竞，华戎乱起，三帝受制于奸臣，二皇晏驾于非所，五都萧条，鞠为煨烬。赵燕既为长蛇，辽海缅成殊域，穷兵锐进，以力相雄，中原无主，八十余年。遗晋僻远，势略孤微，民残兵革，靡所归控。皇魏龙潜幽代，世笃公刘，内修德政，外抗诸伪。

按引文，正统的传递路线当作西晋→北魏，十六国俱为僭伪。第三，至正始三年（506）之末，百卷的《十六国春秋》完成了九十五卷（见《魏书·崔鸿传》所载崔鸿上表），在这个时间节点，直接承继西晋成为统治中原的正统王朝已是北魏的国是。总而言之，视西晋为正统的观念在《十六国春秋》问世以前已经成立。接下来想就这一点再作详考。

《魏书》卷一○八之一《礼志一》太和十四年（490）八月条云：

> 诏曰："丘泽初志，配尚宜定，五德相袭，分叙有常。然异同之论，著于往汉，未详之说，疑在今史。群官百辟，可议其所应，必令合衷，以成万代之式。"中书监高闾议以为："……臣闻居尊据极，允应明命者，莫不以中原为正统，神州为帝宅。……计五德之论，始自汉刘，一时之议，三家致别。……赵承晋，金生水，故赵为水德。燕承赵，水生木，

第二章 关于五胡十六国北朝时代的"正统"王朝

> 故燕为木德。秦承燕,木生火,故秦为火德。秦之未灭,皇魏未克神州,秦氏既亡,大魏称制玄朔。故平文之庙,始称'太祖',以明受命之证,如周在岐之阳。若继晋,晋亡已久;若弃秦,则中原有寄。推此而言,承秦之理,事为明验。故以魏承秦,魏为土德。……又秦赵及燕,虽非明圣,各正号赤县,统有中土,郊天祭地,肆类咸秩,明刑制礼,不失旧章。奄岱逾河,境被淮汉。非若蠕蠕边方,僭拟之属,远如孙权、刘备,近若刘裕、道成,事系蛮夷,非关中夏。伏惟圣朝,德配天地,道被四海,……正位中境,奄有万方。今若并弃三家,远承晋氏,则蔑中原正次之实。……臣愚以为宜从尚黄,定为土德。……"

孝文帝时期出现了试图推翻此前的土德定论、以北魏承晋之金德而为水德的动向,针对于此,中书监高闾发表了支持北魏土德的言说。高闾立论的基础是不应无视曾占据中原的赵、燕、秦,这一看法未见于先前的北魏历史。此前对于北魏土德的理解,见同书同卷道武帝天兴元年(398)条所载:

> 天兴元年,定都平城,即皇帝位,立坛兆告祭天地。祝曰:"……"事毕,诏有司定行次,正服色。群臣奏以国家继黄帝之后,宜为土德,故神兽如牛,牛土畜,又黄星显曜,其符也。于是始从土德,数用五,服尚黄,牺牲用白。

北魏乃黄帝之后,故为土德。引文所谓"神兽如牛,牛土畜"系依据《魏书》卷一《序纪》圣武皇帝诘汾条的记载:

> 献帝命南移,山谷高深,九难八阻,于是欲止。有神兽,其形似马,其声类牛,先行导引,历年乃出。始居匈奴之故地。

"黄星显曜"指的是《魏书》卷一〇五之三《天象志三》道武帝皇始元

年（396）条所记事件：

> 是秋，太祖启冀方之地……天街彗之，盖其祥也。先是，有大黄星出于昴、毕之分，五十余日。慕容氏太史丞王先曰："当有真人起于燕代之间，大兵锵锵，其锋不可当。"冬十一月，黄星又见，天下莫敌。

《魏书》卷一《序纪》开篇述拓跋氏渊源云：

> 昔黄帝有子二十五人……昌意少子，受封北土，国有大鲜卑山，因以为号。……黄帝以土德王，北俗谓土为托，谓后为跋，故以为氏。

由这条材料可知，"神兽""黄星"与奉黄帝为始祖的观念、拓跋这一部族名称等都有密切关联，很可能是北魏在称霸华北的过程里制造的神话。

通观两汉至赵宋的历史，北魏在统治中原的众王朝中具有特殊性。这从以上的考察已能窥见，北魏与魏、晋等政权不同，其建立并非经由受禅于前朝[1]，后来蒙古人的元朝也是如此。这一点在思考北魏的国家特质时应该首先注意，当然如所周知，随着与中国接触的加深，北魏也走上了所谓"中国化"的进程[2]。上面谈到的北魏在国初采用土德，到孝文帝时代又将五德行次由土德改为水德，就是该进程的一项表现。此处还想关注的是，中书监高闾所持土德说与北魏朝廷此前观念之间的巨大差异。至少就现存史料来说，晋→赵→燕→秦→北魏这样的德运次序安排不见于以往的北魏历史。那么这种观念是从哪里产生的呢？前文引及高闾的原话："又秦赵及燕，虽非明圣，各正号赤县，统

---

1. 关于禅让，参见宫川尚志：《禅譲による王朝革命の研究》，《六朝史研究 政治·社会编》，平乐寺书店，1964年。
2. 笔者关于这段时期胡族"中国化"的看法，见拙稿《胡族国家》，《魏晋南北朝隋唐时代史の基本问题》，汲古书院，1997年。收入本书第三篇第三章。

有中土，郊天祭地，肆类咸秩，明刑制礼，不失旧章。奄岱逾河，境被淮汉。非若龌龊边方，僭拟之属，远如孙权、刘备，近若刘裕、道成，事系蛮夷，非关中夏。伏惟圣朝（即北魏），德配天地，道被四海……正位中境，奄有万方。"他把刘宋、萧齐视作与蛮夷并列的僭伪，赵、燕、秦因统治过中原而被视为正统。《十六国春秋》《晋书·载记》所见将五胡诸国皆归入僭伪的观念，因与高闾的立场大相径庭，不可能来源于此。该认知对我们思考先前提出的问题，即五胡、十六国等历史术语，以及用"五胡十六国时代"这一框架来把握先前时代的历史认识是如何形成的，具有重要意义。

《晋书》卷一〇三《刘曜载记》云：

以水承晋金行，国号曰赵。

同书卷一一一《慕容晞载记》叙及建熙年间云：

（慕容）晞钟律郎郭钦奏议以晞承石季龙水为木德，晞从之。

上引记载显示，与北魏高闾所持相类的观念在过去是存在的。这与本节论旨有关，故令人兴味盎然。接下来应注意《晋书》卷一一〇《慕容儁载记》所附《韩恒传》的材料：

儁僭位，将定五行次，众论纷纭。恒时疾在龙城，儁召恒以决之。恒未至而群臣议以燕宜承晋为水德。既而恒至，言于儁曰："赵有中原，非唯人事，天所命也。天实与之，而人夺之，臣窃谓不可。且大燕王迹始自于震，于《易》，震为青龙。受命之初，有龙见于都邑城，龙为木德，幽契之符也。"儁初虽难改，后终从恒议。

韩恒将是否于中原立国作为判断标准，这与高闾的看法如出一辙。高闾的看法很可能就是从先于北魏的这类讨论蹈袭而来。

高闾关于德运的观点得到了多少人的支持，我们无法确知，但因其说具备历史依据，赞成者应当不在少数。这项运次安排虽未成为当时北魏的官方立场，但该动向促成了前揭"北魏土德说"理论基础的改易，即由"黄帝土德"转为"中原占据"，而且这一质变也许在此前已然发生。

无论如何，如上文所述，高闾的设想最终遭到否定，北魏的德运从土德改成了水德。下面就此展开考察，尝试揭示这一变动的历史意义。

在《魏书》卷一○八之一《礼志一》里，秘书丞李彪、著作郎崔光针对高闾的意见提出了异议：

> 秘书丞臣李彪、著作郎崔光等议以为："尚书闾议，继近秦氏。臣职掌国籍，颇览前书，惜此正次，慨彼非绪。辄仰推帝始，远寻百王。魏虽建国君民，兆眹振古，祖黄制朔，绵迹有因。然此帝业，神元为首。案神元、晋武，往来和好。至于桓、穆，洛京破亡。二帝志摧聪、勒，思存晋氏，每助刘琨，申威并冀。是以晋室衔扶救之仁，越石深代王之请。平文、太祖，抗衡苻石，终平燕氏，大造中区。则是司马祚终于郏鄏，而元氏受命于云代。盖自周之灭及汉正号，几六十年，著符尚赤。……自有晋倾沦，暨登国肇号，亦几六十余载，物色旗帜，率多从黑。是又自然合应，玄同汉始。且秦并天下，革创法度，汉仍其制，少所变易。犹仰推五运，竟踵隆姬。而况刘、石、苻、燕，世业促褊，纲纪弗立。魏接其弊，自有彝典，岂可异汉之承木，舍晋而为土耶？夫皇统崇极，承运至重，必当推协天绪，考审王次，不可杂以僭窃，参之强狡。神元既晋武同世，桓、穆与怀、愍接时。晋室之沦，平文始大，庙号太祖，抑亦有由。绍晋定德，孰曰不可，而欲次兹伪僭，岂非惑乎？臣所以偻偻惜之，唯垂察纳。"诏令群官议之。

李彪等驳斥了高闾的"中原占据说"，并依汉承周的故事，建议北魏继

第二章　关于五胡十六国北朝时代的"正统"王朝

西晋之后。其中提到"刘、石、苻、燕，世业促褊，纲纪弗立"，诸政权被视为"僭窃""伪僭"，这一点与高闾的看法直接对立。经群官审议，李彪等所言受认可，皇帝发诏颁布，见《魏书·礼志》：

> （太和）十五年（491）正月，侍中、司空、长乐王穆亮，侍中、尚书左仆射、平原王陆叡……等言："臣等受敕共议中书监高闾、秘书丞李彪等二人所议皇魏行次。尚书高闾以……彪等据神元皇帝与晋武并时，桓、穆二帝，仍修旧好。始自平文，逮于太祖，抗衡秦、赵，终平慕容。……二家（高闾与李彪）之论，大略如此。臣等谨共参论，伏惟皇魏世王玄朔，下迄魏、晋、赵、秦、二燕虽地据中华，德祚微浅，并获推叙，于理未惬。又国家积德修长，道光万载。彪等职主东观，详究图史，所据之理，其致难夺。今欲从彪等所议，宜承晋为水德。"诏曰："越近承远，情所未安。然考次推时，颇亦难继。朝贤所议，岂朕能有违夺。便可依为水德，祖申腊辰。"

最终，孝文帝拒绝了高闾的提议，采纳李彪的意见，以北魏行次承晋，改此前的土德为水德。可以想见，这一过程注入了孝文帝强烈的个人意志，尽管上引诏书中"越近承远，情所未安""朝贤所议，岂朕能有违夺"数语，让人觉得孝文帝似乎缺少了亲自裁断德运变更的积极性。诏书之辞只是一种姿态，北魏的行次改动确实是在他的坚定决心下执行的。现就此进行考察。

《魏书》卷七下《高祖纪下》载：

> （太和十四年）八月丙寅朔……辛卯，宕昌国遣使朝贡。诏议国之行次。九月癸丑，太皇太后冯氏崩。……冬十月戊辰，诏曰："自丁荼苦，奄逾晦朔。仰遵遗旨，祖奠有期。朕将亲侍龙舆，奉诀陵隧。诸常从之具，悉可停之。……"癸酉，葬文明太皇太后于永固陵。甲戌，车驾谒永固陵。群臣

固请公除，帝不许。己卯，车驾谒永固陵。庚辰，帝居庐，引见群僚于太和殿，太尉、东阳王丕等据权制固请，帝引古礼往复，群臣乃止。……诏曰："公卿屡依金册遗旨，中代权式，请过葬即吉。朕思遵远古，终三年之制。……"……甲申，车驾谒永固陵。辛卯，诏曰："群官以万机事重，请求听政。朕仰祗遗命，亦思无怠。但哀慕缠绵，心神迷塞，未堪自力以亲政事。……"……十五年春正月丁卯，帝始听政于皇信东室。……十有六年春正月戊午朔……壬戌，诏定行次，以水承金。

可见，行次的更改，自太皇太后冯氏去世前夕开始审议，太和十五年正月起孝文帝听政后继续进行，经过一年以上的时间才最终决定。《魏书》卷一三《文成文明皇后传》述文明太后事迹云：

> 自太后临朝专政，高祖（孝文帝庙号）雅性孝谨，不欲参决，事无巨细，一禀于太后。太后多智略，猜忍，能行大事，生杀赏罚，决之俄顷，多有不关高祖者。是以威福兼作，震动内外。

据此得知，在太和十四年以前，太后临朝，北魏政治的实权由其掌握。而关于行次的审议，《高祖纪》的记载紧接在"宕昌国遣使朝贡"之后，尽管具体时日无法确认，但从遣使的辛卯到太后去世的癸丑仅二十二天，大概可以断定，前文所引《魏书》卷一〇八之一《礼志一》太和十四年八月条的诏书反映的是孝文帝的意志（另，《魏书》卷七下《高祖纪下》卷末赞誉孝文帝的文才，提到"自太和十年已后诏册，皆帝之文也"）。如所周知，孝文帝在冯太后死后，陆续推行了多项大幅转变原有体制的改革。此间应注意的是《魏书》卷七下《高祖纪下》太和十五年七月己卯条的以下事件，因其与行次更定相关：

> 诏议祖宗，以道武为太祖。

是时，道武帝被改尊为太祖。先前所引《魏书·礼志》中群臣答复孝文帝垂问有言"始自平文，逮于太祖，抗衡秦、赵，终平慕容"，这里的"太祖"已是指完成上述改尊后的道武帝。不过，同样是《魏书·礼志》中高闾议北魏德运时提到"皇魏未克神州，秦氏既亡，大魏称制玄朔，故平文之庙，始称'太祖'，以明受命之证"，此语还基于改尊前以平文帝为太祖的认识。李彪的议论又有"神元既晋武同世，桓、穆与怀、愍接时。晋室之沦，平文始大，庙号太祖，抑亦有由"数句，"太祖"仍是指平文帝。也就是说，高闾、李彪的说法与其后群臣上奏所持以道武帝为太祖的观点迥然有别。"太祖"的更定，在孝文帝的全部改革中具有极为重大的意义。对此的详细讨论将于第二篇展开，简洁地说就是，它与北魏爵制、郊祀制度的改变相关联，是旨在打破从漠北时代以来一直存在于北族之间的一体感的一项政策[1]。在这样的背景下，北魏行次的变更耗费了一年多的时间，孝文帝在观察群臣动向的同时，以非凡的决心推动政策的实现。换言之，我们不能据前引诏书"越近承远，情所未安""朝贤所议，岂朕能有违夺"数语就认为孝文帝在其中没有发挥积极作用。想附带说明的是，关于北魏德运更定的时间，史书有两种不同的记载，本纪作太和十六年正月，《礼志》作太和十五年正月，本文取前者。理由为，太祖由平文帝替换为道武帝发生在太和十五年七月己卯，其后太和十六年正月辛酉即以太祖道武帝配南郊，同年同月非太祖道武帝子孙为王者悉降为公，而群臣答孝文帝关于德运变更之奏云"始自平文，逮于太祖，抗衡秦、赵，终平慕容"，此"太祖"已是道武帝。

《魏书》卷五四《高闾传》记高闾奏请孝文帝行封禅云：

> 闾曰："司马相如临终恨不见封禅。今虽江介不宾，小贼未殄，然中州之地，略亦尽平，岂可于圣明之辰，而阙盛礼。齐桓公霸诸侯，犹欲封禅，而况万乘。"高祖（孝文帝）曰："由此桓公屈于管仲。荆扬未一，岂得如卿言也。"

---

[1] 第二篇第三章。参见拙稿《北魏の封爵制》，《東方学》第57辑，1979年，第14页以下。

间曰:"汉之名臣,皆不以江南为中国。且三代之境,亦不能远。"高祖曰:"淮海惟扬州,荆及衡阳惟荆州,此非近中国乎?"

此处高间的言论,置江南于"度外"。前文引《魏书·礼志》有言曰"僭拟之属,远如孙权、刘备,近若刘裕、道成,事系蛮夷,非关中夏",将刘宋、萧齐与蛮夷并论,视之为僭伪。两者立意一致。继续看《魏书》,卷九六有题作"僭晋司马叡"的传记,内文曰:

> (司马)叡僭即大位,改为大兴元年。其朝廷之仪,都邑之制,皆准模王者,拟议中国。遂都于丹阳,因孙权之旧所,即禹贡扬州之地。……厥田惟下下,所谓"岛夷卉服"者也。……叡因扰乱,跨而有之。中原冠带呼江东之人,皆为貉子,若狐貉类云。巴、蜀、蛮、獠、溪、俚、楚、越,鸟声禽呼,言语不同,猴蛇鱼鳖,嗜欲皆异。江山辽阔将数千里,叡羁縻而已,未能制服其民。

接下来卷九七有"岛夷桓玄""岛夷刘裕",卷九八有"岛夷萧道成""岛夷萧衍"等传。易言之,《魏书》作者魏收也怀有高间那样的认识。这说明高间的想法绝非孤立,而是得到了相当数量的华北士大夫支持。上述《魏书》的篇章安排还显示,只有司马叡被称作"僭",桓玄、刘裕、萧道成、萧衍等俱作"岛夷",双方在表述上存在差别。另一方面,先前已引用、考察过的《魏书·礼志》所记高间上奏云"赵承晋,金生水,故赵为水德;燕承赵,水生木,故燕为木德;秦承燕,木生火,故秦为火德",如其所示,高间自己也视西晋为正统,此点与李彪等人无异。其立场实在于否定未统治中原的江南政权的正统性,也就是不承认西晋→东晋→宋→齐的正统传递序列。这与上述《魏书·僭晋司马叡传》《岛夷刘裕传》的观念相同。又由于《魏书》用"僭晋""岛夷"的形式区分东晋以降的历史,这类立场出现于华北当始自南北朝时代的开启,即北魏太武帝

第二章　关于五胡十六国北朝时代的"正统"王朝

统一华北之时。

华北统一的事态在汉族、胡族之间引发的巨大变化，上一章已有考察[1]。此处想指出以下几点。第一，当时汉族士大夫的领袖崔浩承认了北魏这一胡族王朝，并以此为契机对建设新一代的中国展开摸索。第二，崔浩之外的汉族士大夫也逐渐认同北魏。第三，在华北统一的背景下，当时的君主太武帝超越以往胡汉对立的立场，开始意愿强烈地向"中华"皇帝迈进。第四，虽然尚未被明确地意识到，变化的基础在普通胡族当中也已经形成。根据这些现象可以认为，前文揭示的孝文帝时代的观念，是在其高祖太武帝达成华北一统这一局面的延长线上出现的。另外，《封氏闻见记》卷八绎山条载：

> 兖州邹绎山，南面平复，东西长数十步，广数步。……始皇刻石纪功，其文字李斯小篆。后魏太武帝登山，使人排倒之。

太武帝推倒绎山秦始皇刻石的背景，或许是先于北魏一度统一华北的前秦与始皇帝之秦有重合之处[2]。若此说成立，此时北魏就有可能已经采用前述高闾那样的观念，即认为北魏乃继承前秦火德的土德王朝。无论如何，从实现华北统一开始，北魏自身的正统性就上升成为朝廷的重要问题。

以上的考察阐明，北魏同五胡诸国切割的决定是在孝文帝进行德运变更之际做出的，处于太武帝再度统一华北以来的历史脉络下。将先于北魏的阶段用"五胡十六国时代"去认识的观念也在此时产生。崔鸿的《十六国春秋》是基于这一历史观编纂的著作，而这种立场到了唐代也被《晋书》吸收。是故，五德行次的改易，不单单在北魏史上具有意义，也强烈地影响到今日我们所秉持的历史认识。

---

1. 参见本书第一篇第一章第三节。原题《五胡十六国、北朝期における胡漢融合と華夷観》，载《佐賀大学教養部研究紀要》第16卷，1984年。
2. 关于秦始皇刻石，参见鶴間和幸：《秦始皇帝の東方巡狩刻石に見る虚構性》，《茨城大学教養部紀要》第30号，1996年。

第二节　关于前北魏时代的正统性

上一节考察了"五胡十六国时代"这一历史认识诞生的经过，那永嘉之乱以降的何种进展促成了前述观念的出现？本节讨论五胡十六国时代正统性的变迁，并探寻其与上节所得结论之间的关联。

为了论述的方便，我们将上面的问题区分为汉族与非汉族两种情况，以此顺序展开。

先看汉族。永嘉之乱以降，葬送了正统王朝西晋的华北汉族以何种态度面对席卷华北的非汉政权，在前一章已有若干考察。我们揭示出，在文化优越感的心态下，当时汉人在内心将胡族视为夷狄，但又因受到胡族的军事、政治压力而怀有屈辱和畏惧等情绪，这种状况一直保持到北魏初期。北魏太武帝时代华北走向统一，以崔浩为首的大量汉族士大夫逐渐认同胡族王朝北魏，并试图以此为起点探索新型的中国。不过，此时华北汉族对江南的汉族王朝又抱持何种心态？这一点还未深究。因而下文将从以上观点出发来考察这个问题。首先要指出，并非所有当时的汉人都把东晋看成继承西晋的正统王朝。《晋书》卷八六《张轨传附张寔传》（《十六国春秋辑补》卷六八《前凉录二·张寔传》同）载：

> （东晋）元帝即位于建邺，改年太兴，寔犹称建兴六年，不从中兴之所改也。

《晋书》卷八六《张轨传附张玄靓传》（《十六国春秋辑补》卷七二《前凉录六·张玄靖传》同）云：

> 废和平之号，复称建兴四十三年。……有陇西人李俨，诛大姓彭姚，自立于陇右，奉中兴年号，百姓悦之。玄靓遣牛霸率众讨之……

第二章 关于五胡十六国北朝时代的"正统"王朝

可见,当时存在遵从西晋愍帝年号,而拒用司马睿的中兴及以后年号的态度。也就是说,从西晋走向东晋的过程里,汉族之间对东晋的正统性产生过怀疑。但另一方面,《魏书》在卷二四《崔玄伯传》所附《崔恬传》之后,录有一段有关崔浩之父崔玄伯的史料:

> 始玄伯因苻坚乱,欲避地江南,于泰山为张愿所获,本图不遂,乃作诗以自伤,而不行于时,盖惧罪也。及(崔)浩诛,中书侍郎高允受敕收浩家,始见此诗。允知其意,允孙绰录于允集。

据此,当时大部分的华北汉族士大夫在胡族的政治压力下,也确实对西晋皇族司马睿在江南建立的东晋心生向往。

到了刘宋时代,状况又发生了变化。《晋书》卷一一八《姚兴载记下》记司马国璠、司马叔道等投奔后秦云:

> 晋河间王子国璠、章武王子叔道来奔,兴谓之曰:"刘裕匡复晋室,卿等何故来也?"国璠等曰:"裕与不逞之徒削弱王室,宗门能自修立者莫不害之。是避之来,实非诚款,所以避死耳。"兴嘉之。……谯纵遣其侍中谯良、太常杨轨朝于兴,请大举以寇江东。遣其荆州刺史桓谦、梁州刺史谯道福率众二万东寇江陵。兴乃遣前将军苟林率骑会之。谦屯枝江,林屯江津。谦,江左贵族,部曲遍(《十六国春秋辑补》作偏)于荆楚,晋之将士皆有叛心。

《晋书》卷八七《凉武昭王李玄盛传附凉后主李歆传》载:

> 士业(《十六国春秋辑补》作歆。李歆字士业)立四年而宋受禅,士业将谋东伐,张体顺切谏,乃止。

前一条引文提到来自江南的亡命者以及荆楚之地的将士对刘裕的反感,

后一条引文的内容是河西地区的汉族君主反对刘裕。尽管他们都不是华北士大夫，但结合先前崔玄伯事例所见华北士大夫对于东晋的心驰神往，可以推断，这样的反感催生了同时代华北士大夫对刘宋的厌弃。刘裕不是司马氏式的贵族，他的庶民阶层出身亦应是其遭受抵触的原因之一。此后几乎就不再能见到从华北流亡江南的士大夫，迥异于以往，这种情形当与上述变化有关。

刘宋令华北汉族士大夫对其正统性深怀疑虑，这导致了他们与江南政权的"割席"。而上文曾列举前一章考察所得数项结论，如其中第一点、第二点所示，随着华北统一而逐渐进入安定期，在华北士大夫间出现了视北魏为中原王朝并投身支持的潮流[1]。结合起来考虑，先前指出的《魏书》列传的标记区分，即为东晋司马叡冠以"僭晋"，将桓玄、刘裕以下的江南政权皇帝写作"岛夷"，反映的就是华北汉族士大夫在认识上的这种变化。

因论述需要，上文对晚于五胡十六国的时代有所涉及，下面再回到本节主题。在异民族统治下，或是处于异民族不断侵攻中的华北士大夫，此时有多条道路可以选择：加入、出仕异民族政权，身受异民族政权统辖却拒绝出仕以示贵族的矜持，抑或尊江南王朝为盟主以抵抗异民族。这里应注意的是，尽管力量薄弱，如果条件允许，士大夫们还会尝试形成一支独立势力。《十六国春秋纂录》卷六《前凉录·张重华传》曰：

> （永乐）三年九月，晋遣使者（《十六国春秋辑补》下有"侍御史俞归"五字）拜（《十六国春秋辑补》下有"重华"二字）侍中、大都督陇右诸军事、大将军、凉州刺史，领护羌校尉（《十六国春秋辑补》下有"假节"二字）、西平公。重华以位号未称，怒不受诏。群寮上重华为丞相、凉王、雍秦凉三州牧。

---

1. 参见本书第一篇第一章第三节。原题《五胡十六国、北朝期における胡漢融合と華夷觀》，载《佐賀大学教養部研究紀要》第16卷，1984年。

第二章　关于五胡十六国北朝时代的"正统"王朝

此事《晋书》卷八六《张轨传附张重华传》记作:"诏遣侍御史俞归拜重华护羌校尉、凉州刺史、假节。"同传又云(《十六国春秋辑补》卷七一《前凉录五·张重华传》同):

> 是时御史俞归至凉州,重华方谋为凉王,不肯受诏,使亲信人沈猛谓归曰:"我家主公奕世忠于晋室,而不如鲜卑矣。台加慕容皝燕王,今甫授州主大将军……"

同卷附《张祚传》云(《十六国春秋辑补》卷七二《前凉录六·张祚传》略同):

> 祚纳尉缉、赵长等议,僭称帝位(《十六国春秋纂录》《十六国春秋辑补》俱作"僭即王位于谦光殿"),立宗庙,舞八佾,置百官,下书曰:"……"改建兴四十二年为和平元年……

引文显示,张重华曾谋求凉王之号(但东晋用戎狄可称王、异姓内臣不得为王的理据加以否决,参见《晋书·张重华传》),最终至张祚时自即凉王位。而张重华对王号的要求并非出自其个人。引文有"群寮上重华为丞相、凉王、雍秦凉三州牧"之语,后又有"祚纳尉缉、赵长等议,僭称帝位",足够证明。可以认为,有势力在支持这一趋向。不过,反对此项"革命"的势力同样存在,《晋书·张祚传》(《十六国春秋辑补》卷七二《前凉录六·张祚传》同)记和平元年二月灾异频发之际,郎中丁琪上谏,其中一段为:

> 行革命之事,臣窃未见其可。华夷所以归系大凉、义兵所以千里响赴者,以陛下为本朝之故。今既自尊,人斯高竞……

先前引用和考察过的《张轨传附张玄靓传》所谓"废和平之号,复称建兴四十三年……有陇西人李俨，诛大姓彭姚，自立于陇右，奉中兴年号，百姓悦之，玄靓遣牛霸率众讨之"，也能够说明。可见当时并存着三股力量，即尊奉西晋（"称建兴四十三年"）、拥戴东晋（"奉中兴年号"）、寻求自立（"行革命之事"），舆论难以达成统一。《晋书·张玄靓传》记张天锡专掌朝政时提到：

改建兴四十九年，奉升平（东晋年号）之号。

前凉从此开始奉行东晋年号。这受到了桓温北伐的影响，之后其又遵用咸安（东晋年号）之号直到灭国[1]。

以上跟随五胡十六国之一的前凉的进程，观察该时代汉族士大夫的动向。从中看到了他们保持中华传统的努力，在选择"奉正朔"的对象时非常苦恼的一面也如实展现出来。《晋书》卷一一〇《慕容儁载记》所附《李产传》记载，范阳人李产在永嘉之乱时曾参与同郡祖逖的行动，后还乡里仕于石氏，任范阳太守时面临前燕来攻，随之诣军请降。其经过为：

及慕容儁南征，前锋达郡界，乡人皆劝产降，产曰："夫受人之禄，当同其安危，今若舍此节以图存，义士将谓我何！"众溃，始诣军请降。儁嘲之曰："卿受石氏宠任，衣锦本乡，何故不能立功于时，而反委质乎！烈士处身于世，固当如是邪？"产泣曰："诚知天命有归，非微臣所抗。然犬马为主，岂忘自效，但以孤穷势蹙，致力无术，俛偄归死（《十六国春秋辑补》作"黾俛归死"），实非诚款。"儁嘉其慷慨，顾谓左右曰："此真长者也。"乃擢用之，历位尚书。性刚正，好直言。

---

1. 参见關尾史郎：《前涼"升平"始終——〈吐魯番出土文書〉劄記（二）》，《集刊東洋学》第53号，1985年；佐藤智水：《五胡十六国から南北朝時代》，《講座敦煌》第二卷《敦煌の歴史》，大東出版社，1980年。

第二章　关于五胡十六国北朝时代的"正统"王朝

由汉族的正统王朝来光复华北固然受到企盼，但几经波折后，其可能性已日益衰微。在这种状况下，追问天命何归，成为五胡十六国时代汉族士大夫的共有心绪[1]。

我们已就五胡十六国时代华北汉族一方围绕正统性的思考进行了探察，那下面就来讨论胡族对此有何认识。首先必须确认的一件已经很明显的事项是，胡族一方灭掉西晋后，便不再继续奉行其正朔。但按照前一节关于五德行次的考察，胡族诸国均将西晋视为本国出现以前的正统王朝。这是因为西晋乃统一中国、包摄华夷的王朝，非汉族也认识到，其自身曾作为臣下参与其中。而且这种认识还影响了他们对东晋的看法。《晋书》卷一一六《姚弋仲载记》记载了姚弋仲对其诸子的告诫（《十六国春秋辑补》卷四九《后秦录·姚弋仲传》略同）：

> 常戒诸子曰："……中原无主，自古以来未有戎狄作天子者。我死，汝便归晋，当竭尽臣节，无为不义之事。"乃遣使请降。永和七年，拜弋仲使持节、六夷大都督……八年，卒（《十六国春秋辑补》作薨）。

可见，姚弋仲抱有对东晋的臣下意识。《晋书》卷一二一《李雄载记》记李雄言辞云（《十六国春秋辑补》卷七七《蜀录二·李雄传》玉衡十九年条同）：

> 我乃祖乃父亦是晋臣，往与六郡避难此地，为同盟所推，遂有今日。琅邪若能中兴大晋于中夏，亦当率众辅之。

---

1. 沮渠蒙逊灭西凉后，凉武昭王李玄盛后尹氏面对其女之亡，"抚之不哭，曰'汝死晚矣！'"，她最终却向柔然称臣，卒于伊吾（《晋书》卷九六《列女·凉武昭王李玄盛后尹氏传》）。该事例亦可作为本文所述问题的参考。另外，《晋书》卷八七《凉武昭王李玄盛传》记载了李重耳在西凉灭亡后的行迹："士业子重耳，脱身奔于江左，仕于宋。后归魏，为恒农太守。"这说明部分人士得以投奔江南，而李重耳又北奔华北，仕于北魏。其理由难以确定，不过在考虑该问题时，应该注意《世说新语·赏誉》以下材料所透露的对于河西地域的看法："张天锡世雄凉州，以力弱诣京师，虽远方殊类，亦边人之杰也。"

五胡之乱时割据蜀地的李雄发表了支持东晋元帝司马睿的言论。《晋书》卷一一四《苻坚载记下》记载了石越的一段言辞（《十六国春秋辑补》卷三六《前秦录·苻坚传》同）：

> 晋中宗（东晋司马睿），藩王耳，夷夏之情，咸共推之，遗爱犹在于人。

元帝被认为深得"夷夏之情"。以上记载显示，东晋对于那些非汉族，就像对于大部分汉族一样，也具有作为正统王朝的资格。但不应忽视，非汉族与汉族的情况有所不同，在将东晋视为继承西晋的正统王朝背后，是一种更现实的考量触发了他们当下支持东晋的意识：汉族是其占领地区中的多数，遵从汉族的意向，将有利于强化其统治。比如，慕容廆曾劝进东晋元帝，至慕容儁时，面对群臣上尊号之请，他先以"吾本幽漠射猎之乡，被发左衽之俗，历数之箓宁有分邪"推辞，但很快自即皇帝位，并谓东晋使者曰："汝还白汝天子，我承人乏，为中国所推，已为帝矣。"这一事例就是绝佳说明（《晋书·慕容儁载记》）。

然而，如果要说这种认可东晋的意识完全建立在现实利益的判断上，也是不对的。《十六国春秋辑补》卷三三《前秦录三·苻坚传》叙及苻坚的幼年时代：

> 八岁，请师就家学。（苻）洪曰："尚小未可，吾年十三方欲求师，时人犹以为速成，汝戎狄异类，世知饮酒，今乃求学邪！"欣而许之（《晋书》卷一一三《苻坚载记上》无"尚小未可，吾年十三方欲求师，时人犹以为速成"，《十六国春秋纂录》有此句）。

从苻坚祖父苻洪对其所言"汝戎狄异类"可以看出他们对本族的戎狄出身具有强烈认识。而《晋书》卷一一四《苻坚载记下附苻融传》记录了苻坚季弟苻融劝谏其南伐的言辞，其中一段为（《十六国春秋辑补》卷三八《前秦录·苻坚传附苻融传》同）：

第二章 关于五胡十六国北朝时代的"正统"王朝

> 国家,戎族也,正朔会不归人。江东虽不绝如缐,然天之所相,终不可灭。

《十六国春秋》《晋书·载记》在记载这些对话时,与下文将谈及的"王师"等事例一样,都是据各五胡政权国书的样式抄录。也就是说,上引苻洪、苻融的发言出自其本人之口。因存在认为自己或本种族劣于汉族的意识,在当时的胡族眼中,自身政权的正统性有所欠缺,立国江东的东晋的正统性反而得到承认。《晋书》卷一一四《苻坚载记下附王猛传》记苻坚在王猛临终之际问以后事,王猛的部分回答为(《十六国春秋纂录》卷四《前秦录》同):

> 猛曰:"晋虽僻陋吴越,乃正朔相承。亲仁善邻,国之宝也。臣没之后,愿不以晋为图……"

王猛尚有家人在前秦,他竟直接向苻坚指出政权缺乏正统性。这与先前苻坚季弟苻融谏止之际,将正朔归于东晋同出一辙。单以苻坚的宽厚来解释远不足够,从更广阔的视野来看,此类事例反映了上文所述的意识在前秦被普遍接受。

另一反面,与该意识截然不同的观念也在生长。例如,《晋书》卷一一一《慕容暐载记》记苻坚攻前燕之时:

> 暐忧惧不知所为,乃召其使而问曰:"秦众何如?今大师既出,猛等能战不?"或对曰:"秦国小兵弱,岂王师之敌……"

此处前燕军队被称作"王师"。《晋书》卷一一四《苻坚载记下》记载,苻坚的南伐军惨败于东晋,慕容燕的势力倒戈,苻坚责让慕容暐时提到:

> 奈何因王师小败,便猖悖若此。

《晋书》卷一二三《慕容垂载记》记前燕攻打后赵时慕容垂的言辞：

> 今方平中原，宜绥怀以德，坑戮之刑不可为王师之先声。

前燕军队又被称作"王师"。《晋书》卷一一九《姚泓载记》记刘裕来攻之事：

> 王师（东晋军）至成皋，征南姚洸时镇洛阳，驰使请救。……（姚）洸部将赵玄说洸曰："……宜摄诸戍兵士，固守金墉，以待京师之援……吴寇终不敢越金墉而西……"

引文中东晋军队拥有"王师""吴寇"两种全然相反的称呼，而后秦军队也被当作王师，其首都长安被视为京师。第一节的考察指出，《十六国春秋》的记述站在以西晋为正统的立场上，那么，将作为僭伪的五胡诸国的军队称为"王师"就会产生矛盾。这意味着什么？关键之处在于以上诸例均存在于对话当中。就这几条引文来说，至少对话部分里的"王师"表述不曾遭到后世的改窜，当在很大程度上保留了崔鸿所撰《十六国春秋》的原初面貌。而崔氏编纂《十六国春秋》时参照的是《燕书》《秦书》等五胡诸国的国史、起居注，这些史籍仅在《隋书·经籍志》里遗留下书名[1]。可以认为，以上的几则对话系蹈袭《燕书》《秦书》等五胡诸国国史、起居注的原文。

综上所述，这个时代的胡族当中不乏将江南汉族王朝认作正统之人，而另一方面，如"王师"这一表述显示的，自视为中心的中华思想亦同时存在。前文引用的记载里称东晋军队为"吴寇"的事例，也能够说明后者。《晋书》卷一二八《慕容超载记》载东晋刘裕来攻：

---

[1]. 《隋书》卷三三《经籍志二》可见以下书名：《燕书》二十卷、《南燕录》五卷、《南燕录》六卷、《南燕书》七卷、《燕志》十卷、《秦书》八卷、《秦记》十一卷、《秦纪》十卷、《凉记》八卷、《凉书》十卷、《西河记》二卷（记张重华事）、《凉记》十卷、《凉书》十卷、《凉书》十卷（沮渠国史）、《托跋凉录》十卷、《敦煌实录》十卷、《汉赵记》十卷等。

第二章 关于五胡十六国北朝时代的"正统"王朝

> 刘裕率师将讨之,(慕容)超引见群臣于东阳殿,议距王师(东晋军)。公孙五楼(南燕尚书)曰:"吴兵(东晋军)轻果……"……超不从。(慕容)镇(慕容镇为鲜卑)出,谓韩諟(南燕尚书)曰:"主上既不能芟苗守崄,又不肯徙人逃寇,酷似刘璋矣。今年国灭,吾必死之,卿等中华之士,复为文身矣。"

据此,慕容镇的意识中存在如前所述的、以自身为"中华"的"中华思想",同时,将江南视作"文身"之地的观念也简洁地表露出来。

可以说,当时的胡族怀揣着混杂的情结,一方面是身为夷狄的自觉,同时又具备自认为中华的意识。

不过,虽说胡族拥有如上所见的中华思想,但不可能得到江南政权的认可。由此再来看以下事例。《晋书》卷一〇六《石季龙载记上》记蜀将李宏投奔后赵:

> 李寿将李宏自晋奔于季龙(石虎字),寿致书请之,题曰赵王石君。季龙不悦,付外议之,多有异同。中书监王波议曰:"……宜书答之,并赠以楛矢,使寿知我逖荒必臻也。"于是遣宏,备物以酬之。……李宏既至蜀汉,李寿欲夸其境内,下令云:"羯使来庭,献其楛矢。"季龙闻之怒甚,黜王波以白衣守中书监。

同书卷一二三《苻坚载记上》太和五年条记载了前秦进攻前燕时王猛的言辞,其中以"残胡"来指称鲜卑。可见,这段时期非汉民族之间也还在互以夷狄相蔑视。此状况下的"中华",指涉的范围基本只限于一国。

然而在他们心头萌发的"中华"意识,毕竟同过去如姚弋仲、苻融那种身为夷狄的自觉具有本质差异。第一节所见五胡诸国基于五行学说而建立的"赵承晋,金生水,故赵为水德;燕承赵,水生木,故燕为木德;秦承燕,木生火,故秦为火德"这一行次安排,以及下引

《魏书》卷二《太祖纪》天兴三年（400）十二月条所见后来北魏自以承"天命"而出宰中国的行为，都与此动向密切相关：

> 诏曰："……自非继圣载德，天人合会，帝王之业，夫岂虚应。历观古今，不义而求非望者，徒丧其保家之道，而伏刀锯之诛。有国有家者，诚能推废兴之有期，审天命之不易……"

以上讨论了五胡十六国时代汉族、非汉族围绕正统性的意识变化，我们看到，这个时期以西晋、东晋等汉族王朝为中心的正统性序列构建，因胡族占领华北的现实状况而归于失败，另一方面，胡族逐渐摆脱以汉族为中心的世界观，开始形成新的中华意识。再结合前一节的考察可以认为，随着五胡十六国混乱期的终结、作为统一王朝的北魏令华北走向安定，以及在另一边的江南出现了刘宋对东晋的篡夺，华北汉族、胡族在意识层面加速靠拢，进而促成了孝文帝时代的变革。

第三节　后孝文帝时代的展开

孝文帝朝以后的北魏承继了前文所述的潮流，中华意识愈发坚实。本节将考察北魏至上的观念与存在于南朝的南朝至上观念之间的斗争，及其在北朝后期的演化，并且以《十六国春秋》作者崔鸿、《颜氏家训》作者颜之推的思想进行验证。

《魏书》卷六七《崔鸿传》述《十六国春秋》的编纂过程，其中一段为：

> 鸿二世仕江左，故不录僭晋、刘、萧之书。又恐识者责之，未敢出行于外。

引文包含了《魏书》作者魏收对崔鸿的评价。崔鸿伯父崔光乃魏末政

第二章 关于五胡十六国北朝时代的"正统"王朝　　　　　　　　　　61

界的重要人物。崔鸿归魏是在慕容白曜平定三齐之际，故其出身为所谓平齐民[1]。这一出身让"鸿二世仕江左"确有所据，那崔鸿撰《十六国春秋》时"不录僭晋、刘、萧之书"，是否就如魏收所说，基于曾仕于南朝的自觉呢？《崔鸿传》又云：

　　鸿以其书有与国初相涉，言多失体，且既未讫，迄不奏闻。

照引文来看，他没有向宣武帝奏闻撰写《十六国春秋》一事的原因是，这部汇集十六国国书的著作涉及北魏国初历史，记述中多有"失体"，且关于李雄政权的《蜀书》尚未得到。关于其中的《蜀书》，从崔鸿子崔子元的上奏可知，该书后来被搜获，让填补欠缺成为可能。那就只剩下"失体"这一点，何为"失体"？周一良氏曾指出，这个问题是关键[2]。《十六国春秋》乃汇集各国国书而成，意味着诸国相互的非难、诽谤、揭发自然会被载录。所以，以上内容无法说明崔鸿存在成心反胡族、反北魏的行为。笔者认为，崔鸿对江南王朝具有臣下意识，从而有意识地在书中将江南政权视作正统、将北魏视作非正统，这很可能才是"失体"所指。同卷崔鸿在起居注中添入的上表云：

　　道武皇帝以神武之姿，接金行之运，应天顺民，龙飞受命。太宗……世祖……

引文是对北魏的赞美。至少就字面来说，很难认为崔鸿把与北魏对立的江南王朝当成了正统。不过该上表提及永嘉以后的中原混乱，云：

　　赵燕既为长蛇，辽海缅成殊域，穷兵锐进，以力相雄，中原无主，八十余年。遗晋僻远，势略孤微，民残兵革，靡

---

1. 关于平齐民，参见谷川道雄：《拓跋国家の展开と贵族制》，《岩波讲座・世界历史》（五），古代史五，岩波书店，1970年。
2. 周一良：《关于崔浩国史之狱》，《中华文史论丛》1980年第4期。

所归控。皇魏龙潜幽代……

　　此处值得注意的是，崔鸿以"遗晋僻远"表述东晋，而非如魏收一样称之为"僭晋"，从这一点可以窥知其观念。而且按照引文，东晋居于"僻远"，"势略孤微"，百姓才因此遭受兵革残害，无处可归。再加细绎，可知其深意为，东晋若非"僻远""势略孤微"，一定会是众民所归的正统王朝。也就是说，在崔鸿心底，东晋绝不是"僭伪"。

　　据以上考察，前引《崔鸿传》所谓"鸿二世仕江左，故不录僭晋、刘、萧之书，又恐识者责之，未敢出行于外"并非魏收或识者的偏见、误解，崔鸿确实保持那样的认识，虽然他成了北魏朝臣，而且也对北魏献上赞美，如前引"皇魏龙潜幽代，世笃公刘，内修德政，外抗诸伪，并冀之民，怀宝之士，襁负而至者日月相寻，虽邠岐之赴太王，讴歌之归西伯，实可同年而语矣"所示。

　　崔鸿以东晋为正统的观念异于视东晋为"僭伪"的北魏国是，这对当时华北的胡族，以及认可北魏的汉族士大夫来说，均难以接受。《魏书》卷七一《裴植传》记载，河东闻喜人裴植和崔鸿一样，是来自江南的降人，他于宣武帝朝，也就是《十六国春秋》正在编纂的时期，对出身光城蛮的田益宗进行了非难：

　　　　表毁征南将军田益宗，言华夷异类，不应在百世衣冠之
　　　上。率多侵侮，皆此类也。侍中于忠、黄门元昭览之切齿，
　　　寝而不奏。会韦伯昕告植欲谋废黜，尚书又奏："……处植死
　　　刑……"……时于忠专擅朝权，既构成其祸……

　　于忠、元昭之所以切齿，是因为察觉到所谓"不应在百世衣冠之上"不只针对蛮，也含有对鲜卑的侮蔑。《魏书》以"率多侵侮，皆此类也"评价裴植，背后反映了作为华北汉族士大夫的魏收的观念。

　　上文以南朝一方的意识为中心进行了讨论，而强烈地展现北朝至上观念的史料在这个时代也大量存在。先前提到的"僭晋""岛夷"亦是例证。另外，在以北魏洛阳为记述对象的《洛阳伽蓝记》里，"伪

齐""归正里""吴人坊""四夷馆""四夷里"等用语，杨元慎与陈庆之的问答（卷二）、茗与酪之辩等，都能显示当时华北的北朝至上观念。《洛阳伽蓝记》卷三龙华寺条云：

> 吴人投国者，处金陵馆。三年已后，赐宅归正里。景明初，伪齐建安王萧宝寅来降，封会稽公，为筑宅于归正里，后进爵为齐王，尚南阳长公主。宝寅耻与夷人同列，令公主启世宗，求入城内，世宗从之，赐宅于永安里。

看来自江南北投的人士也有不少已经接受了这种观念。正因为此状况才有《崔鸿传》的以下记载：

> 自正光以前，不敢显行其书。自后以其伯光贵重当朝，知时人未能发明其事，乃颇相传读。亦以光故，执事者遂不论之。……后永安中，乃奏其父书，曰："……未曾奏上，弗敢宣流。今缮写一本，敢以仰呈。……"

历经复杂的过程，《十六国春秋》到了孝庄帝朝才得以上呈，此时北魏已经国力衰微，在内忧外患中走向了实质性灭亡（但朝廷怎样对待这部著作？史料阙如）。

北周、北齐的时代南北对立依然延续，但通过《颜氏家训》可以看出，关于这种对立的认识已经发生了很大变化。接下来就此展开具体讨论。

如所周知，《颜氏家训》的作者颜之推先后仕于梁、北周、北齐、隋，是一位生命历程曲折丰富的人物[1]。他在书中批判了北方存在的种种现象，比如北齐治下汉族士大夫间教子弟鲜卑语、弹琵琶的风尚（卷一《教子》），华北严格的嫡庶之别（卷一《后娶》），为子取名时的滑稽（卷二《风操》）以及亲族称谓的不合理（卷二《风操》）。而另一方

---

1. 参见吉川忠夫：《颜之推論》，《六朝精神史研究》，同朋舍，1984年。

面,他也不惜称赞北方、批判南方,比如非难江南的浮华、褒扬北方的质素俭约(卷一《治家》),肯定北方留存的古风(卷二《风操》),批评梁末士大夫的懒惰懦弱(卷四《涉务》),以及将洛阳、建康两地的音韵都视作标准(卷七《音韵》)。又,《颜氏家训》卷三《勉学》记载了颜之推关于蛮人田鹏鸾的观感:

> 齐有宦者内参田鹏鸾,本蛮人也。年十四五,初为阍寺,便知好学,怀袖握书,晓夕讽诵。所居卑末,使役苦辛,时伺闲隙,周章询请。每至文林馆,气喘汗流,问书之外,不暇他语。及睹古人节义之事,未尝不感激沉吟久之。吾甚怜爱,倍加开奖。后被赏遇,赐名敬宣,位至侍中开府。后主之奔青州,遣其西出,参伺动静,为周军所获。问齐主何在,绐云:"已去,计当出境。"疑其不信,欧捶服之,每折一支,辞色愈厉,竟断四体而卒。

前文提到南齐降人裴植在宣武帝朝,也就是《十六国春秋》正在编纂的时期,嘲弄光城蛮田益宗以及鲜卑,称其"不应在百世衣冠之上"。颜之推也是南朝降人,两者对待异民族的态度可谓相去甚远。

颜之推出身南朝,遇梁亡而转仕北朝,从以上的探讨可以看出,他的思想相对不受束缚,已跳脱"胡—汉",或者用当时术语来说就是"索虏—岛夷"这种南北两朝此前都具有的意识形态,南北朝的区别被其归因为南北两个地域的差异。此认知的建立也许部分有赖于颜之推个人的资质,而《颜氏家训》卷二《风操》云:

> 近在议曹,共平章百官秩禄,有一显贵,当世名臣,意嫌所议过厚。齐朝有一两士族文学之人,谓此贵曰:"今日天下大同,须为百代典式,岂得尚作关中旧意?明公定是陶朱公大儿耳!"彼此欢笑,不以为嫌。

可知天下一统的社会状况也发挥了很大作用。据此处"彼此欢笑,不

第二章　关于五胡十六国北朝时代的"正统"王朝　　　　　　　　　65

以为嫌",来自东西南北的人们,虽有不同经历,怀揣各自的想法,在天下一统的局势下却得以彼此交往,从中能够窥见完全异于以往的时代面貌。

上一章考察了五胡十六国北朝时期胡汉对立、融合的过程。将其与本章所得结论比较,可以看出,由对立、融合到中国再统一的这条历史线索同样在正统性的问题上留下了印记。易言之,永嘉之乱后围绕正统性的对立和混乱,在胡汉融合、中国再统一的形势下,最终孕育出颜之推的事例所展现的新观念,这是克服重重困难才取得的成果。

第三章

景穆太子与崔浩——以北魏太武帝
　　废佛前后的政局为中心

引言

标题提到的北魏太武帝,是终结五胡十六国时代、让极度混乱的华北重归统一的帝王。中国史上有所谓"三武一宗法难"的四场废佛运动,太武帝乃第一位断然执行者,亦因此著名。对这一次废佛前后的北魏历史,学者从宗教史、思想史、政治史等各方面开展了研究,推出了以塚本善隆氏的论著为首的大量成果[1],因而本领域给人已臻完满之感。不过笔者认为,在根本性问题上还遗留着未阐明的地方。这种质疑来自对当时政治动向之实态的专门探察,本章就将揭示此疑点,并尽力做一解答。

众所周知,北魏的废佛是以皇帝太武帝、崔浩以及新天师道的倡导者寇谦之三人为中心实施的,崔浩乃实际的筹划者、推进者。另一方面,反对势力的核心为皇太子拓跋晃(以下称景穆太子),当时他因监国占据朝廷行政的枢纽。然而,从寇谦之死时的太平真君九年(448)到太武帝死时的正平二年(452)三月,短短四年内居于政局中央、左右政治走向的此四人相继亡故(崔浩被杀于太平真君十一年六月,景穆太子死于正平元年六月)。

从现存史料无法推定寇谦之之死存在政治因素(参见《魏书·释老志》)。崔浩被杀与时局密切相关,大量先行研究已经指出[2]。太武帝则因宗爱谋逆而死。这三个人的情况在《魏书》《北史》以及其他关于该时代的史籍里记载明确,恰可形成对比的是,史书围绕太武帝嫡长子景穆太子之死的表述颇为含糊。

《魏书》卷四下《世祖纪下》正平元年六月条云:

---

1. 参见塚本善隆:《魏書釈老志の研究》,佛教文化研究所出版部,1961年,又收入《塚本善隆著作集》第一卷,大东出版社,1976年;同氏《支那仏教史研究 北魏篇》,弘文堂,1942年,又收入《塚本善隆著作集》第二卷;佐藤智水:《北魏廃仏論序説》,《岡山大学文学部学術紀要》第39号史学编,1979年等。
2. 参见宫崎市定:《九品官人法の研究 科挙前史》,同朋舍,1956年;陈寅恪:《崔浩与寇谦之》,《岭南学报》第11卷第1期,1950年,后收入《金明馆丛稿初编》,上海古籍出版社,1980年等。

第三章　景穆太子与崔浩——以北魏太武帝废佛前后的政局为中心

（A）戊辰，皇太子薨。壬申，葬景穆太子于金陵。

同卷末《恭宗纪》云：

（B）恭宗景穆皇帝讳晃，太武皇帝之长子也。……正平元年六月戊辰，薨于东宫，时年二十四。庚午，册曰："呜呼……隆我皇祚，如何不幸，奄焉徂殒，朕用悲恸于厥心……"

该纪末"史臣曰"谓：

（C）史臣曰：世祖（太武帝庙号）……初则东储不终，末乃衅成所忽。固本贻防，殆弗思乎？恭宗明德令闻，夙世徂天，其庋园之悼欤？

引文（B）中诏书表达的是太武帝面对其子早亡的悲痛心情。但引文（C）"其庋园之悼欤"之语却传达出景穆太子乃异常死亡的意味。基于后者再回看引文（A），景穆太子死于非常这一观点可以得到支持。因为据引文（A），戊辰日景穆太子死，仅四天后的壬申日，他便被火速下葬于北魏历代皇帝长眠的金陵。这与（B）中诏书所见内容构成极强的反差。那么，此事实情究竟为何就有必要加以探明，考虑到景穆太子乃当时政局中一方的核心，北魏权力构造的问题亦将被触及。同时，景穆太子反对废佛，与崔浩等人针锋相对，因此这一问题还关系到北魏史上最大的疑案——崔浩被杀事件。

接下来就从以上疑问出发，走近北魏太武帝时代后期政局与权力构造的实态。

第一节　围绕景穆太子之死

首先尝试论证景穆太子死于非常，并探讨其原因。《魏书》卷九四《阉官·宗爱传》载：

> 恭宗（景穆太子庙号）之监国也，每事精察。爱天性险暴，行多非法，恭宗每衔之。给事仇尼道盛、侍郎任平城等任事东宫，微为权势，世祖颇闻之。二人与爱并不睦。为惧道盛等案其事，遂构告其罪。诏斩道盛等于都街。时世祖震怒，恭宗遂以忧薨。

较先前材料，该引文更具体地说明了景穆太子之死异乎寻常。《魏书》作者魏收所谓"其戾园之悼欤"大概由是而发。"戾园"意为汉武帝之子戾太子的园邑（《汉书》卷六三《武五子传》）。也就是说，魏收基于《魏书·宗爱传》所述史实，把景穆太子的死视作西汉时期因所谓巫蛊事件而"自经"的戾太子之死的重演。将《宗爱传》"时世祖震怒，恭宗遂以忧薨"与"其戾园之悼欤"的表达结合起来考虑，在景穆太子死于非常这一认识之上，我们还可以推定，景穆太子的死出自太武帝之命。魏收通过微言传递的正是此等信息。这么说是因为，围绕景穆之死的记载相对中国古代的历史叙述来说极为特异。比如，当时监国的太子作为总揽朝政的人物，其死亡始末不见于本纪，只在宦者列传中以"时世祖震怒，恭宗遂以忧薨"简单带过；本纪则留下"其戾园之悼欤"这一暧昧表述；在景穆死后仅四天，本纪便记其被匆匆埋葬。

那景穆太子事件会是冤案吗？据史论中"其戾园之悼欤"之语，魏收似乎将其看成与汉武帝时戾太子之死一样的冤案。但同时代的史书《宋书》卷九五《索虏传》云：

> 焘（太武帝讳）至汝南瓜步，晃（景穆太子讳）私遣取诸营，卤获甚众。焘归闻知，大加搜检。晃惧，谋杀焘，焘乃诈死，使其近习召晃迎丧，于道执之，及国，罩以铁笼，寻杀之。

《南齐书》卷五七《魏虏传》云：

> 子焘，字佛狸代立，年号太平真君。宋元嘉中，伪太子

第三章 景穆太子与崔浩——以北魏太武帝废佛前后的政局为中心

> 晃与大臣崔氏、寇氏不睦，崔、寇谮之。……下伪诏曰："王者大业，篡承为重，储宫嗣绍，百王旧例。自今已往，事无巨细，必经太子，然后上闻。"晃后谋杀佛狸见杀。

据以上记载，景穆太子图谋弑杀太武帝。如此则不能视此事件为冤案。《资治通鉴》卷一二六《宋纪》文帝元嘉二十八年（451）六月条袭用了前引《宗爱传》的记述，《资治通鉴考异》卷五《宋纪上》元嘉二十八年六月"魏太子晃以忧卒"条下议曰：

> 宋《索虏传》云："……（上引记载）"萧子显《齐书》亦云："晃谋杀佛狸，见杀。"《宋略》曰："焘既南侵，晃淫于内，谋欲杀焘。焘知之，归而诈死，召晃迎丧。晃至，执之，罩以铁笼，捶之三百，曳于丛棘以杀焉。"又《索虏传》云："晃弟秦王乌奕旴与晃对掌国事，晃疾之，诉其贪暴。焘鞭之二百，遣镇枹罕。"此皆江南传闻之语。今从《后魏书》。

此处《考异》以"江南传闻之语"否定《索虏传》《魏虏传》的谋杀说，"从《后魏书》"。不过《索虏传》《魏虏传》毕竟是同时代的史著，如所周知，两传保存了很多超出《魏书》的史实。而且《考异》虽选择"从《后魏书》"，却未对《魏书》所记景穆太子死后四天的匆匆下葬以及"其戾园之悼欤"的表述有所解释。另外，景穆太子丧生的正平元年，已经统一华北的太武帝正倾全国之力南伐。前一年即太平真君十一年（450）九月辛卯，南伐军出征，很快于十一月壬子进至徐州彭城城下，十二月丁卯即渡过淮水，接着便攻掠淮西、淮南，该月癸未最终到达刘宋都城建康对岸的瓜步山（江苏六合东南临长江之山）并营建行宫。翌年正月丙戌元旦，也就是景穆太子逝年的正月元旦，太武帝于江岸集结诸军，在对方土地上论功行赏。而次日，正月二日丁亥，他就踏上归途，二月癸未至鲁口（河北饶阳南），景穆太子于行宫迎接，三月己亥车驾返抵京师平城（《魏书》卷四下《世祖纪下》）。冈崎文夫氏《魏晋南北朝通史》曾论述此间经纬：

太武帝亲自南下，率军至建康城对岸的瓜步，伐苇造筏，示欲渡江。建康戒备森严，沿江六七百里舳舻相列，或谓以之进讨北军，无人响应，整个城市笼罩在危惧当中。然而翌年正月，太武帝从瓜步撤退北还。其理由目前难以确知。魏军于归途中恣意杀掠，丁壮者即加斩截，贯婴儿于槊上，盘舞以为戏。后世叙述蛮族之暴屡屡袭用这种描写。这场战争对北方也造成不小的打击，而南朝因此邑里萧条，史称元嘉之政衰矣。[1]

可见，南伐军的突然撤退令人难以理解。没有史料显示北方的柔然当时存在异动；亦无史料反映南伐军内部突发混乱，比如太武帝卧病而影响到征战。《宋书》卷九五《索虏传》保留了一些关于当时事态的记录，其中一段为：

> （元嘉）二十八年正月朔，焘会于山上，并及土人。会竟，掠民户，烧邑屋而去。房初缘江举烽火，尹弘曰："六夷如此必走。"正月二日，果退。

据此，北魏的急速撤军也让南朝感到意外。接下来对其缘由做一推测。随着对外征伐的长期持续，人员疲敝、军粮不足等情况的确不难预料。但元旦的论功行赏正值南伐的高潮，即使真的发生以上状况，第二天便匆匆北返仍然十分诡异。这样的考虑再结合上文举出的种种材料，尽管还是不易确知详情，但能推想，留守平城的势力应该出现了某些问题，至少太武帝得到了让他做出这一判断的情报。情报内容的真伪姑且不论，但其中应包含如先前《宋书·索虏传》《南齐书·魏虏传》所见，景穆太子意图弑父的信息。因此，无视《索虏传》《魏虏传》的记载，以其为"江南传闻之语"，对于掌握当时的政治状况来说是不适当的。易言之，综合这些记载将让我们有可能对当时的政治状况进行

---

[1] 冈崎文夫：《魏晋南北朝通史》，弘文堂，1932年，第248页。

全面把握。

第二节　太武帝与景穆太子之争

太武帝和景穆太子之间为何产生了对立？这是上一节的考察带来的疑问。《宋书·索虏传》提到的景穆太子"私遣取诸营",或是前揭《资治通鉴考异》引《宋略》提到的"淫于内",尚无法查明真伪。而《宋书·索虏传》关于太武帝的南伐又有以下记载：

> 焘凡破南兖、徐、兖、豫、青、冀六州,杀略不可称计,而其士马死伤过半,国人并尤之。

引文所述内容如果可靠,则关系重大。皇帝耽于对外征伐,国人、军队因疲敝而心生不满,这完全有可能将皇太子卷入其中。不过问题还在更深处。接下来通过依次考察废佛前后北魏朝廷内部的争端,以及北魏皇帝与皇太子的关系来解答。

首先关注宫廷内部的争端。《魏书》卷四下《世祖纪下附恭宗纪》云：

> 初,世祖之伐河西也,李顺等咸言姑臧无水草,不可行师。恭宗有疑色。及车驾至姑臧,乃诏恭宗曰："姑臧城东西门外涌泉合于城北,其大如河。自余沟渠流入泽中,其间乃无燥地。泽草茂盛,可供大军数年。人之多言,亦可恶也。故有此敕,以释汝疑。"……真君四年,恭宗从世祖讨蠕蠕,至鹿浑谷,与贼相遇,虏惶怖,部落扰乱。恭宗言于世祖曰："今大军卒至,宜速进击,奄其不备,破之必矣。"尚书令刘洁固谏,以为尘盛贼多,出至平地,恐为所围,须军大集,然后击之可也。……世祖深恨之（未用恭宗之策）,自是恭宗所言军国大事,多见纳用,遂知万机。

可见,太武帝曾对景穆太子颇为信任。太平真君五年正月太子始总

百揆,此后的政治状况对他来说却很不如意。《魏书》卷四八《高允传》云:

> 初,崔浩荐冀、定、相、幽、并五州之士数十人,各起家郡守。恭宗谓浩曰:"先召之人,亦州郡选也,在职已久,勤劳未答。今可先补前召外任郡县,以新召者代为郎吏。……"浩固争而遣之。

《南齐书》卷五七《魏虏传》又载:

> 宋元嘉中,伪太子晃(景穆太子)与大臣崔氏(崔浩)、寇氏(寇谦之)不睦,崔、寇谮之。玄高道人有道术,晃使祈福七日七夜,佛狸(太武帝)梦其祖父并怒,手刃向之曰:"汝何故信谗欲害太子!"佛狸惊觉,下伪诏曰:"王者大业,纂承为重,储宫嗣绍,百王旧例。自今已往,事无巨细,必经太子,然后上闻。"

如上引文所示,景穆太子与太武帝宠臣崔浩不睦。而伴随太子总百揆,与之处在这种关系下的崔浩又提出了灭佛的计划。对于崇佛的前者,该提议无异于否定其信仰,而身居监国之位却在此事中未掌握主动权,这两点都会让景穆太子难以忍受。因此他必将尝试打破这一局面。不过我们知道,废佛还获得了太武帝的支持,此种打破也就变得非常艰险。《魏书》卷四八《高允传》载:

> 恭宗季年,颇亲近左右,营立田园,以取其利。允谏曰:"……故愿殿下少察愚言,斥出佞邪,亲近忠良,所在田园,分给贫下,畜产贩卖,以时收散。如此则休声日至,谤议可除。"恭宗不纳。

通观《魏书》涉及景穆太子的史料,其中不少都在展示其作为贤能太子的面貌,上引文是唯一一条叙述其"行为不端"及存在谤议的文字。因此这条材料的特异性引人注目,基于先前考察所揭示的景穆太子所处之状况,可以认为它从一个侧面反映了太子的复杂动向。而且很有可能,引文的意涵不单单停留在文字表面的"行为不端"。就是在这种局势下发生了崔浩被杀事件(太平真君十一年六月己亥),紧接着七月刘宋开始大举北伐(《宋书·索虏传》:"其年,大举北讨……"《宋书·文帝纪》元嘉二十七年七月庚午条:"遣宁朔将军王玄谟北伐。太尉江夏王义恭出次彭城,总统诸军"),又如前所述,太武帝于九月辛卯做出回应,启程南伐并亲临长江。

下面看北魏皇帝与皇太子关系如何。《魏书》卷一一四《释老志》提到景穆太子对太武帝的上谏:

> 恭宗见谦之奏造静轮宫,必令其高不闻鸡鸣狗吠之声,欲上与天神交接,功役万计,经年不成。乃言于世祖曰:"人天道殊,卑高定分。今谦之欲要以无成之期,说以不然之事,财力费损,百姓疲劳,无乃不可乎?必如其言,未若因东山万仞之上,为功差易。"世祖深然恭宗之言,但以崔浩赞成,难违其意,沉吟者久之,乃曰:"吾亦知其无成,事既尔,何惜五三百功。"

景穆太子尊崇佛教,上述谏言可以放在其宗教信仰的背景下来理解,而另一方面,引文也展示出他位居监国而总揽朝政的政治姿态。这种姿态也可从以下史料窥见。《魏书》卷四下《世祖纪下附恭宗纪》云:

> 初,恭宗监国,曾令曰:"《周书》言:'任农以耕事,贡九谷;任圃以树事,贡草木;任工以余材,贡器物;任商以市事,贡货贿;任牧以畜事,贡鸟兽;任嫔以女事,贡布帛;任衡以山事,贡其材;任虞以泽事,贡其物。'[1]其制有司课畿

---

1. 据《周礼》卷一三《地官·闾师》,但文字有若干差异。

> 内之民，使无牛家以人牛力相贸，垦殖锄耨。其有牛家与无牛家一人种田二十二亩，偿以私锄功七亩，如是为差，至与小、老无牛家种田七亩，小、老者偿以锄功二亩。皆以五口下贫家为率。各列家别口数，所劝种顷亩，明立簿目。所种者于地首标题姓名，以辨播殖之功。"

这则史料不载于《世祖纪》，而是被特意记入《恭宗纪》。因此该"令"应该是在景穆太子的主导下被采取、颁布的政策。据笔者另文研究，均田制、三长制的建立等现象反映了《周礼》被北魏视作国策制定的基准，而这种态势的形成正始于这段时期[1]。反过来再结合景穆太子的崇佛以及反对随静轮宫的营造而出现的人力、财力消耗，可以认为景穆太子作为监国，或者说作为袭太武之迹的未来皇帝，已经拥有了一套相当明确的政治计划。进而我们能推断，当时太武帝和景穆太子不只在废佛等问题上存在分歧，围绕统一华北以后的北魏如何继续经营，双方之间潜伏着深刻的路线对立。

回过头看，皇帝与皇太子或二号人物之间的对立格局，其实在北魏史上反复上演。因此可以说，这是贯穿北魏的结构性问题，那么根源何在？下面经由考察代表性的案例来尝试解答。早在始祖神元帝拓跋力微的时代（此皇帝号为后世追赠），已能见到北魏史上最初的皇帝与皇太子之争。该案例的梗概为：神元帝先以其子文帝沙漠汗质于曹魏，使其游学中原，在后者归国之际，诸部大人因畏于"若继国统，变易旧俗"而进谗言，遂致神元帝杀害文帝。《魏书》卷一《序纪·神元帝纪》关于此事的部分记载为：

> 自帝在晋之后，诸子爱宠日进，始祖年逾期颐，颇有所惑，闻诸大人之语，意乃有疑。因曰："不可容者，便当除之。"于是诸大人乃驰诣塞南，矫害帝。既而，始祖甚悔之。

---

1. 参见拙稿《五胡十六国、北朝における周礼の受容をめぐって》，《佐贺大学教养部研究纪要》第23卷，1991年。收入本书第三篇第二章。

第三章　景穆太子与崔浩——以北魏太武帝废佛前后的政局为中心

此处，皇帝和皇太子或二号人物的对抗图景并未充分显露，更具意义的却是旧势力同皇权之间的倾轧。与之类似的事例在代国时期也能见到[1]，这里仅指出其存在，接下来讨论北魏建立者道武帝时代的案例。道武帝与太子或二号人物之争主要能举出两例，一为建国功臣卫王仪的谋叛，二是清河王绍的弑逆。两个事件的细部因史料制约而有较多不明之处，但起因却很明确，即道武帝以解散诸部为象征的激进改革以及对此的反抗（关于解散诸部已有另文探讨[2]）。紧接着这些事例出现的就是本章考察的景穆太子事件。此后，同类案例还可以举出孝文帝太和二十年（478）发生的皇太子谋叛，其详情笔者也曾作考察[3]。以上这些事件里，均可以明确观察到皇帝旨在确立以及扩张皇权的行动，而皇太子或二号人物处于微妙的位置。这是因为在与皇帝发生对峙的时候，他们很有可能被卷入反对势力，尽管如此，如果自己能登上帝位，他们也会走上先帝所追寻的道路。

皇帝寻求确立、扩大权力是在中国史上任何阶段都能见到的现象。然而在北魏的情况下，这种渴望尤其强烈。原因在于，这是一个胡汉对立十分严峻的时代，皇帝过分支持其中一方，会带来不断分裂其权力和政权的危险性。关于从漠北时期以来，北魏皇权通过登用新人（新附臣民）以谋求其强化与扩张的问题，笔者已作揭示[4]。然而，新人的过量任用以及对其的依赖，会招致旧人（主要为北族）的反弹，甚至带来国家瓦解的风险。反过来，对于正在急速扩张、飞跃式地吸收新人（主要为汉族）的北魏，仅重用旧人，又会造成与朝政现实随时间推移而越来越深的乖离。是故，虽然皇权的重心不时在旧人、新人之间来回切换，但其注定应从根本上将权威安放于超越胡汉对立的

---

1. 穆帝及其长子六脩的事例、炀帝与烈帝的事例等。
2. 参见拙稿《北魏太祖の部落解散と高祖の部落解散——所謂部落解散の理解をめぐって》，《佐賀大学教養部研究紀要》第14卷，1982年；《北朝社会における部族制の伝統について》，《佐賀大学教養部研究紀要》第21卷，1989年。收入本书第一篇第四章。
3. 参见拙稿《北魏高祖の漢化政策の理解について》，《九州大学東洋史論集》第9号，1981年。收入本书第二篇第六章。
4. 参见拙稿《北魏時代における所謂良奴制の成立——良の問題を中心として見た》，《史学雑誌》第96編12号，1987年。

位置。如前章所论,太武帝抱有同胡族的一体感,同时又推行汉化政策,因而是兼具两面的矛盾体。但他作为超越胡汉对立的至高无上的皇帝,这对矛盾其实是联合统一的[1]。实现平定华北后的太武帝,为了因应这一局势,选择摆脱过去作为胡族君主的立场,意志强烈地向着中华皇帝进取,并且试图通过采纳汉族出身的崔浩、寇谦之所推奉的新天师道来达成。自然,这也导致了崇佛的景穆太子以及北族势力的反抗。

在景穆太子之死背后,笔者认为存在上述问题。景穆太子的死,从根本上说,是由太武帝、景穆太子两者在北魏未来发展方针上的差异,和贯穿北魏史的皇权强化倾向及其反动所决定的,某种偶发事件(如前文所论,详情难以确定)充当了导火索。

而且笔者认为,曾与景穆太子对抗的崔浩的死,也跟同样的因素有关,即皇权确立的问题。下一节在整理崔浩事件研究史的基础上,指出疑问所在,进而从皇权强化的角度来探讨崔浩被杀的实态。

第三节 围绕崔浩之死

关于崔浩事件,宫崎市定氏有言:

> 崔浩之诛的缘由固然是国史事件,但根源在更深处。最重要的是其与鲜卑系官僚之间的暗斗。……原来崔浩等人寄心于南朝,视其为正统天子,内心深处终究把北魏当成夷狄。这种态度有意无意地渗入国史的记载,太武帝暴怒的真实原因就在于此。[2]

另一方面,中国学者陈寅恪氏也谈到此事件的原因:

---

1. 参见拙稿《五胡十六国、北朝期における胡漢融合と華夷觀》,《佐賀大学教養部研究紀要》第16卷,1984年。收入本书第一篇第一章。
2. 前揭宫崎氏书第386页。

第三章　景穆太子与崔浩——以北魏太武帝废佛前后的政局为中心

> 然则浩（崔浩）之被祸果以何为主因乎？依《卢玄传》所云，浩之被祸，以"整齐人伦，分明姓族"，浩之贵族政治理想，其最不乐者，仅为李䜣等非高门之汉族。当时汉人中得鲜卑之宠信者，无逾于浩，此类汉族之汉人，其力必不能杀浩，自不待言。故杀浩者，必为鲜卑部落酋长，可以无疑……[1]

可见，日中代表性学者所得见解一致，说这是当前学界的定论也毫不为过。然而也有持不同立场的研究者。比如牟润孙氏认为崔浩死于其政敌，尤其是景穆太子的谋害[2]。至于陈汉平、陈汉玉二氏，则完全否定成说，认为此事件基本不具有民族矛盾的色彩[3]。但崔浩案的连坐者极多，远超崔氏一门，牟氏的见解与此抵触。考虑到众多的连坐者里大部分为汉人，且不能否认其中有亡命南朝者等史实[4]，陈汉平、陈汉玉二氏的观点多有令人难以赞同之处。不过三位学者的探讨，尤其是二陈的见解，可以促使我们去深入反省过去把注意力集中于民族矛盾的成说。比如二陈指出，崔浩因直笔被杀，那与崔浩一道直书国史的高允何以得免？这就触及了以往定论的盲点[5]。当然，笔者并不反对定论，基本还是赞成崔浩事件系因民族矛盾而起。只是我认为，在定论之外，还有其他不亚于此的因素在该事件中发挥了作用，而过去的研究没有看重。这个因素就是先前考察的皇权之确立，下面就来具体阐述两者

---

1. 前揭陈氏书第136页。附带一提，陈氏力主，崔浩的政治目的在于沟通胡汉、划分社会阶层（参见前揭陈氏论文以及万绳楠：《陈寅恪魏晋南北朝史讲演录》第十五《北魏前期的汉化（崔浩问题）》，黄山书社，1987年）。
2. 参见牟润孙：《崔浩与其政敌》，《辅仁学志》第10卷第1、2期，1941年，收入《注史斋丛稿》，中华书局，1987年。
3. 参见陈汉平、陈汉玉：《崔浩之诛与民族矛盾何干》，《民族研究》1982年第5期。
4. 例如《魏书》卷四七《卢度世传》："度世后以崔浩事，弃官逃于高阳郑罴家……世祖临江，刘义隆使其殿中将军黄延年朝贡。世祖因延年曰：'范阳卢度世坐与崔浩亲通，逃命江表，应已至彼？'延对曰：'都下无闻，当必不至。'世祖诏东宫赦度世宗族逃亡及籍没者。度世乃出。"可以通过这条材料推测亡命者的存在，至少北魏一方认为存在亡命者。
5. 关于高允免罪的问题，笔者与二位陈氏的立场不同。早前王伊同氏也有揭示（参见王伊同：《崔浩国书狱释》，《清华学报》新1卷第2期，1957年）。

的关联[1]。

崔浩历仕道武、明元、太武三朝，为北魏统一华北、整备各项制度倾尽全力，堪称北魏前期第一功臣，也一贯受到皇帝的信任。所以《魏书》卷三五《崔浩传》的"史臣曰"云：

> 崔浩才艺通博，究览天人，政事筹策，时莫之二。……谋虽盖世，威未震主，末途邂逅，遂不自全。岂鸟尽弓藏，民恶其上？将器盈必概，阴害贻祸？何斯人而遭斯酷，悲夫！

这个事件令人难解，遂使魏收有如此之论。查当时史料，崔浩的罪状在同书同传里记载为：

> 真君十一年六月诛浩……初，郄标等立石铭刊《国记》，浩尽述国事，备而不典。

同书卷四八《高允传》载，该事件发生时，一同编纂北魏国史的高允被敕草诏，其中部分文字为：

> 敕允为诏……允持疑不为，频诏催切，允乞更一见，然后为诏。诏引前，允曰："浩之所坐，若更有余衅，非臣敢知。直以犯触，罪不至死。"帝怒，命介士执允……

据此，崔浩罪在《国记》撰成之际的"犯触"[2]。《崔浩传》又云：

---

1. 关于崔浩事件的论考，在前文所举之外还有石田德行：《胡族政権と漢人貴族——とくに清河の崔氏の場合》，《山崎宏先生退官記念東洋史論集》，同記念事业会，1967年；同氏《胡族政権下における漢人貴族——再び崔浩被誅事件を中心として》，《歷史学研究》第333号，1986年；周一良：《关于崔浩国史之狱》，《中华文史论丛》1980年第4期等。
2. 《资治通鉴》卷一二五引《魏书·高允传》，"犯触"作"触犯"，胡三省于此注曰："触犯，谓直书国恶，不为尊者讳也。"

第三章　景穆太子与崔浩——以北魏太武帝废佛前后的政局为中心

> 有司按验浩，取秘书郎吏及长历生数百人意状。浩伏受赇，其秘书郎吏已下尽死。

他还被扣上了"受赇"之罪，不过按照引文所记的调查方式，指控属实的概率较低。而且综合现在我们能掌握的史料，草诏的高允是这个事件里少见的刚直不羁、公平无私之人。他把自己置于险境，掷出"浩之所坐，若更有余衅，非臣敢知。直以犯触，罪不至死"之语，这让我们想见中国史官以性命守护真相的耿介之风。因而可以推断，崔浩之过正在于"犯触"，纵使"受赇"的罪状确实存在，也不足以将该事件导向如此严重的地步。

那么崔浩事件何以最终发展至如此重大？如前所述，陈汉平、陈汉玉二氏曾提出以下疑问：同崔浩一道直书国史的高允为何免于被诛？接下来尝试考察此点。据《魏书·高允传》，崔浩收监之时，直中书省的高允因其同景穆太子的交情受到保护，翌日与景穆太子一起被太武帝召见。关于三者间的问答，该传载：

> 帝召允谓曰："国书皆浩作不？"允曰："太祖记，前著作郎邓彦海所撰；先帝记及今记，臣与浩同作，然而臣多于浩。"帝大怒曰："此甚于浩，安有生路？"……（景穆太子为高允辩护）帝问："如东宫言不？"允曰："臣罪应灭族，不敢虚妄。殿下以臣侍讲日久，哀臣乞命耳。实不问臣，不敢迷乱。"帝谓景穆曰："直哉！此亦人情所难，而能临死不移。且对君以实，贞臣也，宁失一有罪，宜宥之。"允竟得免。于是召浩前，使人诘，惶惑不能对。允事事申明，皆有条理。时帝怒甚……帝曰："无此人（高允）忿朕，当有数千口死矣！"浩竟族灭，余皆身死。宗钦临刑叹曰："高允其殆圣乎！"……允曰："……至于书朝廷起动之迹，言国家得失之事，此为史之本体，未为多违。然臣与浩实同其事，死生义无独殊……"

可见，与崔浩一样，高允也"犯触"，但他并未被处以死刑。而前文引用《高允传》的记载提到,高允在太武帝面前直陈,"直以犯触"不当构成死罪。因此很明显,"犯触"是崔浩事件的表面原因而非崔浩被处刑的主因。那主因为何?太武帝常与士卒同在矢石之间,其为政奉行法家之流的严酷,大臣犯法亦无所宽假(本纪)。从上引《高允传》的文字还能看出事件里太武帝的激愤之情。可以认为,他的这种个性也起了作用。事实上,其本纪就提到:

> 然果于诛戮,后多悔之……曰:"……崔司徒可惜……"褒贬雅意,皆此类也。

不过,有大功的重臣及其众多的血亲、姻族、朋党都被处死的主因,只从此处寻求并不妥当。而且细读太武帝赦免高允时的问答可知,太武帝的强直决定也带有政治上的判断。

《宋书》卷九五《索虏传》关于道武帝有如下记载:

> 先是,有神巫诫开当有暴祸,唯诛清河杀万民,乃可以免。开乃灭清河一郡,常手自杀人,欲令其数满万。

据此,崔浩的本籍清河曾遭受北魏的残酷祸害。而如前文所述,崔浩之父崔玄伯内心怀有归阙江南的强烈愿望,笃孝的崔浩心知肚明。在被认为是由崔浩起草的著名废佛诏中有"胡妖鬼""胡神"等表述,又传递出他的排夷思想[1]。在执笔国史时,崔浩显露了这种意识,招致太武帝的愤怒。这一因素想必是存在的。但高允得免的理由依旧不明。从《高允传》所记问答来看,仅归因于景穆太子的辩护也是不合理的。于此笔者认为,前引文中太武帝以"直""贞"来高度评价高允,具有重要意味。原本华北的汉族士大夫并不将国初以来的北魏视作正统的中原王朝。实现华北统一后的太武帝时代,汉族士大夫逐渐向承认北魏

---

1. 参见拙稿《五胡十六国、北朝期における胡漢融合と華夷觀》,《佐賀大學教養部研究紀要》第16卷,1984年。收入本书第一篇第一章。

第三章　景穆太子与崔浩——以北魏太武帝废佛前后的政局为中心

的方向倾斜，但依然有固守成见者，尤其在名族层中为数较多[1]。《魏书》卷三五《崔浩传》载：

> 真君十一年六月诛浩，清河崔氏无远近，范阳卢氏、太原郭氏、河东柳氏，皆浩之姻亲，尽夷其族。

可见该事件中，与国史编纂无涉的华北高门也被大量族诛。而太武帝在杀崔浩三个月后就踏上了前文所说的南伐之途，根据以上的这些考察，难以认为两者之间没有关联。我们在探讨景穆之死时提出，皇权的确立和扩大是关乎北魏国家存立的重要问题。此处，太武帝个人确立、扩张皇权的强烈意志就扮演了重要角色，他一方面在华北统一的背景下借崔浩案之机严厉打击不愿承认皇权正统性的华北名族阶层，又以之为起点迈步南伐，力图向全中国夸示其作为中华皇帝的实力。崔浩是整个北魏前期历史上在政策订立、权谋术数方面罕有其匹的人才，而从这一事件中也能窥见将崔氏用作爪牙、榨干其所有价值的太武帝的非凡政治手腕。

对于崔浩事件的实态，过去的研究往往把注意力集中在胡汉对立这一要因，在事件处置中发挥核心作用的太武帝却被放在次等位置。崔浩案之所以成为如此重大的事件，相比其他因素，太武帝的强烈意志更加不可忽视。

---

1. 参见拙稿《五胡十六国、北朝期における胡漢融合と華夷觀》，《佐賀大学教養部研究紀要》第16卷，1984年。收入本书第一篇第一章。

第四章

关于对部族解散的理解

引言

北魏的所谓部族解散,是指北魏建立者太祖道武帝针对拓跋部的随附诸部族断然实施的一项政策,内容为:(一)令从事游牧的诸部族定居于皇城周边区域("分土定居,不听迁徙"[1]),(二)将族长对部民的支配权转移至国家("君长大人皆同编户……无统领"[2])。这是先于北魏的五胡王朝不曾推行的、划时代的改革。因其在考察五胡十六国北朝史时所具有的重要意味,关于部族解散已有为数众多的研究[3],给人题无剩义之感。不过,根据下文举出的这些理由,笔者认为过去对部族解散的理解还存在不充分的方面。

其一是关于领民酋长。北魏时期率领部落的酋帅号为领民酋长,可以确认,此名称一直存在。而如上所述,通过道武帝的部族解散,国家已夺去族长对部民的支配权。那么领民酋长的存在就与历来对部族解散的理解有所抵触。以往的解释为,领民酋长仅活动于边境地区,因而是一种例外[4]。然而,据笔者查考,领民酋长在畿内也大量存在。并且,我们能发现不是领民酋长的酋帅统领部民的例子。也就是说,过去关于领民酋长以及部族解散的研究在这一点上提供的解读不能令人满意。

---

1. 参见《魏书》卷八三上《外戚·贺讷传》。
2. 同上。
3. 代表性的论著有内田吟風《北朝政局における鮮卑匈奴等諸北族系貴族の地位》(载《北アジア史研究 匈奴編》,同朋舍,1975年)、谷川道雄《北魏の統一過程とその構造》(载《隋唐帝国形成史論》第二編第二章,筑摩書房,1971年)、宮崎市定《鮮卑と漢人》(载《九品官人法の研究》第二編第五章,同朋舍,1956年)、河地重造《北魏王朝の成立とその性格について——徙民政策の展開から均田制へ》(载《東洋史研究》第12卷5号,1953年)、浜口重国《魏晋南北朝史概説》(载《秦漢隋唐史の研究》下卷,東京大学出版会,1966年)、唐长孺《拓跋国家的建立及其封建化》(载《魏晋南北朝史论丛》,生活·读书·新知三联书店,1955年)等。
4. 例如内田氏在前揭书第345页说道:"如前所述,北魏解散诸部并强力推行州郡制,不过值得注意的是,这些领民酋长却保留下来……因所在地为边境的放牧地带,此等领民酋长没有被解散,很可能原样存续至魏末。"

第四章 关于对部族解散的理解

其二，过去的研究认为，因部族解散，此前存在于胡族社会的部族、氏族被全面地解体和消灭。或者说是几乎被完全消解，以后只能见到一些残渣[1]。不过笔者认为，这些看法不能准确反映部族解散的实相。北亚社会的部族或氏族集团大致可定义为在承认共同始祖的基础上结成的血缘集团（鲜卑亦然），因此难以认为该集团会仅仅因道武帝解散部族之类的改革在短时间内完全解体，长久传统所培育的部民间的结合恐怕不易消灭。而且道武帝施行部族解散以后，展现这种部民间结合的史料依然存在（参见下文）。换言之，在这一点上，也有必要重新检讨过去对部族解散的理解。

北族的部族解散对于了解胡族社会构造的变迁极为重要，对此本章将以上述问题点为线索阐述拙见，进而探寻胡汉抗争与融合的轨迹。

另外，部族解散在以往还有部落解散、部族解体、部之解散等称呼，以下为求方便，把道武帝施行的部族解散称作"部落解散"，把意味着部族制度全面解体的部族解散称作"部族解散"。加以区别的理由是，笔者认为道武帝的部落解散并不企图全面消解部族制度，这种意义上的消解须等到孝文帝的时代（参见下文）。

第一节 酋帅在整个北魏时期的存在

本节将围绕部落解散后的漫长时期内依然存在大量酋帅这一点展开讨论。

首先，关于畿内的领民酋长，《魏书》卷七四《尔朱荣传》载：

> 尔朱荣，字天宝，北秀容人也。其先居于尔朱川，因为氏焉。常领部落，世为酋帅。高祖羽健，登国初为领民酋长。……论功拜散骑常侍。以居秀容川，诏割方三百里封之，

---

1. 松永雅生氏（载《北魏太祖の離散諸部》，《福岡女子短大紀要》[8]，1974年）、古贺昭岑氏（载《北魏の部落解散について》，《東方学》[59]，1980年）对此说提出了否定性意见。在否定性这一点上，笔者下文的论述与两氏一致，但在对部族解散实态的理解、论证方法等其他诸多方面持有不同立场。

长为世业。太祖初以南秀容川原沃衍，欲令居之，羽健曰："臣家世奉国，给侍左右。北秀容既在划内，差近京师，岂以沃塉更迁远地。"太祖许之。……曾祖郁德，祖代勤，继为领民酋长。……父新兴，太和中，继为酋长。……秀容界有池三所，在高山之上，清深不测，相传曰祁连池，魏言天池也。父新兴，曾与荣游池上，忽闻箫鼓之音。

据此，尔朱氏一族世居北秀容，任领民酋长。北魏时期北秀容的治所在今天的山西省朔州市朔城区西北。朔城区即北魏的马邑。关于马邑，《元和郡县图志》卷一四《河东道三》朔州条云：

史记曰："匈奴围韩王信于马邑，信降匈奴。"按马邑即今州理是也……晋乱，其地为猗卢所据，刘琨表卢为大单于，封代公，徙马邑。后魏都代，地属畿内。

引文显示，马邑属于北魏（迁洛前）的畿内。北魏畿内的范围，《魏书》卷一一〇《食货志》有载：

天兴初（398），制定京邑，东至代郡，西及善无（今右玉），南极阴馆（代县西北），北尽参合，为畿内之田。

可见，畿内（大致相当于现在山西省雁北地区，即雁门关以北的地域）的南端阴馆在马邑之东南、句注山之北，今代县西北的位置。综合上述可以推定，北秀容乃北魏迁洛前的畿内之地。《尔朱荣传》中"北秀容既在划内"之语颇费解，根据目前的考察可知，其句意为北秀容属于畿内。简而言之，尔朱荣之先世长居畿内为领民酋长。

又，《北齐书》卷一五《库狄干传》记库狄干出自前引《魏书·食货志》所谓畿内西端的善无：

库狄干，善无人也。曾祖越豆眷，魏道武时以功割善无

第四章 关于对部族解散的理解

之西腊污山地方百里以处之,后率部落北迁,因家朔方。

这里提到的库狄干曾祖库狄越豆眷亦当为畿内的领民酋长,以下三点能帮助我们做出此推测。(一)库狄干是活跃于北魏末至北齐的人物,周一良氏已经指出,库狄干在魏末任领民酋长[1](无法确定是在北魏末还是东魏)。(二)关于领民酋长,《洛阳伽蓝记》卷一《城内》永宁寺条云:

> 建义元年(528),太原王尔朱荣总士马于此寺。荣字天宝,北地秀容人也。世为第一领民酋长,博陵郡公。部落八千余家,有马数万匹,富等天府。

《北齐书》卷一七《斛律金传》记其父斛律大那瓌云:

> 父大那瓌,光禄大夫、第一领民酋长。

同卷记领民酋长斛律大那瓌之子、斛律金之兄斛律平云:

> 为杜洛周所破,部落离散。及归尔朱荣,待之甚厚,以平袭父爵第一领民酋长。

再结合前引《魏书·尔朱荣传》可知,领民酋长在北魏一般为世袭之职。(三)领民酋长库狄干的曾祖库狄越豆眷作为酋帅获割腊污山地方百里,大约与领民酋长尔朱羽健获封尔朱川方三百里地同时。而且,即使库狄越豆眷所任并非领民酋长,由先前《北齐书》的记载亦能确认其为畿内的酋帅。

还需补充的是,库狄越豆眷从善无腊污山率部落迁至朔方的时间难以明确。天兴元年(398)七月北魏迁都平城,八月正封畿,若迁徙发生在这之后,那库狄越豆眷极大概率为新定畿内的领民酋长。假使

---

1. 参见周一良:《领民酋长与六州都督》,《魏晋南北朝史论集》,中华书局,1963年,第185页。

他在道武帝即位的登国元年（386）至天兴元年之间已迁往朔方，将其看作畿内的领民酋长也不致大谬。因为《魏书》卷一《序纪》穆皇帝拓跋猗卢三年（310）条云：

> 晋怀帝进帝（拓跋猗卢）大单于，封代公。帝以封邑去国悬远，民不相接，乃从琨（刘琨）求句注陉北之地。琨自以托附，闻之大喜，乃徙马邑、阴馆、楼烦（今宁武）、繁畤（浑源）、崞（浑源）五县之民于陉南，更立城邑，尽献其地，东接代郡，西连西河、朔方，方数百里。帝乃徙十万家以充之。

拓跋猗卢获得句注陉北之地以来，被后世设置为畿内的区域也可以说具有代国之畿的性质。

《隋书》卷五五《乞伏慧传》云：

> 乞伏慧字令和，马邑鲜卑人也。祖周，魏银青光禄大夫，父纂，金紫光禄大夫，并为第一领民酋长。

《北齐书》卷一九《侯莫陈相传》云：

> 侯莫陈相，代人也。祖伏颓，魏第一领民酋长。

此处"马邑鲜卑人""代人"很可能不单指本籍，当分别意为"本籍为马邑且出生于马邑的鲜卑""本籍代郡且出生于代郡"（尤其是前一条引文，这样考虑应该无误）。如此理解再结合世袭领民酋长的案例，可以推定，乞伏慧之父乞伏纂、祖父乞伏周以及侯莫陈相的祖父侯莫陈伏颓三人均为畿内的领民酋长。

《北齐书》卷二〇《叱列平传》：

> 叱列平，字杀鬼，代郡西部人也，世为酋帅。

第四章 关于对部族解散的理解

《北史》卷六一《叱列伏龟传》：

> 叱列伏龟字摩头陁，代郡西部人也。其先为部落大人，魏初入附，遂世为第一领人（避民讳）酋长，至龟五世。……嗣父业复为领人酋长。

《魏书》卷八〇《叱列延庆传》：

> 叱列延庆，代西部人也，世为酋帅。曾祖鍮石，世祖末从驾至瓜步，赐爵临江伯。……葛荣既擒，除使持节、抚军将军、光禄大夫、假镇东将军、都督、西部第一领民酋长。

叱列平、叱列伏龟、叱列延庆均为敕勒。关于西部敕勒，《魏书》卷九《肃宗纪》孝昌二年（526）三月甲寅条云：

> 西部敕勒斛律洛阳反于桑干（山西山阴），西与河西牧子通连。

《魏书》卷七四《尔朱荣传》记北魏末年：

> 敕勒北（叱之讹）列步若反于沃阳（善无属县）。

可见，这一人群居于先前已考述的畿内之地。《叱列平传》以下三条记载所见领民酋长都是畿内的领民酋长。不过按《魏书》卷一〇三《高车传》的记述，敕勒并非部族解散的对象，领民酋长的存在似乎不足为奇：

> 太祖时，分散诸部，唯高车（敕勒之异名）以类粗犷，不任使役，故得别为部落。

而下文会述及，部族解散之后，安排诸部族民定居的八国同畿内的范围大部分重合。所以,这一地域内存在统率部民的领民酋长的史实更应得到注意,哪怕他们是敕勒。先前提到的领民酋长尔朱氏、库狄氏、乞伏氏、侯莫陈氏俱非敕勒。后三者为鲜卑(尔朱氏为羯[1]),其姓见载于《魏书》卷一一三《官氏志》(未见尔朱姓[2]),意味着他们是拓跋部随从诸部中的重要部族。另一方面,《官氏志》在列叙主要族姓后有以下文字:

> 凡此四方诸部,岁时朝贡,登国初,太祖散诸部落,始同为编民。

据此,部族解散的对象当包含库狄、乞伏、侯莫陈三部。具备此性质的库狄、乞伏、侯莫陈三部,实有部分成员未被解散,而是居于畿内由领民酋长统率,这对我们思考部落解散的意义非常重要。

以上的论述稍显繁杂,总而言之,我们已可看出畿内存在不少领民酋长。部落解散后北魏还有大量其他类型的酋帅,接下来就此展开讨论。

《魏书》卷三《太宗纪》永兴三年(411)七月辛酉条云:

> 赐附国大人锦罽衣服各有差。

同卷永兴五年七月丙戌条载:

> 车驾自大室(云中、盛乐附近)西南巡诸部落,赐其渠帅缯帛各有差。

---

1. 参见姚薇元:《北朝胡姓考》,科学出版社,1958年。
2. 尔朱荣之祖尔朱代勤乃世祖敬哀皇后之舅。且赵翼《廿二史札记》卷一三"尔朱荣传"条指出,魏收编写《尔朱荣传》时格外细致。魏收确实编纂了尔朱荣的传记。也就是说,魏收不可能不了解尔朱氏,然而却没有在《官氏志》中记录尔朱一姓。其中当存在某种缘由,但现已无法确知。

第四章　关于对部族解散的理解

同卷神瑞二年（415）二月丁亥条云：

> 大飨于西宫，赐附国大、渠帅朝岁首者缯帛金属各有差。

同卷泰常七年（422）正月甲辰条云：

> 自云中西行，幸屋窦城，赐从者大酺三日、蕃渠帅缯帛各有差。

同卷同年十月壬辰条记太宗为声援当时正与刘宋作战的奚斤部队，车驾南巡：

> 四方蕃附大人各率所部从者五万余人。

《魏书》卷四下《世祖纪下》太平真君五年（444）六月条：

> 北部民杀立义将军、衡阳公莫孤，率五千余落北走。追击于漠南，杀其渠帅，余徙居冀、相、定三州为营户。

同书卷八《世宗纪》正始三年（506）四月甲辰条提供了迁洛以后的情况：

> 诏遣使者巡慰北边酋庶。

"酋庶"意为酋长与庶长[1]。同书卷九《肃宗纪》延昌四年（515）九月乙巳条所载诏书有言：

> 朔方酋庶，北面所委。

---

1. 《魏书》卷一一三《官氏志》昭成帝建国二年（339）条云："其诸方杂人来附者，总谓之乌丸，各以多少称酋、庶长，分为南北部，复置二部大人以统摄之。"

同书卷二四《崔玄伯传》载太宗泰常三年（418）崔玄伯死：

> 诏群臣及附国渠帅皆会葬。

同书卷三四《万安国传》记道武帝之孙世祖太武帝时的情况：

> 万安国，代人也。祖真世，为酋帅，恒率部民从世祖征伐。[1]

同书卷一〇八之一《礼志一》道武帝天赐二年（405）四月条记西郊祭天的情形，提到：

> 祭之日，帝御大驾，百官及宾国诸部大人毕从至郊所。……外朝臣及大人咸位于青门之外。

《礼志三》记孝文帝太和十四年（490）冯太后死，提到：

> 引太守外臣及诸部渠帅入哭，次引萧赜使并杂客入。

这些记载都说明，在道武帝的部落解散以后，酋帅依然存在。如所周知，领民酋长并没有从北镇等边境地区消失，所以上述酋帅中有一些可能是领民酋长。但不管怎样，我们据此认为畿内领民酋长之外还存在数量可观的酋帅，当无疑义。

需要补充说明的是，《魏书》卷四〇《陆俟传》记陆俟转任六镇之一的怀荒镇镇将时提到：

> 出为平东将军、怀荒镇大将。未期，诸高车莫弗讼俟严急，待下无恩，还请前镇将郎孤。世祖诏许之，征俟还京。

---

1. 姚薇元氏前揭书第260页将万真世视作太武帝时才归魏的酋帅，但未提供依据。

第四章 关于对部族解散的理解

> 既至朝见,言于世祖曰:"陛下今以郎孤复镇,以臣愚量,不过周年,孤身必败,高车必叛。"世祖疑谓不实,切责之,以公归第。明年,诸莫弗果杀郎孤而叛。

莫弗乃意为酋帅之夷语[1],故引文反映了高车酋帅的存在。如今从《魏书》本纪、列传等记载见到的酋帅有出自高车者,他们本就不是道武帝解散部落的对象。上述诸材料里的酋帅当包括这种情况,但并不尽然。关于此点,《魏书》卷一二《孝静帝纪》天平三年(536)二月丁酉条载,魏末大乱产生的北方流人被配属高澄:

> 诏加齐文襄王使持节、尚书令、大行台、大都督,以鲜卑、高车酋庶皆隶之。

可见,高车酋帅之外还有鲜卑酋帅。我们也都知道,对于魏末的北镇之乱,除了高车,鲜卑同样扮演了重要角色[2]。

再来看《北史》卷五三《綦连猛传》所记魏末史事:

> (尔朱)兆败,猛与斛律羌举、乞伏贵和逃亡。及见获,各杖一百。以猛配尉景,贵和配娄昭。羌举以故酋长子,故无所配。

该材料不见于《北齐书》卷四一《綦连猛传》。这里提到了酋长之子斛律羌举,《北齐书》卷二〇《斛律羌举传》对羌举及其父的记载为:

> 太安人也。世为部落酋长。父谨,魏龙骧将军、武川镇将。

---

1. 参见前揭姚薇元氏书第33页。
2. 参见浜口重国《正光四五年の交に於ける後魏の兵制就いて》(前揭浜口氏书上卷)、谷川道雄《魏末の内乱と城民》(前揭谷川氏书)等。

据此可认为，斛律谨在作为酋帅的同时担任着六镇之一武川镇的镇将。这显示，北魏一代的酋帅当中可能有部分身兼国家官僚。我们还可以找到其他的材料来证明，领民酋长尔朱羽健任散骑常侍（《魏书》卷七四《尔朱荣传》）、尔朱代勤为肆州刺史（同前）、破六韩常为附化守（《北齐书》卷二七《破六韩常》）等均为佳例。对于这类人物，若表明其酋帅身份的史料有所欠缺，他们只会被当成国家官僚来讲述，其酋帅的一面将佚失。而魏收的《魏书》在这一点上，恐怕很难说没有遗漏。对照《魏书》所记孝文帝以前诸制度极为不备一事，很容易明白[1]。易言之，如今从《魏书》所能见到的人物当中，很可能隐藏着一些只被当作国家官僚来记载，但同时又是酋帅的个体。《北齐书》卷一五《娄昭传》载：

> 娄昭，字菩萨，代郡平城人也，武明皇后之母弟也。祖父提，雄杰有识度，家僮千数，牛马以谷量。

引文反映了传主祖父娄提的富足之态。关于此人，《魏书》卷八七《娄提传》载：

> 代人也。显祖时为内三郎。

与前引文"牛马以谷量"之语相似的表述，也见于对领民酋长尔朱荣的记载（《魏书》卷七四《尔朱荣传》："牛羊驼马，色别为群，谷量而已"）。而后一条引文提到的内三郎，乃北魏内朝武职之一（北魏内朝将在下一篇考察）。又，《魏书》卷四四《罗结传》载：

> 罗结，代人也，其先世领部落，为国附臣。……世祖初，迁侍中、外都大官，总三十六曹事。……年一百一十，诏听

---

1. 此点可参见严耕望《北魏尚书制度考》（载《历史语言研究所集刊》第18本，1948年）、郑钦仁《北魏官僚机构研究》（载《牧童文史丛刊》十一，1976年）、拙稿《北魏の内朝》（载《九州大学東洋史論集》第6号，1977年）等。

第四章 关于对部族解散的理解

归老,赐大宁东川以为居业,并为筑城,即号曰罗侯城,至今犹存。

此处"赐大宁东川以为居业",与前引《尔朱荣传》中"以居秀容川,诏割方三百里封之,长为世业"的表达十分类似。简而言之,关于娄提、罗结的记录与前述斛律谨的情况相近,可以从中推导,他们既是酋帅同时也是担任国家职务的官僚。

道武帝施行部落解散后,作为解散对象的部民被称作八国或八部,于皇城周边地域分土定居。本节此前的考察明确了部落解散后酋帅依然大量存在,那么,八国当中会有酋帅吗?接下来就此展开讨论。

首先一个问题是,八国和上文说的畿内是什么关系。我们已经知晓畿内存在领民酋长等酋帅,如果八国与畿内具备若干重合的地点或地区,八国有酋帅的概率自然也就极高。对此应注意以下两则材料。《魏书》卷二《太祖纪》天赐三年(406)六月条云:

> 发八部(即八国)五百里内男丁。

《元和郡县图志》卷一四《河东道三》云州条载:

> 晋乱,刘琨表封猗卢为代王,都平城。后魏道武帝又于此建都,东至上谷军都关(居庸关?),西至河(黄河?),南至中山隘门塞(山西灵丘?),北至五原(内蒙古五原),地方千里,以为甸服。

前一条意为:从住在八部的人当中征发距皇城五百里以内的男丁。这样的话,征发涵盖的地域就可与后一条记载所谓方千里的甸服勘同。另一方面,对照地图一目了然,上文说的畿内是包括在甸服当中的。《魏书》卷二《太祖纪》天兴元年(398)条云:

> 秋七月,迁都平城。……八月,诏有司正封畿,制郊甸,

> 端径术，标道里，平五权，较五量，定五度。

可见，伴随迁都平城，北魏进行了诸项制度的整备。此处的封畿，指的就是《食货志》所见天兴初制定的畿内，郊甸指的是《元和郡县图志》所见甸服[1]。根据这些材料对八国、畿内关系问题做出的推测是，前者较甸服更广，后者包含于甸服，故前者涵盖了后者。如果此认识正确，八国内就存在领民酋长等酋帅。《魏书》卷一一三《官氏志》天赐四年（407）五月条云：

> 增置侍官，侍直左右，出内诏命，取八国良家，代郡、上谷（北京延庆）、广宁（河北涿鹿）、雁门（山西代县）四郡民中年长有器望者充之。

引文"八国良家，代郡、上谷、广宁、雁门"一句意为：八国的良家，以及代郡、上谷、广宁、雁门。此四郡均位于甸服之内，代郡属畿内，上谷、广宁、雁门在畿外（可以确认，四郡中代郡、上谷、雁门属于平城时期的司州。广宁郡可能也属于司州[2]）。也就是说，按照《官氏志》的记载，代郡以下四郡似不包含在八国之内。这与先前所得八国涵盖畿内、甸服的认识，以及《魏书》列传等材料所载北族大部分为代人的史实矛盾。《官氏志》的记载当无误，所以应该认为，代郡等四郡中既有属于八国也有不属八国的地域。易言之，畿内、甸服中既有属于八国也有不属于八国之地（但因北族大部分为代人，八国的中心

---

1. 松本善海氏在其论文《北魏におけ均田、三長両制の制定をめぐる諸問題》(《東洋文化研究所紀要》[10]，1956年) 的第121页认为，《元和郡县图志》所见甸服的制定发生在孝文帝太和十一年二月以后。笔者难以赞同。
2. 《魏书》卷一〇六上《地形志二》恒州条云："恒州（天兴中置司州，治代都平城，太和中改）……领郡八，县十四。代郡……领县四。平城。" 同志东燕州条云："东燕州（太和中分恒州东部置燕州）领郡三，县六。平昌郡……上谷郡。" 同志肆州条云："肆州……雁门郡（秦置，光武建武十五年罢，二十七年复。天兴中属司州，太和十八年属）。"堀敏一氏也推测广宁郡属于司州（堀敏一：《均田制の研究》，岩波书店，1975年）。

第四章 关于对部族解散的理解

应在畿内的八国属地[1])。那么,之前提到的酋帅全部居于非八国的地区,部落解散对象在解散后居住的八国范围内完全没有酋帅,这样的理解似乎也可能成立。

然而,《魏书》卷九《肃宗纪》正光五年(524)八月条所载废州镇军贯、改镇为州的著名诏书有言:

> 高祖孝文皇帝,远遵盘庚,将迁嵩洛,规遏北疆,荡辟南境,选良家酋胕,增戍朔垂,戎捍所寄,实惟斯等。

如所周知,整个北魏一代大量北族因防备柔然的需要被徙往以六镇为中心的北方边境。所以引文中"良家酋胕"的北迁并不限于孝文帝时期。北族的中坚——居于八国的北族在这种迁徙中占有多数,以下材料可作为证据。《周书》卷一《文帝纪上》叙及宇文泰的先祖宇文陵:

> 天兴初,徙豪杰于代都,陵随例迁武川焉。

《北齐书》卷二三《魏兰根传》记魏兰根的言辞:

> 缘边诸镇,控摄长远。昔时初置,地广人稀,或征发中原强宗子弟,或国之肺腑,寄以爪牙。

后一条引文以"国之肺腑"的表述来指代北族,特别是其核心部分——出身八国者,这与前引《肃宗纪》的诏书关系密切,必须重视。据此,《肃宗纪》所谓"良家酋胕(胕与腑同)"可解作:作为国之肺

---

1. 附带提及,《魏书》卷一一〇《食货志》云:"天兴初,制定京邑,东至代郡,西及善无,南极阴馆,北尽参合,为畿内之田。其外四方四维置八部帅以监之。"若将此记载中"八部帅"的"八部"看成八国,则会因"为畿内之田。其外……"这一表述,认为畿内不属于八国。然而,如《魏书》列传等材料显示的,北族的大部分都被视作畿内代郡人,这就产生了矛盾。大部分北族乃代人,实无法否定。那么,矛盾的肇因要么是前引记载中"其外"这一表述存在问题,要么就是"八部帅"的"八部"可能并不等同八国。

腑的出身良家的酋帅[1]。综合起来推断，八国当中还是存在酋帅（需要说明的是，八国在太宗时期被改组为六部[2]，本节的考察为方便计未加区分，概以八国表示）。

而如前所述，《北齐书》卷一五《库狄干传》称，作为领民酋长的畿内善无人库狄越豆眷"后率部落北迁，因家朔方"，那么"良家酋胕"应该包括了领民酋长。除了领民酋长，此处还应注意的是酋帅在"良家酋胕"中的大量存在。这从前述部落解散后酋帅的广泛性已可推导，笔者还能举出另外的理由，即道武帝解散部落后部族制度依然存续，并未丧失其本质，因而八国内含有不少领民酋长以外的酋帅（因论述需要，对此的具体考证将于次节展开）。

至此，本节的考察已说明，八国地域内外均有酋帅。那么，酋帅统领的集团是基于何种原理构成的呢？在考察部族制度的存续之前，先来谈谈这一令人记挂的问题。

一般而言，酋帅、酋长这一术语意为，成员相互之间依靠血缘或拟制血缘所结成的集团的领导者。然而在有些场合，非因血缘或拟制血缘结成的集团的领导者也被称作酋帅、酋长。《汉书》卷七六《张敞传》记张敞任京兆尹时事：

> 京师寖废，长安市偷盗尤多，百贾苦之。上以问敞，敞以为可禁。敞既视事，求问长安父老，偷盗酋长数人，居皆温厚，出从童骑，闾里以为长者。

此处"酋帅"便是这样一例。那本节讨论的酋帅具有的是哪一种性质？

《魏书》卷七四《尔朱荣传》记契胡（即羯[3]）尔朱荣的先世事迹：

---

1. 百衲本《魏书》等所见"良家酋胕"在武英殿本中作"良家酋帅"，百衲本等的文字当为原文。而即使以"酋帅"为是，因其紧接于"良家"之后，以及《官氏志》天赐四年条有"八国良家"之语，两者所指的对象也是一致的。
2. 参见前揭内田氏书第348页、前揭谷川氏书第127页。
3. 前揭姚氏书第360页。

第四章　关于对部族解散的理解

> 高祖羽健，登国初为领民酋长，率契胡武士千七百人从驾平晋阳，定中山。……（祖代勤）曾围山而猎，部民射虎，误中其髀，代勤仍令拔箭，竟不推问，曰："此既过误，何忍加罪。"部内闻之，咸感其意。……父新兴，太和中，继为酋长。家世豪擅，财货丰赢。……牛羊驼马，色别为群，谷量而已。

前引《洛阳伽蓝记》卷一《城内》永宁寺条提到："建义元年（528），太原王尔朱荣总士马于此寺。荣字天宝，北地秀容人也。世为第一领民酋长，博陵郡公。部落八千余家，有马数万匹，富等天府。"从这两条材料可以看出，作为领民酋长的尔朱氏统率着契胡，以其畜牧牛马，世世为部民。《北齐书》卷一五《库狄干传》关于领民酋长库狄越豆眷有言："后率部落北迁，因家朔方。"在这里能看到与尔朱氏相同的角色。也就是说，领民酋长可以被看作是因血缘或拟制血缘所结成集团的统领者（上举诸例均为畿内的领民酋长，其他地域的领民酋长同样适用）。

那在北魏北边，尤其是以六镇为中心的地域，酋帅的情况是怎样的？《隋书》卷六一《宇文述传》关于传主的身份有言：

> 代郡武川人也。本姓破野头，役属鲜卑俟豆归，后从其主为宇文氏。

《周书》卷一《文帝纪上》记宇文氏的来历提到：

> 九世至侯豆归（俟豆归），为慕容晃所灭。其子陵仕燕，拜驸马都尉，封玄菟公。魏道武（北魏道武帝）将攻中山，陵从慕容宝御之。宝败，陵率甲骑五百归魏，拜都牧主，赐爵安定侯。天兴初，徙豪杰于代都，陵随例迁武川焉。

前一条引文所见之破野头，是由纥豆陵氏、万俟氏、斛拔氏等氏族构成的游牧部族的名称,他们在北魏时代依然维持部落聚居的形式[1]。宇文述的先世役属于宇文俟豆归,从事畜牧,而据后一条引文,俟豆归之子陵归附北魏,被授予了都牧主这一同畜牧有关的官职(《新唐书》卷七一下《宰相世系表一下》宇文氏条记宇文拔拔陵陵任都牧主)。注意到一点便可认为,宇文氏对破野头的役属在归魏后原样保留(不过此时宇文述的先世逐渐摆脱对宇文陵的私人性从属状态,通过宇文陵与国家达成了联结)。后来宇文陵作为豪杰被徙往北方边境,宇文述的先世亦当随迁,这从宇文述的籍贯乃宇文陵移居的武川镇即可看出。宇文陵在表面上是作为国家的畜牧监督官(都牧主)对宇文述的先世进行支配,但他们之间的私人性联结依然留存,共同北迁系基于后一种原理实现(但宇文陵应该不是领民酋长[2])。另一方面,《隋书》卷七〇《李密传》记载了隋末英雄李密对弑杀炀帝的宇文述之子宇文化及的一段非难之辞,这大约发生在宇文陵徙居武川镇的二百二十年后:

卿本匈奴皂隶破野头耳,父与兄弟皆受隋恩……

此处"匈奴"指宇文氏[3]。引文显示了宇文述先世从属宇文陵的关系在北迁后的延续。如果在宇文陵北迁以前这种从属已被打破,将很难理解李密为何会把两百多年前的旧闻拿出来说事,这一非难能够有效的必备前提在于,北迁之后的很长时间内上述关系仍然存在。此时,前引《宇文述传》"后从其主为宇文氏"所展现的,宇文述的先祖将姓从破野头改为其主之姓宇文,就必须受到重视。改姓的时间不能确定,但综合上述《新唐书·宰相世系表》等材料推测,应发生在孝文帝迁洛以前。总之,

---

1. 参见石见清裕:《唐の建国と匈奴の費也頭》,《史学雑誌》第91编10号,1982年。又收入氏著《唐の北方問題と国際秩序》,汲古书院,1998年,第一部第一章。
2. 在北周时,先祖为领民酋长应是值得骄傲之事。而且,宇文陵乃北周实际建国者宇文泰的四世祖,他归魏并扎根武川镇,因而是堪称武川宇文氏之鼻祖的重要人物。所以,若宇文陵确实担任过领民酋长,本纪应当有所记载。不存在相关记录恰好说明了他不曾为领民酋长。另外,如第一节所述,领民酋长在北魏时代为世袭之职,而现存史料也无法证明宇文陵的子孙担任过领民酋长。这也支持了笔者关于宇文陵不是领民酋长的观点。
3. 参见周一良:《论宇文周之种族》,收入前揭周氏书。

这反映了宇文陵率领的集团系依靠拟制血缘的关系结合而成。

说起来,在北魏建国以前,隶属的部族、氏族将其名称变从主姓乃普遍现象。《魏书》卷一一三《官氏志》关于北魏建国前事迹的以下记录就是一项例证:

> 初,安帝统国,诸部有九十九姓。至献帝时,七分国人,使诸兄弟各摄领之,乃分其氏。自后兼并他国,各有本部,部中别族,为内姓焉。

此处"本部"应指当时被七分的国人,即纥骨氏、普氏、拔拔氏、达奚氏、伊娄氏、丘敦氏、侯氏,引文显示本部(各氏族)中还存在"内姓"。综合上述,北镇地区酋帅统领的集团也跟领民酋长率领的集团一样,系依靠血缘或拟制血缘关系结合而成。

最后还剩下八国属地尤其是畿内八国地区酋帅(其中的领民酋长已见前述)的情况。该问题对于思考道武帝解散部落的意义十分重要。根据以往的研究,部落解散后作为其对象的诸部族民多数定居于八国,但如果八国之内的酋帅与集团成员或是集团成员之间仍然依靠的是血缘或拟制血缘的关系相结合,那此前关于部落解散的见解就有必要重新接受检讨。

第二节　部落解散后部族制度的存续

本节将考察道武帝解散部落之后部族制度的存续。部族这一术语具有多种含义,下文使用该词时指的是支配氏族与被其支配的氏族构成的联合体(也包括很多没有血缘的人)。总的来说,笔者不赞同道武帝的部落解散消灭了旧有的部族制度这一定论,分土定居、剥夺族长的支配权(具体可以举出使役部民[含征兵权]、受部民贡纳等权限)以及与之相表里的部民编户化确实发生了,但即便是在部落解散后的八国属地,过去部族制度的本质(更具体地说就是部民相互间的结合关系)仍然延续(另外,八国内酋帅所统领集团的构成原理是上一节遗留的问题，它与部族制度是否因部落解散而消灭密切相关。以下将探讨笔者所提出的部族制度在部落解散后依然存续的观点，该问题通过这一过程也将获得清晰的解答）。

粗略地看，北亚游牧各部族是由相互间具有血缘关系的若干氏族构成的，各氏族基于共同始祖的意识被整合为一个部族。前文已引用过《魏书》卷一一三《官氏志》的这条材料：

> 初，安帝统国，诸部有九十九姓。至献帝时，七分国人，使诸兄弟各摄领之，乃分其氏。自后兼并他国，各有本部，部中别族，为内姓焉。

这种结合形态在作为拓跋部族联盟核心的拓跋部亦能见到，尽管存在一些区别，比如因扩张而吸收了异姓。附从拓跋部的贺兰部、宇文部等部族应该也是类似的状况。

而据内田吟风氏的研究，鲜卑、乌桓的部族或氏族由"邑落（约二十来户，约百数十口）""落（二三户）"等许多小的单元构成[1]。可以认为，道武帝的部落解散系针对具有此构造的诸部族断然开展，比如宫崎市定氏提到（括号内为笔者语）：

> （部落解散）剥夺了部族长过去以部族长的身份使役部民的权利，他们被还原为单纯的个体……部族的解散去除了古老的氏族制度……从属部族长的部民就此脱离了部族长的控制，转而直属于天子。[2]

谷川道雄氏提到：

> 北魏帝国与五胡诸国有一项显著差异，就在于建国之初

---

1. 参见内田吟风：《乌桓鲜卑の源流と初期社会构成——古代北アジア遊牧民族の生活》，《北アジア史研究　鲜卑柔然突厥编》，同朋舍，1975年，第34页。
2. 参见前揭宫崎氏书第379、380页。

第四章 关于对部族解散的理解

断然解散了游牧诸部。北魏因此超越了既是五胡诸国之中轴也是其局限的部族制度,迈入更加开放的平台。[1]

以往大多数学者就像上引文所展示的,尽管在若干细部会有分歧,但都抱持部落解散消除了旧有部族制度的立场。不过《晋书》卷一一三《苻坚载记上》述苻坚攻破拓跋什翼犍的代国后的处理,提到:

> 散其部落于汉鄣边故地,立尉、监行事,官僚领押,课之治业营生,三五取丁,优复三年无税租。其渠帅岁终令朝献。

"散其部落于汉鄣边故地"也有一个"散"字(此时的"散"并不包括废止其部族制度。这一点结合此后拓跋部的历史是很清楚的)。《魏书》卷八三上《贺讷传》载:

> 其后离散诸部,分土定居,不听迁徙,其君长大人皆同编户。

前文已引过的同书卷一〇三《高车传》云:

> 太祖时,分散诸部,唯高车(敕勒之异名)以类粗犷,不任使役,故得别为部落。

同书卷一一三《官氏志》云:

> 凡此四方诸部,岁时朝贡,登国初,太祖散诸部落,始

---

[1] 参见前揭谷川氏书第123页。另外,谷川氏强调部落解散以降部族制在改变形式后所发挥的作用,并指出北魏与五胡诸国一样也存在难以突破种族壁垒的一面。但笔者对于部族制的存续,如后节所论,并非像谷川氏那样用作为"部族联合国家体制残留"的八部制这类形式来把握,而是认为应该更积极、全面地来重新探讨。

同为编民。

后三条材料是关于部落解散之开展的记载。我们能够看到"散"与"散"之间程度的差异,部族制度在《苻坚载记》的"散"中留存了下来,而后面的"散"被认为是对部族制度的消解。从《魏书》卷一一三《官氏志》天赐元年(404)十一月条的以下记载可窥知,部落解散对旧有的部族制度确实造成了某种程度的动摇:

> 以八国姓族难分,故国立大师、小师,令辩其宗党,品举人才。自八国以外,郡各自立师,职分如八国,比今之中正也。宗室立宗师,亦如州郡八国之仪。

但即便如此,唐长孺氏根据此引文做出的以下论述恐怕也难成定论:

> 实际上辨别姓族在氏族破坏之后,只能徒具形式,姓族的基本组织业已不是氏族而是家长制家庭公社。[1]

这条材料其实可以理解为,此时部族制度因姓族分定、部落解散产生了一定的混乱,国家在其统制之下基于旧有制度实行了调整,而部族制度的本质并未丧失。另外,《官氏志》有"宗党"一语,但我们不能仅据该词就断言,北族社会因部落解散已出现汉民族式的"宗族""乡党"。《魏书》卷二《太祖纪》登国六年(391)十二月条记北魏讨伐拼死抵抗的铁弗部君主刘卫辰(赫连勃勃之父):

> 获卫辰尸,斩以徇,遂灭之。……收卫辰子弟宗党无少长五千余人,尽杀之。

可见,存在宗党实为"部落"的情况。

---

1. 参见前揭唐氏书第247页。

第四章　关于对部族解散的理解

（A）部族的聚居

《魏书》卷二《太祖纪》皇始二年（397）二月条记北魏攻打后燕之际，于柏肆坞（河北藁城）遭到了企图挽回劣势的后燕一方的夜袭：

> 是时，柏肆之役，远近流言，贺兰部帅附力眷、纥突邻部帅匿物尼、纥奚部帅叱奴根聚党反于阴馆，南安公元顺率军讨之，不克，死者数千。

同样的记载见于《魏书》卷一五《元顺传》、卷二八《庾业延传》。贺兰、纥突邻、纥奚部三部因受北魏的攻讨而内属，时在后者发动伐燕之前（参见《魏书》卷八三上《贺讷传》、卷一〇三《高车传附纥突邻传》等）。三部部帅举事的阴馆，如前节所述，是在畿内南部（不过此时，畿内尚未正式设立）。而此三部在臣服北魏之前素来相互联合，抗拒北魏的支配（参见《贺讷传》《高车传附纥突邻传》等）。《魏书》卷一一三《官氏志》记附从北魏的主要部族或氏族之名，提到：

> 东方宇文、慕容氏……南方有茂眷氏……西方尉迟氏……北方贺兰，后改为贺氏。郁都甄氏，后改为甄氏。纥奚氏，后改为嵇氏。

贺兰部、纥奚部均被作为北方的部族名举出。《魏书》卷一〇三《高车传附纥突邻传》载：

> 又有纥突邻，与纥奚世同部落，而各有大人长帅，拥集种类，常为寇于意辛山。

引文显示，纥突邻部与纥奚部"世同部落"。综合上述，此三部一直维持极密切的关系，可以推定，他们当中的一部分内属北魏后，被集中在畿内南部的邻接地域分土定居。这还能通过其他事例窥知。《魏书》

卷一六《元绍传》记道武帝被其子元绍弑，中央陷入混乱，提到：

> 肥如侯贺护（贺兰护）举烽于安阳城北，故贺兰部人皆往赴之，其余旧部亦率子弟招集族人，往往相聚。

同书卷八三上《贺泥传》云：

> 太祖崩，京师草草，泥（贺护）出举烽于安阳城北，贺兰部人皆往赴之。太宗即位，乃罢。

同书卷三《太宗纪》天赐六年（409）十月条云：

> 清河王绍作逆，太祖崩（发生于戊辰夜中，参《太祖纪》《元绍传》等）。帝入诛绍。壬申，即皇帝位，大赦，改年为永兴元年。

从道武帝死时的戊辰夜到明元帝诛元绍而即位的壬申，仅四日之差。而在这极短的时间内，贺兰部及其他旧部的子弟、族人已察知情势的不稳，完成了集结。若部落解散已将以往的部族成员分割成七零八落的状态，如此迅速的集结是难以实现的。易言之，据此也可以断定，贺兰部及其他旧部的成员在部落解散之后依然按照一定程度的汇集，在相互间极为邻近的地点居住。另外，因为朝臣于翌日日中才得知道武帝之死（参《元绍传》），贺护出皇城举烽还要在此之后。那么实际上，从人群集结到明元帝即位连三天都不到[1]。但无法确知明元帝在即位后用了多长时间去叫停人们的集结（也许用了一两天吧）。

总而言之，根据畿内阴馆的三部叛乱、元绍弑逆事件时的旧部活动等事例，笔者认为，道武帝实施部落解散时并未无视旧有的部族制

---

[1] 需要附带说明的是，从举烽以宣告非常事态及《贺泥传》"太宗即位，乃罢"之语等来看，部民集结应当不会始于太宗即位之后。

度,旧部民的安置系基于聚居的形态。

那这种集中居住或许是以部族联合体或部族为单位执行的。但如此考虑的话,就与前述《贺讷传》的"离散诸部"、《高车传》的"分散诸部"、《官氏志》的"散诸部落"有所抵触。这是因为,部落解散旨在破除此前保持独立性的部族(包含联合体)势力,强化国家的力量,《贺讷传》等史料所传达的正是部落解散经由某种形式对部族组织造成的解体。看来,聚居的形态应该是,部族联合体或部族被切割成比以前更小的单位(具体地说就是低于部族的单位:氏族或部落),分解后的集团又被迁徙至一定的地域之内。而这些集中居住的各个集团势力不再接受此前相当于君长的大人的一元统领。《贺讷传》记部落解散后贺兰部君长贺讷"以元舅,甚见尊重,然无统领",即反映了这一情形。

(B)北族的同姓婚

《魏书》卷七上《高祖纪上》太和七年(483)十二月癸丑条载:

> 诏曰:"淳风行于上古,礼化用乎近叶。是以夏殷不嫌一族之婚,周世始绝同姓之娶。斯皆教随时设,治因事改者也。皇运初基,中原未混,拨乱经纶,日不暇给,古风遗朴,未遑厘改,后遂因循,迄兹莫变。朕属百年之期,当后仁之政,思易质旧,式昭惟新。自今悉禁绝之,有犯以不道论。"

在过去的研究里,上述史料常常被当作北魏实行同姓婚的例证。其中也有学者认为,这一诏书的发布,指向的是当时居住在北魏境内的全体人口,尤其是汉民族之间进行的同姓婚[1]。这种理解的依据并不明确,

---

1. 参见諸橋轍次:《支那の家族制》,大修館書店,1940年,第63页;岡野誠:《唐代における禁婚親の範囲について——外姻無服尊卑為婚の場合》,《法制史研究》(25),1975年等。以下论著认为该诏书针对的是北族同姓婚:李亚农:《周族的氏族制与拓跋族的前期封建制》,华东人民出版社,1954年,第301、302页;马长寿:《乌桓与鲜卑》,上海人民出版社,1962年,第73页等。另外,赵翼《陔余丛考》卷三一"同姓为婚"条与仁井田陞《支那身分法史》(1942年,第552页)也有涉及该诏书的若干讨论。

在《魏书》等同时代的史书里无法找到显示或佐证汉民族间流行同姓婚的史料。而且，这封诏书将"同姓婚"看成是承接夏殷"淳风"的"古风遗朴"，也在这种意义上使用了"质旧"一语。作为汉民族社会规范的同姓婚禁忌至迟于汉代形成[1]，故很难认为，采取这种表述的上引诏书意在禁止已建立此习俗的汉民族开展同姓婚。质言之，该诏书所针对的并非汉民族。那么谁才是对象呢？可以认为，诏书的起草者有意避免了明示其对象。而且这封诏书反映出，同姓之婚已经到了必须以诏书来禁止的地步，所以其对象肯定不是"少数"的集团。进而从当时的时代状况推断，行"同姓婚"者无非是原本与汉民族风俗无缘的、北魏的政治支配集团——北族。也就是说，这封诏书的目的在于禁止北族的"同姓婚"。

不过当时北族的"姓"，与通常说的汉民族式的"姓"比起来，具有相当大的差异。如贺兰、宇文、慕容等所示，孝文帝改革以前北族的"姓"具有作为氏族名、部族名的特质。易言之，上引诏书所见"同姓婚"是指在这一背景下北族之间开展的"同姓婚"。如今因史料限制，难以细致确认北族当中哪些氏族、部族在太和年间以前进行着"同姓婚"，哪些氏族、部族没有开展，但至少我们能窥知，"同姓婚"或者说"同部族婚""同氏族婚"直到太和初年都在北族之间进行，以至于必须用诏书来禁止。这样看来，尽管道武帝施行了部落解散，婚姻层面却部分延续着一直以来的结合关系。

（C）作为同一部族的十姓

《魏书》卷一一三《官氏志》载：

> 献帝以兄为纥骨氏，后改为胡氏。次兄为普氏，后改为周氏。次兄……弟……次弟……次弟……次弟为侯氏，后改为亥氏。七族之兴，自此始也。又命叔父……又命疏属曰车焜氏，后改为车氏。凡与帝室为十姓，百世不通婚。

---

1. 参见前揭赵翼《陔余丛考》卷三一"同姓为婚"条。

第四章 关于对部族解散的理解

该史料显示，拓跋部内部的十姓之间不通婚。若从相反的角度看，引文也反映出自称此十姓的人们怀有一定的同族意识。那同族意识维持了多久呢？接着上引文，《官氏志》又载：

> 太和以前，国之丧葬祠礼，非十族不得与也。高祖革之，各以职司从事。

可见，这种意识至少存续至孝文帝太和年间。又，《魏书》卷一〇八之三《礼志三》记太和十五年（491）十月事：

> 太尉丕（即拓跋丕）奏曰："窃闻太庙已就，明堂功毕，然享祀之礼，不可久旷。至于移庙之日，须得国之大姓，迁主安庙。神部尚书王谌既是庶姓，不宜参豫。……"

北魏的西郊祭天源自漠北时代拓跋部的祭天礼仪，在这一祭祀当中上引《官氏志》所记七族扮演着重要角色[1]。据此，史料所谓"国之大姓"即七族，或是也包括疏属等在内的十族。这些事项合起来显示，在婚姻层面之外，十族还通过一定的仪式来确认其作为同族的意识。换言之，居于北族核心的拓跋部，也存在难以说明道武帝的部落解散消除了部族制度的一面。

另外，《新唐书》卷二二三上《李义府传》云：

> 自魏太和中定望族，七姓子孙迭为婚姻，后虽益衰，犹相夸尚。义府为子求婚不得，遂奏一切禁止。

此七姓当指包含于十姓的七族，这样的话，引文所述就与先前《官氏志》记载的"凡与帝室为十姓，百世不通婚"相矛盾。应该怎么解释呢？有两种可能，一是十姓间不通婚的确立远早于孝文帝太和年间，

---

1. 关于西郊祭天的考察，见本书第二篇第四章第一节。

该原则因太和以来的姓族分定而瓦解。或者是,通婚的进行持续到太和年间,孝文帝以"百世不通婚"的形式加以禁止,然而未被遵守。不管怎样,此处能窥见拓跋七族、十姓之间的同族意识,对思考北族的"同姓婚"又提供了一个启示。

(D)作为酋帅的宇文氏与纥豆陵氏

关于宇文述,上文已引用过的《隋书》卷六一《宇文述传》载:

> 代郡武川人也。本姓破野头,役属鲜卑俟豆归,后从其主为宇文氏。

《周书》卷一《文帝纪上》记宇文氏来历,提到:

> 九世至侯豆归,为慕容晃所灭。其子陵仕燕,拜驸马都尉,封玄菟公。魏道武(道武帝)将攻中山,陵从慕容宝御之。宝败,陵率甲骑五百归魏,拜都牧主,赐爵安定侯。天兴初,徙豪杰于代都,陵随例迁武川焉。

根据前文所述的理由,宇文陵归魏后仍为酋帅。前文也提到,《魏书》卷一一三《官氏志》有言:

> 凡此四方诸部,岁时朝贡,登国初,太祖散诸部落,始同为编民。

宇文部亦包含在此四方诸部当中(参见《官氏志》)。因而宇文部乃部落解散的对象,是后宇文部却仍有酋帅,这可以支持笔者所认为的部落解散后部族制度仍然存续的观点。又,《新唐书》卷七一下《表一一下·宰相世系一下》窦氏条云:

> 勤,字羽德,穆帝(拓跋猗卢)复使领旧部落,命为纥

第四章 关于对部族解散的理解

> 纥豆陵氏。晋（西晋）册穆帝为代王，亦封勤忠义侯，徙居五原。……子真，字玄道，率众入魏（北魏），为征西大将军。生朗，字明远，复领父众。……佑，辽东公，亦领部落。……自拓（佑子）不领部落，为魏侍中、辽东宣王。岩（佑子、拓弟），安西大将军、辽东穆公，从孝武（孝文之讹）徙洛阳，自是遂为河南洛阳人。

纥豆陵氏在部落解散后亦"领"部落，而据《魏书·官氏志》，纥豆陵氏乃作为部落解散对象的诸部之一。也就是说，尽管上引文属于稍晚时代的史料，有欠缺可靠性之嫌，但我们能从中发现和宇文陵的事例同样的情形。

以上的考察让我们获知四点事态：（A）旧部族或氏族的聚居，（B）北族的同部族婚，（C）拓跋部的存续，以及（D）酋帅的存续。以此为主要依据，笔者推断，道武帝解散部落后部族制度仍在延续。

另外，《魏书》卷一一三《官氏志》记载了太和十九年（495）针对北族进行姓族分定的诏书，其中有言：

> 原出朔土，旧为部落大人……及品登王公者为姓。若本非大人……中间不降官绪，亦为姓。诸部落大人之后……品登子男者为族。若本非大人……品登侯已上者，亦为族。

《隋书》卷三三《经籍志二》记迁洛时事：

> 后魏迁洛，有八氏十姓，咸出帝族。又有三十六族，则诸国之从魏者；九十二（九？）姓，世为部落大人者，并为河南洛阳人。

根据这两条记载，部落大人的家门历经部落解散依然能大部维持，至少到迁洛前后才有变化¹。结合部落解散后部族制度的存续可以推测,旧大人的直系或旁系子孙对于部落解散后的部民来说,仍为一个结聚点。不过,尽管还是结聚点,他们对于部民的支配权(具体地说就是使役部民的权限[含征兵权]、从部民处收取贡纳的权限等)如以下两条材料所示,已被国家通过部落解散夺走。《魏书》卷二《太祖纪》天赐元年(404)十一月条记道武帝末年事:

> 上幸西宫,大选朝臣,令各辨宗党,保举才行,诸部子孙失业赐爵者二千余人。

同书卷八三上《贺讷传》:

> 其后离散诸部,分土定居,不听迁徙,其君长大人皆同编户。讷以元舅,甚见尊重,然无统领。

因此不能认为族长还手握部落解散前那种针对部民的权力。即使是对部民能够施加强力支配的领民酋长,也有了第一领民酋长、第二领民酋长等区别,具备作为朝廷命官的特质²。《魏书》卷八三上《贺讷

---

1. 《隋书·经籍志》的记载当源自《魏书》卷一《序纪》所见"积六十七世,至成皇帝讳毛立,聪明武略,远近所推,统国三十六,大姓九十九"中的"三十六""九十九"。漠北时代初期可谓拓跋部的传说时代,作为此时部族之数的"三十六""九十九"恐系后世伪托。而且拓跋部漠北时代的部族各有消长,迁洛时与传说时代的部族不可能等同。不过在这种情况下,极端地将《隋书·经籍志》的记载完全视为捏造也不妥。这是因为,即使不符合"三十六""九十九"这一数字,或是包含与传说时代的部族根本无关的部族,迁洛时存在的部族也完全能够被假托为三十六国、九十九姓的后裔。本节引用的《官氏志》的一段文字可以为此提供支持。
2. 《周书》卷二九《高琳传》记高琳的五世祖高宗(盖道武帝时人)谓"五世祖宗,率众归魏,拜第一领民酋长",《北史》卷六一《叱列伏龟》述传主先世云"其先为部落大人,魏初入附,遂世为第一领民酋长",说明从魏初以来就有第一领民酋长。另外,在《隋书》卷二七《百官志中》关于北齐部分可见到作为流内比视官的第一领民酋长、第二领民酋长、第三领民酋长、第一不领民酋长、第二不领民酋长、第三不领民酋长、第一领人庶长、第二领民庶长、第三领民庶长、第一不领人庶长、第二不领民庶长、第三不领民庶长等官名。北齐官制系效法北魏,所以上述大部分官职应该在北魏时已经存在。

传》云：

> 诸部大人请讷兄弟求举太祖为主。染干（贺染干，讷之弟，亦为部帅）曰："在我国中，何得尔也！"讷曰："帝，大国之世孙，兴复先业，于我国中之福。……汝（贺染干）尚异议，岂是臣节！"

从该事例能窥知，部落解散前的大人或部帅作为自身集团的领导者，在内部的举动宛如君主，又参与策划拓跋部族的联合，可以说前后存在相当大的性质差异。既然领民酋长已是这样的情况，可以推定，其他的酋帅，尤其是作为部落解散对象的、部民聚居的八国内酋帅，亦不复部落解散前部落大人的状态。然而，我们也不能因此就断言这些酋帅在全体部民面前毫无权力（这从前文已述的宇文陵与宇文述先世的关系、《魏书·肃宗纪》所见"酋附"之称、《新唐书·宰相世系表》所见纥豆陵、窦氏的事例可以获知），他们依然具有在某种形式下统领部民的特性。

那他们是通过什么形式来发挥其领导力呢？前文已引用过的《新唐书》卷七一下《表一一下·宰相世系一下》窦氏条载：

> 勤，字羽德，穆帝（拓跋猗卢）复使领旧部落，命为纥豆陵氏。晋（西晋）册穆帝为代王，亦封勤忠义侯，徙居五原。……子真，字玄道，率众入魏（北魏），为征西大将军。生朗，字明远，复领父众。……（子）佑，辽东公，亦领部落。……自拓（佑子）不领部落，为魏侍中、辽东宣王。岩（佑子、拓弟），安西大将军、辽东穆公，从孝武（孝文之讹）徙洛阳，自是遂为河南洛阳人。

从前揭《官氏志》关于姓族分定的记载能窥知作为大人之子孙的荣光，但如引文所示，部落解散后的酋帅仍"领"部落，故他们依靠的绝不止于这种过去的荣光带来的威信。现就此进一步展开考察。

《魏书》卷一一一《刑罚志》记神䴥四年（432）十月戊寅制定律

令,提到:

> 论刑者,部主具状,公车鞫辞,而三都决之。当死者,部案奏闻。以死不可复生,惧监官不能平,狱成皆呈,帝亲临问,无异辞怨言乃绝之。诸州国之大辟,皆先谳报乃施行。

三都是指中都大官、内都大官、外都大官三官,均为北族色彩浓厚的典掌刑狱的官职。内田吟风氏曾解读上引史料并做出如下论述:

> (1)犯罪发生在"州国",即"州郡及作为鲜卑特别居住区域的八国"之内时,于州国处断(在神䴥时即根据犯罪轻重由令长、太守、刺史、南部尚书、北部尚书、八部帅处断)。
> (2)不属州国者,即隶属官府之民,由其部主做成始末状。该状送达公车,经调查后,由三都大官处断。
> 部主即监临部主,此处指州国以外的诸司长官(在当时包括知殿中诸事的殿中尚书、知都城内的兰台中丞御史、管率宫城三里内非军籍者的九豆和官,然后还有使役大量营户的太官、尚方的长官等)。[1]

内田氏在(1)中认为"州国"指州郡与八国,系基于其所持孝文帝太和改革以前北魏封爵基本为虚封的立场[2]。而(2)应是根据《南齐书》卷五七《魏虏传》关于北魏太武帝朝的这条记录:

> 殿中尚书知殿内兵马仓库……兰台置中丞御史,知城内事。又置九豆和官,宫城三里内民户籍不属诸军戍者,悉属之。

不过,笔者对内田氏的理解产生了以下疑问。《魏书》卷一一三《官氏

---

1. 参见内田吟风:《後魏刑官考》,收入前揭内田氏《北アジア史研究 鲜卑柔然突厥编》,第146页。
2. 参见内田吟风:《北魏封邑制度考》,收入前揭《北アジア史研究 鲜卑柔然突厥编》。

志》天赐元年（404）十二月条云：

> 诏始赐王、公、侯、子国臣吏。

引文表明了封国的存在。内田氏本人虽稍有将这些封国视为例外的倾向，亦予以承认[1]。笔者认为，孝文帝太和改革以前的封爵也有不少是实封[2]，若此说不误，我们便不能直接断言，先前《刑罚志》记载所见"州国"的"国"是指八国。而且个人感觉，将"州国"之意解作相对于中央的地方反倒更加自然。因此以（1）为前提的内田氏的第（2）点论述就同样包藏问题。

上文所引《刑罚志》的记载见于以下文字之后：

> 世祖（太武帝）即位，以刑禁重，神䴥中，诏司徒崔浩定律令。……当刑者赎，贫则加鞭二百。畿内民富者烧炭于山，贫者役于囹圄。女子入舂槀。其固疾不逮于人，守苑囿。

这条材料于赎刑处，以对比畿内与非畿内地域（州郡？）的方式书写。注意此点再来看我们关心的其后段的记述，可以推测，三都的管辖区域并不仅以宫城三里为限，而是包含了畿内（于是，前文所述八国与三都管辖区域之间的关联便成为问题，但尚不明朗）。如果无误，"州国"自然指的是畿内之外，这就与笔者先前提出的"州国"意为相对于中央的地方、即州郡一致[3]（附带说明，"州国"这一表述相较"州郡""郡国"不太常见，但并非不存于他处。《后汉书》卷七八《宦者列传·序》、《释名》卷二释州国条等即为其例）。那么，《刑罚志》所谓"部主具状"的"部主"乃何物又成为疑问。从字面上看它确实应相当于内田氏说的监临部主，问题在于实质。前文提到畿内存在酋帅。酋

---

1. 参见前揭内田氏论文《北魏封邑制度考》，第124页。
2. 参见拙稿《北魏の封爵制》，《東方学》（57），1979年。收入本书第二篇第三章。
3. 另外，松永雅生氏在其《北魏の三都》（下）（載《東洋史研究》第29卷4号，1970年）一文的第12页依据《通典》指出，"州国"的"国"乃"囚"字的误写。笔者认为，"国"字正确，"囚"才是误写。

帅中还包含领民酋长,《魏书》卷七四《尔朱荣传》关于畿内领民酋长尔朱荣的祖父尔朱代勤有言:

> 曾围山而猎,部民射虎,误中其髀,代勤仍令拔箭,竟不推问,曰:"此既过误,何忍加罪。"部内闻之,咸感其意。

由引文不难窥知,领民酋长被赋予了推问部内罪人的权力。若将其同我们现在关心的"部主"的实质联系起来思考,可以认为,《刑罚志》所谓"部主"在殿中尚书等职之外还包括了酋帅(亦包含领民酋长以外的酋帅)。上述推断合理的话,部落解散后继续存在的畿内酋帅其实扮演着集团内司法官式的角色,并借此发挥领导权。

又,《魏书》卷五三《李冲传》记录了李氏著名的三长制之议:

> 旧无三长,惟立宗主督护,所以民多隐冒,五十、三十家方为一户。冲以三正治民,所由来远,于是创三长之制而上之。

笔者认为,此处的宗主当中亦有酋帅。清水泰次氏、古贺登氏曾主张,引文所见宗主制乃鲜卑固有制度[1]。此说被西村元祐氏否定[2],西村氏完全不认可宗主制乃鲜卑固有制度的看法,但并不否认其与北族社会的关系,秉持宗主既存在于汉人社会也存在于北族社会的立场。总而言之,从部落解散后部族制度依然延续这一笔者的观点导出的以上推测,与此前的无论哪种意见均不抵触,应该是可以成立的。

第三节 孝文帝的部族解散

本节的考察将围绕孝文帝开展的部族解散。

孝文帝的部族解散在拓跋部的场合表现为剥夺十族的祭祀权或废

---

1. 参见清水泰次:《北魏均田考》,《東洋学報》第20卷2号,1932年;古賀登:《北魏三長攷》,《東方学》第31辑,1965年。
2. 参见西村元祐:《北魏の均田制度》,《中国経済史研究》第二篇第一章,同朋舎,1968年。

第四章　关于对部族解散的理解

止王爵继承等形式。相关记录见于《魏书》卷一一三《官氏志》：

> 太和以前，国之丧葬祠礼，非十族不得与也。高祖（孝文帝）革之，各以职司从事。

同书卷七下《高祖纪下》太和十六年（492）正月乙丑条云：

> 制诸远属非太祖子孙及异姓为王，皆降为公，公为侯，侯为伯，子男仍旧，皆除将军之号。

引文有"非太祖子孙"之语，意味着拓跋王家（拓跋氏族）被切割成太祖子孙与非太祖子孙两部分，因而可以说这也是拓跋部解体过程中施行的一项政策。

另外，道武帝以降北魏一直在平城西郊举办承继拓跋部族祭而来的祭天仪礼。作为改革的一环，孝文帝将其废止（该仪礼在第二篇第四章有详细考察），这对于拓跋部的解体也发挥了一定的效力。

上述措施不只针对拓跋一部，也有涉及全体北族的方面，关乎全体北族的政策另还可以举出前节讨论过的"同姓婚"之禁。而第二节后半所述笔者关于"部主""宗主"的观点如果切当，那么三都大官、宗主制因孝文帝改革而被废除，也给部族的现状带来了一定的变化[1]。此外，太和十九年针对北族施行的姓族分定是比禁止"同姓婚"、废除宗主制更具决定性的政策。《魏书》卷一一三《官氏志》记录了定姓族之诏：

> 代人诸胄，先无姓族，虽功贤之胤，混然未分。故官达者位极公卿，其功衰之亲，仍居猥任。比欲制定姓族，事多未就，且宜甄擢，随时渐铨。……原出朔土，旧为部落大人，而自皇始已来，有三世官在给事已上，及州刺史、镇大将，

---

1. 关于三都大官的废止，参见前揭内田氏论文《後魏刑官考》。

及品登王公者为姓。若本非大人，而皇始已来，职官三世尚书已上，及品登王公而中间不降官绪，亦为姓。诸部落大人之后，而皇始已来官不及前列，而有三世为中散、监已上，外为太守、子都，品登子男者为族。若本非大人，而皇始已来，三世有令已上，外为副将、子都、太守，品登侯已上者，亦为族。凡此姓族之支亲，与其身有缌麻服已内，微有一二世官者，虽不全充美例，亦入姓族；五世已外，则各自计之，不蒙宗人之荫也。虽缌麻而三世官不至姓班，有族官则入族官，无族官则不入姓族之例也。

此处可见"五世已外""宗人"以及指为自己同四世祖亲族所着丧服的"缌麻"等用语，这显示出，针对北族施行的姓族分定同中国的五服制关系密切。五服制本为极具汉民族性质的制度，因而北族原先对该制度很不熟悉。孝文帝时代的北族亦然。《资治通鉴》卷一三六南齐武帝永明六年（488，太和十二年）十二月条载李彪的上书（相同的记录亦见于《魏书》卷六二《李彪传》）：

朝臣遭亲丧者，假满赴职（胡注：时魏不听朝臣终丧，给假而已）。……愚谓凡遭大父母、父母丧者，皆听终服。……魏主（即孝文帝）皆从之。

《隋书》卷三二《经籍志一》记《孝经》类书目处可见《国语孝经》这一书名，其后文云：

魏氏迁洛，未达华语，孝文帝命侯伏侯可悉陵，以夷言译《孝经》之旨，教于国人，谓之《国语孝经》。

《魏书》卷二一上《元羽传》记录了孝文帝的言辞：

高祖引陆叡、元赞等于前曰："北人每言北人何用知书，

第四章 关于对部族解散的理解

朕闻此，深用忧然……"

从这几条史料足以窥知此点。之所以会留下上述记载，原因正在于理解汉民族式的孝道特别是五服并加以实践对这种状态下的北族来说尤为不易。当然也有北族人了然于胸，孝文帝等就是其中之一，但他们只是汉化程度远胜其他北族的上层人物中的极少部分。因而孝文帝投入了巨大心力来普及孝道。这可以从四方面看出。（一）《魏书》卷七下《高祖纪下》太和十六年（492）八月乙酉条云：

以尉元为三老，游明根为五更。又养国老、庶老。

周代的三老五更制恢复，敬老的实践被积极开展（《魏书》卷五〇《尉元传》、卷五五《游明根传》可见详情）。（二）同书卷二一下《元勰传》云：

高祖亲讲丧服于清徽堂，从容谓群臣曰："……"御史中尉李彪对曰："自古及今，未有天子讲礼……"

孝文帝曾亲讲丧服。（三）同书卷一一一《刑罚志》太和十一年春条载：

诏曰："三千之罪，莫大于不孝，而律不逊父母，罪止髡刑。于理未衷。可更详改。"

这是想要加重对不孝的量刑（唐律，詈亲者绞）。（四）孝文帝为冯太后服三年之丧（参见《魏书》卷一〇八之三《礼志三》，因原文较长而不再转引。孝文帝为冯太后服三年丧还有其他原因[1]）。自然，汉民族式的亲族意识得以由此渗入延续着部族制度的北族社会。在此基础上再来思考姓族分定的意义，即可明了它对北族部族制度造成的重大

---

1. 此点参见本书第二篇第五章第二节。

影响。

另外，经姓族分定而被认定为姓或族者得到了任官权、免役权，非姓非族的大部分人则被剥夺了这些权利，也就意味着，延续至此的部族或氏族的成员如今被截然区别为士庶两类。关于此点将在后篇考察[1]。

综合上述，孝文帝推行定姓族系基于两种范畴，即汉民族式的亲族概念与身份制的原理，它的实施最终让北族社会中仍然存续的部族或氏族受到自上而下的力量解体。

关于孝文帝的部族解散还要补充以下两点。第一，在孝文帝开展部族解散之时，部族制度在很大程度上已经形式化，他的改革实乃顺势而为。就其成因，可以首先举出对北族往北镇等地的分遣。围绕这种分遣，《魏书》卷八〇《贺拔胜传》叙传主云：

> 神武尖山人。祖尔逗，选充北防，家于武川。

《周书》卷一《文帝纪上》记宇文陵：

> 天兴初，徙豪杰于代都，陵随例迁武川焉。

同书卷一六《侯莫陈崇传》叙传主云：

> 代郡武川人。……其后世为渠帅。祖允，以良家子镇武川，因家焉。

同书卷二〇《贺兰祥传》记其先世云：

> 其后有以良家子镇武川者，遂家焉。

---

1. 参见本书第二篇第五章第二节。

第四章　关于对部族解散的理解

根据上述记载的内容可以推定，分遣并非基于部族、氏族这样的大型单位，而是以更小单位的集团作为形式开展，例如内田氏所谓氏族的下一级单位"邑落"，或是由数个家庭组成的亲族集团[1]（以个人或核心家庭为单位的徙边应该很少，因其不符合防卫这一目的。当然，罪犯的徙边另论）。其结果当然是各集团所属部族或氏族的成员间的联结变得松散，也就带来了部族制度的形式化。

部族制度形式化的其他原因还在于国初以来逐渐进展的北族阶层分化（前文所述之姓族分定即可明确显示其存在）。此点已无须多言，这种分化必然导致集团的内部崩坏。

第二，孝文帝的部族解散并未实现北族部族制度的完全解体，迁洛之后，在那些没有南下而留在北方的北族中间（因部族制度的形式化，与部族本相差异较大的元素应该也已出现），部落的形态依然延续。本章第一节曾讨论，以领民酋长为代表的酋帅与部民之间通过血缘或拟制血缘的关系建立了联结，他们的存在正好可以说明此点。不过，《北齐书》卷一七《斛律金传》叙北镇之乱时任领民酋长的传主云：

> 稍引南出黄瓜堆，为杜洛周所破，部众分散，金与兄平二人脱身归尔朱荣。

同书卷二四《杜弼传》提到高欢之语：

> 天下浊乱，习俗已久。今督将家属多在关西。

若注意到上引史料所展现的时代状况，可推知北边部落的绝大部分在以北镇之乱为始的魏末大乱中已逐渐解体。

---

1. 内田吟風氏《南匈奴に関する研究》（载《北アジア史研究　匈奴編》，同朋舍，1975年）第338页论述道："可以推断，居于后魏北边六镇的镇民以及其他北境的居住者，延续着游牧生活，至魏末还保持由酋庶率领的部落制。……对于这些民族，周隋之际逐渐推行部族解散，部民被转化为农民。"

第四节　北朝社会中的部族制传统

笔者通过本章以上的考察指出，在所谓道武帝的部族解散之后，部族制的本质——部族成员相互间的结合关系依然作为社会实态延续，这种结合关系的消解成为孝文帝改革时的追求。在酋长、婚姻、姓族分定等问题接受检讨的同时，部族解散被分为两个阶段来考述。此过程涉及迁洛后的情况，本节认为，北族部族制度并未因孝文帝的部族解散完全解体，迁都之后，在没有南下而留在北方的北族中间，尽管由于部族制的形式化可能出现了迥异于部族本相之处，部落形态却依然存续，领民酋长等酋帅同与之具有血缘或拟制血缘关系联结的部民所构成的北边部落，绝大部分是在以北镇之乱为始的魏末大乱中走向解体的。另一方面，谷川道雄氏在近年的研究中赞同直江直子氏之说——北镇"乡里"社会与作为乡兵集团基盘的汉人豪族共同体在构造上具有同质性[1]，从而将武川镇集团视为混杂着胡风、汉风的一种乡兵集团，由此探求北周隋唐国家的源流[2]。另外，直江氏在其研究中还处理了本章第一节曾考察的领民酋长及其他酋帅的问题，论述道：

> 从成员出身的不一致来看，"乡里"不能说是旧部落社会本身，但来自旧部落社会的传统依然浓厚。说到"（领民）酋长"制，部落解散后北族民在法制上作为编户民受到皇帝权力的个别支配，共同体却仍被他们视作必要，此项制度应该就是为了将其安放在北魏的国家秩序当中。这种情况下存在着过去的部落酋帅依旧得以世袭担任首长的例子。但也有一些首长并非世袭而是来自任命……[3]

---

1. 参见直江直子：《北魏後期政権為政者グループの出身について》，《名古屋大学東洋史研究報告》（5），1978年。
2. 参见谷川道雄：《武川鎮軍閥の形成》，《名古屋大学東洋史研究報告》（8），1982年。
3. 直江直子：《北魏の鎮人》，《史学雑誌》第92編2号，1983年，第28页。并请结合该论文第6页。

第四章　关于对部族解散的理解

笔者大致赞同两氏的上述见解，但另一方面也感到，两氏描绘的北魏至北朝末社会的全体像与笔者所抱持之印象有一些微妙的不合。直接地说，其原因在于笔者比起两氏更加重视当时的部族制传统，而两氏虽然也曾留意，但注重的是部族制的消灭以及连通胡汉的豪族共同体的出现。再追溯的话，这又关系到如何理解部族解散的问题。因而本节将对前文所述笔者围绕部族解散的思考做进一步的展开，在此过程中尝试通过具体事例来检讨谷川、直江两氏与笔者的分歧。

第一项：部族制的传统

直到孝文帝改革时期，部族制的传统仍然强大，远不能称作"残留"。本条在补充上文所做考察的同时，将对此点进行论述。

《魏书》卷五四《高闾传》记载了迁都之前高闾于孝文帝朝所上兴修长城的建议，其中一段为：

> 宜发近州武勇四万人及京师二万人，合六万人为武士，于苑内立征北大将军府……七月发六部兵六万人，各备戎作之具，敕台北诸屯仓库，随近作米，俱送北镇。

此处"六部"何指？如先所述，部落解散后北魏将此前隶属族长的部民重编为八部（八国），使其作为直属皇帝之民，而从迁洛前这一时点和征发的地域来看，"六部"极有可能就是"八部"的后身。谷川氏曾就北魏八部的变迁论述道：

> 可是，这种作为特别行政区的八国（部）也随时代演进而被渐次缩小。继起的明元帝朝施行六部制……至第三代太武帝的时期，则变成由尉眷等八人"分典四部"。此后直接显示该制度存续的记载已无法找到，这样看来，它最终也失其本质、荡然无存。我认为，八国（部）制是塞外时代部族联合国家体制的残留，因而这表现了拓跋国家发展为中国式北

魏帝国过程中一段时期的过渡特性。[1]

他尽管有所保留，但捕捉到八→六→四这一数量上的减少，指出了八部制的衰退。与引文同样的观点已可在内田吟风氏、山崎宏氏处见到[2]，近年直江氏等也蹈袭这种看法[3]。不过，若认定前引《高闾传》的"六部"乃八部的后身，那就变成了八（道武帝）→四（太武帝）→六（孝文帝），八部制的问题有必要再度慎重检讨。

当然笔者并非想要否定八部制逐渐走向衰退这一定说[4]。我的想法是，即便在孝文帝改革的时代，以往部族制的实质仍未到达可称作"残留"的地步，而是有相当程度的保存。

《隋书》卷三三《经籍志二》记北魏迁都：

> 后魏迁洛，有八氏十姓，咸出帝族。又有三十六族，则诸国之从魏者；九十二（九？）姓，世为部落大人者，并为河南洛阳人。

笔者在本章的考察中，依据上引记载以及《魏书·官氏志》等材料认为，至少到迁洛之际，所谓部族解散以前部落大人的家世地位仍在很大程度上延续着[5]。《通典》卷三《食货三》引《关东风俗传》之

---

1. 谷川道雄：《拓跋国家の展開と貴族制》，《岩波講座·世界歴史》（五），古代史五，岩波书店，1970年，第212页。
2. 内田氏《南匈奴に関する研究》（载《北アジア史研究 匈奴編》，同朋舎，1975年）第338页论述道："但是，八部在明元帝时减为六部……六部又在太武帝时减为四部，最终从史上消失……"另参见山崎宏：《北魏の大人官について（下）》，《東洋史研究》第10卷1号，1947年，第45—46页。
3. 参见直江氏：《北魏の鎮人》，第9页。
4. 前揭内田氏论文《南匈奴に関する研究》第349页论述道，"孝文帝迁都洛阳、汉人门阀独占官路造成余下的八国民丧失特权，特别待遇遭废止，其身被编入北镇、北州，这从根基上瓦解了八国，八国制至此全然破坏"，孝文帝改革时期被看成是八部覆灭之时。然而直江氏注意到散见于史书的"代（郡）西部"，认为"'代（郡）西部'这一称呼应该指的是作为八国之一部的'西部'"（直江氏：《北魏の鎮人》，第10页），指出八国中的一部可能延续到了北魏末。请一并参考该论文的第8—9页。
5. 参见本章第二节。

第四章　关于对部族解散的理解

一节云：

> 时宋世良献书，以为"魏氏十姓八氏三十六姓，皆非齐代腹心，请令散配郡国无士族之处……分其气势，使无异图"。文宣不纳。数年之后，乃滥戮诸元。

引文显示，拥有部落大人家世的名门至北齐时也在很大程度上以实体存在，可作为支持上述认识的旁证。当然，北齐时北魏的部族制已经消亡。此处想指出的是，源自北魏漠北时代的"三十六国""九十九姓"这一传统以及部族制的传统根深蒂固。接下来尝试通过探察孝文帝改北族姓的实态，对此点做更细致的讨论。

以"三十六国""九十九姓"为代表的北族诸族于孝文帝改革时被改换姓氏，如所周知，他们的姓在《魏书》卷一一三《官氏志》中统一以如下形式记载：

> 某某氏（复姓）后改为某氏（单姓）

而《金石录》卷二二《后周延寿公碑颂》条引《于烈碑》云：

> 远祖之在幽州，世首部落。阴山之北，有山号万纽于者……暨高祖孝文皇帝时，始赐姓为于氏焉。

也就是说，这场改姓在另一方面还具有赐姓的特质。此外很容易就能发觉，《官氏志》所见作为复姓的某某氏，如贺兰、宇文、慕容、尉迟等，原先乃部族、氏族的名称[1]。所以乍一看，改姓可能不过是将具备与汉民族宗族集团相同构成原理的北族亲族集团的姓氏由复姓改为单姓，但在实际层面会出现更为复杂的样貌。对此，《宋书》卷五九《张畅

---

[1] 从《魏书》卷二《太祖纪》皇始二年（397）二月条所记"贺兰部帅附力眷……聚党反于阴馆"的反乱以及同书卷一五《元顺传》所载"时贺力眷等聚众作乱于阴馆"也可以窥知此点。

传》记录了北魏太武帝攻宋时北魏方的使者李孝伯（汉人）与宋方张畅的问答：

> 畅因问虏（指拓跋鲜卑）使姓，答云："我是鲜卑，无姓……"

该记载意味重大。它说明，孝文帝改姓前的姓与汉民族宗族集团的姓不同，那种意义的姓不存于鲜卑，当时华北的汉族文士李孝伯已具备这一认识。与之相似的现象我们还能在其他史书中见到。如《史记》卷一一〇《匈奴传》记匈奴风俗：

> 其俗有名不讳，而无姓字。

《后汉书》卷九〇《乌桓传》记载了据说与鲜卑风俗习惯相同的乌桓的情况[1]：

> 氏姓无常，以大人健者名字为姓。

附带一提，前节曾据下引《隋书》卷六一《宇文述传》等记载考察了宇文述役属宇文俟豆归后"改姓"的事件：

> 代郡武川人也。本姓破野头，役属鲜卑俟豆归，后从其主为宇文氏。

又，《周书》卷二《文帝纪》魏恭帝元年（554）条载：

> 魏氏之初，统国三十六，大姓九十九，后多绝灭。至是，以诸将功高者为三十六国后，次功者为九十九姓后，所统军

1.《后汉书》卷九〇《鲜卑传》："其言语习俗与乌桓同。"

第四章 关于对部族解散的理解

人，亦改从其姓。

这些事例当与《乌桓传》所见传统有关（关于此点后文还有论述）。
而《魏书》卷一〇三《蠕蠕传》记正光二年（521）二月事云：

> 肃宗诏旧经蠕蠕使者牒云具仁，往喻婆罗门迎阿那瓌复
> 藩之意。

同传孝昌元年（525）春条：

> 诏遣牒云具仁赍杂物劳赐阿那瓌。

此处的牒云氏应该就是《魏书》卷一〇三《官氏志》所载神元时内入诸姓中的牒云：

> 牒云氏，后改为云氏。

这样说来，很有可能在孝文帝改姓以后的牒云氏中存在沿用旧姓和改从新姓的两个群体。《官氏志》神元时内入诸姓条又记：

> 出大汗氏，后改为韩氏。

据姚薇元氏，出大汗氏乃步六汗氏之讹，后者即破六韩氏之异译，本为匈奴贵种[1]。也就是说，六镇之乱的起点——沃野镇叛乱的领导者破六韩拔陵是在孝文改姓后仍从旧姓的人物。又，《魏书》卷七四《尔朱荣传》记正光中事：

> 南秀容牧子万子（于？）乞真反叛，杀太仆卿陆延；并

---

1. 参见姚薇元：《北朝胡姓考》，科学出版社，1958年，第128页。

州牧子素和婆崘崄作逆。

同太仆卿陆延（改姓前的姓为步六孤，参见《官氏志》）一道列名于此的素和婆崘崄，若为改姓对象的话，当从和姓（参见《官氏志》）。如所周知，北魏末动乱时期有不少人都是以原姓被记入史书的。莫折念生、鲜于修礼、万俟丑奴……都是这样的人物，他们均为"贼徒"，是京城人眼中的野蛮人，因而把该现象理解成魏收采取的笔法也是可行的[1]。叛魏投降葛荣后又被擒、传首洛阳的相州刺史安乐王元鉴遭回改为拓跋氏[2]，这些事例似也显示了上述理解的正确。不过，像前举牒云具仁那样的情况却无法由此得到解释。而且对于魏末大乱之后北周、北齐等时期出现的大量复姓人物，若都以"贼徒"或"贼徒"的子孙来解释其被记录为复姓也说不通。北周还从国家层面再度推行虏姓[3]，北齐则不然。易言之，至少可认为，北齐朝复姓者的姓是本人所用。另外，如果将复姓多出的现象视作孝文帝改革时被改姓者于魏末为表示反汉化之意而一齐恢复旧姓的结果，也是说不通的，因为无论叛乱方还是朝廷方，用新姓的北族在史书中都可大量见到。

这样看来，只有如下解释才不致错失大意：孝文帝改姓以降，依然有人保持旧姓，另一方面也存在脱离旧姓群体、采用新姓、加深汉化程度的集团[4]。那么具体地看，改从新姓的这部分是怎样的群体呢？此处很自然令人想起前节所举与北族改姓关系密切的孝文帝定姓族一事。

---

1. 例如前揭姚氏书第81页云"按纪文所谓'贼帅'，皆书原姓"。
2. 《资治通鉴》卷一五一梁武帝大通元年（527）条云："七月……魏相州刺史乐安王鉴……遂据邺叛，降葛荣。……八月……斩鉴，传首洛阳，改姓拓跋氏。"《魏书》卷二〇《元鉴传》云："(鉴)遂谋反，降附葛荣。……斩首传洛，诏改其元氏。"
3. 参见浜口重国：《西魏に於ける虏姓再行の事情》，《秦漢隋唐史の研究》下卷，东京大学出版会，1966年。
4. 《魏书》卷七下《高祖纪下》太和十八年（494）闰二月癸酉条云"（孝文帝）临朝堂，部分迁留"，同卷太和十九年六月丙辰条云"于是代人南迁者，悉为河南洛阳人"，《魏晋南北朝墓志集释》下卷所收《北齐赫连子悦妻闾氏墓志》云"夫人……代郡平城人"（闾氏原姓郁久闾氏，关于以河南为本籍的郁久闾氏，参见《孝文帝吊比干碑》碑阴题名），以及《北齐书》卷一五《娄昭传》关于高欢妻武明皇后之弟娄昭云"代郡平城人也，武明皇后之母弟也"，由此可知，新姓赐予的对象并非全部都因迁洛而成为河南洛阳人。

第四章 关于对部族解散的理解

《魏书》卷一一三《官氏志》记载了孝文帝太和十九年（495）宣布分定姓族的诏书：

> 代人诸冑，先无姓族，虽功贤之胤，混然未分。故官达者位极公卿，其功衰之亲，仍居猥任。比欲制定姓族，事多未就，且宜甄擢，随时渐铨。……原出朔土，旧为部落大人……品登王公者为姓。……品登子男者为族。……凡此姓族之支亲，与其身有缌麻服已内，微有一二世官者，虽不全充美例，亦入姓族；五世已外，则各自计之，不蒙宗人之荫也。……

前节对该记载的考察指出，根据此处"五世以上""缌麻"等表述，这场改革难以理解成是在汉民族式孝道尤其是五服制框架下的措施，而是出于区分当时北族的意图、以汉民族式的亲族制度为比照来开展的政策。改从新姓群体的核心应该就是得以跻身"姓""族"的这些人物。

另一方面，《魏书》卷一八《元深（渊）传》有关于上述改革二十余年后、六镇之乱爆发时六镇形势的记录，其中一段为：

> 其往世房分，留居京者得上品通官，在镇者便为清途所隔。

这里的"往世房分，留居京者"意为：先世从一族中分出、得以居住京师的人（及其子孙）。但此场合的"一族"明显不等同于姓族分定产生的"姓""族"。而且"留居京者"也在改姓过程中成为新姓赐予的对象。他们所属之"一族"是包含了成为"姓""族"以及在比照五服制的姓族分定下没有成为"姓""族"的所有人的集团。从当时的状况推断，这也就是《官氏志》所谓"某某氏后改为某氏"的"某某氏"集团（关于其同族意识，本节后文还会探讨）。"某某氏"，即改姓前的原姓集团，并不与汉民族的宗族集团同质，这一点先前已利用"鲜卑无姓"等史料指出。另外，在《北齐书》卷二三《魏兰根传》也能见到与元渊上书相类的记录：

> （在镇者）致失清流。而本宗旧类，各各荣显，顾瞻彼此，理当愤怨。

此处可见"本宗旧类"这一表述。

综合上述，至迁洛之际，北魏源自漠北时代的原姓集团，即部族，以及氏族成员的结合关系已发生较大改变，但其实体仍在很大程度上存续，位居顶端的正是由十姓、三十六姓、九十九姓等部落大人构成的名门。另外，这一问题还牵涉到持续至孝文帝改革时的西郊祭天之仪、北族同姓婚[1]以及作为胞族存在的拓跋十姓集团，前节已就此展开过讨论。

第二项：六镇"乡里"社会

先前指出谷川氏、直江氏所论与笔者的印象存在分歧，本项就在上文的基础上阐释我的观点。

上一项末尾提到，《魏书·元深传》有"其往世房分，留居京者得上品通官，在镇者便为清途所隔"之语，这种说法不只是上书皇帝的元渊一个人的认识，应该也是在镇北族的认识。易言之，当时的在镇北族仍然怀揣的意识是，那些在洛阳占据"上品通官"的北族贵族与自身曾为同族。而元渊上书的时间上距孝文帝定姓族近三十年。笔者认为这一点对考察当时社会极为重要。在北族汉化的过程中，虽说北族社会经历了变质、解体，但考虑到作为其根干的部族民间的结合关系至孝文帝改革时仍在很大程度上实质延续，且如《关东风俗传》所示，从居于部族制顶端的十姓、三十六姓等名族出身的贵族到了六镇之乱后的北齐时代仍然活跃，我们认为，六镇之乱爆发时这一意识的存在绝不应被低估。

---

1. 拙稿《北魏太祖の部落解散と高祖の部落解散——所謂部落解散の理解をめぐって》（载《佐賀大学教養部研究紀要》第14卷，1982年）在讨论北族同姓婚时，未能逐一举出事例。近年王晓卫氏在其讨论中提供了若干例证，参见王晓卫：《北朝鲜卑婚俗考述》，《中国史研究》1998年第3期，第155页。

第四章 关于对部族解散的理解

又,《周书》卷四四《泉企传》记传主云:

> 上洛丰阳人也。……企率乡兵三千人拒之(萧宝夤)。……每于乡里运米以自给。……企遣其子元礼督乡里五千人。

此处"乡兵"之语,如谷川氏曾指出的,是史书里最早的用例[1]。这里笔者想就该时期"乡里"一词的用法提出疑问。本书第四篇"蛮汉抗争与融合的轨迹"指出,上引文所见泉企乃"蛮"人出身。那么,此处"乡兵""乡里"的本体是与汉族社会的"乡兵""乡里"存在实质差异的。而《魏书》卷一五《元翰传附元祯传》记传主于孝文帝朝任南豫州刺史整治大胡山蛮,提到:

> 祯告诸蛮曰:"尔乡里作贼如此,合死以不?"蛮等皆叩头曰:"合万死。"祯即斩之。

此处的"乡里"与泉企案例的情形相同。也就是说,"乡里"这一术语在当时不太关注该集团是由什么样的种族组成、拥有怎样的风俗习惯等问题。与之相似的用例也能在描述北族的场合见到。《北齐书》卷一五《库狄干传》关于传主有言:

> 善无人也。曾祖越豆眷。……后率部落北迁,因家朔方。魏正光初,除扫逆党,授将军,宿卫于内。以家在寒乡,不宜毒暑,冬得入京师,夏归乡里。[2]

《魏书》卷二五《长孙嵩传》记道武帝称代王以前事云:

---

1. 参见谷川道雄:《北朝後期の郷兵集団》,《隋唐帝国形成史論》,筑摩书房,1971年,第223页。
2. 冬入京师、夏归部落的酋长在当时被称为"雁臣",参见《资治通鉴》卷一四一南齐明帝建武四年(494)二月条。

> 刘显之谋难也，嵩率旧人及乡邑七百余家叛显走。

以上均为其例，此处"乡里""乡邑"的本体应为部落。

《北齐书》卷一《神武纪》记载了高欢告六镇民之语，其中一段为：

> 尔乡里难制，不见葛荣乎，虽百万众，无刑法，终自灰灭。

确实如直江氏、谷川氏所指出的，史书会用"乡里"这一术语来表述当时的北镇社会。而且我们无法否定，两氏所揭示的北镇社会具有与当时汉族社会同质的一面。不仅如此，笔者也认为应该评估该现象的历史意义。不过，《魏书》卷八二《常景传》记六镇之乱时事云：

> 俄而安州（治方城，现河北丰宁）石离、穴城、斛盐三戍兵反，结（杜）洛周，有众二万余落。

这样的史料亦不可无视。此"二万余落"当为六镇降户的一部分，笔者注意的是，这些人群是以"落"的形式向河北迁移的。史料未以口数或户数来表述此群体，而用"落"数，自有相应的意义。即便这样的理解存在疏误，如果把目光转向六镇社会，就会发现如上所述的"落"以部落的形式广泛分布在以高车等为中心的范围，这一点直江氏等学者也一致认可[1]。

主要由鲜卑、高车构成的六镇降户，后归入建立北齐的高欢父子麾下，《魏书》卷一二《孝静帝纪》天平三年（536）二月丁酉条载：

> 诏加齐文襄王使持节、尚书令、大行台、大都督，以鲜卑、高车酋庶皆隶之。

据此（尽管可以说酋庶具有强烈的国家官员特质），至东魏时期，大

---

1. 参见直江直子：《北魏の鎮人》，《史学雜誌》第92编2号，1983年。

第四章 关于对部族解散的理解

部分鲜卑、高车仍受起源于北族的酋长统领。《北齐书》卷二一《高昂传》：

> （高欢）每申令三军，常鲜卑语，昂若在列，则为华言。

同书卷二《神武纪下》武定四年（546）十一月条：

> 是时西魏言神武（高欢）中弩，神武闻之，乃勉坐见诸贵，使斛律金敕勒歌，神武自和之，哀感流涕。

《北史》卷五五《王纮传》：

> 行台侯景与人论掩衣法。……纮进曰："……五帝异仪，三王殊制，掩衣左右，何足是非？"景奇其早慧，赐以名马。

依这些史料类推可知，北魏末的六镇"乡里"社会迥异于汉人社会，这里盛行鲜卑语、敕勒语等胡语，以左衽为尚。此外还可以举出很多这种显示汉人社会与北镇社会存在异质性的史料。正因为如此，直江氏、谷川氏也十分重视六镇社会里流行的部族社会传统。不过，两氏又有以下论述："并非原来的旧部落社会"（直江氏[1]），"并非部族共同体原有的成规，而是由'豪杰'和民众间指导与被指导关系创造出的新型自律秩序"（谷川氏[2]）。他们将北镇社会视为豪族共同体式的社会，且谷川氏还提出，其中产生了同汉人一样的乡兵集团。这种看法也跟前文所述两氏对八部制的理解以及对当时部族制的理解息息相关。而笔者认为，此类观点妨碍了我们关于这一阶段历史的把握。这是因为，若按两氏的理解，在那段时期作为主要风潮的强烈的鲜卑化倾向，就会被搁置于幕后。唐长孺氏关于北魏末社会便做出了如下论述：

---

1. 参见前揭直江氏论文《北魏の鎮人》，第28页。
2. 参见前揭谷川氏论文《武川鎮軍閥の形成》，第49页。

代京的留住集团，征服与降附的各部落，以及束缚在军镇上的府户在魏末不管是鲜卑人与否都呈现着强烈的鲜卑化倾向。[1]

另外，前文引用过《周书》卷二《文帝纪》魏恭帝元年条一段材料：

> 魏氏之初，统国三十六，大姓九十九，后多绝灭。至是，以诸将功高者为三十六国后，次功者为九十九姓后，所统军人，亦改从其姓。

陈寅恪氏推定西魏二十四军的制度乃部族制时代之遗制，滨口重国氏曾据上引文批判这一说法，认为是"过于恣意的"附会[2]。不过，《后汉书》卷九〇《乌桓传》云：

> 氏姓无常，以大人健者名字为姓。

《隋书》卷六一《宇文述传》记载了传主先祖役属宇文俟豆归后改姓宇文的事例。《魏书》卷一一三《官氏志》云：

> 初，安帝统国，诸部有九十九姓。至献帝时，七分国人，使诸兄弟各摄领之，乃分其氏。自后兼并他国，各有本部，部中别族，为内姓焉。

评判两说的对错不是本节的目的，但我们无法否认从《周书》所谓"所统军人，亦改从其姓"以及上引材料所能窥见的部族制传统的作用。此处，笔者想关注的是，这项改革不止于在西魏国内恢复已绝灭

---

1. 唐长孺：《拓跋族的汉化过程》，《魏晋南北朝史论丛续编》，生活·读书·新知三联书店，1959年，第148页。
2. 参见滨口重国：《西魏二十四軍と儀同府》，《秦漢隋唐史の研究》上卷，东京大学出版会，1966年，第237、238页。

第四章　关于对部族解散的理解

的"三十六国、九十九姓",其下属军人也随之依据旧有传统进行了改姓。西魏朝廷为何在复活旧有制度时想要达到如此精细的程度呢？我对陈寅恪氏之说并非完全赞同,但鲜卑部族制时代的遗制对西魏二十四军制度产生了多大影响这一问题,如今却值得在结合上述方面的基础上重新思考（关于西魏二十四军的起源在第三篇第三章将再次讨论）。

上面的论述可能会被认为与本项的主旨不符,而笔者执意探讨这些史事是因为,我同谷川、直江两氏产生意见分歧的地方,跟上述浜口氏的情况相似。因北族自身书写的史书未能保留,研究的现状是仅得以汉族史料来考察这个时代,而魏收等人对北族风俗习惯有多大程度的理解值得怀疑。尽管如此,按本节所述,具有一定脉络的史料仍大量存在,那我们就更应该关注这些材料。这是笔者的想法[补注]。

补注：本书脱稿后才有机会读到直江直子氏《〈魏書〉の時代と〈北史〉の時代》（载《富山国際大学紀要》第7卷,1997年）、《"領民酋長"制と北魏の地域社會覚書》（载《富山国際大学紀要》第8卷,1998年）。请读者参看。这些讨论中将国人这一用语视为国民,《魏书》作为史料的限度,以及对部族制的理解等方面,与笔者的观点不同。另外,作为本书基础的拙稿《北魏太祖の部落解散と高祖の部落解散——所謂部落解散の理解をめぐって》（载《佐賀大学教養部研究紀要》第14卷,1982年）、《北朝社会における部族制の伝統について》（载《佐賀大学教養部研究紀要》第21卷,1989年）发表后,关于部族解散问题的讨论,又有勝畑冬実《拓跋珪の"部族解散"と初期北魏政權の性格》（载《早稲田大学文学部研究科紀要》別冊第20集,哲学・史学编,1993年）一文。

第二篇 北魏孝文帝改革前的政治、社会体制与孝文帝改革

通过追溯孝文帝改革前的政治体制和孝文帝改革的实际情况,可以更为详细且动态地捕捉到北魏时期胡汉抗争和融合的轨迹。因此,本篇将以孝文帝时各种制度改革为中心,进一步探究北魏时期胡汉抗争和融合的轨迹。

第一章

內朝制度

第一节　孝文帝改革前的内朝

本节将考察孝文帝亲政前的内朝。首先，关于"内朝"一词的定义，在以下的考察中，笔者想遵从当时的用法，将之视为侍官的总称。下面笔者将阐述这一看法的根据。

《魏书》卷一〇八之一《礼志一》天赐二年（405）四月条记北魏初代皇帝道武帝时事：

> （道武帝）复祀天于西郊。……祭之日，帝御大驾，百官及宾国诸部大人毕从至郊所。帝立青门内近南坛西，内朝臣皆位于帝北，外朝臣及大人咸位于青门之外，后率六宫从黑门入，列于青门内近北，并西面。

同书卷三五《崔浩传》记北魏第二代皇帝明元帝泰常元年（416）时事：

> 司马德宗将刘裕伐姚泓，舟师自淮（水）泗（水）入清（水），欲水斥河（黄河）西上，假道于国（北魏）。诏群臣议之。外朝公卿咸曰……又议之内朝，咸同外计。太宗（明元帝）将从之。

管见所及，在北魏时代的记载中，"内朝"一词仅上述两例。这一"内朝"可能包含作为后宫官的宦官等，但可以确定后宫诸官并不等同于内朝。"内朝"当在较之更广的意义上被使用。那这种情况下，内朝究竟何指？接下来将从"内"这一概念的实态入手尝试思考这一问题。

《魏书》卷一六《元叉传》记载权臣元叉倒台：

> 乃以叉为骠骑大将军、仪同三司、尚书令、侍中、领左右。叉虽去兵权（解任领军将军时），然总任内外，殊不虑有黜废之理

第一章　内朝制度

也。后又出宿，遂解其侍中。旦欲入宫，门者不纳。寻除名为民。

此处所谓"总任内外"是基于元叉就任侍中和尚书令来叙述的。换言之，作为侍官的侍中被视为"内"，作为尚书省长官的尚书令被视为"外"。这种将侍官视作"内"的例子在其他地方也能见到，例如同书卷七七《高恭之传》中关于高恭之的记载：

除征南将军、金紫光禄大夫、兼御史中尉。寻即真，仍兼黄门。道穆外秉直绳，内参机密。

（此处虽然有征南将军，但高恭之当时身在京师。因此这里的"外"应是指御史中尉，"内"应是指给事黄门侍郎）同书卷九三《王叡传》关于王叡有言：

俄而为散骑常侍、侍中、吏部尚书，赐爵太原公。于是内参机密，外豫政事。

这些都显示，侍官被当作"内"。另外，同书卷五八《杨椿传》载：

北都（指迁洛以前的都城平城）时，朝法严急。太和初，吾（指杨椿）兄弟三人并居内职，兄在高祖（孝文帝）左右，吾与津（弟名）在文明太后左右。于时口敕，责诸内官，十日仰密得一事，不列便大瞋嫌。

当时，杨椿兄弟三人一并担任被称为"中散"的官（参考列传），从这一记载可知，"中散"应当是内职或者说内官。中散是北魏特有的天子近侍官[1]。换言之，北魏时的侍官被称作"内官""内职"。此外，还有记

---

1. 郑钦仁：《北魏官僚机构研究》第二编"中散官"，《牧童文史丛书》（十一），台北：牧童出版社，1976年。

载反映这些侍官区别于其他诸官。《魏书》卷一〇八之一《礼志一》太和十九年（495）二月癸亥条正是一例：

> 诏曰："知太和庙已就，神仪灵主，宜时奉宁。……百官奉迁，宜可省之。但令朝官四品已上，侍官五品已上及宗室奉迎。"

基于以上考察，前述《礼志》天赐二年条及《崔浩传》所见"内朝"是侍官总称的看法应当无误。不过，《北史》卷一八《元澄传》记载：

> 神龟元年（518），诏加女侍中貂蝉，同外侍中之饰。澄上表谏曰……

如果根据这条记载，内朝是后宫诸官的总称，侍中则成为外官，与上面的观点不同。但这只是狭义的内朝。引文所见"外侍中"的"外"，是相对于当时后宫中宦官所任中侍中的"中"、女官所任女侍中的"女"等而言的[1]。北魏时代"内朝"一语的使用情况如前所见，是所谓广义上的内朝。以下的讨论中涉及的内朝即指广义的内朝。

虽然北魏官职的名称乍一看都是中国式的，很多却不见于北魏之前的中国诸王朝，比如内行尚书、内行长、内行令、内行羽真、内行阿干、内行给事、内行内小、内侍长、内侍左右、内博士、内给事、内秘书令、内主书、中散、三郎、内三郎、内将军、内大将军、内大羽真、内幢将、内都幢将、内细射等官。首先值得注意的是，任以上诸官的大部分人似乎均为出身北族者，例如薛虎子任内行长（《魏书》卷四四）、苟颓任内行令（同卷）、奚智任内行羽真（《魏晋南北朝墓志集释》图版二〇七《奚智墓志》）、丘哲任内行内小（同书图版二六八《丘哲墓志》）、庾业延任内侍长（《魏书》卷二八）、谷浑任内侍左右

---

1. 关于北魏的中侍中，参见郑钦仁：《北魏中侍中稿——兼论刘腾事件》，《食货》复刊第2卷第6期，1972年。

第一章　内朝制度

（同书卷三〇）、豆代田任内三郎（同书卷三〇）、元干任内将军（同书卷一五）、元纂任内大将军（同书卷一五）、来大千任内幢将（同书卷三〇）。关于以上各个官职的任官事例，将在后文逐一讨论时再提及，此处不予全部列举。但是，任职者多出身北族这一点是在思考这些官职的特质时，应当首先注意的事项。

接下来需要注意，这些官职创设于延续北族政治习惯的北魏初，或是自建国以前就存在于北族社会而被称作中国式名号。以下阐明理由，进而据此说明，现在作为问题讨论的内朝就是由上述诸官构成的。《魏书》卷一五《元可悉陵传》关于元可悉陵的记载显示了内行阿干这一官职的存在：

> 年十七，从世祖（太武帝）猎，遇一猛虎，陵（可悉陵）遂空手搏之以献。世祖曰："汝才力绝人，当为国立事，勿如此也。"即拜内行阿干。

有关阿干，同书卷一〇一《吐谷浑传》载：

> 吐谷浑，本辽东鲜卑徒河涉归子也。……徒河以兄为阿干也。

这里所见徒河指昌黎郡徒河县，因鲜卑慕容部聚居于此，徒河在六朝时代还兼具慕容鲜卑之意。由引文可知，阿干是据鲜卑语中意为兄的词语音译而来。内行之官不见于北魏前的中国诸王朝，将这一点与上述阿干一语来自鲜卑语的音译结合起来思考，可知内行官是北魏特有的带有浓厚北族色彩的官职[1]。另外，《魏书》卷四四《伊馛传》记载了三郎这一官职：

---

1. 赵超《汉魏南北朝墓志汇编》（天津古籍出版社，1992年）收录的《张卢墓志》（第127页）关于其父提到："侧在内侍，为给事阿干。"

> 代人也。……神麚初，擢为侍郎，转三郎。

关于三郎，《南齐书》卷五七《魏虏传》记南齐建武二年（495）、北魏太和十九年春北魏孝文帝南伐一事：

> 宏（孝文帝名）自率众至寿阳，军中有黑毡行殿，容二十人坐，辇边皆三郎曷剌真，槊多白真毦，铁骑为群，前后相接。

这里可见"三郎曷剌真"一语，曷剌真同样在《魏虏传》有载：

> 国中呼内左右为"直真"，外左右为"乌矮真"，曹局文书吏为"比德真"，檐衣人为"朴大真"，带仗人为"胡洛真"，通事人为"乞万真"，守门人为"可薄真"，伪台乘驿贱人为"拂竹真"，诸州乘驿人为"咸真"，杀人者为"契害真"，为主出受辞人为"折溃真"，贵人作食人为"附真"。三公贵人，通谓之"羊真"。

据此，"曷剌真"也应当是鲜卑语。三郎曷剌真之语是"三郎"与"曷剌真"两个官名还是一个官名，很难立刻做出判断。不管如何，三郎不见于北魏以前中国诸王朝，与上述所见结合起来思考，可知三郎是北魏特有的具有浓厚北族色彩的官职[1]。另外，从《奚智墓志》（《汉魏南北朝墓志集释》图版二〇七所收）可见"内行羽真"这一官名。与上引《南齐书·魏虏传》的记载结合起来，可知这也是北魏特有的具有浓厚胡族色彩的官职。此外，《魏书》卷一一三《官氏志》建国二年

1.《史记》卷六《秦始皇本纪》中能看到"三郎"官，《索隐》："三郎，谓中郎、外郎、三郎。"或许"三郎"这一名称在北魏时被采用。另外，笔者检得以下数例任三郎官者（十一例均为北族人。括号中为《魏书》的卷数）：a. 元大头（14），b. 楼安文（30），c. 豆代田（30），d. 豆求周（30），e. 周豆（30），f. 陆真（30），g. 陈建（34），h. 伊馛（44），i. 和其奴（44），j. 娄提（87），k. 元贷毅（《墓志集释》图版61《元保洛墓志》）。

第一章　内朝制度

（339）条记载了"内侍长"一职：

> 初置左右近侍之职，无常员，或至百数，侍直禁中，传宣诏命。皆取诸部大人及豪族良家子弟仪貌端严，机辩才干者应选。又置内侍长四人，主顾问，拾遗应对，若今之侍中、散骑常侍也。

这也是北魏特有的具有浓厚北族色彩的官职。

以上关于四个官职（内行阿干、三郎、内行羽真、内侍长），我们已阐明它们均起源于北族，若可推知冠以"内行"一词的内行阿干、内行羽真也是起源于胡族的官职，那先前所举的内行尚书、内行长等被冠以"内行"诸官应该皆起源于胡族。再者，因三郎和内侍长是起源于胡族的官职，内三郎和内侍左右亦当如此。进一步而言，由于内三郎是起源于胡族的官职，可以推测，大量见于北魏官职名称的、被冠以"内"字的诸官很可能也起源于胡族。

眼前这些官职多是内朝之官（以下称"内朝官"）。就此，我们大致可将其分为四类："内侍×"官、"内×"官、"内行×"官以及其他官职。

首先是关于"内侍×"官，包含内侍长与内侍左右二官。这些官作为侍官，即内朝官这一点，从名称上来看无须过多说明。

接下来是关于"内×"这一形式的官，包括内给事、内将军、内博士、内主书、内大将军、内幢将、内都幢将、内细射、内秘书令、内三郎等。其中内秘书令是内朝官这一点，郑钦仁氏已有论述[1]。内三郎乃内朝官，见后文。关于内给事，《魏书》卷五八《杨椿传》记杨椿：

> 初拜中散、典御厩曹，以端慎小心，专司医药，迁内给事，与兄播并侍禁闱。

---

1. 参见前揭郑钦仁氏书，第一编"秘书省"。

关于内将军,《魏书》卷一五《元干传》记元干:

> 太宗即位,拜内将军、都将,入备禁中。

从以上两条记载来看,内给事和内将军应该是内朝官。那么可推知,同样被冠以"内"字的"内×"形式的官也是内朝官。

再是关于"内行×"形式的官,包括内行尚书、内行长、内行令、内行羽真、内行阿干、内行内小、内行给事等。此类官职作为侍官这一点见于《魏书》卷三〇《宿石传》围绕宿石的记载:

> 迁内行令。从幸苑内,游猎,石于高宗前走马,道峻,马倒殒绝,久之乃苏。由是御马得制。高宗嘉之,赐绵一百斤,帛五十匹,骏马一匹,改爵义阳子。尝从猎,高宗亲欲射虎。石叩马而谏。

《魏书》卷四四《薛虎子传》记薛虎子云:

> 年十三,入侍高宗。太安中,迁内行长,典奏诸曹事。当官正直,内外惮之。

另外,赵超氏《汉魏南北朝墓志汇编》[1]收录的《张卢墓志》关于张卢之父云:

> 侧在内侍,为给事阿干。

综合这些记载,可知"内行×"官就是侍官,即内朝官。

最后是关于三郎。《魏书》卷四四《伊䩄传》关于伊䩄谓:

---

1. 天津古籍出版社,1992年。

第一章　内朝制度

> 神䴥初，擢为侍郎，转三郎，赐爵汾阳子，加振威将军。世祖之将讨凉州也，议者咸谏，唯司徒崔浩劝世祖决行。群臣出后，馺言于世祖曰……世祖善之。

虽然这场讨论是否要讨伐占据凉州的沮渠氏的会议是由大将军、司徒、尚书令仆等公卿共同参与的，但上述记载表明，在这些公卿退廷后，作为三郎的伊馺可以直接向太武帝建言。此外，先前所引《南齐书》卷五七《魏虏传》记孝文帝南伐时辇边由三郎侍奉：

> 辇边皆三郎曷刺真。

可推测这些三郎同是侍官，也即内朝官。

《魏书》卷一一三《官氏志》登国元年（386）条记载三郎在禁中直宿（并非所有三郎均直宿，应是其中一部分）：

> 是年置都统长，又置幢将及外朝大人官。其都统长领殿内之兵，直王宫；幢将员六人，主三郎卫士直宿禁中者，自侍中已下中散已上皆统之。

这条材料可支撑上述三郎乃内朝官的论断。另外，考虑到三郎是内朝官，那么内三郎应该也是内朝官[1]。

接下来将尝试讨论这些起源于北族的内朝官有怎样的职掌。当时起源于北族的内朝官存在武官系统与文官系统之别，武官系统内朝官（三郎、内幢将等）的职掌简单说来就是警备禁中。有关其构成、职掌分担、与外军的关系等，为了方便讨论的展开，将在本篇第四章第二

---

1. 《史记》卷六《秦始皇本纪》中能看到"三郎"官，《索隐》："三郎，谓中郎、外郎、三郎。"或许"三郎"这一名称在北魏时被采用。另外，笔者检得以下数例任三郎官者（十一例均为北族人。括号中为《魏书》的卷数）：a. 元大头（14），b. 楼安文（30），c. 豆代田（30），d. 豆求周（30），e. 周豆（30），f. 陆真（30），g. 陈建（34），h. 伊馺（44），i. 和其奴（44），j. 娄提（87），k. 元贷毅（《墓志集释》图版61《元保洛墓志》）。

节"通过军制看北族社会的质变与孝文帝的改革"中处理。

关于文官系统内朝官(内行长、内侍长、内侍左右、中散等)的职掌,第一可以举出出纳诏命。这一点在《魏书》卷五二《长孙道生传》有关传主的叙述中有所表现:

> 忠厚廉谨,太祖爱其慎重,使掌几密,与贺毗等四人内侍左右,出入诏命。

同书卷三六《李敷传》关于李敷的记载云:

> 又为中散,与李欣、卢遐、度世等并以聪敏内参机密,出入诏命。

第二是在天子左右应答日常的下问。《魏书》卷一一三《官氏志》建国二年条记载了内侍长的这一职掌:

> 又置内侍长四人,主顾问,拾遗应对,若今之侍中、散骑常侍也。

另外,《魏书》卷五八《杨椿传》记载了内朝官之一的中散具有顾问应对的职掌:

> 北都(指迁洛以前的都城平城)时,朝法严急。太和初,吾(指杨椿)兄弟三人并居内职(指中散),兄在高祖左右,吾与津(弟名)在文明太后左右。于时口敕,责诸内官,十日仰密得一事,不列便大瞋嫌。

第三则是监察尚书等的列曹和州郡。《魏书》卷二六《长孙头传》载:

> 高宗(文成帝)时,为中散,迁内行长,典龙牧曹。

第一章　内朝制度

此处所见"龙牧曹"当为隶属都牧尚书的一曹[1]。换言之，引文表明，内行长作为起源于北族的内朝官，所"典"之龙牧曹并不是其下属组织。那么这里的"典"，具体来说究竟意味着什么？接下来将关注这一点。类似上引文的记载也多见于他处，例如《魏书》卷四四《薛虎子传》载：

> 年十三，入侍高宗。太安中，迁内行长，典奏诸曹事。当官正直，内外惮之。

同书卷四四《罗伊利传》载：

> 除内行长，以沉密小心、恭勤不怠领御食、羽猎诸曹事。

（上引所见御食曹隶属何官署不明，羽猎曹是隶属尚书的一曹[2]）同书卷四二《吕受恩传》载：

> 为侍御中散，典宜官曹。

（侍御中散是诸中散官中的一个官职名[3]，宜官曹是隶属尚书的一曹[4]）同书卷四四《苟颓传》载：

> 迁奏事中散，典凉州作曹。迁内行令。

（奏事中散是诸中散官中的一个官职名[5]。凉州作曹是隶属西部尚书的

---

1. 严耕望：《北魏尚书制度考》，《历史语言研究所集刊》第18本，1948年。
2. 同上。
3. 郑钦仁：《北魏官僚机构研究》第二编"中散官"，《牧童文史丛书》（十一），台北：牧童出版社，1976年。
4. 严耕望：《北魏尚书制度考》，《历史语言研究所集刊》第18本，1948年。
5. 郑钦仁：《北魏官僚机构研究》第二编"中散官"，《牧童文史丛书》（十一），台北：牧童出版社，1976年。

一曹[1]）

从上引记载推测，当时起源于北族的内朝官"典"（或者"领"）诸曹的情况，可能是监察诸曹的意思。如上内容的记载多见于描述作为内朝官的给事中和给事等官[2]。

当时对包括地方官在内的百官进行非违纠察的不是御史，而是由作为内朝官的中散和内侍长，或隶属内朝的候官来负责（关于这一点将在下一章"监察制度"中考察）。另外，《南齐书》卷四七《王融传》记载了北魏太和初派遣到南齐的使者向南齐求取典籍，南齐朝廷讨论是否满足这一要求时的情况：

> 虏使遣求书，朝议欲不与。融上疏曰："……又虏前后奉使，不专汉人，必介以匈奴，备诸觇获。且设官分职，弥见其情，抑退旧苗，扶任种戚。……"

这条记载显示，北魏向南朝遣使时，他们同时派遣了汉人眼中的匈奴，即北族人[3]。这进一步证明由北族监察汉人官僚的方针在北魏官制中得以

---

1. 严耕望：《北魏尚书制度考》，《历史语言研究所集刊》第18本，1948年。
2. 当时的给事中是内朝官（参见《魏书》卷二八《胡弼传》、卷九一《李修传》等）。关于给事中，卷三〇《陆真传》记载太武帝时"(陆真)迁给事中，典太仓事"，卷四〇《陆俟传》记载显元帝时："太宗践祚，拜侍郎，迁内侍，袭爵关内侯，转龙骧将军、给事中，典选部兰台事。当官而行，无所屈挠"。这样的记载在《魏书》其他地方也可见到，据此可推测当时给事中是常态化地"典"诸曹。另外，卷五〇《尉元传》记载太武帝时"(尉元)稍迁驾部给事中"，卷五八《杨播传》记载孝文帝初年时"(杨播之父杨懿)征为选部给事中"（此处所见驾部、选部各是尚书省的一个分曹）。驾部给事中、选部给事中各为一个官职（关于这一点，本章稍后论述）。那么他们的职掌究竟是什么呢？卷三〇《吕文祖传》关于吕文祖云："显祖（献文帝）以其勋臣子，补龙牧曹奏事中散。以牧产不滋，坐徙于武川镇……转为外都曹奏事中散。"这条记载表明，中散负责监察龙牧曹与三都曹，而与上述所见结合起来思考，驾部给事中、选部给事中应当是表示各给事中分别"典（监察）"各曹的官职名。此外，对列传等记载的任给事中者进行检索，能够发现其中大半是北族（但到献文帝和孝文帝的时代，已有相当多的汉人任给事中。关于这一点，本章稍后论述）。换言之，尽管当时的给事中是中原式官名，但与起源于北族的内朝官在实质上没有大的差异。以上情况同样适用屡见于《魏书》的给事一职。
3. 《南齐书》卷五七《魏虏传》："魏虏，匈奴种也，姓托跋氏。"这表明当时存在将拓跋鲜卑等同于匈奴种的理解。换言之，《王融传》中的匈奴指鲜卑应当无误。

第一章　内朝制度

贯彻的情况。

根据以上所述，内朝官对尚书等诸曹和州镇的监察当时在北魏广泛推行。

此外，在当时的内朝，还存在与上述起源于北族的内朝官不同的官职。以下将举出其中尤为主要的官职，即中书省诸官和门下省诸官，并以起源于北族的内朝官为立足点，观察当时在内朝势力强大的北族与他们的关系。

首先是与中书省诸官的关系。孝文帝改革以前的史料中，并没有明确表明中书省诸官是内朝官的记载。但是，当时的中书省诸官掌草诏，而西晋时代的中书官如《通典》卷二一《职官三》中书令条所见，也被认为是侍官：

> 魏晋以来……以其地在枢近，多承宠任，是以人固其位，谓之"凤凰池"焉。

大规模效仿西晋旧有官制的北魏，也将中书官称为"凤池"（《魏书》卷四八《高允传》），说明当时对中书的理解与西晋时代相同。另外《北齐书》卷三九《崔季舒传》记载了东魏时崔季舒就任中书侍郎一事：

> 文襄辅政，转大将军中兵参军，甚见亲宠。以魏帝左右，须置腹心，擢拜中书侍郎。

从这些史实来看，即使是在孝文帝内朝改革前，中书省诸官也等同于内朝官。

接下来探讨作为内朝官的中书省诸官与北族系内朝官之间的关系。《魏书》卷四四《伊馛传》记载了太武帝与出身北族的伊馛的对话：

> 馛性忠谨，世祖（太武帝庙号）爱之，亲待日殊，赏赐优厚。真君初，世祖欲拜馛为尚书，封郡公。馛辞曰："尚书务殷，公爵至重，非臣年少愚近所宜荷任，请收过恩。"世祖

> 问其欲，敨曰："中、秘二省多诸文士，若恩矜不已，请参其次。"世祖贤之，遂拜为中护将军、秘书监。

这里的"中、秘二省"指中书省和秘书省。问题是"文士"指什么。《隋书》卷三二《经籍志一》记录了《国语》《鲜卑语》《国语物名》《国语真歌》《国语杂物名》《国语杂文》《鲜卑号令》《杂号令》等书名，在其后提到：

> 又后魏初定中原，军容号令，皆以夷语。后染华俗，多不能通，故录其本言，相传教习，谓之"国语"。

同样是在《经籍志》中，记载《孝经》相关书目处可见《国语孝经》，其后文提到：

> 又云魏氏迁洛，未达华语，孝文帝命侯伏侯可悉陵，以夷言译《孝经》之旨，教于国人，谓之《国语孝经》。

另外，《魏书》卷二一上《元羽传》记载了孝文帝的言辞，表明即使到迁都洛阳时，北人也就是北族仍不知书：

> 高祖（孝文帝庙号）引陆叡、元赞等于前曰："北人每言北人何用知书，朕闻此，深用怃然。……"

据以上内容，如果要概括从北魏开始攻略华北到迁都为止胡族在语言层面的汉化轨迹，当如下文所述。北魏在攻略华北的过程中使用的是自己的语言，其后，大致到太武帝统一华北后，渐受汉文化影响而学习汉语。但即使到迁都洛阳时期，也未达到能够熟练阅读汉籍的程度。随着迁都，即从旧都平城迁居洛阳后，许多胡族人大体会说汉语，但仍处在无法理解文章的近乎文盲的状态。而根据前引《伊敨传》，伊敨被太武帝任命尚书是在太平真君初年。太平真君是北魏基本完成统一

第一章 内朝制度

华北时的年号,约在孝文帝迁都的五十年前。将此事与上述情况结合起来思考,《伊𩰀传》所见"文士"的实质可以确定是汉人士大夫层。若检索《魏书》等史籍中当时任职中书省的官员,可发现大部分为汉人[1]。这样来看,中书省与秘书省应该有很多汉人士大夫。

不过,一个新的问题随上述考察而产生:似乎存在与当时任内朝官者多为北族这一史实相反的现象,那么应该如何理解这一点?从结论来说就是,尽管中书省诸官(汉人)与担任起源于北族的内朝官的北族人同为内朝官,但其中自有区别两者的界线,即当时内朝的实权始终由北族掌握。以下将尝试论证。

北魏刚启动对汉地的攻略时就开始大量任用汉人。例如《魏书》卷二《太祖纪》皇始元年(396)九月条就记载了这类史事:

> 初建台省,置百官,封拜公侯、将军、刺史、太守,尚书郎已下悉用文人。

(此处所见"文人"指汉人)采取上述任用汉人政策的原因之一是,随着北魏正式开始经营汉地,行政事务等逐渐增加,相应的事务处理能力成为必要。考虑到这一点,可以想象,任用汉人担任作为内朝官的中书省官员,其背景也与北族在文事方面的局限性问题有关。

《魏书》卷四八《高允传》记出身于汉人名族的高允担任中书侍郎超过二十年,至第四代皇帝高宗文成帝时兼任属秘书省的著作郎,文成帝曾称赞其忠勤,并斥责群臣无能:

> 高宗省而谓群臣曰:"……至如高允者,真忠臣矣。朕有是非,常正言面论,至朕所不乐闻者,皆侃侃言说,无所避就。朕闻其过,而天下不知其谏,岂不忠乎!汝等在左右,曾不闻一正言,但伺朕喜时求官乞职。汝等把弓刀侍朕左右,徒立劳耳,皆至公王。此人把笔匡我国家,不过作郎。汝等

---

1. 郑钦仁:《北魏中书省考》,《台湾大学文史丛刊》(十四),1965年。

不自愧乎？"于是拜允中书令，著作如故。

此处"把弓刀侍朕左右"应当指的是天子左右的内朝官，且在当时只能是北族人。上引记载表明，即使出身汉人名族渤海高氏，高允积累苦劳不过为郎，与之相对的是，北族内朝官仅仅"立劳"便能官至王公[1]。换言之，中书侍郎高允在当时因某种标准而被区别于身居皇帝左右、拥有光明前途的侍臣（其中大半是北族人）。另外《魏书》卷五四《高闾传》载：

> 和平末，迁中书侍郎。高宗崩，乙浑擅权，内外危惧。文明太后临朝，诛浑，引闾与中书令高允入于禁内，参决大政，赐爵安乐子。

据引文，至少中书令与中书侍郎应该通常是在禁中以外。同时要注意的是，郑钦仁氏指出，当时中书令在被加以给事中的官职（这一官职虽有中原式名称，但在当时的北魏却具有浓厚的北族色彩）后才有可能出入禁中[2]。由以上内容可以推知，当时中秘二省诸官（汉人）并不像

---

[1] 本文所引《魏书》"……此人把笔匡我国家，不过作郎。汝等不自愧乎？'于是拜允中书令，著作如故"中的"不过作郎"在《北史》卷三一《高允传》变成了"不过著作郎"。撰写本章初稿《北魏的内朝》（载《九州大学東洋史論集》第6号，1977年）时，笔者据《资治通鉴》卷一二八宋孝武帝大明二年（458）正月条"不过为郎"以及《南史》卷三六《江教传》记中书舍人纪僧真欲作士大夫时谓"唯就陛下乞作士大夫"等，得出了如本节的理解。但如果依据《北史》所载，就存在与本节论点抵触之处。不过笔者认为，即便以《北史》为是，也不会影响本节主旨。理由之一在于，当时高允以中书侍郎（四品上）的本官领秘书著作郎（五品上），在文成帝的这次发言之后，即从担任了二十七年的中书侍郎转任中书令（二品中，参照本传），因而文成帝所言是基于郎官地位"微贱"的事实（《魏书》卷四八本传记载了崔浩事件发生时恭宗景穆帝［当时是皇太子］庇佑高允的言辞："中书侍郎高允自在臣宫，同处累年，小心密蕴，臣所委悉。虽与浩同事，然允微贱，制由于浩。请赦其命"）。理由之二在于，前引《魏书》卷四四《伊馛传》记载了太武帝与出身北族的伊馛之间的对话："馛性忠谨，世祖（太武帝庙号）爱之，亲待日殊，赏赐优厚。真君初，世祖欲拜馛为尚书，封郡公。馛辞曰：'尚书务殷，公爵为重，非臣年少愚近所宜荷任，请收过恩。'世祖问本欲，馛曰：'中、秘二省多诸文士，若恩矜不已，请参其次。'世祖贤之，遂拜为中护将军、秘书监。"当时中书省与秘书省都被视作汉族文士的聚集地。
[2] 郑钦仁：《北魏中书省考》，《台湾大学文史丛刊》（十四），1965年。

第一章　内朝制度

北族诸内朝官一样是天子左右的近侍官。

现在再从当时北魏官场"语言的双重性（鲜卑语和汉语）"的角度进一步讨论这一点。《魏书》卷四八《高允传》记载，崔浩国史案发生时，被怀疑与崔浩合谋的中书侍郎高允在太武帝面前因无畏直言而获直接赦免，之后又提到：

> 允竟得免。于是召浩（崔浩）前，使人诘浩。浩惶惑不能对。允事事申明，皆有条理。时世祖（太武帝）怒甚，敕允为诏，自浩已下、僮吏已上百二十八人皆夷五族。允持疑不为，频诏催切。允乞更一见，然后为诏。诏引前，允曰："浩之所坐，若更有余衅，非臣敢知。直以犯触，罪不至死。"

据此，太武帝命高允撰写诏书，内容为处死包括崔浩在内的参与该事件及连坐的人物，但高允并非是从太武帝处直接受敕。这是因为，如果他直接受太武之命起草此诏，一定会当场发表反对意见。另外，向高允传达草诏之命者与上述记载提到的"频诏催切"中的传"诏（口诏）"者应当具有同样性质。也就是说，诏书写成过程中，在太武帝（天子）和高允（中书侍郎）间存在传达天子命令（口诏）的官员，当时他们掌握出纳诏命之权，大部分为北族人，担任着起源于北族的内朝官。另外，《魏书》卷一一一《刑罚志》延兴四年（474）条记载：

> 诏自非大逆干犯者，皆止其身，罢门房之诛。自狱付中书复案，后颇上下法，遂罢之，狱有大疑，乃平议焉。先是诸曹奏事，多有疑请，又口传诏敕，或致矫擅。于是事无大小，皆令据律正名，不得疑奏。合则制可，失衷则弹诘之，尽从中墨诏。自是事咸精详，下莫敢相罔。

这是孝文帝即位第四年、孝文帝之父献文帝作为太上皇时的记载。据此可知，截至延兴四年，仍有口头向诸曹传达诏敕的现象。那为什么会出现这种行为？一般而言，向诸曹传达上意应是通过文书（诏书）

的形式，如以上引《刑罚志》所见中墨诏（从宫中传递出的墨书诏敕[1]）的文书（诏书）。尽管如此，口头传达上意的情况广泛存在，这肯定是因为，介于其间说鲜卑语的北族没有自己的文字且不识汉文。北魏朝廷中普遍存在的语言问题，可以从以下史料窥见。《魏书》卷一一三《官氏志》天兴四年（401）十二月条载：

> 复尚书三十六曹，曹置代人令史一人，译令史一人，书令史二人。

《南齐书》卷五七《魏虏传》载：

> 佛狸（太武帝）置三公、太宰、尚书令、仆射、侍中，与太子共决国事……又有侯勤地何，比尚书；莫堤，比刺史；郁若，比二千石；受别官比诸侯。诸曹府有仓库，悉置比官，皆使通虏、汉语，以为传驿。

上述状态的消解是在下引孝文帝的诏令颁布以后，《魏书》卷七下《高祖纪下》太和十九年（495）六月己亥条载：

> 诏不得以北俗之语言于朝廷，若有违者，免所居官。

虽然此条记载可以理解为北族放弃了自己的语言，但正如其中"言于朝廷"一语所示，这并不意味着孝文帝（高祖）命令胡族全面放弃使用自己的语言，鲜卑语的禁用令仅限于朝廷内部。总而言之，他的目的是要革除自北魏建国初延续至今的官场语言二重性。

虽然略有偏题，但从上述考察可以推断，尽管中秘二省的官员（汉人）与北族内朝官同为内朝官，一定仍有区分两者的界线，且当时的实权总是由北族人把持。

---

1. 内田智雄《訳注　魏书刑罚志》将此处译为"从宫中发出的墨书诏书"。

第一章　内朝制度

接下来将叙述门下省诸官与北族诸内朝官之间的关系。北魏时代的门下省诸官（侍中、给事黄门侍郎）被笔者视为内朝官这一点前已说明，此处不再赘述。

孝文帝改革前门下省的第一项特征在于，其任职者大半为北族[1]。

特征之二则是起源于北族的内朝官以比照侍中等官职的形式设置。以下记载均可证明这一点，如前已引及的《魏书》卷一一三《官氏志》建国二年（339）条：

> 又置内侍长四人，主顾问，拾遗应对，若今之侍中、散骑常侍也。

同志天赐三年（406）正月条：

> 置内官员二十人，比侍中、常侍，迭直左右。

---

[1] 自北魏初年到太和十五年十二月进行门下省改组为止，任侍中者如下所示，地方官以本官加侍中的情况除外（○表示外戚，●表示宦官）：

杜超（《魏书》卷4下，太平真君四年四月条，○）、乙浑（6，和平六年五月条）、元孔雀（6，天安元年正月条）、元目辰（14）、元丕（14）、元忠（15）、元他（16）、元翰（18）、元谭（18）、元云（19中）、元猛（20）、元禧（21上）、元干（21上）、元羽（21上）、元雍（21上）、元详（21上）、元鸾（21下）、穆观（24《崔宏传》）、长孙嵩（25）、长孙颓（25）、长孙道生（25）、长孙观（25）、尉眷（26）、穆崇（27）、穆几（27）、穆怛头（27）、穆真（27）、穆寿（27）、穆平国（27）、穆亮（27）、穆吐（27）、胡弱（28）、张黎（28）、奚拔（29）、安原（30）、楼毅（30）、刘尼（30）、于洛拔（31）、屈垣（33）、屈道赐（33）、谷浑（33）、薛提（33）、和匹（33《薛提传》）、卢鲁元（34）、陈建（34）、崔浩（35）、陆丽（40）、陆定国（40）、陆叡（40）、陆隽（40）、源思礼（41）、罗结（44）、罗斤（44）、伊馛（44）、乙干归（44）、和其奴（44）、苟颓（44）、尉元（50）、尉羽（50）、韩茂（51）、刘昶（59）、杜凤皇（83上，○）、闾毗（83上，○）、闾纥（83上，○）、常英（83上，○）、冯熙（83上，○）、冯诞（83上，○）、冯修（83上，○）、李盖（83上《李惠传》）、王叡（93）、赵黑（94，●）、张佑（94，●）、抱嶷（94，●）、苻承祖（94，●）。

以上任侍中者当中，除去外戚与宦官，汉人仅有张黎、谷浑、崔浩、韩茂、刘昶、王叡六人。其中刘昶是来自南朝的逃亡者，张黎、谷浑、韩茂、王叡都不是士大夫阶层出身。换言之，在《魏书》的记载中，这一时期任侍中者里真正可以称为华北汉人士大夫的仅有崔浩。以上表明，在当时的门下省中，胡族占据绝对优势。另外，上面对任侍中者是北族人还是汉人的判断参见姚薇元《北朝胡姓考》（科学出版社，1958年）。

同志永兴元年（409）十一月条：

> 置骐驎官四十人，宿直殿省，比常侍、侍郎。

（"骐驎官"大约也是起源于北族的内朝官）

特征之三为，这一时期诸官的职掌与先前所述起源于北族的内朝官类似。尽管没有史料明确显示改革前门下省诸官与起源于北族的内朝官在职掌上的关系，但《魏书》卷三〇《来大千传》云：

> 世祖践阼，与襄城公庐鲁元等七人俱为常侍，持仗侍卫，昼夜不离左右。

《魏书》卷三四《王洛儿传》载：

> 太宗即位，拜散骑常侍。诏曰："……散骑常侍王洛儿、车路头等，服勤左右，十有余年……"

北族人来大千、王洛儿和车路头等[1]作为常侍（这是门下系统的官职）随侍天子左右。这样一来，他们当然身居天子左右而应对日常下问。另外，《魏书》卷一四《元屈传》关于元屈载：

> 太宗时居门下，出纳诏命。

《魏书》卷八六《乞伏保传》关于乞伏保之父乞伏居载：

> 父居，显祖时为散骑常侍，领牧曹尚书，赐爵宁国侯。以忠谨慎密，常在左右，出内诏命。

---

1. 关于这些人物是北族人这一点，参见《魏书》卷三〇《来大千传》、前揭姚薇元氏书第181页。

元屈、乞伏居这些北族出身的门下系统官员也负责出入诏命。如前所述，起源于北族的内朝官的主要职掌包括出入诏命、在天子左右回答日常下问以及省察诸曹和监察百官。这与目前所见相比较可以推测，改革前门下省诸官的职掌与起源于北族的内朝官的职掌相似。

特征之四与第一点有关，即从魏初至改组门下省的太和十五年，任侍中者大多有任起源于北族的内朝官的经历（宗室、外戚、宦官任侍中者除外）。

综上可知，当时的门下省是以北族为中心运作的。换言之，北族诸内朝官与门下省诸官之间不像前者与中书省诸官（汉人）那样存在区别。

第二节　孝文帝的内朝改革

如前节所见，孝文帝改革内朝以前，尽管存在若干例外，门下省诸官与起源于北族的内朝官几乎均由北族担任，中书省诸官则任用汉人士大夫。太和十四年九月，此前以称制形式把持朝政的文明太后冯氏驾崩，之后孝文帝亲自执政近十年，直到太和二十三年四月他本人去世，其间断然推行了多项改革（下文为避免繁复，将上述孝文帝亲政时期官制方面的诸改革简称为改革）。在门下省，改革表现为机构、人员构成和职掌等方面的改组，同时让在中书省等处作为改革核心而活跃的汉人士大夫担任门下省要职。虽然一些胡族依然留在门下省，但孝文帝更倾向于委任汉人。另外，起源于北族的内朝官大概全被废止。本节将论证上述诸点，并探索这次改革的历史性意义。

首先是关于改革的时间。孝文帝内朝改革的高峰是在他亲政前期也就是迁都洛阳前的时期。具体来说是始于太和十五年十一月乙亥制定官品、经太和十六年四月丁亥颁布新的律令、至太和十七年六月乙巳推行《职员令》的这段时间（迁都洛阳始于太和十七年八月）。

接下来将叙述这一时期中书省诸官（或者是曾经任官的人）大量迁转到门下省的情况，而这与门下省的改组应该有关联。《魏书》卷一一三《官氏志》太和十五年十二月条载：

> 置侍中、黄门各四人,又置散骑常侍、侍郎,员各四人;通直散骑常侍、侍郎,员外散骑常侍、侍郎,各六人。……又置侍官一百二十人。改立诸局监羽林、虎贲。

太和十五年十二月进行了对门下省的改组。另一方面,许多在中书省任官且受到孝文帝信任的汉人士大夫以这次门下省改革为契机,迁转至门下系统。以下具体说明这一点。《魏书》卷五三《李冲传》关于作为中书令的李冲载:

> 及改置百司,开建五等(太和十六年一月乙丑),以冲参定典式,封荥阳郡开国侯,食邑八百户,拜廷尉卿。寻迁侍中、吏部尚书、咸阳王师。东宫既建(太和十七年七月癸丑),拜太子少傅。

他在太和十五年十二月后不久于迁洛前经廷尉卿转任侍中。《魏书》卷五五《刘芳传》关于迁洛之际的刘芳载:

> 后与崔光、宋弁、邢产等俱为中书侍郎。俄而诏芳与产入授皇太子经,迁太子庶子、兼员外散骑常侍。……俄兼通直常侍,从驾南巡,撰述行事,寻而除正。王肃之来奔也,高祖雅相器重。

孝文帝出发南巡是在太和十七年八月己丑,王肃来奔也是同年。由此可知,作为中书侍郎的刘芳任通直散骑常侍是在太和十五年十二月后,且不晚于迁洛时。另外《魏书》卷六三《宋弁传》关于迁洛之际的宋弁载:

> 迁中书侍郎,兼员外常侍,使于萧赜(太和十六年七月事)。……转散骑侍郎,时散骑位在中书之右(迁洛前的状态)。……黄门郎崔光荐弁自代,高祖不许,然亦赏光知人。

第一章 内朝制度

> 未几，以弁兼黄门，寻即正。

同书卷六四《郭祚传》关于郭祚在迁洛前夕的情况提到：

> 转中书侍郎，迁尚书左丞，长兼给事黄门侍郎。祚清勤在公，夙夜匪懈，高祖甚知赏之。从高祖南征，及还，正黄门。

同书卷六五《邢峦传》关于迁洛之际的邢峦载：

> 转中书侍郎，甚见顾遇，常参座席。……后兼黄门郎。……寻除正黄门。

同书卷六七《崔光传》关于传主稍早于迁洛时的情况提到：

> 迁中书侍郎、给事黄门侍郎，甚为高祖所知待。

上述李冲、刘芳、宋弁、郭祚、邢峦和崔光等人，可以说都是孝文帝（高祖）亲政时推行改革的核心人物。也就是说，孝文帝亲政时，深受其信任的中书省官员（汉人士大夫）迁转为门下系统的官员，但在孝文帝亲政前的时期里，几乎没有发生过中书省官员迁转为门下省官员的情况。尤其是任中书侍郎者迁为给事黄门侍郎的例子，管见所及，在整个孝文帝亲政前的北魏历史（约百年间）中只有一个（《魏书》卷三〇《李顺传》）；与之相对的是，孝文帝亲政以后这种情况激增，并固定为一种迁官模式。从上文可推知，孝文帝改革使汉人士大夫进入向来以北族人为中心运作的门下省，内朝构成由此发生了变化。

接下来将讨论第一节所述的起源于北族的诸内朝官在孝文帝亲政时期全部被废除的情况。这一点可以从《官氏志》所见太和中制定的官品表（应该是在迁洛后不久制定）发现，本文第一节提及的起源于北族的内朝官里仅中散庶长（从四品上）、侍御中散（五品上）、中散（五品中）等诸官在列。换言之，可以认为，在这一官品表制定之时，内行长、内侍长等中散以外的大部分起源于北族的内朝官已被废止。但对于这样的结论，可以想象会出现两种反对观点。其一，有很大的可能性是官品表本身的遗漏。实际上，这一官品表中不周全的地方很多，甚至连侍中的官品都没有记载。但是，不能认为只有起源于北族的内朝官集中地发生了这样的漏记。若如此，中散的记载应该也不复存在。而且在改革后，无法检索到任何显示起源于北族的诸内朝官存在的史料。因此这一反驳无法成立。其二，起源于北族的内朝官的确被废止了，但不是在孝文帝亲政前期集中进行的，而是从第一代的道武帝到孝文帝的诸朝之间逐步实施的。不过，内侍长（《魏书》卷三二《高腊儿传》、卷九三《恩幸·王叡传》）、内行内小（《汉魏南北朝墓志集释》图版二六八《丘哲墓志》）、内秘书令（卷五三《李冲传》）等官职就史料来看确实存在于孝文帝亲政前。孝文帝在位期间，大量废除起源于北族的内朝官的改革只能认为是发生在向往汉化的孝文帝亲政时的事情。这样考虑的话，该反对意见也可消解[1]。如此，孝文帝在亲政前期、迁都洛阳前的改革中集中废除了大部分起源于北族的内朝官，这一点应当无误。而这对于历来的内朝构成也产生了很大影响。另外，像中散这样起源于北族、在迁洛前的改革中没有被废除而是保留下来的内朝官，最迟至孝文帝之子宣武帝即位时也被撤销了。因此，在孝文帝太和二十三年编定、由宣武帝施行的职令中，中散未载于官品表，列传等史料中亦不见相关记录（不过，起源于北族的内朝官中，可能武官系统还有若干官职在改革后仍然保留）。

这样就可以理解为，孝文帝废除了一直存在的起源于北族的内朝官，并且用中书省的人才（汉人士大夫）担任重新改组后的门下省官职，将其作为自己的近侍官。但与此同时，发生了北族的反抗。《魏书》卷四〇《陆凯传》云：

> 初，高祖将议革变旧风，大臣并有难色。又每引刘芳、

---

1. 当时存在于北魏的独特的南部尚书、北部尚书官，应继承南部大人、北部大人而来，在国政上处于枢要地位。这些官职在孝文帝改革时被废止，也能支持笔者的看法（关于南部尚书、北部尚书，参见前揭严耕望氏论文）。

第一章　内朝制度

> 郭祚等密与规谟，共论时政，而国戚谓遂疏己，怏怏有不平之色。乃令凯私喻之曰："至尊但欲广知前事，直当问其古式耳，终无亲彼而相疏也。"国戚旧人意乃稍解。

这条材料记载了在讨论改革的阶段，北族对于改革表现出强烈的反对态度。北族的这种不满最终在太和二十年十二月引发了一场令皇太子和大部分北族名门都卷入的大事件[1]。《南齐书》卷五七《魏虏传》记载了部分情况：

> 伪征北将军恒州刺史巨鹿公伏鹿孤贺鹿浑（陆叡）守桑干，宏（孝文帝）从叔平阳王安寿（阳平王元颐）戍怀栅，在桑干西北。浑非宏任用中国人，与伪定州刺史冯翊公目邻（穆泰）、安乐公托跋阿干儿（元隆）谋立安寿，分据河北。期久不遂，安寿惧，告宏。杀浑等数百人，任安寿如故。

那么，孝文帝为什么要断然推行会遭到胡族反抗的改革呢？要充分解答这一问题很困难，笔者想从两个方面进行思考。

其一，伴随对华北的支配，为统治更为广大的国土，北魏愈发需要具有行政事务能力的汉人，由此进入官场的汉人人数增加，在当时这一情况下，中书系统以外的内朝官对汉人的吸纳也出于相同缘由而逐渐显著。所以，北魏国初以来的统治原则——将内朝作为北族的中枢机关并以此为立足点支配汉地——走向空洞化。当然，汉人进入内朝官的情况在北魏建国初就能看到。但其中多数如下引《魏书》卷九三《恩幸·王叡传》所示，是因为掌握天文、卜筮这样的特殊技术获得殊遇，从而成为内朝官的：

> 叡少传父业（王叡父亲长于天文、卜筮），而姿貌伟丽。恭宗之在东宫，见而奇之。兴安初，擢为太卜中散，稍迁为

---
1. 关于此次叛乱参见本篇第六章。

令，领太史。

汉人士大夫如果没有此类特殊技术，除了外戚等，极难担任像中散这样带有浓厚北族色彩、在近侧侍奉天子的内朝官。不过，仍有一些汉人士大夫克服了这种困难进入内朝。最具代表性的人物便是在太武帝时代官至侍中、司徒的崔浩。但他也无法战胜当时内朝中北族的激烈排斥，而这成为他最终被诛杀的原因。崔浩的境遇就是当时汉人士大夫所处的状态。但是，在北魏完成华北统一、最终进入守成时期后，文治政策越来越不可或缺，献文帝、孝文帝时代情势逐渐发生变化，汉人士大夫就任内朝官的情况日益增加。这一点从汉人士大夫担任中散的人数增多来看就可一目了然[1]。换言之，在孝文帝改革时，将内朝作为北族的中枢机关并以此为立足点支配汉地的原则渐成一纸空文。

其二，正如给事中的职掌分化所表现的那样，内朝自身在其构造和成员人数方面变得复杂化、多部门化（其多部门化的原因来自前文所见的国土扩大），其开展的监察深入细微之处，因而严重阻碍了受监察一方的诸曹、州镇等执行各项政策。

以下就这一点进行讨论。

首先，关于中散的职掌分化，可以参照郑钦仁氏的考证[2]。

其次，关于给事中的职掌分化，当时的给事中根据职掌不同，分为殿中给事中、驾部给事中、都牧给事中、主客给事中、南部给事中、选部给事中、北部给事中、库部给事中等（此处所见的殿中、驾部、都牧、主客、南部、选部、北部、库部均是尚书列曹的名称[3]）。笔者将可以检索到的任给事中一职者列于下表。不过，此处试图通过官职名变化来看给事中的职掌分化，因此列传等材料里单任给事中或者仅以给事中领某曹等情况不收入表格，而只收录任某曹给事中的情况（表中的人名表示任官者名，括号内的数字表示《魏书》的卷数）。

---

1. 郑钦仁：《北魏官僚机构研究》第二编"中散官"，《牧童文史丛书》（十一），台北：牧童出版社，1976年。
2. 同上。
3. 严耕望：《北魏尚书制度考》，《中央研究院历史语言研究所集刊》第18本，1948年。

第一章　内朝制度

	太祖	太宗	世祖	高宗	显祖	高祖	改革以后
殿中给事中			长孙陈（26）	张白泽（30）		苻承祖（94）	无任官者事例
驾部给事中			尉元（50）			张修虎（24）	同上
都牧给事中					张修虎（24）		同上
主客给事中					李安世（53）		同上
南部给事中						李冲（53）	同上
选部给事中						杨懿（58《杨播传》）	同上
北部给事中					杨播（58）		同上
库部给事中			王定国（《墓志集释》216）				同上

由于史料较少而无法得出定论，但从上表可以推测，给事中的掌权分化大约始自太武帝时期，这种分化趋势被后代继承（给事中一官从建国以来就存在，贯穿北魏一朝）。此倾向在中散一职上也能看到（参考郑钦仁氏的考察[1]），另外还见于比给事中低若干位阶但可认为与给事中同质的给事一职。接下来将尝试考察给事一职的职掌分化倾向。

---

1. 郑钦仁：《北魏官僚机构研究》，第二编《中散官》，《牧童文史丛书》（十一），台北：牧童出版社，1976年。

当时的给事根据职掌的不同，分为殿中给事、北部给事、库部给事、太医给事、监御曹给事、南部给事、都牧给事、主客给事、宿卫给事、侍御给事、选部给事、奏事给事、内行给事等。与考察给事中时一样，列表如下。

	太祖	太宗	世祖	高宗	显祖	高祖	改革以后
殿中给事		来大千（30）	王度（30）	穆多侯（27）	元库汗（30）	张鸾旗（94）	无任官者事例
北部给事				吕受恩（42）显祖？			同上
库部给事				杨晖（58《杨钧传》）			同上
太医给事					杨惠富（33《贾秀传》）		同上
监御曹给事						丘提（30）	同上
南部给事						李冏（36）	同上
都牧给事						宇文福（44）	同上
主客给事						尉羽（50）	同上
宿卫给事						张鸾旗（94）	同上
侍御给事						王质（94）	同上

第一章　内朝制度

续　表

	太祖	太宗	世祖	高宗	显祖	高祖	改革以后
选部给事						元于德（《墓志集释》58、59）	同上
奏事给事				丘乞直（《墓志集释》268）			同上
内行给事				俟文成（《墓志集释》281-2）			同上

从上表可以推定，给事与中散、给事中呈现出同样的倾向。

从中散和给事中等内朝官职掌在后世逐渐分化、复杂化的史实来看，在孝文帝推行内朝改革之时，内朝的构造和成员数目与北魏建国初相比可谓极为复杂与多部门化。同时这也妨碍了诸曹与州镇实施各项政策。接下来尝试讨论这一点。《魏书》卷——一《刑罚志》记文成帝时事：

> 增置内外候官，伺察诸曹外部州镇，至有微服杂乱于府寺间，以求百官疵失。

此外该志太和三年（479）条云：

> 下诏曰："治因政宽，弊由纲密。今候职千数，奸巧弄威，重罪受赇不列，细过吹毛而举。……"

这些材料表明，因为候官（候职）大量存在，负责监察诸曹，反而扰乱了诸曹执行政策。候官作为孝文帝官制改革前的纠察官，可以认为是诸内朝官的一部分[1]。这样说来，上述候官的情况，应该也适用于与候官同样负责监督诸曹与州镇的起源于北族的内朝官。换言之，据以上内容笔者推测，孝文帝断然施行内朝改革的第二项原因就在于伴随内朝的复杂化、多部门化而出现的行政迟滞现象。

考虑到上文所见孝文帝推行内朝改革的因由，自然就能理解孝文帝没有通过中书机构来推进改革[2]，而是改组门下省，使改革的核心（汉人士大夫）聚集于此。大致说来，孝文帝在改革时有两条路可走。其一，整顿、强化过去的北族式官制，建立新的北族式官制秩序；其二，废止北族式官制，依据中原的政治理念将官制秩序一元化为中原式。但是，北族作为官僚在统治能力上低于汉民族，此现实下想要达成前者近乎不可能。因而孝文帝只能采取后一种道路。但是如果要按这条道路完全达到预期目的，这场改革必然不能停留在仅改组内朝、尚书省、州镇等的官制层面，而应触及根本，须对北魏的政治、社会、文化进行全盘变革。于是，它通过迁洛这一最具象征性的形式呈现出来。因此，改革并不是在沿袭传统制度的前提下达成的。内朝改革处在发生重大变化的官制层面的顶点，所以为了对应政治组织的全盘改革，有必要超越北族、汉族之类的民族、种族框架，以广泛任用汉人为近侍官的形式，对内朝本身进行全面性改组。其结果是，起源于北族的内朝官遭到废止，中书省中以汉化为目标、作为改革核心的汉人士大夫，被迁转到在整顿后用来填补内朝空缺的门下省。

上已述及被以填补内朝官空缺的形式整顿的门下省，那接下来将概述改革前内朝（起源于北族的内朝官和门下省诸官）的职掌转变为改革后门下省职掌的情况。

首先是关于改革前门下省的职掌，其中若干方面在前节讨论其与起源于北族的内朝官之关系时已阐明。但是改革前的门下省也有起源

---

1. 关于这一点，参见本篇第二章。
2. 改革也涉及中书省。由此产生了新的中书舍人。此后中书省内处于中枢地位的诸官（中书监、中书令、中书侍郎等）的权力逐渐被中书舍人侵夺。关于这一点，参见前揭郑钦仁氏《北魏中书省考》（《台湾大学文史丛刊》十四，1965年）中的考证。

第一章　内朝制度

于北族的内朝官所不具有的职掌。以下将围绕这一点进行讨论。

《魏书》卷三三《薛提传》关于太武帝朝的薛提载：

> 征为侍中，治都曹事。

此处所见"都曹"指尚书都省，是不见于历代中国王朝的北魏特有的称呼[1]。上引《薛提传》的这种记载亦多见于他处，可以推知当时的侍中以某种形式介入尚书都省，参与国家大政。另外同书卷二八《胡僧传》载：

> 世祖即位……进为侍中、吏部尚书，典南部奏事。

虽然不能确定是否为常态，但这表明侍中负责省察尚书的奏事。

接下来是关于改革后门下省的职掌，这包括参决尚书等奏事（参照《魏书》卷九《肃宗纪》熙平二年八月丁未条等）、行驳奏（同书卷四一《源怀传》等）、作为使者受特命出使（监察军队或巡抚地方等，同书卷五八《杨昱传》、卷七下《高祖纪》太和二十一年正月己亥条等）、参与国家大政（同书卷二一下《元顺传》等）等，可知改革后的门下省占据了极为枢要的位置。《通典》卷二一《职官三》门下省条关于北魏门下省有言：

> 后魏尤重。

这应该是对改革后门下省的描述。此外，《魏书》卷三八《王遵业传》记肃宗时事：

> 时政归门下，世谓侍中、黄门为小宰相。

据之可见门下省的枢要地位。

---

1. 严耕望：《北魏尚书制度考》，《中央研究院历史语言研究所集刊》第18本，1948年。

基于上文所述内容，我们将起源于北族的内朝官、改革前门下省、改革后门下省的主要职掌整理、列举如下：

A. 起源于北族的内朝官
　　a. 出纳诏命　b. 应答天子日常下问　c. 监察列曹和州郡

B. 改革前的门下省[补注]
　　a. 出纳诏命　b. 应答天子下问　c. 参与国家大政（主要是侍中）d. 典奏事？

C. 改革后的门下省
　　a. 参决尚书等奏事　b. 行驳奏　c. 参与作成诏书　d. 作为使者受特命出使（监察军队或巡抚地方等）　e. 参与国家大政

如是，改革后的门下省继承了改革前以北族为中心运作的内朝的大部分职掌，并介入中书省所持草诏权，井然有序地成为中央最枢要的机构（改革前内朝职掌中未被移交门下省的是纠察百官非违之权，它被转至御史台）。此外，门下省的这种形态被继北魏而起的北齐完整沿袭。

小结

历来学界对北魏中央官制的异民族特质缺乏探讨，仅停留在指出北魏前期能看到一些非中原式官职这样的程度[1]。本章尽可能地搜检这些非中原式的官职，明确了他们起源于北族，且大多为内朝官。

接下来探讨了北族内朝官与本为中原式官署的中书省、门下省的关系，得出的结论是，北魏前期北族内朝官对多数由汉人出任的中书省诸官造成了很大掣肘，门下省则以北族为中心运转。

统一华北后，汉人的行政能力等被视为必要，汉人随之进入内朝，而内朝组织膨胀导致了行政迟滞现象出现。鉴于当时这些社会实态，孝文帝废止了以北族为中心的内朝，同时，门下省以重新整顿的形式继承

---

1. 中国学者郑钦仁氏已发表关于北魏官职中异民族式特质的论著（前揭《北魏官僚机构研究》），本章也从中受益颇多。

了过去起源于北族的内朝官和以北族为中心运转的门下省诸官的职掌,被强化为整齐有序的、中央最枢要的官署,且以中原方式运作。

从上述内容来看,孝文帝的内朝改革集中体现了其各项改革的意图,由于从根本上改变了北魏王朝此前的统治方式,并且决定了此后内朝的存在状态,内朝改革可以说在北朝历史上具有划时代意义。

想附带说明的是,看孝文帝的内朝改革,他似乎想借此将北族从内朝中排除出去。但这并非他的本意,基于当时北魏的状况,孝文帝的终极目的是希望北族能够转变成具有中原式教养的支配者阶层。《魏书》卷二一上《元羽传》记迁洛以后事:

> 高祖引陆叡、元赞等于前曰:"北人每言北人何用知书,朕闻此,深用忾然。今知书者甚众,岂皆圣人。朕自行礼九年,置官三载,正欲开导兆人,致之礼教。朕为天子,何假中原,欲令卿等子孙,博见多知。若永居恒北,值不好文主,卿等子孙,不免面墙也。"陆叡对曰:"实如明诏,金氏若不入仕汉朝,七世知名,亦不可得也。"高祖大悦。

这条材料足以证明上述判断。

另外,关于前篇第四章考察的部族解散与孝文帝废止北族式内朝之间的关系,北魏的内朝始见于《魏书》卷一一三《官氏志》昭成帝建国二年(339)条:

> 初置左右近侍之职,无常员,或至百数,侍直禁中,传宣诏命。皆取诸部大人及豪族良家子弟仪貌端严,机辩才干者应选。

同书卷一《序纪》记昭成帝时事:

> (建国)十九年(356)春正月,刘务桓(铁弗部君长)死,其弟阏头立,潜谋反叛。……二十一年,阏头部民多叛,

惧而东走。渡河，半济而冰陷，后众尽归阌头兄子悉勿祈。初，阌头之叛，悉勿祈兄弟十二人在帝左右，尽遣归，欲其自相猜离，至是，悉勿祈夺其众。阌头穷而归命，帝待之如初。

从这条史料可知，当时的内朝由从部落大人等的子弟中选拔出来的人员构成。同书卷二《太祖纪》天赐元年（404）十一月条记载了前述部落解散的事后处理：

诸部子孙失业赐爵者二千余人。

诸部子孙被赐爵，而在孝文帝的爵制改革以前，爵的有无是任官的重要条件。注意到这一点便可知[1]，太祖解散部落以后，以部落有力者的子弟任侧近侍臣这一选定标准仍然没有消失。孝文帝改革取消了堪称北魏汉地支配之中枢的北族式内朝，若注意到此内朝曾一直保持上述特质，可知内朝的废止与前篇所论部族制度的废除在时间上的一致并不是单纯的巧合^{补注}。

补注：本章的原稿为《北魏の内朝》（载《九州大学東洋史論集》第6号，1977年），此后，窪添慶文氏发表题为《北魏門下省初稿》[《お茶の水史学》(32)，1990年]的论文，讨论了拙稿指出的起源于北族的内朝官与门下的关系。请一并参考。另外，根据近年来已释读出二千六百余字的北魏文成帝《南巡碑》的相关报告（《山西灵丘北魏文成帝〈南巡碑〉》，《文物》1997年12期），在拙稿已考察的诸官之外，还存在内阿干、内行内三郎、驾部给事等官，亦能见到许多内朝官由北族人担任的事例。

---

1. 参见本篇第三章。

第二章

监察制度

本章将探讨北魏时代监察体制的变迁，进而探寻孝文帝改革前的政治体制与孝文帝改革之间的关系。

第一节　天兴四年的御史台改革

《魏书》卷一一三《官氏志》天兴四年（401）九月条载：

> 罢外兰台，御史总属内省。

上文所见"外兰台"中的"兰台"一般指位于禁中的图书收藏场所。不过这个词也屡屡用作御史台的别称。因此结合同条史料中"御史"一语，"外兰台"的兰台也很可能指的是御史台[1]。另外，《南齐书》卷五七《魏虏传》记北魏太武帝时事：

> 兰台置中丞御史，知城内事。

虽然南齐是北魏的敌国，但《南齐书·魏虏传》中关于北魏的记载大体可以说是正确的[2]。这条材料因而可以信赖。换言之，据上述内容，在天兴四年这一时间，等同于御史台的兰台应该是存在的。

接下来是关于"外兰台"的"外"字，"外"明显与同一史料中"内省"一词的"内"字相对应。如前章所考察的，北魏前期存在所谓的内朝。也就是说，这里的"内省"应指当时具有浓厚北族色彩的内朝。如此一来，我们所讨论的外兰台就是指位于内朝以外的兰台，亦即外朝的御史台。

---

1. 这条材料也能读作"罢外兰台御史，总属内省"，但这样的话，就不知道这次改革的结果是什么转属内省，也不知道"总"一语是什么意思。
2. 《南齐书·魏虏传》中多载不见于《魏书》的史料，这些史料很多可以信据。兹举一例。《魏虏传》记北魏存在过的诸官名："又有俟懃地何，比尚书；莫堤，比刺史；郁若，比二千石。"此处所见俟懃地何等官不载于《魏书》。但北魏时代的墓志铭显示了他们的存在（赵万里《汉魏南北朝墓志集释》图版二六四《陆绍墓志》）。

第二章 监察制度

基于以上考察可知，北魏在天兴四年九月对御史台加以改革，外兰台即外朝的御史台被废止，御史总属于内朝。

那么这一改革是在怎样的意图下进行的？从结论来说，笔者认为这是在北魏开国皇帝道武帝时，以处理北魏所面临的汉地经营这一新问题为目的而实行的改革。以下尝试论证这一点。

北魏的御史台长官异于魏晋时代所谓御史中丞，而被称为御史中尉。这一点在翻阅《魏书》《北史》和《北齐书》等史书时很容易获知。《通典》卷二四《职官六》中丞条简洁地记载了这一情况：

> 后魏为御史中尉，督司百僚。

但是，北魏初年确实有将御史台长官称为御史中丞的时期。

皇始元年（396）八月，太祖道武帝率四十余万骑兵开始了讨伐霸据山东的后燕的军事行动，很快于九月平定并州。《魏书》卷二《太祖纪》皇始元年九月条记此事时提到百官的设置：

> ……并州平。初建台省，置百官。

随后道武帝出发讨伐后燕的根据地中山，于第二年十月攻克，《魏书》卷三三《崔逞传》记载其前后发生之事云：

> 及慕容骥立，逞携妻子亡归太祖。……寻除御史中丞。太祖攻中山未克。

崔逞在道武帝即将攻下中山前担任御史中丞。未见史料显示此前存在御史，因而可推定，《太祖纪》"初建台省，置百官"中的台省包括御史台，且其长官被称为御史中丞。另外，在崔逞玄孙崔休的传记（《魏书》卷六九）中也提到崔逞任御史中丞一事[1]：

1.《崔逞传》《崔休传》的记载均不是由《北史》《高氏小史》等校补。

> 崔休，字惠盛，清河人，御史中丞逞之玄孙也。

此外，管见所及，《魏书》中没有将御史中尉误记为御史中丞的情况。这一点应该能够支持对崔逞任御史中丞的理解。换言之，可以认为，随皇始元年九月设立台省、备置百官而出现的御史台，其长官名称和魏晋时代相同，也是御史中丞。

而《晋书》卷一一〇《慕容儁载记》载：

> 儁夜梦石季龙啮其臂，寤而恶之，命发其墓，剖棺出尸，蹋而骂之曰："死胡安敢梦生天子！"遣其御史中尉阳约数其残酷之罪，鞭之，弃于漳水。

这条材料表明，与拓跋魏同族的由鲜卑慕容部建立的前燕存在御史中尉一职。天兴元年（398）正月邺城陷落后，北魏与后燕的战争以北魏大获全胜告终，此后北魏正式开始经营汉地。将《晋书》的材料置于皇始—天兴年间的这种政治演进里考察，可以推出一个假说：北魏讨伐后燕之后，用同为鲜卑族建立的前燕王朝的御史中尉这一官名，取代了皇始元年创置百官时设立的御史中丞，其时间在施行御史台改革的天兴四年九月。而天兴四年将御史转属内朝的改革，当然也意味着御史所持有的监察等权限归属内朝。改革的目的在于更加有效地支配汉地，且其模板为前燕。

第二节　孝文帝官制改革前的监察官

另外，在孝文帝官制改革前，除御史外也有负责监察和弹劾的各种职官，本节将加以列举。

（A）候官

首先是关于候官，《魏书》卷一一二《刑罚志》记文成帝时事：

> 增置内外候官，伺察诸曹外部州镇，至有微服杂乱于府

第二章　监察制度

寺间，以求百官疵失。

（这条史料所见"内外候官"一语中的"内""外"，根据后续的"伺察诸曹外部州镇"，当分别指京师与地方州镇）《魏书》卷二八《庾业延传》载：

> 代人也，后赐名岳。其父及兄和辰，世典畜牧。……后迁司空。岳兄子路有罪，诸父兄弟悉诛，特赦岳父子。天赐四年（407），诏赐岳舍地于南宫，岳将家僮治之。候官告岳衣服鲜丽，行止风采，拟似人君。太祖（道武帝）时既不豫，多所猜恶，遂诛之。时人咸冤惜焉。

从上引两条史料来看，候官负责监察并弹劾京师诸曹和州镇，从司空庾岳被监察、弹劾的例子来看，其职权范围涵盖高官。此外，《魏书》卷一一三《官氏志》记载：

> 初，帝（道武帝）欲法古纯质，每于制定官号，多不依周汉旧名，或取诸身，或取诸物，或以民事，皆拟远古云鸟之义。诸曹走使谓之凫鸭，取飞之迅疾；以伺察者为候官，谓之白鹭，取其延颈远望。自余之官，义皆类此，咸有比况。

同卷太和二年（478）条记载：

> 减置候职四百人，司察非违。

据此，候官被称作白鹭或者候职。

顺便一提，从上引《官氏志》太和二年条的史料可窥知，当时的候官人数众多。另外《魏书》卷一一《刑罚志》太和三年条载：

> 下诏曰："治因政宽，弊由纲密。今候职千数，奸巧弄威，

> 重罪受赇不列，细过吹毛而举。其一切罢之。"于是更置谨直者数百人，以防渲斗于街术。吏民安其职业。

引文不仅指出候官由大量人员构成，也说明太和三年废止了自道武帝朝至孝文帝前期一直存在的手握大权的候官。与此材料内容相同但更简洁的记载见于《魏书》卷七上《高祖纪上》太和三年正月条：

> 庚申，诏罢行察官。

（B）内侍长

接下来是关于内侍长，《魏书》卷三〇《安同传附安颉传》载：

> 太宗（明元帝）初，为内侍长，令察举百僚。纠刺奸慝，无所回避。尝告其父阴事，太宗以为忠，特亲宠之。

这里所见"察举"虽然在选举制度上有特定含义，但从原文整体内容来推断，应该是取"监察举劾"之意。《魏书》卷一一三《官氏志》昭成帝建国二年（339）条载：

> 初置左右近侍之职，无常员，或至百数，侍直禁中，传宣诏命。皆取诸部大人及豪族良家子弟仪貌端严，机辩才干者应选。又置内侍长四人，主顾问，拾遗应对，若今之侍中、散骑常侍也。

据此，内侍长一职作为北族系的天子近侍官，设置于北魏的前身代国时[1]，又如前章所论，他们在孝文帝官制改革时遭到废止。在《魏书》检索任内侍长者可找到八个人（庾和辰28、王树30、安颉30、高腊儿

---

[1]. 叙述内侍长是带有浓厚北族色彩官职的史料除本节所引之外还有《陈奇传》(《魏书》卷八四）。

第二章　监察制度

32、韩秀42、韩茂51、徐謇91、董丑奴93，数字是《魏书》的卷数），具有此性质的内侍长在当时负责监察并弹劾百官。

（C）中散

接下来是关于中散，《魏书》卷五〇《慕容白曜传附慕容契传》载：

> 白曜弟子契，轻薄无检。太和初，以名家子擢为中散，迁宰官。南安王桢有贪暴之响，遣中散间文祖诣长安察之。文祖受桢金宝之赂，为桢隐而不言。事发，坐之。

据此可知，中散也和候官等职相同，负责监察及随事弹劾。关于这一官职，郑钦仁氏已经发表了详细的专门讨论的文章[1]，因此具体的考察可参考他的论证，本节仅在必要的范围内就中散乃何种官职进行论述。中散作为道武帝时代被设置的天子近侍官，在北魏以前的王朝国家中不见相关例子，是北魏特有的官职。这一官职于孝文帝官制改革时被废止，在孝文帝之后的宣武帝即位时已彻底消失。从任官者众多这一点来推测，该职员额不在少数。其职务内容非常广泛，包括从军、监察百官等多种事项。但随时代推移名称越发多样化，如秘书中散、奏事中散等，从中可窥知中散职务发生了分化与固定化[2]。

如上所见，候官是在一般官僚机构的框架之外，直属天子的纠察官，内侍长和中散则是天子近侍官。因此，把它们看作是构成当时内朝的诸官，即诸内朝官的一部分，当不致大谬。故可认为，在孝文帝官制改革之前，内朝中有负责监察及随事弹劾的诸官[3]。而自汉代以来，御史的职分就是监察百官和弹劾非违。如果这一时期也是如此，那么

---

1. 郑钦仁：《北魏中散官考》，《台湾大学历史学系学报》，1975年。收入《北魏官僚机构研究》，台北：稻禾出版社，1995年。
2. 中散官根据其职务内容不同而存在下列名称：秘书中散、侍御中散、主文中散、奏事中散、西台中散、太卜中散、秘书奏事中散、秘书主文中散……
3. 据《魏书》卷一五《辽西公意烈传附库汗传》"显祖即位，复造高宗庙，拜殿中给事，进爵为公。库汗明于断决，每奉使察行州镇，折狱以情，所历皆称之"，可视为内朝系统官的殿中给事行使了监察事务。关于给事，详参前章。

在御史之外，内朝中同时存在掌握监察、弹劾权力的官员。下一节将讨论御史在当时是否有权进行监察和弹劾。

第三节　孝文帝官制改革前的御史

孝文帝于太和十七年（493）六月下诏颁行《职员令》，这一年九月以南伐的名义不顾群臣反对迁都洛阳。从天兴四年（401）到迁洛时九十余年间，没有迹象表明北魏对御史台进行了某种改革。易言之，在这期间，御史一直属于内朝。前节已就当时构成内朝的一部分官员开展监察、弹劾的现象进行论述，本节将主要从职掌方面考察这一时期御史的实态[1]。

以下按年代顺序列举天兴四年九月至太和十七年六月史料中可见"御史"一词者，但已省去了前引《魏书·官氏志》天兴四年九月条。

（一）《魏书》卷三〇《周几传》记载：

> 太宗（明元帝）即位，为殿中侍御史，掌宿卫禁兵，断决称职。迁左民尚书。[2]

这是明元帝时期的情况。

（二）《魏书》卷二九《奚斤传附奚乌侯传》记载：

> 世祖时拜治书御史，建义将军，赐爵夷余侯。

（三）《魏书》卷三〇《安同传附安颉传》记载：

> 宜城王奚斤，自长安追击赫连昌，至于安定，颉为监军

---

1. 因记载天兴四年改革以前情况的史料仅有《魏书》卷三三《薛提传》所谓"皇始中，补太学生，拜侍御史"与前引《崔逞传》两例，难以详细考察当时御史的职掌。
2. "太宗即位"，武英殿本等作"太祖即位"，从后文内容以及《北史》卷二五《周几传》所记"明元即位（明元是太宗的谥号）"等来看，当作明元帝为是。

第二章 监察制度

侍御史。[1]

（四）《魏书》卷八七《于简传》记载：

> ……拜治书御史。

（五）《南齐书》卷五七《魏虏传》记载：

> 兰台置中丞御史，知城内事。[2]

（二）（三）（四）（五）是在太武帝时。

（六）《魏书》卷三○《宿石传》记载：

> 兴光中，迁侍御史。

这是文成帝时。

（七）《魏书》卷二六《尉古真传附尉力斤传》记载：

> 历位御史中尉、并州刺史。

这也应该是文成帝时。

（八）《魏书》卷三二《高湖传附高谧传》记载：

> 显祖（献文帝）之御宁光宫也，谧恒侍讲读，拜兰台御史。寻转治书，掌摄内外，弹纠非法，当官而行，无所畏避，甚见称赏。延兴二年（472）九月卒。

---

1. 记载安颉任监军侍御史的史料还有《魏书》卷四上《世祖纪》神䴥元年条等。
2. 《南齐书·魏虏传》中的"中丞"可能是"中尉"之误。

（九）《魏书》卷七上《高祖纪上》太和五年（481）三月条：

> 己巳，车驾还宫。诏曰："法秀妖诈乱常，妄说符瑞，兰台御史张求等一百余人，招结奴隶，谋为大逆……"

（十）《魏书》卷二四《张衮传附张白泽传》：

> 太和五年卒，诏赐帛一千匹、粟三千石，遣侍御史营护丧事。

（十一）《魏书》卷二四《邓渊传附邓羡传》：

> 历中书学生、侍御史。

（十二）《魏书》卷二一上《赵郡王干传》：

> 所生母薨……遣侍御史假节监护丧事。

（十三）《魏书》卷五六《崔辩传附崔景儁传》：

> 历侍御史、主文中散。

（八）（九）（十）（十一）（十二）（十三）均是孝文帝时事。

据以上（一）至（十三）的史料可以发现以下三点：其一，显示御史弹劾非违的事例仅一项（高谧）；其二，表明御史行使监察的事例亦仅一项（安颉。如果也包括高谧，就是两例）；其三，任御史者很少（周几、奚乌侯、安颉、于简、宿石、尉力斤、高谧、张求、邓羡、崔景儁十人）[1]。

---

1. 在目前检出的十位任御史官的人物里，周几、奚乌侯、安颉、于简、宿石、尉力斤和高谧七人是北族。剩下三人中，邓羡和崔景儁是汉人，张求出身不明。而应注意的是，上举两名汉人（邓羡、崔景儁）出任御史是在孝文帝时期。这与前章所见献文帝、孝文帝时期汉人士大夫任内朝官增多的现象有关。

第二章　监察制度

不过，在太和十七年六月颁行《职员令》以后的有关史料中，御史监察百官并弹劾其非违的事例频见，任御史者也增多了。以下尝试举出《职员令》施行后由御史进行弹劾的史料。但孝庄帝时代结束后，北魏王朝的实权完全被尔朱氏一族和高欢等权臣褫夺，因此暂且将时间限制在孝文帝、宣武帝、孝明帝和孝庄帝朝约三十年间，不取孝庄帝之后的时段。

（1）《世宗纪》（卷八）延昌元年十二月己巳条，（2）《肃宗纪》（卷九）正光三年十二月丁亥条，（3）《高凉王孤传附子思传》（卷一四），（4）《常山王遵传附寿兴传》（卷一五），（5）《常山王遵传附晖传》（卷一五），（6）《京兆王黎传附继传》（卷一六），（7）《阳平王新成传附钦传》（卷一九上），（8）《济阴王小新成传附诞传》（卷一九上），（9）《广平王洛侯传附匡传》（卷一九上），（10）《章武王太洛传附融传》（卷一九下），（11）《安定王休传附愿平传》（卷一九下），（12）《河间王若传附琛传》（卷二〇），（13）《赵郡王干传》（卷二一上），（14）《赵郡王干传附谧传》（卷二一上），（15）《北海王详传》（卷二一上），（16）《北海王详传附谧传》（卷二一上），（17）《废太子恂传》（卷二二），（18）《尉古真传附聿传》（卷二六），（19）《于栗磾传附景传》（卷三一），（20）《封懿传附回传》（卷三二），（21）《王宪传附云传》（卷三三），（22）《陈建传附念传》（卷三四），（23）《李顺传附宪传》（卷三六），（24）《司马叔璠传附仲明传》（卷三七），（25）《王慧龙传附琼传》（卷三八），（26）《寇赞传附臻传》（卷四二），（27）《韩秀传附务传》（卷四二），（28）《卢玄传附昶传》（卷四七），（29）《高允传附绰传》（卷四八），（30）《李灵传附宣茂传》（卷四九），（31）《赵逸传附令胜传》（卷五二），（32）《郑义传附云传》（卷五六），（33）《崔辩传附楷传》（卷五六），（34）《崔挺传附勉传》（卷五七），（35）《杨播传》（卷五八），（36）《杨播传附椿传》（卷五八），（37）《杨播传附昱传》（卷五八），（38）《李彪传》（卷六二），（39）《高道悦传》（卷六二），（40）《郭祚传》（卷六四），（41）《张彝传》（卷六四），（42）《邢峦传》（卷六五），（43）《李平传》（卷六五），（44）《李崇传附世哲传》（卷六六），（45）《崔光传附敬友传》(卷六七),(46)《甄琛传》(卷六八),(47)《甄琛传附张纂传》(卷六八),(48)《高聪传》(卷六八),(49)《王世弼传》(卷七一),(50)《阳尼传附固传》(卷七二),(51)《奚康生传》(卷七三),(52)《高崇传附道穆传》(卷七七),(53)《山伟传》(卷八一),(54)《孙惠蔚传》(卷八四),(55)《裴佗传》(卷八八),(56)《羊祉传》(卷八九),(57)《崔逞传》(卷八九),(58)《郦道元传》(卷八九),(59)《王显传》(卷九一),(60)《王叡传附袭传》(卷九三),(61)《茹皓传》(卷九三),(62)《抱嶷传附老寿传》(卷九四),(63)《刘思逸传附毛畅传》(卷九四),(64)《杨范传》(卷九四)。以上均出自《魏书》。(65)《北史》卷三九《羊祉传附灵引传》,(66)《北史》卷五六《魏收传》。

上举诸传中,有的还记录了两件以上的御史弹劾事例,所以太和十七年以后见于史料的御史弹劾事例略多于66这一数字。而如前所述,目前检索可得的太和十七年前九十余年间御史弹劾的事例仅见《魏书》卷三二《高谧传》中的一例。这与太和十七年后约三十年间的现象相比,可谓有明显的差异。在御史监察百官的事例和任御史者人次方面,这种数量上的差异同样存在,此处不再一一列举。

下面想讨论《高谧传》中御史高谧行弹劾之事是否可靠的问题。高谧是北齐建立者高欢的祖父。众所周知,《魏书》写成于北齐时代,是记录北魏一朝的正史。《魏书》关于高欢家族人物的记载充满了刻意的篡改,这也为人熟知[1]。那么,高欢祖父高谧的传记被撰写时肯定也有改窜。《北齐书》卷一《神武纪上》记载:

> 齐高祖神武皇帝,姓高名欢,字贺六浑,渤海蓚人也。……湖生四子,第三子谧,仕魏,位至侍御史,坐法徙居怀朔镇。谧生皇考树。

关于这条史料,浜口重国氏曾论曰:

---

1. 参见赵翼:《廿二史札记》卷一三"《魏书》多曲笔"条。

第二章 监察制度

传中谓高谧在徙镇以前仕北魏为侍御史，因其作为高欢祖父而受尽后世粉饰，这一记载丝毫不足凭信。[1]

易言之，高谧任御史本身便不可靠。因此《高谧传》所记御史弹劾一事，很可能是魏收等史官为美化其传记而故意添加的。如果这是事实，那么天兴四年以后的九十余年间，尽管是用法严苛的时期，有关御史弹劾的记载一例也没有。

而关于弹劾的前提——御史监察百官，前文曾举《魏书》卷三〇《安颉传》作为这段时期的例子：

> 宜城王奚斤，自长安追击赫连昌，至于安定，颉为监军侍御史。

此条与《高谧传》中的记载是仅有的两则事例。从《安颉传》所见监军侍御史一职可知，当时御史的职掌之一是"监察军队"。另外，前引《魏书》卷三〇《周几传》记载：

> 太宗（明元帝）即位，为殿中侍御史，掌宿卫禁兵。

此处，虽然字面没有直接写"监察"，但这应该表现了御史对特定军队的监察。而由于《高谧传》中关于御史的材料存在可靠性的问题，将之排除后，根据现有的史料，御史负责监察的对象只限于军队（特别是禁军），而不面向以尚书省官员、州县官为代表的参与中央地方行政的官吏。另一方面，即便《高谧传》所述乃事实，可证明弹劾权的行使针对的是行政官吏，出现了一个这段时期御史监察行政官的事例，但这一例与太和十七年以后的事例数目相比极少，因此还是可以推断，这个时期的御史在军事方面以外，几乎不针对百官进行监察。

---

1. 参见浜口重国：《高齐出自考》，《秦漢隋唐史の研究》下卷，东京大学出版会，1966年。

第四节　孝文帝的官制改革与御史台

本节将考察孝文帝改革官制时加诸御史之改革的实态。

首先是关于《御史令》的改革，孝庄帝时，发生了御史台要求尚书省递交应朝名帐，结果被尚书省拒绝一事。《魏书》卷一四《高凉王孤附子思传》记载了御史中尉元子思对此事的奏弹文及其答诏：

> 至子思，奏曰："案《御史令》云：'中尉督司百僚；治书侍御史纠察禁内。'又云：'中尉出行，车辐前驱，除道一里，王公百辟避路。'……去月朔旦，台（御史台）移尚书索应朝名帐，而省稽留不送。寻复移催并主吏，忽为尚书郎中裴献伯后注云：'案旧事，御史中尉逢台郎于复道，中尉下车执板，郎中车上举手礼之。以此而言，明非敌体。'臣既见此，深为怪愕。旋省二三，未解所以。正谓都省别被新式，改易高祖（孝文帝）旧命，即遣移问，事何所依？……"诏曰："国异政，不可据之古事。付司检高祖旧格，推处得失以闻。"寻从子思奏。

可以发现，孝文帝时的《御史令》一直沿用到孝庄帝时代。然后是《魏书》卷七下《高祖纪下》太和十七年（493）六月条载：

> 乙巳，诏曰："六职备于周经，九列炳于汉晋，务必有恒，人守其职。比百秩虽陈，事典未叙。自八元树位，躬加省览，远依往籍，近采时宜，作《职员令》二十一卷。事迫戎期，未善周悉。虽不足纲范万度，永垂不朽，且可释滞目前，厘整时务。须待军回，更论所阙，权可付外施行。其有当局所疑而令文不载者，随事以闻，当更附之。"

与先前所见结合起来思考，这里的《职员令》很可能包含《御史令》。新律令颁布于太和十六年四月，其具体内容不明，后来的《御史令》

第二章　监察制度

也许在当时已有雏形。总之，可以认为，孝文帝在进行官制改革时已经定下了新的御史官制。因不影响论旨，也避免论述的繁杂，下文将孝文帝朝制定《御史令》的时间定为太和十七年六月。与此御史新官制的制定若合符节，御史行使弹劾的事例开始出现。《魏书》卷六二《高道悦传》的以下记载即表现了这一点：

> 转治书侍御史，加谏议大夫，正色当官，不惮强御。车驾南征，征兵秦雍，大期秋季阅集洛阳。道悦以使者治书御史薛聪、侍御主文中散元志等，稽违期会，奏举其罪。又奏兼左仆射、吏部尚书、任城王澄，位总朝右，任属戎机，兵使会否，曾不检奏；尚书左丞公孙良职维枢辖，蒙冒莫举；请以见事免良等所居官。

上引史料记载的是自太和十七年六月起，至决定迁都洛阳的同年九月期间，由御史进行弹劾的情况。此后一直到北魏末，如前节所举，由御史发起弹劾的事例变得常态化。

另外，以迁都洛阳为分界，就任御史中尉者也常态化地出现在史料中。下面就来看看。孝文帝时最早担任御史中尉的人是高道悦。《魏书》卷六二《高道悦传》记此事云：

> 车驾将幸邺，又兼御史中尉，留守洛京。时宫极初基，庙库未构。

孝文帝在太和十七年九月南伐途中告知群臣决意迁都，命令尚书李冲等人建洛阳城，十月从洛阳巡幸至邺。上引材料记载的就是这一时期的史事，孝文帝幸邺前夕，高道悦就任御史中尉[1]。

《魏书》卷一四《高凉王孤传附子思传》载：

---

[1] 前引史料作"又兼御史中尉"，表现高道悦在迁洛以前任御史中尉的史料不见于他处，因而比较可疑。但是，即便此处存在某种脱讹，他在迁洛后不久任御史中尉当无误。

子思，字众念，性刚暴，恒以忠烈自许。元天穆当朝权，以亲从荐为御史中尉。先是，兼尚书仆射元顺奏，以尚书百揆之本，至于公事，不应送御史。至子思，奏曰："案《御史令》云：'中尉督司百僚；治书侍御史纠察禁内。'又云：'中尉出行，车辐前驱，除道一里，王公百辟避路。'时经四帝，前后中尉二十许人，奉以周旋，未曾暂废。府寺台省，并从此令。……"

该史料是孝庄帝时之事，文中所言"四帝"指孝庄帝以上四帝，即孝文帝、宣武帝、孝明帝和孝庄帝。这四位皇帝在位期间，任御史中尉者有二十余人，接下来就一一列举。

孝文帝：（1）高道悦（《魏书》卷六二《高道悦传》），（2）李彪（卷六二《李彪传》），（3）邢峦（卷六五《邢峦传》），（4）薛聪（《北史》卷三六《薛辩传附聪传》）。

宣武帝：（5）元彧（卷一八《临淮王谭传附彧传》），（6）游肇（卷五五《游明根传附肇传》），（7）李平（卷六五《李平传》），（8）崔亮（卷六六《崔亮传》），（9）甄琛（卷六八《甄琛传》），（10）王显（卷九一《王显传》），（11）元昭（卷八九《羊祉传》）。

孝明帝：（12）孝庄帝元子攸（卷一〇《本纪》），（13）元匡（卷一九上《广平王洛侯传附匡传》），（14）元邵（卷二一下《彭城王勰传附邵传》），（15）封回（卷三二《封懿传附回传》），（16）裴延儁（卷六九《裴延儁传》），（17）郦道元（卷八九《郦道元传》），（18）侯刚（卷九三《侯刚传》），（19）元纂（卷一九上《济阴王小新成传附诞传》、卷八二《常景传》）。

孝庄帝：（20）元子思（卷一四《高凉王孤传附子思传》），（21）元仲景（卷一九上《京兆王子推传附仲景传》），（22）尔朱世承（卷七五《尔朱彦博传附世承传》），（23）高道穆（卷七七《高崇传附道穆传》），（24）李琰之（卷八二《李琰之传》）。

孝庄帝时，高道穆的确在元子思之后才任御史中尉（参照两人传记）。其他三人（元仲景、尔朱世承、李琰之）与元子思就任的前后

第二章　监察制度

关系未知。如果把高道穆从孝文帝到孝庄帝期间任御史中尉者中排除，再加上其他三人，人数就达到了23名（如果也去除元子思，就是22人）。这与《元子思传》所说"时经四帝，前后中尉二十许人"正好相符。这意味着《魏书》几乎记载了自孝文帝到孝庄帝时期就任御史中尉的所有人。而孝文帝在即位二十余年后迁洛，从即位到迁洛期间，无法检索到任何一例任御史中尉者的史料。孝文帝之父献文帝在位期间，同样未见任御史中尉者。从迁洛以后担任御史中尉的全员几乎都得到记载来看，可以认为那并不是《魏书》的单纯缺漏。有一种推测是，御史中尉为孝文帝官制改革时新设的官职。但《魏书》卷二六《尉古真传附力斤传》云：

……力斤，亦以忠谨闻。历位御史中尉、并州刺史。

尉力斤应该是在文成帝时任御史中尉[1]。这就否定了上述猜测。还是应如第一节所述，御史中尉于天兴四年设置，其后一直存续到北魏末年。总之，迁都前后的御史中尉的就职人数之所以有很大的差异，是因为太和十七年前后御史扮演的角色大不相同。

虽然没有史料明确显示太和十七年进行了御史台改革，但从以上论证可知，是年御史台经受了某种改革。就结论而言，此次改革有强化御史并使其外台化这两个意图。强化御史的方针从前揭太和十七年后御史行动的活跃化、任官者的大量出现等现象即可充分察知。接下来讨论御史的外台化。孝文帝官制改革后的内朝与之前相比呈现出中原式样貌。过去构成内朝的北族系诸官消失，内朝的中心变成了以侍中为首的门下官僚、以舍人为代表的中书官僚和后宫的宦官三者。迁洛以后，三者的官署或者说居所全部位于禁中，门

---

[1]. 尉力斤之父尉诺卒于太武帝延和中。假设尉力斤出生在延和中，迁洛时则已经六十多岁。但这个估算已经是他最年轻的情况，到迁洛时尉力斤还活着的可能性很小，即使他还活着，那时他是否担任御史中尉仍颇有疑问。另外，尉力斤兄尉眷在文成帝时成为渔阳王，并以侍中、太尉的身份活跃。从上述来看，尉力斤任御史中尉的时间很可能是文成帝朝以降，而远早于孝文帝迁洛。

下省在太极殿东侧的含章殿，中书舍人省在太极殿西侧的式乾殿或者徽音殿，后宫在太极殿后方的宣光殿[1]。另一方面，《洛阳伽蓝记》卷一《永宁寺》提到：

> 永宁寺，熙平元年（516）灵太后胡氏所立也。在宫（禁中）前阊阖门南一里御道西。其寺东有太尉府，西对永康里，南界昭玄曹，北邻御史台。

看来，御史台与太尉府等同在禁中以外。另外，《魏书》卷二一上《北海王详传》载：

> 后为高肇所谮，云详与（茹）皓等谋为逆乱。于时详在南第，世宗（宣武帝）召中尉崔亮入禁，敕纠详贪淫，及茹皓、刘胄、常季贤、陈扫静等专恣之状。

就这条史料来看，作为御史台长官的御史中尉平常也在禁中以外。与之相同的还有侍御史、殿中侍御史和监察侍御史。《通典》卷二四《职官六》侍御史条载：

> 后魏御史甚重，必以对策高第者补之。侍御史与殿中侍御史昼则外台受事，夜则番直内台。

同书同卷监察侍御史条中也有内容相似的史料：

> 后魏太和末，亦置此官，宿直外台，不得入宿内省。

这种情况下，上引《通典》所见"内台""内省"之语当指禁中或者御

---

1. 关于门下省之所在可参见《魏书》卷二二《清河王怿传》和卷一六《京兆王黎传附叉传》。关于中书舍人省之所在可参见卷八三下《高肇传》。关于后宫之所在参见《清河王怿传》和卷九四《刘腾传》。

第二章 监察制度

史位于禁中的番直场所。外台大概指的是位于禁中以外的御史台。先前所举《魏书》卷一四《元子思传》载：

> 中尉督司百僚；治书侍御史纠察禁内。

以及：

> 又皇太子以下违犯宪制，皆得纠察。

引文表明御史拥有纠察皇太子以下百官的权限。这意味着，太和十七年以后，御史拥有弹劾当时构成内朝的侍中等官的权力。这样的弹劾在现实中也出现过（《魏书》卷六四《张彝传》）。另一方面，管见所及，并不存在表明或者暗示太和十七年以后御史属于内朝的史料。这些情况说明，御史就其衙署、成员或者职权等方面而言，已经不属于内朝。换言之，太和十七年以后御史已经外台化。

那么，伴随外台化，此时的御史、御史台在职权方面发生了怎样的变化呢？接下来将围绕这一点进行考察。

太和十七年的改革后，御史被重新赋予怎样的职权？因为北魏各时代的《御史令》不存于今，要知晓其全貌很困难。但是部分情况是可知的，那就来看可知的诸点。

第一，《通典》卷二四《职官六》监察侍御史条记载：

> 监察御史。初，秦以御史监理诸郡，谓之监御史，汉罢其名。至晋太元中（东晋），始置检校御史，以吴混之为之，掌行马外事，亦兰台之职。宋、齐以来无闻。后魏太和末，亦置此官。

可见太和末年设置了监察御史（检校御史）。第二，随着孝文帝改订官品表，构成御史台的诸官中，作为长官的御史中尉和作为次官的治书侍御史的官品得到了实质性提升。孝文帝于太和十五年十一月、十九年十二月和二十三年三度进行官品的改订。现在姑且将这三个官品令按顺序称为前令、中令和后令。《官氏志》记载了两个《官品表》,前者是前令,后者是后令(推测中令与后令的内容相似[1])。此处将两个《官品表》记载的御史台成员的官品列于下表。如果对两个《官品表》进行比较就会发现,后令中的官品都更低。

官　名	前令官品	后令官品
御史中尉	三品上	从三品
治书侍御史	五品上	六品上
侍御史	从五品下	八品上
殿中侍御史	从五品下	从八品上
检校御史	不置	九品上

这不仅仅是发生在御史台诸官上的现象,其他许多官职也是如此。如宫崎市定氏所论,其原因在于后令将前令七品以下的部分切除[2]。从这种观点来看御史台诸官的官品变动,可知御史中尉和治书侍御史的官品实际是上升的(御史中尉在后令中是从三品,相当于前令的从二品。而治书侍御史在后令中是六品上,相当于前令的四品[3])。

小结

据以上的考察,我们明确了以下几点。随皇始元年(396)设立

---

1. 参见宫崎市定:《九品官人法の研究》,"东洋史研究丛刊"之一,同朋舍,1956年,第396页。
2. 参见前揭宫崎氏书第397页。
3. 前令的从二品、四品都被进一步分为上、中、下三阶,暂不能断定御史中尉、治书侍御史相当于其中哪一阶。

第二章 监察制度

台省而创设的北魏御史台并不属于内朝，应该是外朝的一个官署。这表明，当时的御史台原封不动地沿袭了魏晋等将御史台置于外朝的制度。这一形态持续到天兴四年（401）为止，那一年九月，御史并入内朝。从这次改革可看到如下两方面：第一，御史被授予监察军队（禁军）的权力。当时北魏奉行军事国家式支配体制，因而可以说这是很大的权力。第二，御史不掌握纠察百官权，候官、内侍长、中散等一部分内朝官被授予此项权力。当时北魏王朝中最受拓跋氏信任的是由北族系占据的内朝官，纠察百官权又由内朝官中的候官等掌握，这值得注意（另外，如前所述，管见所及之史料显示，当时的御史也被北族系人物占据[1]）。如果从御史权限的角度来看，这两方面似乎是矛盾的。但从北魏强化经营汉地政策这一更广阔的视角来看，就不会觉得有特别的异样。此种形态再次改变是在太和十七年的改革中。孝文帝通过诸项改革，试图摆脱过去以北族为中心的支配方式，转向华夏式的统治。内朝本来具有私人性中枢机构的特质，从属以出身拓跋鲜卑的天子为顶点的全体北族，此时他要将其改造为华夏式。而在华夏式的官僚机构里，内朝由作为天子近侍的侍中、舍人等组成，一般国政付予外朝。如此一来，与作为国政中枢的尚书省等一起，负责纠察百官的御史台转属外朝，之后其职权得到了扩大和加强。御史台的这种整备与强化自然与皇帝支配权力的强化息息相关^{补注}。

补注： 在孝文帝之后的宣武帝时代，新的御史中尉被任命之际，由其本人亲自选用属下御史已经制度化。《隋书》卷二八《百官志下》御史台条记述此事云："后魏延昌中，王显有宠于宣武，为御史中尉，请革选御史。此后踵其事，每一中尉，则更置御史。自开皇后，始自吏部选用，仍依旧入直禁中。"故御史中尉会因选用御史举行试验。此外，宣武帝时代御史中尉也介入了尚书八座的议事。《魏

---

1. 在目前检出的十位任御史官的人物中，周几、奚乌侯、安颉、于简、宿石、尉力斤和高谧七人是北族。剩下三人中，邓羡和崔景僬是汉人，张求出身不明。而应注意的是，上举两名汉人（邓羡、崔景僬）出任御史是在孝文帝时期。这与前章所见献文帝、孝文帝时期汉人士大夫任内朝官增多的现象有关。

书》卷六八《甄琛传》记此事云:"世宗践祚,以琛为中散大夫、兼御史中尉,转通直散骑常侍,仍兼中尉。……诏琛参八座议事。寻正中尉,常侍如故。"至孝明帝时代,御史还负责监察税物的漕运。《魏书》卷一一〇《食货志》记此事谓:"岁遣御史校其(指漕运)虚实,脱有乖越,别更裁量。"这些都表明御史的职务逐渐变得广泛。

第三章

封爵制度

如果整理研究史，可知现在学界关于北魏封爵制的一个通行说法是，北魏前期——尤其是孝文帝爵制改革前——的封爵大部分是没有食邑的虚封[1]。本节将重新检讨此说，并探索过去几乎未被考察的对象，即北魏初至孝文帝施行爵制改革为止（以下称为"这段时间"）封爵在任官之际的作用，从而尝试揭示孝文帝改革旧有封爵制的目的是什么，此改革与孝文帝施行的其他改革有何关联等。

第一节　孝文帝爵制改革前的北魏爵制

第一项：孝文帝爵制改革前的爵制实态

过去内田吟风氏在关于北魏封爵制的论文中提出，北魏前期（内田氏用"初世"来指代前期）的封爵大部分是没有食邑的虚封，伴有食邑的封爵出现在北魏中期以后[2]。此外，与内田氏有几乎相同观点的宫崎市定氏认为，北魏封爵制从虚封制向实封制转变的时间点是孝文帝亲政时期的太和十八年（494）[3]。

上文是以往关于北魏封爵制的主要观点的概述，笔者对孝文帝爵制改革前的食邑制形态有不同于内田、宫崎二者的看法，如下：

（A）在这段时间的整个范围内，相当多的有爵者都被授予了食邑。

（B）构成这段时间有爵者食邑的封户，是在所谓的宗主制下，以三十家、五十家为一户的"户"。

以下将具体论述这两点。首先是关于（A），《魏书》卷一一三《官氏志》天赐元年（404）十二月条：

---

1. 参见内田吟风：《北魏封邑制度考》，原载《研究》(10)，神户大学文学会，1956年，收入《北アジア史研究　鲜卑柔然突厥编》，同朋舍，1975年；宫崎市定：《九品官人法の研究》，同朋舍，1956年。
2. 参见前揭内田氏书第122、124页。他似乎把中期的开始置于高祖太和十六年正月爵制改革之前。但从整篇论文的脉络来看，内田氏实际上认为孝文帝的爵制改革对北魏食邑制的形态造成了重大改变。
3. 参见前揭宫崎氏书第447、449页。

第三章 封爵制度

> 诏始赐王、公、侯、子国臣吏,大郡王二百人,次郡王、上郡公百人,次郡公五十人,侯二十五人,子十二人,皆立典师,职比家丞,总统群隶。

认为北魏中期以前大部分封爵是虚封的内田氏提到,从这条史料看,北魏初年的封爵并不全是虚封,"一部分"有爵者被授予食邑,设置有管理其食邑的国官[1]。也就是说,在内田氏表述"一部分"有爵者被授予食邑时,"一部分"取"少数"之意。笔者很难赞同这一观点。这是因为《官氏志》中臣吏的分配应当是对相当数量的封国进行的。

以下将阐述理由。《魏书》卷一一三《官氏志》记载了天赐元年九月即给王公侯子封国分配臣吏三个月前的事:

> 减五等之爵,始分为四,曰王、公、侯、子,除伯、男二号。皇子及异姓元功上勋者封王,宗室及始蕃王皆降为公,诸公降为侯,侯、子亦以此为差。于是封王者十人,公者二十二人,侯者七十九人,子者一百三人。王封大郡,公封小郡,侯封大县,子封小县。

《魏书》卷二《太祖纪》天赐元年九月条记此事云:

> 帝临昭阳殿,分置众职,引朝臣文武,亲自简择,量能叙用;制爵四等,曰王、公、侯、子,除伯、男之号;追录旧臣,加以封爵,各有差。

天赐元年,北魏在与后燕的战斗中取胜,将河北、山西完全收入手中,因此这年九月爵制改革时的授爵具有对此前诸功臣进行论功行赏的性质。注意到这一点,则可知上引《官氏志》所见二百一十四人(王10,公22,侯79,子103人)就是天赐元年九月爵制改制时有爵者的

---

1. 参见前揭内田氏书第124页。

总人数。

另外,《魏书》卷二《太祖纪》天赐元年十一月条载:

> 上幸西宫,大选朝臣,令各辨宗党,保举才行,诸部子孙失业赐爵者二千余人。

与后燕的战争后,北魏集中推行了所谓的部落解散,皇帝遂赐爵于因此"失业"的各部族支配者阶层。当时所赐之"爵"应该就是两个月前的改革中制定的"王、公、侯、子"爵。那么可以认为,在分配臣吏的天赐元年十二月这一时间点上,北魏的有爵者总数是九月依爵制改革被赐爵的二百一十四人和十一月赐爵的二千余人相加的二千二百余人(二千余人中应该没有包括之前的二百一十四人,即使包括,也不影响本节的论旨)。

另外,《通典》卷一七一《州郡一·序目上》"后魏"条记载:

> 后魏起自北方,至道武,率兵下山东,攻拔慕容宝中山,遂有河北之地,于是迁都平城。慕容氏丧败,遣将南略地,至于滑台、许昌、彭城。明元帝泰常中,始于滑台、许昌置兵镇守。道武天兴中,长孙肥等克滑台、许昌,寻不能守,至是始有之。……(关于北魏统一华北的记述等)……今按旧史,管州百十有一,郡五百十有九,县千三百五十有二。按魏收史所载州郡,是东魏静帝武定中,其时洛阳以西及关中梁益之地,悉属西魏,收犹总而编之。

引文所见天兴是与天赐前后相连的年号。因此从该记载来看,天赐元年时北魏的疆域大概只限于今天的山西、河北二省之地。所以该年的郡县总数和上述东魏武定年间的郡县数目相比要少得多。而前已提及,天赐元年确定了王公受封郡,侯、子受封县的制度(参见《官氏志》天赐元年九月条)。因此,如果把天赐元年十二月有爵者总数的两千两百余人视作东魏武定年间东西魏有爵者的总数,会发现以下情

第三章　封爵制度

况：对比两千两百余人的有爵者总数和《通典》所见郡县数，即使存在封于同郡或同县的情况，有爵者总数本身也可谓相当之大。更不用说这还是北魏疆域局限于山西与河北的天赐年间了。换言之，在天赐元年，即使要对有爵者全员赐予实封，实际上也没有足够的土地与之匹配。这似乎暗示了两千两百余人的封爵中，大部分是虚封。但并不能说天赐元年九月时被赐爵的两百余人也是虚封。以下叙述其理由。搜检九月被赐爵之人物的传记等，可知其大部分是像长孙嵩和穆崇这样的建国功臣，具体论证不必展开。再者，前引记述九月爵制改革的《官氏志》所谓"皇子及异姓元功上勋者封王"，也说明这时的受爵者是建国功臣。另一方面，十一月的赐爵以"失业"者为对象。如果注意到前者的赐爵对象是功臣，后者则是向"失业"者赐爵，自然可认为这两次赐爵性质相异。那么，根据前文已明确的臣吏分配系以十二月当时的王公侯子为对象，则可认为接受分配的大部分是九月的受爵者（分配臣吏涉及最下层的子爵，表明二百一十四人全员都分配。当然，《官氏志》也没有记载显示二百一十四人中只有一部分被分配了臣吏）。也就可以推断，十二月分配臣吏是以九月的二百一十四名受爵者为主要对象。另外，《官氏志》所见分配臣吏的记载提到"诏始赐王、公、侯、子国臣吏"。可以认为，作为分配臣吏对象的二百余名有爵者已有封国（这里的封国当如内田氏指出的，理应带有食邑[1]。此外，因天赐元年十一月的赐爵以救济随离散部落而"失业"的旧部族支配层为目的，这意味着不会单纯赐予空名。这次赐爵很可能是为了提供任官方面的便利。关于这段时间有无封爵在任官方面的重大意义，将在后文详述）。

　　从上述内容可以推断，天赐元年时，北魏存在受封实土的两百余名有爵者。而如前所见，当时北魏的疆域限于河北、山西之地，注意到这一点，则可知二百余人绝不算少数，反倒必须承认这个数字本身是相当大的。这正是笔者难以赞同内田氏所谓仅"一部分"（少数）受

---

1. 前揭内田氏书第124页同样依据天赐元年十二月的史料认为："这表明即使是在初世，也并非全部封爵都是虚封，一部分受爵者被赐予食邑，并设置了管理食邑的国官。"

爵者拥有食邑的理由。

接下来将尝试论证上述食邑制的存在不仅限于天赐元年，而是贯穿于这段时间。首先是关于道武帝以来"郡国"这一表述，《魏书》卷二四《崔玄伯传》载：

> 诏遣使者巡行郡国，纠察守宰不如法者……太宗（明元帝）以郡国豪右，大为民蠹，乃优诏征之。

像引文这样不以"州镇""州郡""郡县"等而用"郡国"称呼地方的例子，散见于这段时间的不少记载[1]。此称呼也许是遵从汉代以来"郡国＝地方"的惯习。但汉代以来的郡国确实包含封国。且如前所述，天赐元年时存在相当数量的封国。注意到这些，自然可将上引记载解释为这段时间存在封国的反映。

其次，关于天赐元年九月受爵的二百一十四人的爵位继承，从《魏书》中能追踪到大量的实例。同时可注意到，没有史料显示这些封爵后被一起废除。这表明，天赐元年时存在的大量封国大部分存续到孝文帝爵制改革时期。

最后，关于封国的实际情况，《魏书》卷九三《恩幸·王叡传》围绕王叡的记载表明这段时间存在国官（《魏书》卷四八《高怀传》、同书卷六〇《程骏传》、同书卷八九《高遵传》等可见郎中令、国常侍、国侍郎等官）：

> （太和）四年（480），迁尚书令，封爵中山王，加镇东大将军。置王官二十二人，中书侍郎郑羲为傅，郎中令以下皆当时名士。

---

1. 上引文以外的例子还有《太祖纪》（卷二）天兴元年（398）八月条"遣使循行郡国，举奏守宰不法者"，《高宗纪》（卷五）太安四年（458）三月丁未条"观马射于中山，所过郡国赐复一年"，《高祖纪下》（卷七下）太和十五年（491）八月壬申条"诏郡国有时物可以荐宗庙者，贡之"等。

由设有国官可推知封国的实际存在。

此处值得特别注意的是，在我们现在讨论的这段时间的有爵者中，很多人的封地就在其本籍。接下来将对这一点进行讨论。《魏书》卷四八《高允传》记录了太武帝神䴥四年（431）九月应北魏征辟而出仕的三十四名汉人士大夫，并标明其本籍及此后的官职、封爵。仅抽取其中获爵者的相关记载条列如下。

（1）中书侍郎、固安侯范阳卢玄；（2）河内太守、下乐侯广宁燕崇；（3）上党太守、高邑侯广宁常陟；（4）河西太守、饶阳子博陵许堪；（5）中书郎、新丰侯京兆杜铨；（6）太常博士、巨鹿公赵郡李灵；（7）中书郎中、即丘子赵郡李遐；（8）营州刺史、建安公太原张伟；（9）东郡太守、蒲县子中山刘策；（10）濮阳太守、真定子常山许琛；（11）行司隶校尉、中都侯西河宋宣；（12）中书郎、武恒子河间邢颖；（13）沧水太守、浮阳侯渤海高济；（14）太平太守、平原子雁门李熙；（15）秘书监、梁郡公广平游雅；（16）廷尉正、安平子博陵崔建；（17）广平太守、列人侯西河宋愔；（18）陈留郡太守、高邑子赵郡吕季才。

现在尝试检讨这十八人的本籍和封爵之间的关系。（1）中的固安是固安县，属范阳郡（根据先前所见《官氏志》天赐元年九月条和列传等关于封爵的各种记载推测，当时制定的原则是，王公封郡，以下爵位封县）。（4）中的饶阳是博陵郡的属县。（5）中的新丰县是京兆郡的属县。（6）中的巨鹿是指巨鹿郡，李灵在死后被追赠巨鹿公。他生前的封爵是高邑子，高邑是赵郡的属县。顺便一提，他的从父弟李顺在太武帝时受封赵郡平棘县的子爵、侯爵。（7）中的中书郎中可能是中书侍郎或者中书郎之误。因为当时没有迹象表明存在中书郎中一职。另外，李遐可能是李熙之误，即丘子是元氏子之误[1]。元氏县是赵郡的属县。（9）中的蒲阴县是中山郡的属县。（10）中的真定县是常山郡的属县。（12）中的武恒子可能是武垣子之误。因为在《魏书·地形志》和《地名辞典》中均不见武恒或武恒县的地名，相反可以发现，武垣

---

1. 参见《魏书》卷四八《高允传》校勘记，中华书局标点本，1974年。

县是邢颖的本籍河间郡的属县。(13)中的浮阳县是渤海郡的属县。(14)中的平原子当是原平子之误，因为《北史》卷三一《高允传》此处作"原平子"。另外，作为李熙本籍的雁门郡下亦有原平县。(15)中的游雅从广平子进位为侯，后为假梁郡公。广平县是广平郡的属县。(16)中的安平县是博陵郡的属县。(18)中的高邑县是赵郡的属县。

从以上考察来看，18例中有13人的封地与本籍一致。可推测，当时的一般情况是，封地与本籍之间存在密切关系。上述情形不是限于太武帝时代的特殊现象，同样见于太武帝朝以前及以后，为避免烦琐省去具体论证。总之，置封地于本籍通行于北魏一朝［前文考察高允《征士颂》中的(6)和(7)时提到，赵郡李氏的李灵及其从父弟李顺、族弟李熙分别被封于赵郡属县。这类宗族成员集中以本郡属县为封地的现象，是上述置封地于本籍政策的必然结果，反映其实际情形的史料，除前引之外，亦散见于《魏书》］。

接下来看看封于本籍的爵位有何意义。《魏书》卷八三上《闾毗传附常英传》记孝文帝祖父文成帝初年事：

> 兴安二年，太后（高宗乳母常氏）兄英……赐爵辽西公。……（追赠渤海太守英父澄）侍中、征东大将军、太宰、辽西献王……遣兼太常卢度世持节改葬献王于辽西，树碑立庙，置守冢百家。

《魏书》卷八三下《高肇传》记孝文帝之子宣武帝时事：

> 高肇，字首文，文昭皇太后之兄也，自云本渤海蓨人……录尚书事、北海王详等奏："扬（肇父名，孝文帝初年自高丽归国）宜赠左光禄大夫，赐爵渤海公……"诏可。又诏扬嫡孙猛袭渤海公爵，封肇平原郡公，肇弟显澄城郡公。三人同日受封。……父兄封赠虽久，竟不改瘗。（延昌）三年（514），乃诏令迁葬。肇不自临赴，唯遣其兄子猛改服诣代，迁葬于乡。时人以肇无识，哂而不责也。

第三章 封爵制度

上引两则记载展现了受爵者因坟茔不在封地而进行迁葬的情景。这应该是国家试图把受封者与其封土联系起来的结果。另外《魏书》卷九三《王叡传》记孝文帝初年事：

> 叡既贵，乃言家本太原晋阳，遂移属焉，故其兄弟封爵移以并州郡县。

引文显示，因王叡移籍，除本人外，他的兄弟们也被封以并州郡县（王叡为太原公）。这是户籍上的问题，对于原本是寒族出身的王氏而言，转移户籍还意味着转移本籍。但是对贵族来说，户籍通常登录于本籍，不存在户籍—本籍的变动。将这些史实与上引《闾毗传》《高肇传》的两条记载结合起来考虑，可以推测，北魏时代在赐爵时，国家试图使封地和本籍保持一致。与此相关的是，从五胡十六国到北魏时期，在华北，汉人士大夫维持着作为宗族的稳固聚合与地域性，同时在乡村中切实作为领导者存在。因此，异民族诸国家在对乡村施行统治时，很多方面需要依赖他们。地方长官的本籍任用很好地说明了这一点。换言之，国家故意使本籍与封地保持一致的主要理由，是为了利用受爵者与乡村之间的联系，对乡村进行支配。这反映出，这段时间的封爵不会只是虚封，有爵者确实在管理、统治与封地相关联的地区。

根据上述内容，笔者推测这段时间也一直存在和后来相同的食邑制。

接下来讨论（B）。《魏书》卷五三《李冲传》记孝文帝爵制改革时的情况：

> 及改置百司，开建五等，以冲参定典式，封荥阳郡开国侯，食邑八百户，拜廷尉卿。……东宫既建（太和十七年事），拜太子少傅。

此处"封某（郡县）开国（公侯伯子男爵）食邑多少户"这一形式的记载在《魏书》中随处可见，不过对其进行探究可知，它们全部出自叙述太和十六年正月爵制改革后史事的材料。也就是说，爵制改革前并无一例"食邑多少户"形式的记载。内田氏认为，北魏中期以后（宫崎氏的观点是太和十八年十二月以后）伴有食邑的封爵大量出现，其根据是孝文帝爵制改革后的史料中，明确表示食邑存在的记录变得常见。应当如何理解这一点呢？

《魏书》卷五三《李冲传》记载了李冲著名的关于三长制的建言：

> 旧无三长，惟立宗主督护，所以民多隐冒，五十、三十家方为一户。冲以三正治民，所由来远，于是创三长之制而上之。

根据记载，当时北魏对民众的掌控力较弱，造成这种情况的原因正是宗主制的存在。将宗主制的社会实态与先前所见这段时间里食邑的存在结合起来考虑，可以认为，有爵者只要是实封，不管自己是不是宗主，他们食邑的构成包含着上述以五十家、三十家为一户的形式。如此看来，对于为什么在孝文帝爵制改革前的记载中没有"食邑多少户"的疑问，可以得出一个答案了。即这段时间里国家对民众的准确掌控受宗主制壁垒的阻碍而不能实现，因此无法采用对食邑户数进行规定的方式。如果这种理解无误，那么在此情况下，食邑不是根据户数，而应该是以标示地域的形式赐予。为什么在太和十六年爵制改革后的记载中又能看到"食邑多少户"呢？笔者认为这与太和十年二月三长制的施行有很大关系。换言之，三长制的施行使北魏对民众的掌控力相较之前得到了极大的加强，基于此，太和十六年时堪称"食邑户数制"的制度得以建立。可以想象，其结果便是史书中屡见"食邑多少户"的记载。就北族的情况来说，这当然与前篇第四章中考察过的孝文帝实施部族解散有着密切关联。

笔者的上述想法还只是一个假说。但这样终于可以在逻辑上完满地解答以下疑问：为何这段时间食邑制实际存在却完全不见"食邑多少户"的记载，而以太和十六年为界，此类记载又变得常见。同时，对于北魏以外诸王朝几乎都有显示食邑存在的记录而这段时间此类史料却很少，我们也没有必要再像宫崎氏、内田氏那样将这

第三章 封爵制度

段时间视为例外，认为大部分封爵乃虚封（几乎没有实封）。再者，这样理解就意味着孝文帝的爵制改革是国家权力的又一次伸张。因为改革前的情况对于追求私利的有爵者来说应该是极为方便的，但如果以户数来表示的话，国家的支配力就会增加，相反，有爵者会失去半公认的权利。这与孝文帝时代诸项改革（施行均田制、三长制、俸禄制、官制改革等）的基础——国家权力的强化、政治的中央集权化路线相符。因此笔者认为，这段时间的食邑是以前述形式存在的观点应当合理。

第二项：爵制改革前的封爵与任官

以下将考察这段时间封爵在任官之际起到的特殊作用。《魏书》卷一一三《官氏志》天赐元年九月条载：

> 减五等之爵，始分为四……王第一品，公第二品，侯第三品，子第四品。

可知王公侯子分别比视一到四品［此时被废除的男爵后来很快复置，比五品。而且，王公侯子男爵分别比视一品到五品，很可能持续至孝文帝爵制改革时。而伯爵直到文成帝时代才复置，可参见《魏书》卷五《高宗纪》和平四年（463）十二月壬寅诏、同书卷八〇《叱列延庆传》等补注。但因史料较少而无法确知其比视几品等具体情况］。

这段时间有爵者的嫡子（有时候是嫡孙等）在其父（祖等）去世后继承爵号时，还会一并继承父亲的将军号。《魏书·官氏志》对太和十六年（492）之事的记载说明了这一点：

> 旧制，诸以勋赐官爵者子孙世袭军号。十六年，改降五等，始革之，止袭爵而已。

《魏书》卷三八《王慧龙传附宝兴传》记载龙骧将军、长社侯王慧龙之子王宝兴云：

袭爵长社侯（三品）、龙骧将军。

这是其中一个具体的例子。此处所见龙骧将军的官品，根据《官氏志》所载太和中制定的官品表（以下称前令官品表）是三品上。那就需要注意，前述爵号的品级（以下称爵品）与将军号的官品是一致的。这样的例子也存在于其他地方（参照《魏书》卷二四《崔景徽传》、同书卷四〇《陆叡传》、同书卷四一《源怀传》、同书卷五二《胡叟传》等），由此可产生一种推测，即在这段时间，袭爵之际所袭将军号的官品与爵品相当。进而又能推断，这段时间的一般情况是，如果有爵者获得将军号，爵品与将军号的官品存在一致关系。留意此点，对于《魏书》所载兼具将军号的有爵者，若比较其爵品和将军号的官品，可以发现其中大半是一致的［例如《魏书》卷一九上《阳平王新成传》中的阳平王新成为征西大将军（一品中），卷二四《邓宗庆传》中的邓宗庆是南阳公、安南将军（二品下），卷二六《尉古真传》中的尉古真是东州侯、建节将军（从三品下），卷二六《长孙真传》中的长孙真是临城子、广武将军（四品下），卷二四《崔模传》中的崔模是武陵男、安远将军（五品上）］。另有若干不匹配的例子，但其中多数只是一阶或一品左右的偏差。总之，这段时间爵品与将军号的官品大部分是一致的。宫崎氏曾指出，除了司州与代郡，即天子直辖的京畿地区，前令官品表完全没有将州刺史和郡太守的官品列入，但他们同时带有将军号，可依此保持在中央政府的官品并加入其班列[1]。这一见解揭示了当时刺史与太守等地方长官在官场地位的高下是通过将军号的官品对应于爵品来标明的，因而值得注意［前令官品表制定于太和中，由爵品与将军号官品的一致性可推定，至少就将军号而言，该表很大程度上准确反映了上至道武帝时代，下到孝文帝太和十九年（前令官品表在此时被彻底更改[2]）的官品］。

接下来将尝试论证以上所见"爵品＝官品"的现象不仅见于将军号，也存在于其他诸官的场合。《魏书》卷四〇《陆俟传》云：

---

1. 参见前揭宫崎氏书第401页。
2. 参见前揭宫崎氏书第394页。

第三章 封爵制度

……袭爵关内侯（三品？明元帝时袭爵），转龙骧将军（三品上）、给事中（从三品上）……赐爵建业公（二品），拜冀州刺史，仍本将军。……征还，拜散骑常侍（二品下）。出为平东将军（从二品上）、怀荒镇大将。……拜侯征西大将军（一品下），进爵东平王（一品）。太安四年（458）薨。

同传附《陆馛传》关于陆馛（陆俟之子）载：

兴安（文成帝年号）初，赐爵聊城侯（三品），出为散骑常侍（二品下）、安南将军（二品下）、相州刺史，假长广公（假二品？）。……后袭父爵，改封建安王（一品）。……蠕蠕犯塞，车驾亲讨，诏馛为选部尚书（从一品下），录留台事……遂以馛为太保（一品上）……延兴四年薨。

（镇将不见于前令官品表。它可能与刺史等官情况相同，通过将军号加入中央班列）从此处所见爵品、将军号官品和其他官职官品三者之间的一致性可以推测，对将军号以外官职的官品，前令官品表也相当准确地反映了前令制定前的情况。同时也可推测，当时爵品和就任之官的官品之间存在某种对应关系。《魏书》卷四三《刘休宾传附刘文晔传》关于爵制改革前的刘文晔载：

太和中，坐从兄闻慰南叛，与二弟文颢、季友被徙北边，高祖特听还代。……赐文晔爵都昌子（四品），深见待遇。拜协律中郎（从四品下）。

此处也可以看到爵品与就任之官的官品存在对应关系。另外《魏书》卷一一三《官氏志》泰常二年（417）夏条云：

置六部大人官，有天部，地部，东、西、南、北部，皆以诸公为之。

（此时任大人官者，可确认的有崔玄伯［《魏书》卷二四］和奚斤［卷二九］。二人在此之前是侯爵，就任大人官的同时进爵为公）《魏书》卷三四《李宝传附李承传》载：

> 高宗（文成帝）末，以姑臧侯（三品）出为龙骧将军（三品上）、荥阳太守。

据以上内容，这段时间可能存在这样的原则：要担任某官品的官职，必须拥有相应爵品的爵位，或是如果被授予某爵品的爵位，就得到了任相应官职的资格。尽管存在这类表明爵品与就任之官官品具有一致性的记载，但另一方面，显示爵品与官品偏差较大的材料也不在少数（但爵品与将军号的官品如前所述，大部分一致）。《魏书》卷三〇《来大千传》载：

> 永兴（明元帝年号）初，袭（父爵武原侯，爵品三品）爵，迁中散（五品中）。

这是其中一例。虽有这样的事例，但笔者依然认为"爵品＝官品"在当时作为一种原则而存在。这是通过检讨《魏书》卷九三《王叡传附王袭传》的以下记载得出的：

> 年十四，以父任擢为中散，仍总中部。叡薨，高祖（孝文帝）诏袭代领都曹，为尚书令，领吏部曹、中部，如其品职，依典承袭。文明太后令曰："都曹尚书曹百僚之首，民所具瞻。袭年少，智思未周，其都曹尚书令可权记，使闲习政事，后用不晚。"终太后世，宠念如初。袭王爵，例降为公。

来看看引文。王袭之父是文明太后的宠臣王叡。王叡在太和五年（481）六月以尚书令、中山王的身份去世。前令官品表制定于迁洛前孝文帝亲政时。尚书令和中散的官品在王叡去世的太和五年（481）后

第三章　封爵制度

应该没有大的变动。因此，太和五年左右尚书令和中散的官品与前令官品表相同这一点应当无误。据前令官品表，尚书令与中散的官品分别是从一品上和五品中。那么上引文体现的是，任五品官中散的王袭，在王叡死亡之际，收到了接任其父所任尚书令这一在朝政上最枢要之职的诏命，但被文明太后制止。一般来说，即便其父为宠臣，也很难想象任五品官者为何能随父亲的死而一举收获任一品官尚书令的诏命。不过引文记载的正是这样的事情。而且管见所及，北魏时代没有任尚书令者之子复为尚书令的例子。考虑到王袭肯定会继承其父的爵位——爵品一品的中山王，我们认为，出现这种情况的原因就在于先前从《陆俟传》等材料推定的"爵品=官品"原则发挥了作用。换言之，上引《王袭传》的记载可以支持这段时间里存在"爵品=官品"的原则（另外，考虑到爵品和官品实际偏差较大的事例不在少数，我们也不能忽视这一原则因官场现实而被破坏的情况）。

第二节　孝文帝的爵制改革以及与其他改革的关系

孝文帝爵制改革以前，北魏常有滥赐爵位之举[1]。这些爵有占据封地、任官、免罪、免除课役等方面的特权，从中央集权的角度来看，对当时的政治经营造成了很大阻碍。为了纠正这种情况，北魏采取的手段之一是在袭爵时降爵（参见《魏书》卷二五《长孙观传》、卷三〇《楼伏连传》等。但是并没有普遍推行，原样继承父爵的例子也相当多）。此外，《魏书》卷四四《薛野䐗传》载：

> 高宗初……赐爵顺阳子。野䐗少孤，父侯不袭（野䐗父生前为聊城侯），至是锡（父）爵。

将这一材料与前节所见王袭因年少而最终未能就任尚书令结合起来思考，可以得出一种推测：如果袭爵者年少，袭爵会被推迟到一定时期，

---

1. 参见前揭内田氏书第123页、宫崎氏书第446页。

或者即使袭爵，也不能担任相当于爵品的官职。但是没有明确叙述这种情况的史料。那么只能猜测，这或许也是为纠正滥赐爵位之弊而施行的一种对策。

而在滥赐爵位的风潮中，还有非法"诈取"爵位和继承本来不可被继承的"假爵"现象。以下两条材料即说明此点。《魏书》卷六《显祖纪》天安元年（466）七月条：

> 诏诸有诈取爵位，罪特原之，削其爵职。其有祖、父假爵号货赇以正名者，不听继袭。诸非劳进超迁者，亦各还初。不以实闻者，以大不敬论。

《魏书》卷一一三《官氏志》延兴二年（472）五月条：

> 旧制诸镇将、刺史假五等爵，及有所贡献而得假爵者，皆不得世袭。

文明太后去世后孝文帝开始亲政时面临的大体形势就是如此，因而需要寻求根本性政策加以应对。

孝文帝亲政后，在周全的思考下开始施行相应的政策，其具体内容如下。（一）首先，《魏书》卷七下《高祖纪》太和十六年（492）正月乙丑条载：

> 制诸远属非太祖子孙及异姓为王，皆降为公，公为侯，侯为伯，子男仍旧，皆除将军之号。

《魏书》卷一一三《官氏志》记太和十六年事：

> 旧制，诸以勋赐官爵者子孙世袭军号。十六年，改降五等，始革之，止袭爵而已。

据引文，可举出的政策有：禁止道武帝前诸帝子孙及出身异族者为王，改以公爵，爵为公、侯者继续降爵；将军号不再世袭。这一政策极为严苛地实行着。这一点从《魏书》关于当时的记载很容易得知。（二）其次可以举出的是，实施了前节已提到的所谓食邑户数制。由于"食邑多少户"的记载全部出现在叙述太和十六年（492）以后史事的史料中，因此我们推断其开始的年份是推行（一）的降爵等政策的太和十六年。另外，前节所述官员在继承或受赐一定爵位时，被任命与爵品相当之官职的现象，也在爵制改革时一并废止。这可以通过下引《魏书》卷八《世宗纪》永平二年（509）十二月条的诏书所言孝文帝去世后第十年的史事看出：

> 五等诸侯，比无选式。其同姓者出身：公正六下，侯从六上，伯从六下，子正七上，男正七下。异族出身：公从七上，侯从七下，伯正八上，子正八下，男从八上。清修出身：公从八下，侯正九上，伯正九下，子从九上，男从九下。可依此叙之。

这封诏书显示，新选式的制定，是由于没有根据爵位的高低让有爵者担任对应品级官职的规章。而如前节所见，自北魏初年到孝文帝亲政初期，有任命对应爵品之品官的原则，即引文所谓选式实际上存在过。注意到这一点，从上引史料中"比无选式"一语来推断，永平二年（509）时已无"爵品＝官品"的原则。而且管见所及，没有迹象表明北魏后期的任官层面存在"爵品＝官品"的原则。既然如此，可以认为"爵品＝官品"的原则废止于自孝文帝亲政到宣武帝永平二年的某个时间点。但从孝文帝之死到永平二年，不存在施行过此类改革的痕迹。宣武帝时代在国政上最重要的课题就是如何守护并经营孝文帝留下的遗产，因此在这一时期进行如此大的改变是难以想象的。综合上述，可以推断"爵品＝官品"的原则是在孝文帝亲政时废止的。那么具体是哪一年呢？如前节所见，爵品与将军号的官品有对应关系。将军号世袭被废止是在太和十六年正月。因此"爵品＝官品"原则的废止大致也在此前后（根据上引永平二年的记载，爵品与任官官品之间的对应关系虽不完全等同于爵制改革前的情况，却在这一时间点又恢复了。但孝文帝改革后，起家、迁官都主要以门第为标准来确定，因而爵品在铨选中扮演的角色已今非昔比）。

接下来讨论孝文帝的爵制改革是在何种目的下施行，以及它与孝文帝的其他改革有何关联。《魏书》卷一〇八之一《礼志一》太和十五年（491）四月条云：

> 经始明堂，改营太庙。诏曰："……宜制祖宗之号，定将来之法。烈祖（道武帝）有创基之功，世祖（太武帝）有开拓之德，宜为祖宗，百世不迁。而远祖平文功未多于昭成，然庙号为太祖；道武建业之勋，高于平文，庙号为烈祖。比功校德，以为未允。朕今奉尊道武为太祖，与显祖为二祧，余者以次而迁。平文既迁，庙唯有六，始今七庙，一则无主。唯当朕躬此事，亦臣子所难言。……"

引文显示，当时进行了庙号的变更，此前作为太祖的平文帝被其曾孙道武帝拓跋珪替代，天子七庙的配置随之改变。平文帝与道武帝之间有惠帝、炀帝、烈帝和昭成帝四帝，注意这一点再看上引文可知，至太和十五年，平文帝以后诸帝子孙间的关系可能已相当"空洞化"，孝文帝打破了这种至少还存在于形式上的同族"一体"感。此外，《魏书》卷一一三《官氏志》记孝文帝改北族姓时提到：

> ……凡与帝室为十姓，百世不通婚。太和以前，国之丧葬祠礼，非十族不得与也。高祖（孝文帝）革之，各以职司从事。

"十族"指拓跋氏以及拓跋力微祖父拓跋麟的兄弟、叔父等的子孙——胡氏、周氏、长孙氏、奚氏、伊氏、丘氏、亥氏、叔孙氏和车氏。上引《官氏志》的记载表明，"空洞化"可能也出现在了十族之间，十族

第三章　封爵制度

间的"一体"感至少在形式上一直存续到太和中，具体来说就是孝文帝亲政初期，而孝文帝采取了将其消除的措施（将时间确定在孝文帝亲政初期，是根据《魏书》卷一〇八之三《礼志三》太和十五年十月条的记载）。前引《魏书》卷七下《高祖纪下》太和十六年正月乙丑条记载了爵制改革的内容：

> 制诸远属非太祖（道武帝）子孙及异姓为王，皆降为公，公为侯，侯为伯，子男仍旧，皆除将军之号。

将前述内容与该引文比较，可知孝文帝的爵制改革是在前一年变更庙号等政策的基础上实施的。换言之，可以认为，爵制改革的开展，带有打破自漠北时代一直存续于北族上层人士之间"一体"感的目的。

本篇的考察已指出，孝文帝扬弃部族国家体制，为创建强力的（华夏式）中央集权国家，断然推行了官制改革等各种改革。注意这一点可知，前文中消除"一体"感的政策是沿着此条政治路线展开的。这表明，爵制改革正是上述一系列改革的一环。

小结

本章阐明了以下内容：
一、食邑制的存在贯穿于北魏一朝。
二、孝文帝爵制改革以前赐予封地时，仅仅指定地域而不以邑户数为限。另一方面，爵制改革后邑户数成为限定标准，推测这与三长制的施行有关联。
三、孝文帝爵制改革以前，封爵在任官层面扮演了重要的角色，应该存在"爵品＝就任之官的官品"的原则。
四、孝文帝的爵制改革是相互关联的，推行的目的有以下三点：
（a）摒除过往滥赐封爵带来的弊端。
（b）导入食邑户数制，伸张国家权力。
（c）破除北族的"一体"感。

以上全部是孝文帝以中央集权化为目标而进行改革的一环。

补注：本章原稿为《北魏の封爵制》（载《東方学》第57辑，1979年）。据近年来已释读出两千六百余字的山西灵丘县北魏文成帝《南巡碑》的相关报告（《山西灵丘北魏文成帝〈南巡碑〉》,《文物》1997年第12期），可见有爵者83名（王8，公20，侯9，子23，男23），其中没有伯爵。该碑当立于和平二年，故拙论据《高宗纪》和平四年诏等认为伯爵复置于文成帝时代，应大体正确。不过《魏书》卷八〇《叱列延庆传》记载："曾祖鍮石，世祖末从驾至瓜步，赐爵临江伯。"这类散见于《魏书》的和平以前的"伯"号当如何理解，有待继续思考。

第四章

北族社会的质变与孝文帝的改革

第一节　通过祭天礼仪看北族社会的质变与孝文帝的改革

本篇第一章、第三章考察类似元朝怯薛[1]的内朝以及封爵制时提到，这些制度的存在起到了增强北族集团之团结的作用，但有此作用的制度或习俗不止于是。接下来依次考察其中（A）祭天礼仪、（B）军制、（C）当时的婚姻模式如何发挥增强北族团结的作用，并讨论孝文帝的改革给它们带来了什么变化。

首先关于（A）祭天礼仪。孝文帝改革之前北魏在南郊、西郊都开展过祭天礼仪。先看南郊祭天，《魏书》卷二《太祖纪》天兴二年（399）正月甲子条云：

> 初祠上帝于南郊，以始祖神元皇帝配。

始祖是活跃于魏晋时期的拓跋部首领拓跋力微的庙号，由道武帝即位后追尊（神元为谥号）。南郊祭天作为政教之渊薮，当然是最受中国历代王朝重视的祭典。注意到这一点，上引文就意味着，在中国历代王朝最重视的南郊祭天上，拓跋力微被作为始祖即建国之祖神配享。

《魏书》卷一一三《官氏志》有关于随附拓跋部的诸部族在太和中改姓的记载，分为三个类别：（a）拓跋部宗族十部姓；（b）始祖时内入的七十五姓；（c）岁时朝贡，至始祖以来百余年后的道武帝时代臣属北魏的东西南北四方诸部三十五姓。其中（b）在北魏的强盛过程中扮演了极为重要的角色，可以说是世奉北魏的家臣，将（b）的实态与天兴二年始祖的南郊配祭结合起来观察，自然就能理解，天兴二年配祭这一措施起到的作用是，强化分属（a）、（b）的人们之间的纽带。

而孝文帝在始祖南郊配祭约百年后的太和十六年（492）对这一南

---

[1] 关于怯薛，参见箭内亘：《元朝怯薛考》，《蒙古史研究》，1930年；片山共夫：《怯薛と元朝官僚制》，《史学雑誌》第89篇12号，1980年等。

第四章　北族社会的质变与孝文帝的改革　　　　　　　　　　　　　　219

郊模式进行了大幅度改变。《魏书》卷七下《高祖纪》该年正月辛酉条记此事云：

> 始以太祖配南郊。

乍看之下，引文似乎显示太祖道武帝与始祖共同配享南郊，而实际情形是始祖从神位上撤下，此后改由道武帝配祭。这可以通过《北史》卷五《魏本纪》大统二年（536）正月辛亥条得知^{补注（1）}：

> 祀南郊，改以神元皇帝配。

那么孝文帝为何进行这一改革呢？此时应注意两点：一是在改革前一年的太和十五年七月己卯，太祖由平文皇帝拓跋郁律变更为道武帝拓跋珪；二是太和十六年正月壬戌，德运行次从之前奉行的土德改变为承继晋金德的水德。前章已考察过太祖的变动。关于五行次序的改变，《魏书·礼志》详细记载了其经过。两项政策反映了孝文帝将北魏作为继承西晋的中原正统王朝、切断其与五胡政权（也包括漠北时代的拓跋部）之间联结的意志。这样来看孝文帝为何会将始祖从南郊的神位上移除，自然就很清楚了。质言之，始祖不过是漠北时代的鲜卑酋长，孝文帝若崇祀拓跋力微便无法主张北魏作为中原王朝的正统性。此事的背景是北魏王朝全面汉化这一大的历史暗流，但不管怎样，孝文帝的改革令北族，尤其是分属（a）、（b）的北族失去了一项团结的象征。

再来看西郊祭天，江上波夫氏早就指出，这是见于北亚诸民族的共同祭俗的遗留[1]。不过，江上氏关注的是它与匈奴祭俗的关联，至于该祭俗在北魏历史的整体脉络中具有何种意味，这一视角下的考察不曾被开展。另有马长寿氏、佐藤智水氏的若干论述[2]，两者也均未正面处理祭俗的问题，所以几乎没有从上述视角出发的讨论，尤其是该祭俗的

---

1. 参见江上波夫：《匈奴の祭祀》，《ユウラシア古代北方文化》，1948年。
2. 参见马长寿：《乌桓与鲜卑》，上海，1962年，第255、285页；佐藤智水：《北魏王朝》，《月刊　シルクロード》（特集·中国征服王朝）1980年2、3月号。

质变过程、北族集团的构造与祭俗的关系等方面完全处于空白。那么，接下来由该视角考察西郊祭天（也包含作为其源头的漠北时代的祭天礼仪），力图说明此祭俗对强化北族的团结发挥了怎样的作用。

关于早先北魏祭天的记载，首见于《魏书》卷一《序纪》始祖三十九年（258）夏四月条对北魏建国前事迹的叙述：

> 祭天，诸部君长皆来助祭，唯白部大人观望不至，于是征而戮之，远近肃然，莫不震慑。始祖乃告诸大人曰："我历观前世匈奴、蹋顿之徒，苟贪财利，抄掠边民，虽有所得，而其死伤不足相补，更招寇雠，百姓涂炭，非长计也。"于是与魏和亲。

引文显示了通过部族会合开展祭天、外交进而确定政治方针的现象。但此后至北魏建立者道武帝的时代，再无这种对拓跋部祭天的记录（道武帝以降，在平城西郊进行的祭天处于上述始祖时代祭天的延长线上，对此后文有述）。这意味着什么？这表示到道武帝时代祭天都是中断的吗？笔者认为，祭天本身一直定期开展，只是史料阙如。这似乎不需要论证，但因为是后文讨论展开的基础，故仍将依据罗列如下：（一）包括匈奴等在内的北亚诸民族定期举行这一礼仪是一种常态。（二）如果认为仅始祖时代开展了一次祭天，始祖之后拓跋部族联合体的强力领袖穆帝、平文帝、昭成帝等在位时期均未进行，而过了约一百三十年后道武帝突然再次奉祭，这会非常不自然。（三）如果考虑到与漠北时代拓跋部相关的总体史料本就单薄，缺乏关于漠北时代祭天的史料便不会不自然（另外还可以认为，始祖三十九年的祭天仪式具有宣告拓跋部族联合体诞生的性质，因而史臣特地只记载了这第一次的祭天，是后该活动便被有意识地省略）。质言之，始祖时代的祭天礼仪在此后的漠北时代仍然继续开展，可以推测，漠北时代的拓跋部通过这一祭俗确认并强化了部族联合体的整体感。另外，漠北时代的拓跋部曾几度陷入分裂状态。在这些阶段该祭典有可能暂时中断。但笔者的上述看法不会因此遭到否定。

第四章　北族社会的质变与孝文帝的改革

道武帝将上述祭俗制度化为北魏的国家祭祀，下面就此进行讨论。《魏书》卷一〇八之一《礼志一》天兴元年（398）条云：

祀天之礼用周典，以夏四月亲祀于西郊，徽帜有加焉。

乍看之下，此处的西郊祭天似为中国式郊祀，但同卷天赐二年（405）夏四月条载：

复祀天于西郊，为方坛一，置木主七于上。……祭之日，帝御大驾，百官及宾国诸部大人毕从至郊所。……女巫执鼓，立于陛之东，西面。选帝之十族子弟七人执酒，在巫南，西面北上。女巫升坛，摇鼓。帝拜，后肃拜，百官内外尽拜。祀讫，复拜。拜讫，乃杀牲。执酒七人西向，以酒洒天神主，复拜，如此者七。礼毕而返。自是之后，岁一祭。

据引文，西郊祭天与始祖的部族联合祭祀同样是在夏四月，诸部大人参与其中，且女巫扮演重要角色，由此可窥知，它出现在先前《序纪》所见以拓跋部为中心的部族联合体祭天礼仪的延长线上。又，《宋书》卷九五《索虏传》记北魏道武帝时的风俗：

其俗以四月祠天，六月末率大众至阴山，谓之却霜。

《南齐书》卷五七《魏虏传》记北魏太武帝时事：

城西有祠天坛，立四十九木人，长丈许，白帻、练裙、马尾被，立坛上，常以四月四日杀牛马祭祀，盛陈卤簿，边坛奔驰奏伎为乐。

在《礼记》卷六《月令》孟夏条找不到西郊祭天之类的祭俗。那么上引两条材料应该是对不见于汉人王朝的祭俗的特意记载。

先已提到的《礼志》天赐二年四月条云：

> 自是之后，岁一祭。

《魏书》卷七下《高祖纪》太和十年（486）夏四月条云：

> 辛酉朔……甲子，帝初以法服御辇，祀于西郊。

《南齐书》卷五七《魏虏传》永明十年（492，太和十六年）条云：

> 宏（北魏孝文帝）西郊，即前祠天坛处也。宏与伪公卿从二十余骑戎服绕坛，宏一周，公卿七匝，谓之蹋坛。明日，复戎服登坛祠天，宏又绕三匝，公卿七匝，谓之绕天。

据此，至孝文帝时代，这项祭天应该每年都在举行。

不过，孝文帝也在太和十六年至十八年之间阶段性地废止了西郊祭天。《魏书》卷七下《高祖纪下》太和十六年三月癸酉条记此事云：

> 省西郊郊天杂事。

同卷太和十八年三月庚辰条云：

> 罢西郊祭天。

另外，前引《礼志》天赐二年的记载提到：

> 复祀天于西郊。……选帝之十族子弟七人执酒……

《魏书》卷一一三《官氏志》有一段对十族的说明：

第四章 北族社会的质变与孝文帝的改革

太和以前，国之丧葬祠礼，非十族不得与也。高祖革之，各以职司从事。

比较两条材料可以推定，收回十族所掌握的"祭祀权"也与西郊祭天的阶段性废止存在关联（这一收回应该发生在省西郊郊天杂事的太和十六年之前。依据为《魏书·礼志三》太和十五年十月条的记载，因原文较长，省去引用）。

下面谈谈孝文帝罢西郊祭天的缘由。首先能够想到的是，尊崇汉文化的孝文帝会将过于北族式的（萨满式的）礼仪视为不典而加以嫌恶。孝文帝行废罢之际，其个人的好恶感也许发挥了作用，但在此之外，他对大的历史潮流的因应也不能被忽视。这个潮流就是，在道武帝至孝文帝之间漫长的时间流动中，此项礼仪逐渐形式化。如前所述，道武帝时代对祭天礼仪的整备具有将部族联合祭祀制度化为国家祭祀的一面。《资治通鉴》卷一一〇东晋安帝隆安二年（398）十二月条载：

魏之旧俗，孟夏祀天及东庙，季夏帅众却霜于阴山，孟秋祀天于西郊。至是（天兴元年，道武帝即位时），始依仿古制（中国古制），定郊庙朝飨礼乐，然惟孟夏祀天亲行，其余多有司摄事。

从引文（该记载综合了《宋书》卷九五《索虏传》与《魏书》卷一〇九《乐志》天兴元年条的材料）可以窥知道武帝时代祭天礼仪的整备，这也意味着，如前引《礼志》天兴元年条"祀天之礼用周典"之语所示，与漠北时代祭天方式相当不同的一面被导入礼仪当中。西郊祭天最初是象征拓跋部族团结统合的祭典，这一形态层面的变化（汉化）推动此项特质走向淡薄。又，《魏书》卷一〇八之一《礼志一》孝文帝延兴二年（472）六月条记录了孝文帝之父显祖献文帝对西郊祭天的改革：

显祖以西郊旧事，岁增木主七（《南齐书·魏虏传》提到的四十九就是合计数），易世则更兆，其事无益于神明。初革前仪，定置主七，立碑于郊所。

引文讲述了对西郊旧事的改变，包括停止迁移祭场以及每年新增木主等。可以推测，这些旧事在漠北时代具有某种意义，但引文似乎暗示，为何要蹈行这些旧事至此时对大部分北族人来说已变得难以理解（另外，此处的木主七亦见于前引《礼志》天赐二年的记载，《魏书·官氏志》提到始祖祖父献帝时拓跋部依献帝兄弟七人而七分国人，其中有"七族之兴，自此始也"之语，木主七当与此七族有关。而祭场的移动很可能是游牧时代的遗制）。如果该判断得当，这一事例也会支持前述笔者认为祭天礼仪走向形式化的观点。

不过，虽然西郊祭天的实质正在形式化，视其为北族统合之象征的北族意识在孝文帝改革时尚未完全消失。这可以从前述孝文帝时代的西郊祭天仍是皇帝率领公卿亲自奉行的祭典看出。而《北史》卷五《魏本纪》中兴二年（532）条记高欢拥立孝武帝：

即位于东郭之外，用代都旧制，以黑毡蒙七人，欢居其一，帝于毡上西向拜天讫，自东阳、云龙门入。

孝武帝的即位礼发生在北魏东西分裂的前夕，注意其行礼方式，我们会感觉到它与西郊祭天的相似之处。这种即位礼于此时复活，从其背景中可以窥见北族意欲回归孝文帝改革前的制度的心情，再加以引申的话就能推定，西郊祭天即使到了孝文帝加以废止之时，其存在的意义也并未完全丧失。

综上所述，源自漠北时代祭典的西郊祭天仪式是北族统合的象征，于每年四月举行，在其逐渐形式化的背景下，作为汉化政策的一环，孝文帝加以废止。但在废止之际，西郊祭天并未完全形式化，至少还发挥着些许象征北族统合的作用。

另外，島田正郎氏指出，堪称契丹族民族祭祀的祭山仪是辽最重要的国家祭祀[1]。祭山仪与北魏的西郊祭天极为类似，那么，西郊祭天可

---

1. 参见島田正郎：《契丹の祭祀》，《遼朝史の研究》，创文社，1979年。

第四章　北族社会的质变与孝文帝的改革　　225

以视作北族的民族祭祀吗？下面谈谈这一点。

前文提到《魏书·官氏志》罗列了从属拓跋部的（a）、（b）、（c）三类部族之名，若注意到上引《魏书·序纪》关于始祖三十九年祭天的记载中"祭天，诸部君长皆来助祭"这段文字，可知参加漠北时代拓跋部部族联合祭祀的具体部族应该也就是（a）、（b）、（c）。很明显，其中作为拓跋部宗族的（a）各部族，相比属于（b）、（c）的诸部族，会有将该祭典视为己方祭典的强烈意识。前文述及，始祖时代内属的（b）当视作世奉北魏的家臣。因此，内属初期，（b）在整个祭典中的归属感较弱，但可以推测，随着时间的进展，他们也会意识到祭典与自己相关，并逐渐获得与（a）之间的一体感。不过，道武帝时臣属的（c）同（a）、（b）的情况存在若干差异。这是因为，（c）包含了慕容部、宇文部、贺兰部等与拓跋部相匹敌甚至凌驾其上的大部族。关于（c）内诸部族，《魏书》卷一一三《官氏志》云：

> 凡此四方诸部，岁时朝贡，登国初，太祖散诸部落，始同为编民。

引文谓（c）"岁时朝贡"，而《魏书》卷一《序纪》昭成帝十六年（366）条又有以下的例子：

> 慕容儁遣使朝贡。

考虑到当时拓跋部与前燕的实力关系，此处所谓朝贡能否真的被看成实际的朝贡，颇存疑问。易言之，很难认为（c）通过以拓跋部为中心的部族联合祭祀获得了与（a）、（b）的一体感。但也可以发现，属于（c）的一些部族也在漠北时代的后期逐渐对拓跋部执臣礼。《魏书》卷八三上《贺讷传》云：

> 后刘显（独孤部君长）之谋逆，太祖闻之，轻骑北归讷。讷（贺兰部君长）见太祖，惊喜拜曰："官家复国之后当

念老臣。"

该引文应当能说明这一点。

那么,道武帝以后的西郊祭天是怎样的情形?前文提到,围绕祭天的记载所见七木主与七族存在某种关联。同样也指出,十族(七族再加上帝室以及献帝叔父之胤乙旃氏、拓跋疏属车焜氏)在祭典中扮演着重要角色,继续握有一定的"祭司权"。由此看来,西郊祭天依然是以拓跋部为中心的部族联合祭祀,这一本质并未丧失。因而难以认为,被道武帝征服的慕容、贺兰等部民很快就会将具有该特质的祭典视为与自身关系密切的仪式。不过,西郊祭天又持续了近百年,这些在北魏统治阶层占有一席之地的人们,也会渐渐萌生出此祭典与己方息息相关的意识,就如同过去(b)内部族经历的情况。另一方面,如前所述,该祭典随着时间推移而走向形式化,将此与当前所论结合起来考虑应该能够得出,始终自觉地视该祭典为己物或是与自己有关之物的主体是(a)和(b),也有部分出现在(c)当中,但其程度弱于(a)、(b)。质言之,西郊祭天作为以拓跋部为中心的部族联合祭祀的特质一直维持到了最后,尽管蕴含着扩展、升华为全体北族之祭典的可能性,但结果是,在被废止的时候它还不足以成为这一意义上的"民族祭"[1]。

第二节 通过军制看北族社会的质变与孝文帝的改革

本节将讨论文章开头提示过的(B)孝文帝改革以前的军制,就以下几点展开论述:通过军制实现的北族团结,孝文帝改革军制的内容,统治华北的百年中北魏初期军制形式本身的分解过程。

据严耕望氏,孝文帝官制改革之前,殿中尚书是可视为列曹尚书之首的枢要之职,且分数曹任职[2]。另一方面,滨口重国氏在对正光年间

---

1. 岛田正郎氏在前揭论文(前揭书第328页)中提出,北魏没有可与辽祭山仪对等的民族固有祭典。据本节所论,笔者难以赞同此说。
2. 参见严耕望:《北魏尚书制度考》,《中央研究院历史语言研究所集刊》第18本,1948年。

第四章 北族社会的质变与孝文帝的改革

北魏军制的研究中述及,当时的禁军长官乃领军将军[1]。此处当注意《魏书》卷一四《元郁传》关于当时的殿中尚书元郁的以下记载:

> 郁率殿中卫士数百人从顺德门入,欲诛浑(乙浑)。

史籍中有若干类似材料可说明殿中尚书对禁军的率领,严氏将其与改革后的状况对比,认为统领禁兵的权限在孝文帝改革后从殿中尚书转移至领军将军。严氏此说仅二三十字,颇具洞察力,笔者大致赞同。如果该说得当,此项改革就不止停留在某官的职掌转移至他官的层面,而是具有重大意义。原因在于,同样根据严氏搜检的事例可知,殿中尚书的任职者来自北族或是极亲近北族的人物,并且由该官的实际职掌全然非中原式,可推定其为北族色彩浓厚的官职,而另一方面,据浜口氏的研究,北魏后期的领军将军在职掌层面完全是中原式官职,扮演着军制上最关键的角色,于是可以认为,此项改革是孝文帝汉化政策的一环。下面基于上述内容,对孝文帝改革前禁军的存在状态进行考察。

首先应明确孝文帝改革前禁军之长乃何职,《魏书》卷二六《长孙肥传》记传主在道武帝时的情况:

> 后从征中山,拜中领军将军。

《太祖纪》天兴二年三月条亦可见"中领军长孙肥"。《魏书》卷二九《叔孙建传》同样关于传主在道武帝时的情况云:

> 顷之,为都水使者,中领军。

《魏书》卷三〇《娥清传》记传主在明元帝时的情况:

---

[1] 参见浜口重国:《正光四五年の交に於ける後魏の兵制について》,《秦漢隋唐史の研究》上卷,东京大学出版会,1966年。

> 太宗（明元帝）南巡幸邺，以清为中领军将军，与宋兵将军周几等渡河略地。

《魏书》卷三三《屈垣传》记传主在太武帝时的情况：

> 以破平凉功，赐爵济北公，加平南将军。后转中领军。

据此，改革前也有领军将军（另外，《魏书》卷二六《尉地干传》记传主卒于太武帝时，"赠中领军将军"）。尽管如此，我们不能认为这段时期与孝文帝改革后一样，禁军长官就是领军将军。理由之一在于，管见所及，展现这段时期（从道武帝时代至太和十六年四月颁布新律令的约百年间）领军将军的活动或存在的记载仅限于上引数条，得以获知其名的在任者也不过上述四人，而孝文帝官制改革后，于忠、元叉等通过就任该职而操纵政局这些事例显示了领军将军的枢要性，两相对比可以推测，领军将军的性质以改革为界发生了巨大变化（另外，从太和十六年颁布新律令到北镇之乱爆发的孝明帝末约三十年间，可知任领军将军者有元继［《魏书》卷一六］、元叉［卷一六］、元深［卷一八］、于烈［卷三一］、于忠［卷三一］、斛律桓［卷四○《陆叡传》］、侯刚［卷九三］七人。其中元继与于烈两任此职）。理由之二是，存在如下所举的材料反映司卫监或殿中尚书乃当时的禁军长官（另，《魏书》卷九四《抱嶷传》关于文明太后时期任殿中尚书的传主亦有言曰"以统宿卫"，表明殿中尚书统领宿卫）。《魏书》卷三一《于烈传》记太和初年的传主云：

> 迁司卫监，总督禁旅。

《魏书》卷五一《吕罗汉传》收录了献文帝表扬历任司卫监、殿中尚书的吕罗汉的诏书，其中有言：

> 内总禁旅。

第四章 北族社会的质变与孝文帝的改革

因此,笔者推定这段时期的禁军长官无非殿中尚书或司卫监,那到底是其中哪一方呢?接下来就讨论这一点。

据《魏书·官氏志》所载太和中制定的官品表,殿中尚书的官品为第二品中,司卫监乃第三品上,仅从官品高下来看,殿中尚书似为长官。但《魏书》卷八九《胡泥传》云:

> 胡泥,代人也。历官至司卫监,赐爵永城侯。泥率勒禁中,不惮豪贵。殿中尚书叔孙侯头应内直而阙于一时,泥以法绳之。

可知司卫监掌握弹劾殿中尚书的权力,加上前述《于烈传》有"迁司卫监,总督禁旅"之语,据这些材料,我们又不能下这样的判断。那司卫监是长官吗?《魏书》卷四四《苟颓传》关于传主提到:

> 迁司卫监。……征拜散骑常侍、殿中尚书。

以该记载为代表,我们能看到历官司卫监者多迁任殿中尚书的事例,再加上前文已提到殿中尚书的官品高于司卫监,如果认为司卫监是长官就会更不自然。这样的话,能想到的一个解释是(一)殿中尚书乃长官,司卫监负责对包括该长官在内的全体禁军进行监察。不过,笔者不采用这一解释,而是认为(二)这段时期殿中尚书与司卫监分别率领着专属于各自的禁兵,所以两者间不存在统属关系。兹述理由如下。

首先,不采用解释(一)的理由在于,当时北魏负责监察禁军的是御史。关于御史对禁军的监察在本篇第二章已有讨论。

再来看选择解释(二)的理由。《魏书》卷一一三《官氏志》记登国元年(386)事:

> 是年置都统长。又置幢将及外朝大人官。其都统长领殿内之兵,直王宫。幢将员六人,主三郎卫士直宿禁中者。自侍中已下中散已上皆统之。外朝大人无常员。

据引文，北魏初期的禁军当中分别存在（ⅰ）都统长率领的殿内禁军与（ⅱ）幢将率领的其他禁军。但管见所及，都统长在《魏书》里仅能检出这一例，恐怕设置后不久即被废除。另一方面，幢将在此后仍能见到，但随着时代推移，该职职掌应该发生了分化，遂有都幢将（《魏书》卷一五《元可悉陵传》）、三郎幢将（卷三〇《楼安文传》）、虎贲幢将（卷三〇《宿石传》）、内幢将（卷三〇《来大千传》）、内都幢将（卷三〇《豆代田传》、卷三三《公孙邃传》）、羽林幢将（卷三二《高膟儿传》）、宿卫幢将（卷一一三《官氏志》）等（据《官氏志》载太和中制定的官品表，司卫监官品为第三品上，与之相对，宿卫幢将不过从三品上），而且不再能找到显示幢将总督禁军的史料，由此看来，登国元年的幢将与上述诸幢将（都幢将等）不能视为一物。然而，也未见反映登国元年以后（ⅰ）+（ⅱ）这样的禁军结构本身发生变化的史料。由是可以推测禁军的此种构成仍然延续。

另外，如前所述，同样是在禁军幢将中，我们能见到内幢将与幢将、内都幢将与都幢将这样的区别，而本篇第一章已述及，包括内都幢将、幢将等在内的源于北族的内朝诸官从北魏建国初到孝文帝时代持续存在，其中大部分因孝文帝改革被废除，这说明作为禁军将官的幢将、都幢将等存在内外之别，此区别存续至孝文帝改革的时期。这支持了笔者所认为的（ⅰ）+（ⅱ）的禁军结构从国初一直延续至孝文帝改革时的看法。

以上推论如果不误，都统长与幢将的职掌应该以某种形式被他官所继承，那么从目前的考察来推断，继承者无非就是殿中尚书与司卫监。易言之，笔者认为，登国元年以后不久，都统长遭废除，殿中尚书随之接替其职掌，而在幢将方面，朝廷设置了司卫监来总督除殿中尚书所领殿内禁军之外的禁军（前揭《于烈传》所谓"总督禁旅"即对应于此），进而可以推定，孝文帝改革前北魏禁军的"长官"是殿中尚书与司卫监两者。《魏书》卷一九上《元天赐传》云：

> 高祖初，殿中尚书胡莫寒简西部敕勒豪富兼丁者为殿中武士。

据此，殿中尚书行使对"殿中武士"的简选，而先前提到《元郁传》有殿中尚书元郁率领数百殿中武士的记载，前引《抱嶷传》又谓殿中尚书抱嶷统"宿卫"，这些事例都能支持上述笔者的部分观点。

需要附带说明的是，此处讨论的司卫监一职未见于中国历代王朝。笔者检出的任官者如下表所示，略微一瞥即可察觉，他们几乎全是北族人（其中，韩茂与吕罗汉是魏初归魏者的子孙，均为禁军出身，大致亦可视为北族系人物）。

人名	任官时期	出身	材料出处
① 元比干	道武帝?	代人	卷一四本传
② 尉眷	明元帝	代人	卷二六本传
③ 元桢	太武帝	代人	卷一五本传
④ 长孙真	太武帝	代人	卷二六本传
⑤ 穆颤	太武帝	代人	卷二七本传
⑥ 韩茂	太武帝	安定人	卷五一本传
⑦ 穆多侯	文成帝	代人	卷二七本传
⑧ 吕罗汉	文成帝	东平人	卷五一本传
⑨ 苟颓	献文帝?	代人	卷四四本传
⑩ 于烈	孝文帝	代人	卷三一本传
⑪ 宇文福	孝文帝	代人	卷四四本传
⑫ 胡泥	孝文帝	代人	卷八九本传

这样看来，司卫监是北族色彩极强的官职，而从上表也能窥知，此官不见于孝文帝以后的时期。《官氏志》收载了孝文帝时代制定的两份官品表，司卫监列于太和中制定的那份，太和二十三年制定的官品表则不记司卫监。易言之，由于孝文帝的改革，司卫监被废止。

关于这场改革，严氏曾提及，殿中尚书因之被夺去兵权。关于改革之后的情况（很可能受到了南朝制度的影响[1]），浜口氏指出，右卫、左卫的全体禁军受领军将军统辖[2]。同时，南朝尤其是萧梁的禁军由领军将军统领[3]，这是领军将军掌天下兵要的一环。而本篇第一章讨论了源于北族的内朝诸官被孝文帝废除的史事。将以上数点合而观之，孝文帝改革以后领军将军掌全体禁军一事，即使没有达到像南朝那样对天下兵要进行一体化支配的程度，我们还是大体能察觉，全体禁军已由此被安置于当时制定中原式军事支配体制的计划当中。另外，改革以后北族占据着领军将军之位，这当然可以说是与北族掌握军事力量有关（第五章将讨论此点），但宏观地看，上述改革还是推动了北族的联结朝比此前更松散的方向前进。

以上展现了孝文帝改革对禁军存在方式造成的变化，推行改革的背景，一般来说就是本篇所追寻的且作为本章课题的北魏王朝全面汉化这一大的历史趋势。下面通过论述禁军分驻地方的问题来考察汉化在北魏军制方面产生了何种影响，藉此成果来确认上述观点：禁军存在方式变化的背景，在于王朝全面汉化这一趋势。

《宋书》卷七四《臧质传》记北魏太武帝拓跋焘攻打刘宋臧质等人所守盱眙城时提到：

> 焘与质书曰："吾今所遣斗兵，尽非我国人，城东北是丁零与胡，南是三秦氐、羌……"

《魏书》卷四三《毛脩之传》记南朝降人毛脩之在太武帝时事：

> 神䴥中，以脩之领吴兵（当指南朝降兵）讨蠕蠕大檀，

---

1. 众所周知，如中书舍人的设置、切除七品以下官等事例显示，孝文帝的官制改革受到了南朝官制的巨大影响。
2. 参见浜口重国：《正光四五年の交に於ける後魏の兵制について》，《秦漢隋唐史の研究》上卷，东京大学出版会，1966年。
3. 参见越智重明：《領軍将軍と護軍将軍》，《東洋学報》第44卷1号，1961年。

第四章　北族社会的质变与孝文帝的改革

> 以功拜吴兵将军，领步兵校尉。……从讨和龙，别破三堡，赐奴婢、牛羊。是时，诸军攻城，宿卫之士（北族兵）多在战陈，行宫人少。云中镇将朱脩之，刘义隆故将也，时从在军，欲率吴兵谋为大逆，因入和龙，冀浮海南归。

《魏书》卷五〇《尉元传》载太和中尉元的上奏，其中有言：

> 今计彼（彭城）戍兵，多是胡人，臣前镇徐州之日，胡人子都将呼延笼达因于负罪，便尔叛乱，鸠引胡类，一时扇动。……宜以彭城胡军换取南豫州徙民之兵（当指汉兵），转戍彭城；又以中州鲜卑增实兵数。

这些记录共同显示，北魏军队以鲜卑、匈奴、汉人等形式分类编成。又据上引《尉元传》，北魏在对军队进行分类编成的同时，也将北族兵分遣至地方州镇。由此自然可以推导出，军队分类编成以及分遣北族兵至地方的背景，是人口较少的北族在统治广阔的中国时，建立了将其他民族扩充为兵力同时加以监视的体制，因而这一体制的存在增强了北魏作为一个集团的结合。

不过，在这一体制下，随着时代推移，出现了弱化北族集团之结合的重大事态。质言之，这一重大事态就是北族军从地方分遣进一步变成地方分驻、地方永屯。《魏书》卷五八《杨椿传》载：

> 自太祖平中山，多置军府，以相威摄。凡有八军，军各配兵五千，食禄主帅军各四十六人。自中原稍定，八军之兵，渐割南戍，一军兵才千余，然主帅如故，费禄不少。椿表罢四军，减其帅百八十四人。

大量散见于《魏书》的此类有关北族军地方分驻、永屯的记载说明事态的转盛。想来当时并非如现代一样拥有发达的交通、通信，再加上北族的结合也不是基于如宗教一般的价值意识，所以对本就在人口上远少于汉民族且未具备高度文化的北族来说，分驻、永屯必然弱化其作为一个集团的结合力，甚至会产生威胁北魏作为异民族王朝存在本身的危险性。因而可推测，北魏统治者为了避免这一态势的出现，也试图维持每逢叛乱等事变就从中央速遣北族军这样的体制（参见《魏书》卷三五《崔浩传》明元帝神瑞二年条的记载）。只是北魏的统治范围急剧扩大，让此条路线的维持在实际上变得不可能，北族军的地方分驻与永屯随时间推移而逐渐增加。这与北魏王朝全面汉化的趋势相互缠结，可作为北族社会质变的问题来理解。回过头来思考，本节前半部分讨论的禁军改革似乎与上述北族军的分驻没有直接的因果关系。但宏观地看，还是可以认为禁军改革具有以下性质：在北族兵地方分驻所示之汉化趋势当中，军制上北族性质的危机已经萌生，为了加以克服，它作为一项对策被施行。若非如此，我们就无法理解，北魏为何会从根本上改变过去的北族禁军形式，而创设在领军将军之下受一元化统领的中原式禁军。

第三节　通过婚姻形态看北族社会的质变与孝文帝的改革

就本章开头提出的（C），本节将讨论作为孝文帝改革之一环的、自上而下推行的婚姻形态的改变，以及伴随定居产生的胡汉通婚，并且对北族社会的语言问题展开若干考察，进而总结第一节至第三节的内容。

首先，关于自上而下推行的婚姻形态变革，《魏书》卷七上《高祖纪上》太和七年十二月癸丑条云：

> 诏曰："淳风行于上古，礼化用乎近叶。是以夏殷不嫌一族之婚，周世始绝同姓之娶。斯皆教随时设，治因事改者也。皇运初基，中原未混，拨乱经纶，日不暇给，古风遗朴，未遑厘改，后遂因循，迄兹莫变。朕属百年之期，当后仁之政，思易质旧，式昭惟新。自今悉禁绝之，有犯以不道论。"

该诏书过去一般被视为针对北族同姓婚的禁令。就字面来说是这样[1]。不过，据前篇第四章第二节"北族的同姓婚"条，以及同篇同章第四节的考察，笔者认为其实质是禁止部族制社会中常见的同部族内婚姻，当时北族的姓并非中国意义上的姓，而是具有部族名或氏族名的意味。因此，太和七年诏书所表达的，不能按照过去的观点被看作是在华夏意义上对同姓婚姻的禁止。易言之，引文的内容当为禁止同部族婚或同氏族婚。而对北亚民族来说，不管是蒙古系的辽还是通古斯系的金等，一般都不会在氏族内部进行通婚，外婚才是通例[2]。此处北族的情况亦应如是。这样的话，诏书的内容自然就该是禁止同部族婚。现在我们回到根本上来检讨这一推论是否正确。

一般来说，部族是由若干能够具体追踪到谱系关系的氏族构成（各氏族又分为小的分支），各氏族在共同祖先的意识下结成同一部族[3]。这种结构基本上也存在于拓跋部（族）处，尽管稍有差别的是，拓跋部吸收了一些祖先不同的被征服部族（或氏族）。可能说得不是很清楚，但《魏书》卷一一三《官氏志》关于北魏建国前的以下记载反映了这一点：

> 初，安帝统国，诸部有九十九姓。至献帝时，七分国人，使诸兄弟各摄领之，乃分其氏。自后兼并他国，各有本部，部中别族，为内姓焉。

《隋书》卷三三《经籍志》记迁洛时事：

> 后魏迁洛，有八氏十姓，咸出帝族。又有三十六族，则

---

1. 参见李亚农：《周族的氏族制与拓跋族的前期封建制》，华东人民出版社，1954年，第301、302页；古贺昭岑：《北魏の部落解散について》，《東方学》(59)，1980年等。另外，仁井田陞《支那身分法史》(1942年)第552页有关于此诏的解说。
2. 参见岛田正郎：《契丹の婚姻について》《再び契丹の婚姻について》《三たび契丹の婚姻について》《女真の婚俗と金代婚姻法》，均收入前揭岛田氏书；爱宕松男：《契丹古代史の研究》，东洋史研究丛刊之六，1959年；三上次男：《遼末における金室完顔家の通婚形態》，《金史研究》三，中央公论美术出版，1973年。
3. 部族、氏族的定义因研究者而异，此处仅笼统地使用。

诸国之从魏者；九十二（九？）姓，世为部落大人者，并为河南洛阳人。

后一条引文中所谓八氏（帝室与献帝时分出的七氏）与十姓（第一节提到的十族）是拓跋部族内的基本氏族，九十九姓应当就是那些被吸收为各氏族的异姓部族或氏族。这种部族、氏族的构成也当适用于与拓跋部相匹敌的贺兰部等[1]。

　　对于部族制社会，一般来说也有以部族全体作为外婚单位的现象，但以各氏族为外婚单位、仅与同部族内的其他氏族缔结婚姻关系才是最常见的婚姻形态。后者即以氏族为外婚单位的情形，在造访该氏族所属部族的第三者眼中，若此人并不通晓部族社会的结构且从汉民族式的立场出发视"同姓婚"为禁忌，很有可能会被误认为是在施行本应避免的"同姓婚"。注意这一点，再来考虑前述太和七年诏书中禁止通婚的情况，可以得出以下认识：诏书（首次）采取汉民族式的观念，在表达层面引入汉民族中同姓婚的禁忌，就以往北族的婚姻提出了禁止同姓婚的要求，但实质上是对北族内部以往所行"同部族婚""异氏族婚"的禁止。如果笔者所推定的"同部族婚（但异氏族婚）"的想法正确，尽管限于婚姻层面，我们还是能看到，部族乃至其下位集团的氏族，直到孝文帝时代依然存在。而且可以认为，对于前篇有关所谓部族解散实态的讨论，以及围绕孝文帝定姓族与其之关联的探寻，这种存在颇具意义。

　　又，《魏书》卷四〇《陆叡传》关于孝文帝时代的传主提到：

沉雅好学，折节下士。年未二十，时人便以宰辅许之。娶东徐州刺史博陵崔鉴女，鉴谓所亲云："平原王（叡的封爵）才度不恶，但恨其姓名殊为重复。"时高祖未改其姓。叡婚自东徐还。

引文反映了汉人与北族之间的婚姻。这类婚姻具体在何种程度上开展

---

1. 关于这一点，参见松永雅生《北魏太祖の離散諸部》(《福岡女子短大紀要》[8]，1974年）第四节《部族連合体としての賀蘭部》。

第四章 北族社会的质变与孝文帝的改革

并不明晰,但随着时代推移,其数量理应急速增加。这样的话,汉人与北族间的婚姻就在弱化北族集团之结合的方向上发挥了两点作用。第一,一直以来进行的同族婚具备增强北族结合的功能,汉人与北族间的婚姻推动了该习俗的破坏。第二,北族作为一个集团的结合之所以实现,除了存在如前文所述的祭祀、军制等方面的象征,还在于具有一个重要的不同性质的局势,即北族外部的汉民族视北族为侵略者。这种汉民族对北族的敌视,当然加剧了北族内部的紧张,推动其结合走向强化。不过,汉人(特别是士大夫阶层)认可与北族的婚姻,就意味着汉人一方对北族乃至北族王朝的承认,也就起到了纾解北族原本的紧张、弱化其作为一个集团的结合的作用。

接下来讨论围绕语言的问题,它也在增强集团结合方面扮演着重要角色,因本篇第一章第一节《孝文帝改革前的内朝》已就此展开若干考察,此处仅在其结论的基础上做一些补充。此前笔者有如下论述:北族在攻略华北的过程中主要使用自己的语言,而自太武帝统一华北之时起,受汉文化影响开始掌握汉语。不过在迁洛之际,多数北族虽大体能说汉语,但仍处在无法理解文章的近文盲状态。总而言之,对维持北族集团结合来说最为必要的自身语言也在北族同汉文化的接触过程中渐渐丧失(此倾向在北族上层的表现尤其显著)。正因为如此,《隋书》卷三二《经籍志》载:

> 后魏初定中原,军容号令,皆以夷语。后染华俗,多不能通,故录其本言,相传教习,谓之"国语"。

据引文,当时很可能出现了像万叶假名一样用汉字的音来摹写自身语言并以此教授年轻一代的情况。这种状况下,孝文帝推行了禁止胡语、采用汉语的措施,但此处应该注意的一点是,郑钦仁氏根据下引《魏书》卷二一上《元禧传》所载孝文帝关于禁止使用胡语的言论,指出孝文帝禁断的语言不只是堪称公用语的鲜卑语(也包括方言)[1]:

---

1. 参见郑钦仁:《译人与官僚机构——北魏政治制度史研究的前提之一》,《台大历史学系学报》(3),1976年。

> 今欲断诸北语，一从正音。

公用语属于被禁止使用的语言，而拓跋部民所说的鲜卑语也是鲜卑语中的一种方言，除此以外，慕容部民等鲜卑所说的鲜卑语以及匈奴、蠕蠕、敕勒等的语言（包括诸方言），这些很可能都在被禁断的行列。由此可推定，不仅是在漠北时代或北魏初期，即使到了孝文帝朝，依然有许多人说公用语以外的鲜卑语、匈奴语等多样的语言（但说这些语言的人们，与前述作为公用语的鲜卑语被忘却的情形类似，也在同汉文化的接触过程中逐渐丧失自己的语言）。这与考察祭天礼仪时指出的（a）、（b）、（c）这一部族类别，及考察婚姻方式时由"同姓婚"推导出的部族制之存在一道，对于思考北族作为一个集团的构造具有重要意义。另外，上述语言问题不仅显示出，北族内部说各种语言的小集团通过拓跋鲜卑语这一公用语形成了宽松的整体结合，还能据此推断，由使用鲜卑语产生的北族整体的结合，以及通过小集团所说语言而形成的小集团内部的结合，都在与汉文化的接触过程中走向弛缓。

综上所述，作为北魏政治支配者阶层的北族是包含许多小集团的复合体，这些小集团系基于血统、习俗等的同质性紧密结合而成。故可认为，全体北族作为一个集团的结合力比起当初还是单一集团的时候更弱。但也不能因此就说它们并非集团。根据在于，如本节上文的考察所阐明的，北族社会存在大量强化其结合的象征。而同时，从目前的讨论我们也明确了以下这一点，即这些象征无论哪一个都很难十足地起到包摄作为前述复合体的北族集团整体、使其紧密结合的作用，并且尽管程度有异，各个象征也或多或少踏上了形式化的道路（此前已论及，这一形式化在内朝、封爵等层面同样存在）。这更加推动了北族作为集团的联结走向弱化，而汉族士大夫对北魏的承认及积极地加入官界、北魏经济从"游牧经济"转为"农耕经济"、百年来伴随北魏王朝政治变动与经济发展而演化的北族内部阶层分化（孝文帝著名的分定姓族清晰地反映了阶层分化的存在）等，让该倾向进一步加速。

由以上所述来观察从国初以来一直存续的北族集团在孝文帝发动改革前夜的状态，可以认为，它们作为集团已近于崩坏。如果此说不误,因北魏这一异民族王朝是由北族所支撑的,上述政治状况对北魏来说堪称一场危机。故为了王朝的延续、发展,以某种方式克服这一状况非常必要,孝文帝改革就是出于解决该严重局面的历史必然产物。正由于它是历史性的必然产物,尽管未能完全平息这一局势,孝文帝之子宣武帝、之孙孝明帝颇获益于其改革的成果,在他们治下这条路线被作为祖法继承[补注(2)]。

补注(1):本章改写自拙稿《北魏高祖の漢化政策についての一考察——北族社会の変質との関係から見た》(载《東洋学報》第62卷3、4号,1981年)。该论文发表后,蒙佐藤智水氏提示《魏书》卷七下《高祖纪下》太和十年十月癸酉条"有司议依故事,配始祖於南郊"这一材料,据此,始祖配祭南郊可能一度中断。

补注(2):补注(1)所揭拙稿发表后,关于北魏的国家祭祀,又出版有康乐《从西郊到南郊——国家祭典与北魏政治》(史学丛书系列10,台北:稻禾出版社,1995年)、金子修一《北魏における郊祀、宗廟の祭祀について》(载《山梨大学教育学部研究报告》第47号,1997年)。请一并参看。

第五章

孝文帝的个性与改革

孝文帝的改革可谓意在彻底分割作为北魏统治阶层的、以鲜卑为中心的北族集团（这表现为伴随迁洛的北族南北之分、北族的姓族分定等形式），于是会产生以下疑问：这位北族出身的皇帝为何采取异于后来辽金元清等征服王朝藉多种政策来努力强化自身民族团结的行为，施用了被认为是掘毁异民族支配的基础、最终加速自身王朝灭亡的举措？对此疑问，我们能提供的解答是，当时的北魏视这场改革为必要，存在王朝全盘汉化的政治社会情势。关于这一点，以上的考察也已论及，在宏观的立场上可以说这是实现改革的必要条件。若再进一步，比如孝文帝在文明太后冯氏死后便开始接连不断地推动多种指向汉化的改革，这是何故？孝文帝具体如何调和对汉文化的尊崇之念与自己的北族身份？孝文帝断然施行汉化政策的同时，仍旧以北族兵作为禁军的主体，这是为什么？像这样站在更微观的视角，去探寻刺激孝文帝个人断然改革的力量产生自何处、此又与改革具有何种形式的关联等问题时，前述解答尚存难称完善之处。本章遵循这一问题意识，将阐明孝文帝个人的内心世界与改革的联系作为基础工作，尝试解析围绕孝文帝成长过程的疑点及其政治立场。

第一节　文明太后、孝文帝母子说的检讨

吕思勉、大沢陽典、郑钦仁氏等主张，正史虽云孝文帝祖父文成帝的皇后文明太后冯氏（以下简称为太后）与孝文帝不具有血缘关系，但事实上，两人当为母子[1]。为了解孝文帝的内心世界，首先就要对此展开讨论，之所以要解答孰为孝文之母这一在历史学上似乎不是那么重要的问题，有以下几条理由。

第一，太后在孝文帝从幼童直到成年的教育中扮演着显要角色，

---

1. 参见吕思勉：《两晋南北朝史》，开明书店，1948年，第508—510页；大沢陽典：《馮后とその時代》，《立命館文学》(192)，1961年；郑钦仁：《北魏中给事（中）稿》，《食货》复刊第2卷6期，1972年。

第五章　孝文帝的个性与改革

如果她确实是孝文帝的生母，这也会给孝文帝的个性带来巨大影响。第二，提倡太后、孝文帝母子说的吕思勉曾论及（括号内为笔者注）：

> 高祖（孝文帝）之教育，盖全受诸文明后（太后）。与佛狸（北魏太武帝）母虽汉人，教育则全受诸鲜卑者大异。此其所以能去腥膻之乡，践礼教之域，毅然独断，大革胡俗欤？[1]

据此，若孝文帝的汉化政策是受作为汉人的太后影响而推出的，太后、孝文帝母子说的正确与否就与本章所欲阐明的问题密切相关。第三，太后、孝文帝母子说如果得当，如大泽氏所指出的，孝文帝之父很可能是太后宠爱的出身汉人名族赵郡李氏的李弈[2]。李弈若果真是孝文帝父亲的话，孝文帝为何采取汉化政策就会变得容易理解了。这是因为，李弈乃孝文帝之父，又加上太后为汉人，那么孝文帝就不是北族人而是汉人，于是他创制汉化政策的可能性就变得极高。

吕氏为文明太后、孝文帝母子说举出的根据有以下几条：A1孝文帝出生时其父献文帝仅年满十三岁。A2太后死后孝文帝想要为其义理上只是祖母的太后服三年之丧。A3《魏书》卷一三太后的传记有如下难以理解的记载：

> 迄后（太后）之崩，高祖（孝文帝）不知所生。

A4孝文帝优遇太后一族（冯氏），但对《魏书》《北史》之"本纪""皇后传""外戚传"等所载帝之生母思皇后李氏（以下称思皇后）一族甚冷淡。A5由太后的本传等材料可知她是极富权势欲的人物，但《魏书》卷一三本传有如下文字，显示太后在孝文帝出生之时即脱离政务，此殊不可解：

> （太后）遂临朝听政。及高祖生，太后躬亲抚养。是后罢

---

1. 前揭吕氏书第510页。
2. 参见前揭大泽氏论文。

令（称制之令），不听政事。

吕氏的结论是：

> 岂高祖实后私生之子，后因免乳，乃不得不罢朝欤？此事固无证据可举，然以事理推之，实不得不作如是想。此等事固永无证据可得也。

他认为由推理可得出孝文帝乃太后之子，但坐实此点的证据恐怕永远不会出现[1]。大沢氏在赞同吕氏之说的同时，还举出了以下根据：B1据《魏书·天象志》（卷一〇五之三）的记载，孝文帝被太后认为将来可能倾危冯氏一门而数度几至遇害，其父献文帝对此毫不责怪，并置之不理，这一点难以理解。郑氏亦赞同吕氏、大沢氏之说，又补充了以下根据：C1《魏书》卷五八《杨椿传》所记孝文帝与杨椿的对话以"母子"一语来表现太后与孝文帝的关系。

下面尝试检讨诸氏之说。首先关于A1，赵翼《廿二史札记》卷一五"魏齐诸帝皆早生子"条云：

> 魏道武帝十五岁（十三岁？）生明元帝，景穆太子十三岁生文成帝，文成十五岁生献文帝，献文十三岁生孝文帝。……盖魏、齐之间，皇子皆早娶，故生子亦早。

据此，北魏诸帝往往少年生子（景穆太子为太武帝长子，夭逝而未即帝位）。因而献文帝在十三岁时生孝文帝也并非不可思议。关于A2，在孝文帝出生后的二十多年里，太后一直参与对他的养育、教育。而且在北魏，乳母极受尊崇（参见《魏书》的《世祖保母窦氏传》《高宗乳母常氏传》，均附载于《皇后列传》）。注意到这一点，对异常热心于实践中国文化精髓——孝道的孝文帝做出A2之举，也不是不能理解。关

---

1. 前揭吕氏书第510页。

第五章　孝文帝的个性与改革　　　　　　　　　　　　　　　　　245

于A3，为了防止母后、外戚势力介入政治，北魏制定了赐死储嗣生母的故事（参见《皇后列传》，而此制度当由孝文帝废止[1]）。太后亦应熟悉这项故事（这在史料中也能得到确认，参见《魏书·孝文贞皇后林氏传》）。那么可以推测，太后至死也没有告知孝文帝其生母的姓名，这是通过孝文帝来压制外戚势力的生长。易言之，《魏书》《北史》之"本纪""皇后传""外戚传"等所记孝文帝生母思皇后的姓名因上述缘故被太后终生隐瞒，A3的史料反映的是由此产生的结果，并非表示太后乃孝文之母。关于A4，上面已提到二十多年来孝文帝一直在太后的养育下成长。因而孝文帝与冯氏一门建立了极亲密的关系（参见《魏书·冯诞传》等）。另一方面，皇后李氏一门在孝文帝幼年时代即遭族诛之难，本就无法像冯氏一门那样亲近孝文帝。此外，再结合检讨A3时所述太后隐匿生母姓名的可能性，孝文帝与李氏一门之间的紧密联系更是无从产生。总之A4不能成为确立太后、孝文帝母子说的根据。关于A5，太后也参与了对孝文帝长子元恂的养育，和对待孝文帝的情形相同（参见《魏书·废太子恂传》）。而太后侄冯昭仪（后为皇后）也模仿太后，将作为储君的太子（后来的宣武帝）同自己绑定，企图夺取权力（参见《魏书·孝文昭皇后高氏传》）。又如前所述，在北魏乳母极受尊崇，成为乳母意味着其一族的昌盛得到了保障。根据这些史实，即使太后因孝文帝出生而不听政事，也不能像吕氏一样将此事立即断定为"放弃权力"。太后专心抚育孝文帝，不知是特意还是偶然，恰始于因史料较少而整体情况不甚清晰的丞相乙浑谋反事件平息后不久（诛杀乙浑是在天安元年二月，孝文帝出生于一年半后的皇兴元年八月），或者说始于因完成乙浑的定罪与重新布局阁僚等事后处理，而结束替代年少的献文帝临朝这一角色之时（关于丞相乙浑的谋反事件，参见大沢氏论文）。注意到这些情况便可推断，专心抚育孝文帝对太后

1.《北史》卷一四《后妃传下》史臣"论曰"："魏世遂为常制，子贵而其母必死。矫枉之义，不亦过乎！孝文终革其失，良有以也。"据此，该制度由孝文帝废止。但《魏书》卷一三《宣武灵皇后胡氏传》云："世宗（宣武帝）初……椒掖之中，以国旧制，相与祈祝，皆愿生诸王、公主，不愿生太子。唯后每谓夫人等言：'天子岂可独无儿子，何缘畏一身之死而令皇家不育冢嫡乎？'及肃宗（孝明帝）在孕……既诞肃宗，进为充华嫔。"至宣武帝时代，赐死储嗣生母还维持着作为旧制的效力。

维持自身或自己一族的现状、实现家族昌盛来说,是最坚实的选项。质言之,A5也不能成为确立太后、孝文帝母子说的根据。

接下来关于B1,《魏书》卷一〇五之三《天象志三》的记载如下:

> 三年(太和三年,479)……是时,冯太后将危少主者数矣,帝春秋方富,而承事孝敬,动无违礼,故竟得无咎。至六年三月,而齐主殂焉。

献文帝之死,时在太和三年三年以前的承明元年六月辛未(参见《显祖纪》)。所以,引文中的"帝"显然指孝文帝,不可能是献文帝。

最后关于C1。如前所述,太后在很长的时间里扮演着孝文帝乳母的角色,而《魏书》卷一三《孝文昭皇后高氏传》记杀害宣武帝生母高氏、有意成为其养母的冯昭仪云:

> 密有母养世宗(宣武帝)之意……母道隆备。

《魏书》卷一三太武帝保母窦氏的传记还提到:

> 世祖感其恩训,奉养不异所生。

根据这些记载,当时存在视乳母为生母的风气。因而这也不能作为证实太后、孝文帝母子说的根据。

总而言之,上举诸根据除了B1,其余即使以太后与孝文帝非母子为前提,也都能得到合理解释(B1的见解存在误读)。那么目前来看,恰如首倡太后、孝文帝母子说的吕氏已指出的,此观点只能停留在假说的地步。不过,存在一些以往学者未揭示的史料,表明孝文帝不是思皇后之子,进而大致能据以确定太后与孝文帝实为母子。《魏书》卷八三上《李凤传》记孝文帝欲赐爵于被太后孥戮的思皇后一族(李氏)的幸存者:

> 太和十二年(488),高祖将爵舅氏,诏访存者。而惠

第五章　孝文帝的个性与改革

（李惠，思皇后之父）诸从以再罹孥戮，难于应命。唯道念（李道念乃李凤之弟。李凤为李惠从弟，已被诛）敢先诣阙，乃申后妹及凤兄弟子女之存者。……十五年……

太后死于太和十四年九月癸丑（参见《高祖纪》）。因而引文似乎显示，孝文帝在太后之死的两年前，已明了思皇后乃生母。但前文已述及《魏书》卷一三太后本传的以下记载：

迄后（太后）之崩，高祖（孝文帝）不知所生。

现存《魏书》《北史》各版本均将上引爵舅氏事系于太和十二年，太后本传的记载也无异辞。爵舅氏年份这一记录会有误吗？《李凤传》在前引文后继续叙述道：

于是赐凤子屯爵柏人侯，安祖浮阳侯，兴祖安喜侯，道念真定侯，从弟寄生高邑子，皆加将军。十五年，安祖昆弟四人，以外戚蒙见，诏谓曰："……从今已后，自非奇才，不得复外戚谬班抽举。既无殊能，今且可还。"后例降爵，安祖等改侯为伯，并去军号。

此处所见降爵发生于太和十六年正月（参见本章第三节）。换句话说，引文中"十五年"这一年份大体不存在错讹的可能。那上引《李凤传》"太和十二年"的情况如何？如果视其为"太和十四年"的误记，就会产生问题。原因在于，这样认定的话，授爵有可能发生于太后去世的太和十四年的九月至十二月，与笔者认为"迄后之崩，高祖不知所生"所指人物乃太后的看法相矛盾。不过，太和十四年九月至十二月授爵应该可以被否定。只要稍微读读"本纪""礼志"便可明白，孝文帝在此期间沉浸于对太后之死的哀悼而未从事政务。易言之，爵舅氏的年份记录不可能存在错误。这些情况显示，依据现存史料，太后去世时孝文帝所知生母不是此前他自己认为的思皇后，再结合前述A2、A4、

C1等，可断定其为太后。

那么孝文帝的父亲又是谁？下面讨论这一点。《魏书》卷一三太后的本传记献文帝朝初期之事：

> （太后）遂临朝听政。及高祖生，太后躬亲抚养。是后罢令，不听政事。太后行不正，内宠李弈，显祖因事诛之，太后不得意。显祖暴崩，时言太后为之也。

此李弈乃赵郡李氏李顺之子。大沢氏推定李弈乃孝文帝之父。但我们难以赞同这一见解。理由之一是，据上引文可窥见的事态，太后内宠李弈发生于孝文帝出生后。以下为第二项理由。《魏书》卷八三上《李惠传》载：

> 高祖奉冯氏过厚，于李氏过薄，舅家了无叙用。朝野人士所以窃议，太常高闾显言于禁中。及世宗（宣武帝）宠隆外家，并居显位，乃惟高祖舅氏存已不沾恩泽。

从这里的"朝野人士所以窃议"以及再三引用的太后本传所谓"迄后之崩，高祖不知所生"等能窥知，孝文帝乃太后之子或思皇后实非生母一事在孝文帝时代就已广为流传。另一方面，献文帝在年仅十八岁时就受迫于太后，传位给孝文帝（参见《魏书·天象志三》显祖皇兴四年十月条），而《魏书》卷六《显祖纪》皇兴五年（471）八月条载：

> 帝（献文帝）雅薄时务，常有遗世之心，欲禅位于叔父京兆王子推，语在任城王云传，群臣固请，帝乃止。

《魏书》卷一九中《任城王云传》载：

> 延兴中，显祖（献文帝）集群僚，欲禅位于京兆王子推。王公卿士，莫敢先言。云进曰："陛下方隆太平，临覆四海，

第五章 孝文帝的个性与改革

岂得上违宗庙，下弃兆民。父子相传，其来久矣，皇魏之兴，未之有革。皇储正统，圣德凤章。……"太尉源贺又进曰："陛下今欲外选诸王而禅位于皇叔者，臣恐春秋蒸尝，昭穆有乱，脱万世之后，必有逆飨之讥，深愿思任城之言。"东阳公元丕等进曰："皇太子虽圣德凤彰，然实冲幼。陛下富于春秋，始览机政，普天景仰，率土傒心，欲隆独善，不以万物为意，其若宗庙何，其若亿兆何！"显祖曰："储宫正统，受终文祖，群公相之，有何不可。"于是传位于高祖。

上引文表明，显祖献文帝一度想禅位于叔父子推，在任城王云、源贺、元丕等北族重臣的反对下，最终传位于孝文帝。那么假如李弈是孝文帝之父，群臣还会提出这样的反对意见吗？纵使太后权势伸张，带来压力，我们也难以认为源贺等出身北族且为北魏柱石的人物，会赞同因上述缘由而不具备皇位传承正统性或是对象为身份可疑的太子的禅位。何况，考虑到当时笼罩在北族中心主义下的北魏政治状况，以汉人为父或是有此嫌疑的人成为天子，是完全无法想象的。再退一步，即便太后势力强大，足以压制这样的反对，李弈为孝文之父的说法仍不能成立。如下一章所述，迁洛后不满于孝文帝汉化政策的北族上层人士发动了谋反事件（在太后死后第六年），《魏书》卷一四《元丕传》对当时参与者有以下记载：

丕（元丕）父子大意不乐迁洛。高祖之发平城，太子恂留于旧京，及将还洛，隆与超（元丕之子）等密谋留恂，因举兵断关，规据陉北。

由此可窥见欲奉孝文帝长子太子恂为人主的动向。企图发动以反对孝文帝汉化路线为特征的反乱，却尊"汉人天子"孝文帝的长子元恂为首领，这会让谋反的性质不可理解。质言之，李弈乃孝文之父的可能性几乎不存在。孝文帝之父一定还是在作为拓跋北魏统治者方面具有正统性的人物。那会是谁呢？是太后之夫文成帝吗？不过，文成帝乃孝文之父的可能性完全没有。原因在于，文成帝死于和平六年（465）五月癸卯（《魏书》卷五《高宗纪》），孝文帝出生于两年后的皇兴元年（467）八月戊申（《魏书》卷七上《高祖纪上》）。如果这样看，人选便只有献文帝。果真可能吗？孝文帝出生时献文帝十三岁（虚岁十四）。当时太后虚岁二十六或二十九（前者根据太后本传中"[太和]十四年[490]，崩于太和殿，时年四十九"的记载倒推。后者根据同传"年十四，高宗[文成帝]践极"以及文成帝于正平二年[452]即位等计算。产生这种分歧的原因不明）。而前引《廿二史札记》已指出，北魏诸帝多少年生子。且如所周知，北族间存在所谓收继婚的风俗[1]。易言之，很有可能孝文帝就是献文帝与太后所生。另外，文成帝与太后无子。笔者认为，这就是孝文帝出生的真相。认为献文帝而非李弈乃孝文帝之父，便能让以下疑问涣然冰释：第一，为何最开始是群臣，最后是献文帝自己，都认可孝文帝应作为继承献文帝的天子，即便孝文帝乃太后之子的传言在当时广为流传；第二，为何文成帝末至献文帝朝，会出现以乙浑事件为代表的北魏史上含混不明的部分；第三，为何史书在写明献文帝乃孝文之父的同时（管见所及，当时史书中不存在能否定献文帝为孝文帝之父的史料），关于其母的记载却颇多隐晦。由此，关于当时北魏中央的内幕，我们获得了比过去的见解更具体的图景。

上述围绕孝文帝出生诸事的整体情况为其自身所知，如太后本传"迄后之崩，高祖不知所生"之记载透露的，当在太后去世之际或是此后不久。这给孝养之念颇重的孝文帝带来莫大震惊。《魏书》卷一〇五之三《天象志三》的以下记录对了解他当时的心情极富启发性：

> 至承明元年（476）四月，月食尾。五月己亥，金、火皆入轩辕；庚子，相逼同光。皆后妃之谪也。天若言曰：母后之衅几贯盈矣，人君忘祖考之业，慕匹夫之孝，其如宗祀何？是时，献文不悟，至六月暴崩，实有酖毒之祸焉。由是言之，皇天有以睹履霜之萌，而为之成象久矣。其后，文明皇太后（太

---

1. 参见周一良：《崔浩国史之狱》，《魏晋南北朝史札记》，中华书局，1985年。

第五章　孝文帝的个性与改革

后）崩，孝文皇帝方修谅阴之仪，笃孺子之慕，竟未能述宣《春秋》之义，而惩供人之党，是以胡氏（孝文帝之孙孝明帝的生母灵太后胡氏）循之，卒倾魏室，岂不哀哉！

此处所见"述宣《春秋》之义"指宣明大义名分，即公布、裁断太后杀害已故之父献文帝一事，"惩供人之党"意为处罚太后的支持者。易言之，上引文做出了以下陈述，并对孝文朝政治予以批判：太后死后，孝文帝为太后服丧以示"孺子"追慕之情，此举实乃忘祖考之业而行匹夫之孝，弑献文帝的太后一党（包括太后）没有遭到惩处，这为后来灵太后胡氏的所作所为开了先例（灵太后毒杀亲生子孝明帝[1]），她同太后一样生育储嗣却未被赐死（如前所述，北魏有赐死储君生母的规定[2]），是导致北魏政局陷入混乱、北魏走向灭亡的元凶。

《天象志》所见太后毒杀献文帝当为可信之事实。在《北史》卷五六《魏澹传》关于魏澹《魏史》义例的引录中同样能见到对此事的叙述：

义例与魏收多所不同。……其三曰："幽王死于骊山，厉王出奔于彘，未尝隐讳，直笔书之，欲以劝善惩恶，诒诫将来。而太武、献文，并遭非命，前史（魏收《魏书》）立纪，不异天年，言论之间，颇露首尾。杀主害君，莫知姓名，逆臣贼子，何所惧哉？今分明直书，不敢回避。"

在太后称制、掌握国政实权的时期那还情有可原（由上文谈到B1时讨论的史料可以窥知，连孝文帝自己都几次面临来自太后的生命威胁），可为何孝文帝在其死后仍不打算论太后之罪呢？大概是因为，太后死

---

1. 参见《元天穆墓志》。
2. 《北史》卷一四《后妃传下》史臣"论曰"："魏世遂为常制，子贵而其母必死。矫枉之义，不亦过乎！孝文终革其失，良有以也。"据此，该制度由孝文帝废止。但《魏书》卷一三《宣武灵皇后胡氏传》云："世宗（宣武帝）初……椒掖之中，以国旧制，相与祈祝，皆愿生诸王、公主，不愿生太子。唯后每谓夫人等言：'天子岂可独无儿子，何缘畏一身之死而令皇家不育冢嫡乎？'及肃宗（孝明帝）在孕……既诞肃宗，进为充华嫔。"至宣武帝时代，赐死储嗣生母还维持着作为旧制的效力。

后孝文帝才得以知晓实情,因而对于孝养观念极深重、精通汉学的他来说,将自己追慕的母亲(太后)以杀父的大罪论处,实在无法想象。另外,《魏书》卷三《太宗纪》记太宗明元帝即位前事:

> 初,帝母刘贵人赐死,太祖(道武帝)告帝曰:"昔汉武帝将立其子而杀其母,不令妇人后与国政,使外家为乱。汝当继统,故吾远同汉武,为长久之计。"帝素纯孝,哀泣不能自胜,太祖怒之。帝还宫,哀不自止,日夜号泣。

同书卷四下《世祖纪下》记载了世祖太武帝懂事后得知母亲已死时的情形:

> 帝(太武帝)生不逮密太后(太武帝生母),及有所识,言则悲恸,哀感傍人,太宗(明元帝,太武帝之父)闻而嘉叹。

上面的材料显示,北魏皇帝为其因国家稳定的需要而被杀的生母怀揣悲伤。高祖孝文帝谥号带有"孝"字,且在以下材料中被誉为"孝"。比如《魏书》卷一三《文成文明皇后冯氏传》云:

> 高祖雅性孝谨。

同书同卷《孝文幽皇后冯氏传》云:

> 高祖素至孝。

但却没有显示孝文帝对其生母做出相应举动的记载。而《魏书》卷一〇八之三《礼志三》的开篇载:

> 魏自太祖至于武泰帝,及太皇太后、皇太后、皇后崩,悉依汉魏既葬公除。唯高祖太和十四年文明太后崩……欲依

> 上古，丧终三年。

引文展示了一次反常之举的出现，作为皇帝的孝文不顾群臣的强烈反对，将为"祖母"太后服本应属于父母的三年之丧（孝文帝对太后的思慕之情可谓异常强烈，参见《魏书》卷一〇八之三《礼志三》）。这种矛盾需借助先前的理解才能开释。

以上所述推论如果不误，我们容易体察到，献文帝被弑以及与"祖母"太后的关系等事件对孝文帝采取汉化政策造成了巨大影响。从名义上的关系来看，太后作为文成帝的皇后，是孝文帝的祖母（对献文帝来说，太后是名义上的母亲。另外，文成帝同太后当没有产育）。然而实际上，太后是他的生母，又杀害了其父献文帝，这些对于可谓北族第一文化人的孝文帝来说无异于噩梦，令其联想到野蛮的乱伦。这一黑暗面与他血脉相连。太后死后，孝文帝推行的改革以所谓的汉化政策为形式，从根本上转变了此前他生活的世界，代表性的措施就是将首都从朔风呼啸的用武之地平城迁移到气候与农地都得天独厚的中州洛阳。而在这项改革的背景里，孝文帝试图从上述那种过去的藩篱中解放自己的意志，很可能对他的精神造成了深远的撼动。

另外，《魏书》卷二一上《元羽传》记迁洛后孝文帝之语：

> 朕自行礼九年，置官三载，正欲开导兆人，致之礼教。
> 朕为天子，何假中原。

从引文可以窥见，孝文帝欲超越其在太后死后才获得的兼具名实的北魏皇帝地位，追求统治整个中华的天子之位。对此，上文所述事项应该也产生了影响^{补注}。

第二节 孝文帝的北族意识与阶层意识

如通常所说，孝文帝的改革具有放弃作为北族的自傲、向中原社会全面同化的一面。另一方面，前节已述，拓跋氏是非汉民族国家北魏的正宗统治者，孝文帝拥有皇室直系血统。他推行这种汉化政策的话，内心一定会产生某种纠结，然而却不见相关迹象。那么此处就当存在相应的缘由。前节所论也许可以说是其中之一。不过，这一表现还不太切当，只能说是孝文帝在情感上的一面。本节将从孝文帝的政治立场这一侧面，更具体地说是从他的政治立场与其作为北族的意识（以下称为北族意识）以及阶层意识（重视社会上等阶层的意识）的关联，来探寻该缘由。

可以认为，孝文帝几乎没有北族意识，或者说，即使有，也相当淡薄。我们首先就来谈谈这一点。

在《隋书》卷三二《经籍志一》记与《孝经》有关书目处可见"国语孝经"这一书名，后文又云：

> 魏氏迁洛，未达华语，孝文帝命侯伏侯可悉陵，以夷言译孝经之旨，教于国人，谓之《国语孝经》。

引文显示，与后世的征服王朝利用"夷言"来宣扬国威相反，北魏将其用于向北族讲解作为汉文化精髓的孝道，而且出自孝文帝之命（此处应该注意，该诏命的发出并非基于统治着汉人的北族有必要理解汉人的思想这一立场）。这是反映孝文帝北族意识淡薄的一项例证。

又，《魏书》卷七下《高祖纪》关于孝文帝有言：

> 雅好读书，手不释卷。五经之义，览之便讲，学不师受，探其精奥。史传百家，无不该涉。善谈庄老，尤精释义。才藻富赡，好为文章，诗赋铭颂，任兴而作。有大文笔，马上口授，及其成也，不改一字。自太和十年已后诏册，皆帝之文也。

该记载展现了孝文帝对汉文化的深厚理解，这种理解在他心中已深化为一项意识，即"中国"同自己是相互连接而非断裂的关系。比如《魏书》卷一○八之三《礼志三》详细记载了孝文帝想为文明太后服三年丧时与持反对观点的胡汉重臣之间的问答，他运用自己在中国古典方面的该博知识，最终一一驳倒在场重臣的说辞。其中一段为：

> 高闾（汉人官僚）对曰："……杜预晋之硕学，论自古天子无有行三年之丧者，以为汉文之制，闇与古合。……"高祖曰："汉魏之事，与今不同，备如向说。……至如杜预之论，虽暂适时事，于孺慕之君，谅闇之主，盖亦诬矣。孔圣称'丧与其易也宁戚'，而预于孝道简略，朕无取焉。"

引文显示，孝文帝也反驳了杜预之说，进而上溯至孔子，欲依此而实践"孝"。反过来看，这也说明了他北族意识的淡薄。

《北史》卷三六《薛聪传》记孝文朝事（引文中的"蜀"是一种非汉民族的名称[1]）：

> 帝曾与朝臣论海内姓地人物，戏谓聪曰："世人谓卿诸薛是蜀人，定是蜀人不？"聪对曰："臣远祖广德，世仕汉朝，时人呼为汉。臣九世祖永，随刘备入蜀，时人呼为蜀。臣今事陛下，是虏非蜀也。"帝抚掌笑曰："卿幸可自明非蜀，何乃遂复苦朕。"聪因投戟而出。帝曰："薛监醉耳。"其见知如此。

这条材料提到，孝文帝对胡汉之别没有那么强的意识，他站在汉人的立场上揶揄蜀人薛聪，招致薛聪指陈孝文帝原本亦为虏，即索虏（鲜卑），但孝文帝没有因此发怒。另一方面，前篇第一章第二节"汉族士大夫在北魏时期的变化"曾论及，出身华北第一名门清河崔氏的崔逞，因为北魏建国者道武帝攻略后燕时侮蔑北族，将其与飞鸮、淮夷相提并论，触怒道武帝而被赐死。比较此事与上述发生在孝文帝朝的案例可以窥见，道武帝的北族意识同孝文帝之间存在明显的差别。易言之，《薛聪传》的材料也展现了孝文帝北族意识的淡薄。

---

1. 参见陈寅恪：《魏书司马叡传江东民族条释证及推论》，《陈寅恪先生论集》，历史语言研究所特刊之三，1971年。

那么，孝文帝北族意识的淡薄缘何而生？伴随北魏建国以来开始的与汉文化的接触，北族社会的各种制度渐渐全面汉化，最终导致北族正在失去作为北族的主体性，孝文帝的成长恰处于这一时期（这一点我们在上一节及之前已经考察过）。北族社会这一变化带来的影响，通过孝文帝幼年至青年时期受到的教育以及遭遇的各种事件，当已深入其内心。前文所见他在理解中国古典上的广度与深度，就是该影响的结果之一。此处还应该注意，对于作为社会变动的一项表现的北族社会内部阶层分化，孝文帝敏锐地做出了反应，开始抱持强烈的阶层意识。可以说，阶层意识的存在与他北族意识的淡薄息息相关。下面就来看看孝文帝的阶层意识与北族意识的联系。

《魏书》卷一一三《官氏志》记载了颁布于太和十九年（495）的著名的分定北族姓族诏书，由此可以窥见至孝文帝改革之际，北族社会的阶层分化正接近汉人社会。其中一段为：

> 原出朔土，旧为部落大人，而自皇始已来，有三世官在给事已上，及州刺史、镇大将，及品登王公者为姓。若本非大人，而皇始已来，职官三世尚书已上，及品登王公而中间不降官绪，亦为姓。诸部落大人之后，而皇始已来官不及前列，而有三世为中散、监已上，外为太守、子都，品登子男者为族。若本非大人，而皇始已来，三世有令已上，外为副将、子都、太守，品登侯已上者，亦为族。凡此姓族之支亲，与其身有缌麻服已内，微有一二世官者，虽不全充美例，亦入姓族；五世已外，则各自计之，不蒙宗人之荫也。虽缌麻而三世官不至姓班，有族官则入族官，无族官则不入姓族之例也。

依照引文，部落大人（部落首长）的子孙自皇始（道武帝年号）以来三世未仕至相当于中散、监之官且无爵，或本非部落大人子孙，三世未登上相当于令的官职且爵位在侯爵以下，这些人里的大部分无法成为姓族。《官氏志》所记太和中制定的官品表，被认为相当忠实地反映

第五章 孝文帝的个性与改革

了国初以来至孝文帝改革前的官品，中散位列第五品中，监亦五品官[1]，令在第四品中，比侯爵低的子爵当时等同四品官，男爵等同五品官[2]。而引文所见给事为从三品上，尚书为第二品中。王爵、公爵、侯爵分别与一品官、二品官、三品官相当。又可推测，州刺史、镇（都）大将相当于一品或二品官，太守、子都（将）相当于三品或四品官[3]。质言之，在部落大人子孙的场合，"姓"意味着皇始以来三世都有约三品以上的官爵，"族"意味着有五品以上官爵（在非部落大人子孙的场合，姓族的下限大致增高一品）。

据以上所述可知，三世都没能获得约五品以上官爵的北族，基本上无法成为姓族（非部落大人子孙的场合是四品以上）。宫崎市定氏曾指出，孝文帝的官制改革大致是将从前的一品至九品官中七品以下部分移到流外，剩下的一品至六品官被分配为新的九等[4]。将其与上文所述结合起来考虑，可以推知不少北族因孝文帝的定姓族，此后在制度上被固定为庶民身份，这反映了北族遭孝文帝分割成两大阶层。《魏书》卷一八《元深传》所载六镇之乱爆发前夜元渊的著名上奏，对当时北镇的形势进行了生动描写，其中一段为：

> 昔皇始以移防为重，盛简亲贤，拥麾作镇，配以高门子弟，以死防遏，不但不废仕宦，至乃偏得复除。当时人物，忻慕为之。……征镇驱使，但为虞候白直，一生推迁，不过军主。然其往世房分留居京者得上品通官，在镇者便为清途所隔。

若探寻这种状况在北魏末出现的原因，制度方面应该就要追溯至孝文帝的定姓族。

---

1. 第五品中有廷尉监，从五品上有掖庭监，从五品中有诸局监，从五品下有尝药监。但是见于第三品上的司卫监是一个例外。关于司卫监，参见上一章第二节。
2. 参见本篇第三章"封爵制度"。
3. 同上。
4. 参见宫崎市定：《九品官人法の研究》，东洋史研究丛刊之一，1956年，第397页。

另外，据上一章的考察，直到孝文帝改革时，因国家组织本身规模较小且简单，北族中的人际关系及支配、被支配关系相比后世还没有明确的划分，人们藉由许多的象征（祭天礼仪、语言等，源自处于扁平化状态的漠北游牧时代的制度、风俗）结合在一起，相互间拥有连带意识。注意到这一点，定姓族之举就显示出，相对于以这种连带意识为基础的社会，孝文帝倾向的是基于身份制原理的阶层社会。总之可以推定，受北族社会变化影响而产生的孝文帝的阶层意识，是本节所论其北族意识淡薄这一问题的背景。

想附带说明的是，《魏书》卷七下《高祖纪下》太和十九年（495）八月乙巳条云：

> 诏选天下武勇之士十五万人为羽林、虎贲，以充宿卫。

同卷太和二十年十月戊戌条云：

> 以代迁之士皆为羽林、虎贲。

浜口重国氏指出，这些羽林、虎贲大部分是北族兵[1]。这似乎显示，孝文帝尽管舍弃了北族风俗，全盘汉化国家各种制度，大量登用汉人，但内心仍然秉持强烈的北族意识，对汉人怀有警惕。不过，北族兵编入禁军当基于以下状况实施：第一，北族兵善于骑射，军事上的实力强于汉兵，这是当时社会的现实；第二，对于因迁都而刚移居至洛阳的北族，有必要确保其生业。所以，征服王朝式的想法在此处并不明显。

而同样是根据浜口氏的研究，迁洛以后禁军诸官（领军、左卫、右卫、武卫等将军）除若干例外均由北族担任[2]（但是这些北族全部出自北族上层）。这一现象产生的原因，可以举出两个方面：一是前文所述

---

1. 参见浜口重国《正光四五年の交に於ける後魏の兵制に就いて》，《秦漢隋唐史の研究》上卷，1966年。
2. 同上。

第五章 孝文帝的个性与改革

当时禁军大部分由北族构成这一现实（这一点浜口氏也已指出[1]）；二是对北族上层的重视[2]，但相对于全体部族，这些人不过是小部分。从后一方面（重视北族上层）可以窥见孝文帝所具有的在阶层意识影响下的北族意识。不过，孝文帝积极鼓励北族上层与汉人贵族联姻，后者随北魏国家的封建化[3]在政治经济利益上已趋于一致，且这样的婚姻确实在繁荣地开展，注意到这些史实我们便不能过高地估计他的北族意识，尽管禁军将领的官职大部分被北族上层占据。

补注：本章原文为拙稿《北魏高祖の漢化政策の理解について》（载《九州大学東洋史論集》第9号，1981年）。后来李凭发表了《北魏孝文帝非文明太后私生辨》（载《周一良先生八十生日纪念论文集》，中国社会科学出版社，1993年）。不过该文对这一问题的研究史未予充分继承，尤其是欠缺了从本章第246页以下的视角开展的考察。

---

1. 参见浜口重国：《正光四五年の交に於ける後魏の兵制に就いて》，《秦漢隋唐史の研究》上卷，1966年。
2. 以北族上层为本位的姓族分定是其表现。
3. 关于北族国家的封建化，参见唐长孺：《拓跋国家的建立及其封建化》，《魏晋南北朝史论丛》，1955年。

第六章

北族集团的崩坏与太和二十年的谋反、北镇之乱

以上五章都在讨论北魏孝文帝改革前的政治、社会体制以及孝文帝施行的改革，本章就前文已阐明的北族集团的崩坏状况与太和二十年谋反、北镇之乱的关联再做一些补充性探讨。

如果认为孝文帝改革时北族集团作为一个集团处在近于崩坏的状态，那这个集团以反对中央的汉化政策为目的进行组织的能力当已大部分丧失。另一方面，据历来的研究，孝文帝末期太和二十年发生的谋反，与孝文之孙孝明帝在位时期爆发的北镇之乱，是由北族反抗孝文帝改革以降中央的汉化路线而引起的[1]。这种关于太和二十年的谋反与北镇之乱性质的见解，与本篇所述笔者的看法似有矛盾。北魏王朝本身因北镇之乱而名存实亡，所以会产生一种可能，即北族集团的组织力量达到了让王朝陷入灭亡的程度。如此，在孝文帝的时代，我们就不能说北族集团已接近崩坏。就先行研究与笔者观点之间的这一"龃龉"，下文将分别考察太和二十年的谋反和北镇之乱，并阐明与以往见解的关系。另外，对北镇之乱的理解与理解孝文帝的汉化政策紧密相连，围绕前者存在两种看法：第一种是历来的观点，即认为北镇之乱的爆发，源于孝文帝改革后社会、政治地位相较以前降低的北族镇民对洛阳贵族产生的不满与反抗，故极为重视北族镇民在叛乱中扮演的角色[2]；第二种观点尽管也重视北族镇民在叛乱中扮演的角色，但对处在北魏统治下的北镇、遭受压迫的被征服民族，尤其是敕勒等少数民族镇民在叛乱中的角色，给予跟北族镇民相同程度的重视[3]。两种见解的

---

1. 关于太和二十年的谋反，参见浜口重国《魏晋南北朝史概说》，《秦漢隋唐史の研究》下卷，东京大学出版会，1966年，第864页；唐长孺《魏晋南北朝史论丛续编》，1959年，第146页；孙同勋《拓拔氏的汉化》，《台湾大学文史丛刊》（三），1962年，第141页等。关于北镇之乱，参见《アジア歴史事典》，平凡社，1959年，第2卷第350页（守屋美都雄执笔）；村上征二《征服王朝》，《世界の歴史》第6卷第163页等。
2. 参见浜口重国《正光四五年の交に於ける後魏の兵制について》，收入前揭浜口氏书；谷川道雄《北魏末の内乱と城民》，《隋唐帝国形成史論》，筑摩书房，1971年等。
3. 参见周一良《北朝的民族问题与民族政策》，《魏晋南北朝史论集》，中华书局，1963年（增补版，北京大学出版社，1997年）；杨耀坤《北魏末年北镇暴动分析》，《历史研究》1978年第11期。周一良氏有以下论述："北魏六镇的起兵自来以为是鲜卑人对于汉化的一（转下页）

第六章　北族集团的崩坏与太和二十年的谋反、北镇之乱

存在造成了微妙的偏差，前者倾向于将北镇之乱理解为北族不满分子旨在"收复失地"的叛乱，与之相对，后者则将北镇之乱视作来自被征服民族一方的一种具有民族斗争性质的暴动。此处自然会产生以下问题：是整合双方的分歧，还是偏重一方的成果来理解北镇之乱会更好？本章也将这一点纳入讨论。

第一节　太和二十年谋反的场合

距迁洛不久的太和二十年十二月丙寅（八日），皇太子元恂被废，两天后的戊辰（十日），出身北族名门的陆叡、穆泰等作为主谋者意图发动叛乱，这就是太和二十年的谋反事件。《魏书》卷四〇《陆叡传》记载了叛乱被镇压后孝文帝的诏书：

> 诏仆射李冲、领军于烈曰："陆叡、元丕，早蒙宠禄，位极人臣。……乃与穆泰结祸，数图反噬。以朕迁洛，内怀不可，拟举诸王，议引子恂，若斯之论，前后非一。……"

《魏书》卷三一《于烈传》记该事件：

> 是逆也，代乡旧族，同恶者多，唯烈一宗，无所染预。

据这些记载，皇太子以及北族上层中的许多人都卷入了这场谋反。

那引发谋反的原因是什么？代表性的材料是《魏书》卷一四《元丕传》关于参与谋反的北魏元老元丕的一段记载：

（接上页）种反动。据上篇第一节所推论，我们知道六镇之起兵主要原因不在反对汉化，乃在于反对统治阶级的压迫和剥削。"（周氏《魏晋南北朝史论集》，第144页，增补版第156页）又云："总括上文所论，知道正光孝昌间北镇起兵的原因，一方面是府户的不满，一方面是受压迫的少数民族之起而反抗。"（同书第148页，增补版第160页）又云："北镇政权之覆亡，致命伤是北镇之起兵。但北镇人的起兵并非对汉化的反动，乃是被压迫的上述民族如匈奴敕勒羌人等和被摒于清流以外的鲜卑和汉人的府户联合起来，对于统治压迫者的反抗。"（同书第177页，增补版第189页）

> 丕雅爱本风，不达新式，至于变俗迁洛，改官制服，禁绝旧言，皆所不愿。……及罢降非太祖子孙及异姓王者，虽较于公爵，而利享封邑，亦不快。

《魏书》里多处都能见到同类记载。由此所窥见的北族对孝文帝改革的不满，可以说就是原因（附带说明，上引文中"改官制服"指孝文帝的官制改革与禁止胡服，"禁绝旧言"指禁止胡语。元丕还因爵制改革由东阳王降爵为公）。正是因为这些材料的存在，浜口氏就太和二十年的北魏政局做出以下论述：

> 鲜卑系臣民对诸种大胆、剧烈的政策中废止自身固有语言、服装、辫发的规定以及迁都洛阳表现出反对之意，连太子也不满而发起叛乱。[1]

唐长孺氏则指出：

> 在四九六年贵族发动了一次叛乱，参加者包括了宗室和穆、陆、贺诸族，连太子恂也在内。乱事还未爆发就发觉了，太子恂给废掉，但他们并不甘心，又曾组织反抗。平服之后，追究党羽，据说只有于家无人参加。由此可见反对汉化的贵族集团人数很多。[2]

据此，谋反被认为是体现了北族对孝文帝汉化政策的强烈反抗。

笔者不反对上述关于这次谋反的看法，但觉得尚有若干应该讨论的问题点。其中一项理由如下。《魏书》卷四〇《陆叡传》关于谋反的主谋之一的陆叡在孝文帝朝的情况有言：

---

1. 浜口重国：《魏晋南北朝史概说》，《秦汉隋唐史の研究》下卷，东京大学出版会，1966年，第864页。
2. 唐长孺：《魏晋南北朝史论丛续编》，1959年，第146页。

第六章　北族集团的崩坏与太和二十年的谋反、北镇之乱　　　　265

> 沉雅好学，折节下士。年未二十，时人便以宰辅许之。娶东徐州刺史博陵崔鉴女，鉴谓所亲云："平原王（叡之封爵）才度不恶，但恨其姓名殊为重复。"时高祖未改其姓。……寻以母忧解令（尚书令）。高祖将有南伐之事，以本官起之，改授征北将军。叡固辞，请终情礼。

引文讲述了多项信息：陆叡好学（好学一事从《元羽传》所载孝文帝与陆叡的对话中也能窥知）；娶汉人名门博陵崔鉴之女，鉴视之为一大人物（孝文帝曾令诸弟斥退此前的正室，娶汉人名门之女，这一事件发生在陆叡婚娶的十余年后，参见《元禧传》）；以母忧固辞皇帝所授官，希望终情礼（北魏至太和十二年始允许朝臣终丧[1]。可以推断，此项禁令如此长期地维持，与北魏乃非汉族国家这一背景相关）。这些均显示陆叡可谓北族当中接受汉文化的先驱人物。那么他为何又成了叛乱的主谋呢？

而且，包含陆叡在内的参与谋反的北族上层人士与中下层不同，因孝文帝的定姓族，他们得到了作为北魏政治支配阶层这一身份的长久保障。关于此点，前章已作考察，可以推测，定姓族也曾受到后来参与太和二十年谋反的北族上层人士的热切盼望。

质言之，以上所述（就是上面提到的，叛乱主谋陆叡是接受汉文化的先驱人物，以及定姓族对北族上层来说是符合其利益的政策）可以显示，孝文帝所谓汉化政策并未遭到北族上层的全面拒斥，部分赞成者的数量相当多。这样的话，单纯地将太和二十年谋反的目标理解为反汉化就成了一个问题。

理由之二如下。《魏书》卷一九中《元澄传》记元澄镇压谋反时事：

> 恒州刺史穆泰在州谋反。……遂倍道兼行，出其不意。

---

1. 《资治通鉴》卷一三六南齐武帝永明六年（488，太和二十年）十二月条载（同样的记载亦见于《魏书·李彪传》）："秘书丞李彪上封事，以为：'……朝臣遭亲丧者，假满赴职（胡注：时魏不听朝臣终丧，给假而已）。……愚谓凡遭大父母、父母丧者，皆听终服……'魏主（孝文帝）皆从之。"

> 又遣治书侍御史李焕先赴，至即擒泰，民情怡然。穷其党与，罪人皆得，巨鹿公陆叡、安乐侯元隆等百余人皆狱禁。

引文显示这场谋反在短时间后便被镇压。而据《魏书》等当时史书，没有迹象表明该叛乱对此后中央的政治路线造成了某种影响。再考虑到包括皇太子在内的北族上层中许多人都卷入谋反，其影响力的微弱实在不可解。那么，这一点与以往看法之间的关系应该如何认识？接下来就依次考察上述两个方面。

首先，关于第一点，《南齐书》卷五七《魏虏传》记此次谋反：

> 伪征北将军恒州刺史巨鹿公伏鹿孤贺鹿浑（陆叡在改姓前的名字）守桑干，宏（孝文帝名）从叔平阳王安寿（阳平王元颐）戍怀栅（怀朔），在桑干西北。浑非宏任用中国人……

引文显示陆叡厌恶孝文帝任用"中国人"（汉人）。《魏书》卷四〇《陆凯传》又载：

> 初，高祖将议革变旧风，大臣（北族）并有难色。又每引刘芳、郭祚（均为汉人）等密与规谟，共论时政，而国戚（北族）谓遂疏己，怏怏有不平之色。乃令凯（陆凯）私喻之曰："至尊但欲广知前事，直当问其古式耳，终无亲彼而相疏也。"国戚旧人（北族）意乃稍解。

与前引《南齐书》的记载合观可知，改革之际北族上层中不少人士因孝文帝任用汉人（主要指任用汉人为内朝官），多少怀有政治上的疏外感。

《魏书》卷一五《元晖传》云：

> 初，高祖迁洛，而在位旧贵皆难于移徙，时欲和合众情，遂许冬则居南，夏便居北。

第六章 北族集团的崩坏与太和二十年的谋反、北镇之乱

《魏书》卷二二《废太子元恂传》云：

> （元）恂不好书学，体貌肥大，深忌河洛暑热，意每追乐北方。

迁洛可谓孝文帝汉化政策的核心，综合上面两条材料可推定，反对迁洛的北族当中标举难耐洛阳暑热这一生理性理由的人为数不少。

另外，如本篇考察所示，因孝文帝在官制、爵制、祭祀等方面的改革，许多北族被减少了或剥夺了旧日保持的特权。

将以上所述与本章开头部分所引《元丕传》的记载结合思考可知，改革当时，北族上层人士所陷入的不满，是由随汉人的优遇而来的疏离感、对改变旧有习惯（禁止胡服、胡语等）的不适应、意识到特权的丧失等多种因素造成，在具体内容和程度上往往因人而异。另一方面，被《魏书》等史书大量收录的、反对孝文帝改革的北族言行中，我们见不到扬弃上述那些个别、具体的或是局限于北族上层内部的立场，站在更高维度将改革视作分裂、破坏国初以来一直延续的北族"集团"（包含中下层北族）之行径，从而反对孝文帝的事例。这暗示了将中下层北族人囊括在内的、作为一个完整的北族集团的意识，并不存在于发动谋反的人员中间。

总之，这场谋反就像以往研究指出的那样，确实可以说是反汉化的叛乱，但必须附加以下条件：它由各怀心事的北族上层人士发起，因而不是一个在将全体北族纳入视野的崇高理念下开展的行动。

上述对第一个问题点的阐释也解答了第二个问题，即这场历来被认为是展现了北族的强烈抵抗的谋反，之所以遭轻易镇压，对后来的政治也未造成影响，原因在于：（一）反叛一方没有能力将他们各不相同的不满、企图，从整个北族的立场汇集成一个可以取代孝文帝汉化路线的愿景（当时的北魏选择孝文帝那样的汉化路线，或许也是相当困难的；但想要站在北族立场上，让已经进行了相当程度汉化的北族社会重新整编、强化，选择走向征服王朝的道路，如果不能实施某种根本性的改革，国家存立本身也会迎来令人担忧的状况。就此我们

已有讨论);(二)其结果是占北族大部分的中下层人士没能参与这次谋反。

后一点,从下面的材料可以窥知。《魏书》卷一九上《元颐传》关于传主记载道:

> 后除朔州刺史。及恒州刺史穆泰谋反,遣使推颐为主。颐密以状闻,泰等伏诛,帝甚嘉之。

引文显示这次谋反被以密告的方式预先让中央察觉。《魏书》卷二七《穆泰传》关于谋反的一段记载谓:

> 高祖乃遣任城王澄率并肆兵(并州、肆州之兵)以讨之。澄先遣治书侍御史李焕单车入代,出其不意,泰等惊骇,计无所出。焕晓谕逆徒,示以祸福,于是凶党离心,莫为之用。

据此,大部分反徒因这一"晓谕"而非武力便已脱离。还有《资治通鉴》卷一四〇齐明帝建武三年(496)条关于谋反始末的一段记载为:

> 叡(陆叡)以为洛阳休明,劝泰缓之,泰(穆泰)由是未发。

这显示出,谋反一方因孝文帝朝廷政治安定对发起行动有所犹豫。

另外,《魏书》卷一九中《元澄传》记载了元澄被任命前去镇压谋反时的言辞:

> 泰(穆泰)等愚惑,正恋本为此,非有远图。

可见,对于前述这次谋反的局限性,元澄已有洞察。

据以上考察,太和二十年的谋反确实可以说是反汉化叛乱,但不能因此认为,北族集团在这一时期还保持着稳固的结合力。关于太和

第六章　北族集团的崩坏与太和二十年的谋反、北镇之乱

二十年谋反的上述讨论可以反过来支持笔者在本篇所指出的，北族集团作为集团的结合正在走向形式化和崩坏^{补注}。

第二节　北镇之乱的场合

针对北镇之乱，下面从它与本章开头所述问题的关系进行考察。《魏书》卷四〇《陆子彰传》云：

> 建义初（528），尔朱荣欲修旧事，庶姓封王，由是封子彰濮阳王，食邑七百户。寻而诏罢，仍复先爵（东郡公）。

庶姓封王这一"旧事"被废止，由下引《魏书》卷七下《高祖纪》太和十六年（492）正月乙丑条的记载可知，是在太和十六年：

> 制诸远属非太祖（道武帝）子孙及异姓为王，皆降为公，公为侯，侯为伯，子男仍旧，皆除将军之号。

也就是说，《陆子彰传》显示，在北镇之乱最盛期趁北魏中央陷入混乱而掌握朝廷实权的山西部落酋长尔朱荣，让封爵制度恢复到了孝文帝改革以前的状态，当然只是暂时的。

又，《北史》卷五《魏本纪》中兴二年（532）条记高欢拥立北魏末代皇帝孝静帝云：

> 即位于东郭之外，用代都旧制，以黑毡蒙七人，欢居其一，帝于毡上西向拜天讫，自东阳、云龙门入。

引文所见即位礼此前废止于何年并不确定。但从"代都（平城）旧制"一语来看，极可能是在迁洛后的孝文帝朝。若果真如此，上引文就反映了即位礼的形式被高欢还原为孝文帝改革前的状态。

而《北史》卷五《魏本纪》大统二年（536）正月辛亥条云：

> 祀南郊，改以神元皇帝配。

北魏在道武帝天兴二年（399）始以始祖神元皇帝拓跋力微配祀南郊（参见《魏书·礼志》），至太和十六年（492），配祭主体由始祖神元帝改为太祖道武帝（参见《魏书·高祖纪》）。换言之，上引大统二年的记载表明，进入西魏后，南郊配祭的对象被重置为孝文帝改革前的状态。

《北史》卷五《魏本纪》大统二年十一月条又载：

> 追改始祖神元皇帝为太祖，道武皇帝为烈祖。

孝文帝太和十五年，道武帝的庙号从此前的烈祖改为太祖（参见《高祖纪》及《礼志》）。上引文显示，道武帝的庙号至西魏时再度回到孝文帝改革前的状态。

《北史》卷五《魏本纪》大统十五年五月条云：

> 初诏诸代人太和中改姓者，并令复旧。

时至西魏，代人（北族）的姓也被恢复到孝文帝改革前的状态。

以上史料的存在说明，在以北镇之乱为转折点的魏末政局的潮流中，孝文帝的改革路线遭到否定，旨在复归改革前诸制度的行动大举开展。这些举措确实称得上是反汉化的政策。不过，与制度、习俗的复活并行的是，先前支撑该体系的主体——拓跋王家及其从属者北族名门走向衰微、凋零，以出身北族旁支的尔朱荣、高欢、宇文泰等为首领的新兴势力正在崛起，河阴之变这一尔朱荣大肆虐杀北魏贵族的事件即此方面之象征。新兴势力终结了北镇之乱，排挤掉拓跋王家等旧统治阶层，篡夺北魏政权也是其目标，因而比起拓跋王家，他们对以拓跋部为中心的制度、习俗缺乏归属感，甚至完全不曾拥有。是故，由前引记载我们可以认为，北镇之乱以降的北朝政局演进中存在制度、习俗的形式层面（外观）向孝文帝改革前政治、社会状态回归的动向，但其实质绝非如此。而且，管见所及，上文所举显示废除孝文帝所创制度、恢复改革前状态的史料，已经是北镇之乱后这方面的全部案例。尽管由此类记载能够看出在以北镇之乱为始的魏末乱局中，存在对孝文帝改革后汉化路线的反动的一面，但名实兼备地复归孝文帝改革以前状态的指向性较弱。总之，可以推断，引起北镇之乱并向前推进的力量，并非基于北族集团之强劲结合力的"反汉化"，而是一股更加厚重的力量。那么，这是怎样的力量呢？

《魏书》卷一八《元深传》记录了北镇之乱爆发前夜北镇的形势：

> 昔皇始以移防为重，盛简亲贤，拥麾作镇，配以高门子弟，以死防遏，不但不废仕官，至乃偏得复除。当时人物，忻慕为之。……征镇驱使，但为虞候白直，一生推迁，不过军主。然其往世房分留居京者得上品通官，在镇者便为清途所隔。

此类反映北魏末北族镇民郁积不满的材料亦见于他处（《北齐书》卷二三《魏兰根传》等）。根据这些记载，北族镇民叛乱的理由可从反抗洛阳中央的苛酷对待、试图打破引文所示状况这一点去寻求。先前提到，北镇之乱以降的政局演进中，实质地复归孝文帝改革前政治、社会状态的指向性较弱，与此合观可以推测，这一叛乱出现于国初以来逐渐发展的北族阶层分化（孝文帝基于这一社会实态，以定姓族的形式对其进行了制度性固化）的顶峰，因而具有作为一种阶级斗争的性质。此说如果不误，尽管如本篇所述，支撑北魏这一非汉民族国家的北族集团存在崩坏的状况，但这场叛乱为何能集结并得以实质性摧毁北魏王朝的势力，也变得清晰起来。那接下来就由这一视角进一步展开讨论。

以往的研究认为，北镇之乱的中坚即前引《元深传》所见孝文帝改革后未逃脱低下社会政治地位的北族镇民。这是一种有力的看法[1]。另

---

1. 参见浜口重国：《正光四五年の交に於ける後魏の兵制について》，收入前揭浜口氏书；谷川道雄：《北魏末の内乱と城民》，《隋唐帝国形成史論》，筑摩书房，1971年等。

外还存在一种由中国的少数研究者提倡的立场,他们虽然也重视北族镇民在叛乱中扮演的角色,但对处在北魏支配下的北镇、作为兵士的被征服民,尤其是敕勒等少数民族镇民所发挥的作用,给予了同等程度的关注[1]。据此也能看出,两种见解都不能完全排除彼此,但至少笔者认为,前者有若干需要修正的方面。这么说的原因在于,周一良氏曾指出,从北镇之乱的初期到最激烈的时段,其大部分的领导者都出自被北魏征服的少数民族[2]。

而且,北镇存在数量远超北族镇民的、出身于被征服民的镇民,特别是敕勒镇民。下面谈谈敕勒镇民的数量优势。

据滨口重国氏、杨耀坤氏,北魏前期对在外蒙古一带扩张势力、屡屡侵犯北魏边塞的敕勒进行了全面征讨,从而将俘获的大量敕勒降民安置在北方边境,利用其作为防卫柔然的兵力[3]。在这个过程里能见到的人数最多的一次投降,发生于太武帝神䴥二年(429)的北征。《魏书》卷一〇三《蠕蠕传》记此事云:

> 六月……高车(敕勒别名)诸部杀大檀(柔然可汗之名)种类,前后归降三十余万,俘获首虏及戎马百余万匹。八月,世祖闻东部高车屯巳尼陂……遂遣左仆射安原等往讨之。暨巳尼陂,高车诸部望军降者数十万。

---

1. 参见周一良:《北朝的民族问题与民族政策》,《魏晋南北朝史论集》,中华书局,1963年(增补版,北京大学出版社,1997年);杨耀坤:《北魏末年北镇暴动分析》,《历史研究》1978年第11期。周一良氏有以下论述:"北魏六镇的起兵自来以为是鲜卑人对于汉化的一种反动。据上篇第一节所推论,我们知道六镇之起兵主要原因不在反对汉化,乃在于反对统治阶级的压迫和剥削。"(周氏《魏晋南北朝史论集》,第144页,增补版第156页)又云:"总括上文所论,知道正光孝昌间北镇起兵的原因,一方面是府户的不满,一方面是受压迫的少数民族之起而反抗。"(同书第148页,增补版第160页)又云:"北魏政权的覆亡,致命伤是北镇之起兵。但北镇人的起兵并非对汉化的反动,乃是被压迫的上述民族如匈奴敕勒羌人等和被摈于清流以外的鲜卑和汉人的府户联合起来,对于统治者压迫者的反抗。"(同书第177页,增补版第189页)
2. 参见前揭周氏论文,特别是第146—148页。
3. 参见滨口重国:《正光四五年の交に於ける後魏の兵制について》,收入前揭浜口氏书;杨耀坤:《北魏末年北镇暴动分析》,《历史研究》1978年第11期。

第六章　北族集团的崩坏与太和二十年的谋反、北镇之乱

这里的数字可能有夸张，也许要大打折扣。但《魏书》卷四上《世祖纪上》神䴥二年十月条记当时事云：

> 振旅凯旋于京师，告于宗庙。列置新民于漠南，东至濡源，西暨五原、阴山，竟三千里。

据此，降民被安置在相当广袤的地域。且《魏书》卷一〇三《高车传》也用跟先前一样的数字记录这件事。这样看来，我们必须承认降民达到了极为可观的数量[1]。而更应该注意的是，正如浜口重国氏亦指出的，六镇当创设于神䴥二年的三四年后，其所在地与降民被安置的区域重合[2]。

从以上所述可以推定，在以防卫柔然为主要任务的北镇，敕勒作为镇军的主要构成部分，扮演着重要角色。不过，浜口氏、谷川道雄氏虽然都指出了敕勒在北镇的存在，但没有视其为镇军的主要元素[3]。这是为什么？

下面对笔者的推定是否得当再作检讨。《魏书》卷二《太祖纪》皇始元年（396）八月乙亥条记道武帝讨伐后燕：

> 大举讨慕容宝，帝亲勒六军四十余万。

《魏书》卷三三《张济传》记张济出使东晋雍州刺史杨佺期，归国后回答道武帝的询问，其中提到：

> 佺期问臣："魏初伐中山（中山为后燕都城）几十万众？"
> 臣答："三十余万。"

---

1. 前引文中"降者数十万"在《魏书》卷一〇三《高车传》作"降者数十万落"。
2. 参见浜口重国：《正光四五年の交に於ける後魏の兵制について》，收入前揭浜口氏书。
3. 参见浜口重国：《正光四五年の交に於ける後魏の兵制について》，收入前揭浜口氏书；谷川道雄：《北魏末の内乱と城民》，《隋唐帝国形成史論》，筑摩书房，1971年等。据《魏书》卷四〇《陆俟传》，敕勒诸部受镇都大将指挥。

这两条材料存在四十余万与三十余万的区别，但由此可以窥见道武帝时代北魏兵力的概数。而从攻伐后燕这一时间推断，这些兵员的大部分当为北族兵。征讨后燕是道武帝时代决定北魏国运的战争。故上举两条记载所见兵数应接近当时北族兵的总数。至少不能认为，北族兵的数量远超《太祖纪》所见之四十余万。将此与前述《蠕蠕传》所谓敕勒降民"三十余万""数十万"（共计百万）比较可知，被迁徙的敕勒降民规模巨大，仅仅说占多数是不够的。而且北族兵并非全部配防北镇，京师及各地都有分驻（参见本篇第四章）。那就可以认为，敕勒镇民在北镇的比重是极高的。

如本篇第四章第二节所述，迁洛前北魏军队依北族、汉人、胡等形式分类编成。此时北族兵处在监控其他诸军的地位。以下史料可展示其一端。《宋书》卷七四《臧质传》记北魏太武帝拓跋焘攻打刘宋臧质等人所守盱眙城时事：

> 焘与质书曰："吾今所遣斗兵，尽非我国人，城东北是丁零与胡，南是三秦氐、羌……"

《魏书》卷五〇《尉元传》收录了太和中尉元的上奏，其中一段为：

> 今计彼（彭城）戍兵，多是胡人，臣前镇徐州之日，胡人子都将呼延笼达因于负罪，便尔叛乱，鸠引胡类，一时扇动。……宜以彭城胡军换取南豫州徙民之兵（非汉兵），转戍彭城；又以中州鲜卑增实兵数。

考虑到当时的状况，我们难以认为这样的北族兵享有的是与其他诸军完全同等的政治及经济待遇。即使同为兵士，也一定有上下之别。以此类推，北镇也会是这种状况。易言之，叛乱爆发之前，北镇存在着可称为上级镇民的北族镇民，与下级镇民即由敕勒等被征服民构成的镇民。

北族内部阶层分化逐渐扩展这一主因，以及具有决定性意义的孝

第六章　北族集团的崩坏与太和二十年的谋反、北镇之乱

文帝改革，造成了中下层北族政治社会地位的下坠，上述在分类编成的体系下施行的以北族监控其他诸军的支配体制因而松弛。原为上级镇民的北族镇民因地位下坠，陷入与下级镇民几乎同等的处境，已积聚着愤懑，来自以前被压制的敕勒等下级镇民的不满则藉由支配体制的裂缝将他们一并引燃。北镇之乱即由此爆发。这一描述应该最接近历史真相。若该见解无误，北镇之乱就可定义为具有一种阶级斗争或民族斗争性质的反北魏叛乱。

　　据本章以上考察，将太和二十年的谋反与北镇之乱视作国初以来存续的北族集团陷入崩坏状况的产物，当无大过。

　　补注：关于太和二十年的谋反，最近松冈弘发表了题为《北魏漢化政策の一考察》（载《骏台史学》第98号，1996年）的论文。

第三篇 关于五胡十六国北朝时代的胡汉融合

从第一篇到第二篇，本书追踪了这个时代胡汉抗争与融合的轨迹，回过头来看，五胡入华又给当时中华文明的形态增添了什么、带来了什么呢？如此设问，自然会产生所谓的胡汉融合具有何种历史意义的问题。本篇基于这一问题意识，将在诸章节中围绕胡族国家汉化的实态或这段时期胡汉融合的实态，对以下问题展开考述：五胡十六国北魏身份制的变迁，胡族国家对中国政治思想的接纳，当时实行的各项政策和胡汉融合之间的关联等。

第一章

关于北魏的身份制

引言

　　过去尾形勇氏发表的论著认为，中国古代社会的身份制是从庶奴制向良奴制发展，以部曲、杂户等诸贱民的形成为前提，良贱制得以确立[1]。他在文中提到，将良奴制的形成时间置于北魏均田制确立的时期最为妥当[2]。对此，堀敏一氏虽然承认均田制的施行和良奴制有关，但认为良民与奴婢的身份制度在三国时期就已出现，因此尾形氏将两者形成期重合的看法并不合适[3]。上述二位的见解是目前关于所谓良奴制的代表性观点，但无论站在哪方立场，均田制制定时，国家以全国民众为对象，强有力地实行了身份划定，这是不争的事实。那么这样大规模推行身份划定的事例，此前是否出现过？我们在均田制制定之前的北魏前半期和五胡十六国时代没有见到，魏晋时代则更为可疑。换句话说，前面这个问题的答案是否定的。原因是什么呢？如果进一步扩展这个问题，也可以说，三国时代已经出现的良民、奴婢的身份划定，为何要经过三百年的漫长时期才正式形成？关于这一点，可以举出西嶋定生氏的看法，他认为原因在于东汉以来豪族势力的发展，相比之

---

1. 尾形勇：《良賤制の展開とその性格》，《岩波講座・世界歷史》（五），岩波书店，1970年。
2. 前揭尾形氏论文第355页："在此将'良奴制'的形成时期置于北魏均田制确立的时期最为妥当。原因在于，我们可以找到支撑这一比定的史料，《魏书》卷八《世祖纪》延昌二年（513）闰二月癸卯条云：'定奴良之制，以景明（500—503年）为断。'"
3. 参见堀敏一：《均田制の研究》，第三编第七章"中国古代における良賤制の展開"，岩波书店，1975年。他在该书第374页提出："良民与奴婢的身份制度自汉末三国时期出现，若如前所推测，这是基于专制国家欲确保'帝王良民'的意图，那么，因均田制是使该意图具体化的政策，所以奴良制产生于这一时期并非偶然。但尾形氏所谓'将"良奴制"的形成时期置于北魏均田制确立的时期最为妥当'并不合适。良民与奴婢的身份制度在此之前就已出现，据《李平传》记载，因想要重新划定两者界限的诉讼变多，所谓'奴良之制'遂基于李平的上奏而确定。"另外，同氏著《中国古代の身分制——良と賤》（汲古书院，1987年）第139页中修正了这一思考："……修正旧说，以魏律制定的三国时代作为分界线。"

第一章　关于北魏的身份制

下,当时国家对户口的掌握能力较弱[1]。但果真如此吗?或者说,主要原因就只在于此吗?众所周知,均田制的源头是晋代的占田、课田制,再往前还可以追溯到井田制等中国自古以来的各种田制。但是,毫不夸张地说,均田制的实现只有等到北魏这一蕴藏着北方民族力量的国家成长起来才成为可能。另外,《晋书》卷一〇五《石勒载记下》记石勒称赵王时事云:

> 中垒支雄、游击王阳并领门臣祭酒,专明胡人辞讼……号胡为国人。

引文表明,后赵时代的胡被称为国人,是区别于汉人的存在,这一情况在其他五胡政权以及北魏都能看到。注意创造均田制的北方民族力量和国人的存在等情况,应该可以说,前述西嶋氏那样的见解,没有考虑到在均田制制定时期对良奴制的出现发挥了一定作用的"北方要素"。

而如果根据尾形氏的前述论证,"良"就是承担国家税役的民众,在这种意义上他们对国家而言是"良民"[2]。也就是说,"良"是被赋予"良民"名义的被支配者。这种观点亦可谓大部分良贱制研究者们的共识。笔者无意标新立异,但感觉如果不是从汉—唐的宏观视角出发,而是将研究对象限定于北魏时代的"良",单凭上述观点不足以获得对当时身份制的更深入理解。这是因为,拓跋鲜卑等北魏国人阶层在良奴制下的身份是"良"(见后述),如著名的元渊上奏所示,直到北魏末年,他们仍认为支撑北魏立国的正是他们自己。若以前述观点来看怀有此认识的这些人,因为他们是"良",就简单地视之为被支配者、"名义上的良民",肯定会导致若干问题。

---

1. 西嶋定生氏在《中国古代国家と東アジア世界》(东京大学出版会,1983年)第166页中提到:"尾形氏指出,三国时代首次出现的作为身份的'良民'一语在南北朝时期暂未固定化。这也和以下史实有关:当时的社会秩序是由脱离国家权力直接支配的乡党自律性秩序构成,因而一般庶民无需直接展现国家身份。在这个时代,如同人们对于南朝之特征的认识,伴随贵族制的形成,相比于良贱之别,士庶之别反而被认为是一种更强大的社会秩序。"
2. 参见前揭尾形氏论文第325、349页,同氏著《中国古代の"家"と国家》(岩波书店,1979年)第333页等。

循着以上的问题意识,本章将考察北魏时期"良身份的正式出现"在北朝史上有怎样的意义,尝试为阐明开篇提出的问题找到线索。

第一节　关于北魏时期的"北人、南人结构"

本节将考察散见于《魏书》中的北人、南人、旧人和新人等用语,藉此探究北魏国家的结构,并明确良奴制是在这种结构处于何种局面时出现的制度。

《魏书》卷一《序纪》烈皇帝七年条记载了炀皇帝复位时的动向:

> 国人复贰。炀帝自宇文部还入,诸部大人复奉之。

还可参照散见于《序纪》的"国人"这一用语(炀帝三年条、昭成帝三十九年条等)。但在北魏立国中原以后,称呼拓跋鲜卑为"国人"的用法不再见于《魏书》的记载。不过,《宋书》卷七四《臧质传》收录了北魏太武帝南征时的书信,其中一句是:

> 吾(太武帝)今所遣斗兵,尽非我国人,城东北是丁零与胡,南是三秦氐、羌。

《隋书》卷三二《经籍志》"《孝经》"条记孝文帝时事:

> 又云魏氏迁洛,未达华语,孝文帝命侯伏侯可悉陵,以夷言译《孝经》之旨,教于国人,谓之《国语孝经》。

而《北齐书》卷一《神武纪》记载了高欢告六镇民的宣言,其中一句是:

> 配国人(指尔朱氏支配下的契胡)又当死,奈何!

从这些记载来看,北魏在中原建国以后,"国人"这一实体没有消失,

第一章　关于北魏的身份制

"国人"这一术语本身也还在被使用。那么为什么"国人"从《魏书》中消失了（产生此情况的原因在后文及注释中阐述[1]）？关于被用来代替"国人"的表述，《魏书》卷二四《燕凤传》记载苻坚与燕凤的对话时提到：

> 坚问凤："代王何如人？"……坚曰："卿辈北人，无钢甲利器，敌弱则进，强即退走，安能并兼？"凤曰："北人壮悍……"

《魏书》卷九一《晁懿传》记道武帝时的晁懿云：

> 以善北人语内侍左右，为黄门侍郎。

在以上记载中能看到"北人"一语。虽稍显繁琐，我们还可以举出若干例子，《魏书》卷一九《元澄传》记载了迁洛时孝文帝的言辞：

> 高祖（孝文帝）曰："北人恋本，忽闻将移，不能不惊扰也。"

同书卷二一上《元羽传》同样记载了孝文帝之语：

> 高祖引陆叡、元赞等于前曰："北人每言北人何用知书……"

同书卷八一《山伟传》记六镇之乱爆发时事：

---

1. 理由之一是，在可称为异民族国家的北齐治下执笔《魏书》的魏收，可能有意识地排除了那些会让人联想到异民族支配的记述。他在《魏书》中几乎不使用"鲜卑"这一术语。尤其对于将拓跋北魏和鲜卑关联起来的"鲜卑"一语，管见所及，可以确认的只有两处（卷一《序纪》开头所见"大鲜卑山"和卷五〇《尉元传》所见"中州鲜卑"）。理由之二是，建国后拓跋北魏的国家结构发生了改变，关于这一点将在本章稍后叙述。

> 代迁之人，多不沾预……领军元叉欲用代来寒人为传诏以慰悦之……是北人悉被收叙。

同书卷一一三《官氏志》记太和十九年（495）定姓族的诏书：

> 诏曰："代人诸胄，先无姓族……司空公穆亮……尚书陆琇等详定北人姓，务令平均。……"

"北人"这一术语的存在，显示这是某种具有极强聚合作用的集团，从下引《魏书》卷二一上《元禧传》所记孝文帝关于禁止胡语的言辞窥知，其实质为使用多种语言的人群集体：

> 今欲断诸北语，一从正音。

且前篇第四章指出，北族集团是以拓跋鲜卑为中心的北族群体，其作为集团的凝聚性通过祭天礼仪等得到提高，但对于礼制的归属感，帝族、内入诸姓、东西南北诸姓之间存在微妙的差异（这种北族集团的混合体式特质延续了北魏建国前的传统）。又，《魏书》卷一八《元孚传》记载孝明帝时期柔然入塞求赈给时元孚的上表，其中提到：

> 今北人阻饥，命悬沟壑。

由此可见，北魏末年时"北人"也有指代柔然的情况[1]。

另一方面，稍晚于"北人"一语的使用，与之相对的"南人"一词亦见于《魏书》（"北人"在《魏书》中初见于前引《燕凤传》的记载）。"南人"的首次登场，是在《魏书》卷三〇《王建传》所载道武帝关于参合陂之战后续处理的言辞中：

---

[1] 另外还有一例是，《魏书》卷五三《李孝伯传》记太武帝南征时李孝伯与刘宋人张畅的对话，其中张畅有言："王玄谟（南朝武将，太原人）南土偏将，不谓为才，但以其北人，故为前驱引导耳。"

第一章 关于北魏的身份制

> （道武帝）令中州之民咸知恩德。……"吾（道武帝）恐后南人创义，绝其向化之心……"

之后，《魏书》卷三五《崔浩传》记刘裕死后，北魏朝廷为应对此事召开集议，问答中有这样一段：

> 太宗（明元帝）大怒，不从浩言，遂遣奚斤南伐。议于监国之前曰："先攻城也？先略地也？"……浩曰："南人长于守城……"

此处也能看到"南人"一词的使用。"南人"在《魏书》中大多如《崔浩传》所示，指南朝人，而从前引《王建传》的记载亦能窥见例外。《王建传》中的"南人"是指紧接其前的"中州之人"，具体来说就是慕容燕统治下的人群。同样的意思，还有《魏书》卷二四《张衮传》记道武帝时事提到的"南州人"：

> 太祖（道武帝）曾问南州人于衮（上谷人）。衮与卢溥（渤海人）州里，数谈荐之。

《魏书》卷三五《崔浩传》记载了太武帝时崔浩之语：

> 又高车号为名骑，非不可臣而畜也。夫以南人追之，则患其轻疾，于国兵则不然。

此处的"南人"也是类似的例子。随着时代推进，北魏时"南人"等同于南朝人的用法越来越普遍，《魏书》卷四六《许赤虎传》记献文帝时事：

> （许赤虎）后使江南，应对敏捷，虽言不典故，而南人颇称机辩滑稽焉。

《魏书》卷六六《李崇传》记孝文帝时事：

> （孝文帝）掠得萧赜（南齐武帝）人者，悉令还之。南人感德，仍送荆州之口二百许人。

《魏书》卷七一《李苗传》记孝明帝时事：

> （李苗）乃上书曰："……探测南人攻守窥觎之情……"

而在《魏书》卷六四《张彝传》记孝明帝时事：

> （张彝）好善钦贤，爱奖人物。南北新旧，莫不多之。

此处又延续"南人"即华北汉人的用法。本章后文将华北汉人以及来自南朝的降人都称为"南人"。

另外，上引记载中还能看到"新""旧"之语，这些又指的是什么呢？就结论来说，"新"一般指新附北魏的"新人"，"旧"一般指以往就在北魏治下的"旧人"。《魏书》卷二三《卫雄传》记穆帝末事：

> 国内大乱，新旧猜嫌，迭相诛戮。雄……谋欲南归，言于众曰："闻诸旧人忌新人悍战，欲尽杀之，吾等不早为计，恐无种矣。"晋人及乌丸惊惧，皆曰："死生随二将军。"

这一记载所见"新人""旧人"可以说是典型的例子（顺便一提，上述记载所见"乌丸"，具体来说就是北魏建国以前，从四方投附拓跋部的众多人群的总称。参见《魏书·官氏志》）。

那么，前文的"北人""南人"，和这里的"新人""旧人"是怎样的关系呢？《魏书》卷五三《李冲传》记孝文帝谋划迁都洛阳时提到：

> 高祖初谋南迁……旧人怀土，多所不愿。

第一章　关于北魏的身份制

而《魏书》卷四〇《陆凯传》记载了孝文帝重用刘芳等汉人士大夫引起的反对：

> 而国戚谓遂疏己，怏怏有不平之色。（孝文帝）乃令凯私喻之曰……国戚旧人意乃稍解。

注意到当时的政治局势，笔者认为这里的"旧人"指的是以"北人"为主体的人群。如此就产生了一个疑问，"旧人"在《魏书》中是否为"北人"的另一种说法？《魏书》卷九四《王遇传》有关王遇的内容提到：

> 王遇……冯翊李润镇羌也。……幽后之前废也……高祖曰："遇旧人，未忍尽之……"

李润镇羌王遇亦可称为"旧人"。羌不可能是"北人"，故"旧人"和"北人"尽管在某些方面重叠，却并非仅指同一对象。

不过，王遇似乎是在献文帝朝或是孝文帝朝初期才仕于北魏（参照本传）。而且，他的父亲王守贵卒于郡功曹之任，没有迹象显示其祖先曾活跃于北魏中央朝廷。正因为如此，王遇出仕时应当是"新人"。至孝文朝末年，由于积累了长年的功劳，他开始被皇帝称为"旧人"。这意味着"新人"能够成为"旧人"。可是，如果考虑到"北人"集团内部形成了先前所见的分层结构，以及王遇出身羌族，那可以认为，《王遇传》的"旧人"与前述《李冲传》和《陆凯传》所见"旧人"，指的是不同阶层。而"北人"源贺于太武帝朝归附北魏，晚年官至太尉，在献文帝考虑禅位时关于帝位传承的朝议上发表了左右会议走向的意见，最终将皇帝印绶奉呈孝文帝（参考《魏书》卷四一本传）。综合这些史实来看，北魏一朝"新人"确实能向"旧人"转换。换句话说，"北人"中也有"新人""旧人"之别，如前引《卫雄传》所见，"新人"与"旧人"在某些场合上演着激烈的斗争，但经历一定过程，"新人"得以成为"旧人"。同样的情形亦见于终北魏一代和"北人"进行激烈对抗的"南人"。但管见所及，没有"南人"被称为"旧人"

的例子[1]。这是因为北魏作为异民族支配的国家,"旧人"和"北人"往往被当作同义词使用。

以上是有关"旧人""新人""北人""南人"的考察,总的来说这些术语的边界比较模糊,而且包含多重意味。其中,北族集团勉强展现出作为集团的聚合力,但也具有浓厚的混合式性质。但另一方面,北族集团尽管不牢固,只要以其整体作为核心的凝聚性存在,这类"北人""南人""旧人""新人"等结构就能维持下来(下文称之为"北人、南人结构")。"旧人""新人"问题的最终结果,也是随着北魏逐渐扩大其势力范围,"新人"陆续被作为成员纳入。从这个意义上来说,"旧人、新人结构"虽也存在,但"北人、南人结构"已包含此点,那么为方便起见,还是如是相称[2])。而如前篇所见,这一作为核心的集团丧失了各种团结的象征,走上崩坏之道,这正是孝文帝时期北族集团所处的状况。这一状况发展的必然结果就是导致"北人、南人结构"更加混乱。而良奴制正是在这一时间出现的。下一节将考察"北人、南人结构"与良奴制,尤其是与"良"这一身份之间的关联性。

第二节 "北人、南人结构"与"良"身份的关系

良奴制正式出现之前,"北人"的身份就是"良"吗?抑或是另一种"国人"的身份呢?管见所及,没有说明这一点的史料,但考虑到北魏是非汉族统治下的国家,他们的身份至少不会低于"南人"。此外,《南齐书》卷五七《魏虏传》记太武帝朝北魏官制云:

> 又置九豆和官,宫城三里内民户籍不属诸军戍者,悉属之。

---

1. 也有被称为"新人"的例子。《魏书》卷六〇《韩麒麟传》载孝文帝时事云:"齐土……自皇威开被,并职从省……不听土人监督。窃惟新人未阶朝宦……"
2. 《晋书》卷一一四《苻坚载记下》记载苻融的言辞:"陛下(指苻坚)宠育鲜卑、羌、羯,布诸畿甸,旧人族类,斥遐徙方。"同书同卷《王猛传》关于汉人王猛云:"时猛年三十六,岁中五迁,权倾内外,宗戚旧臣皆害其宠。"由此可窥知,前秦也存在与北魏相似的结构。

第一章　关于北魏的身份制

九豆和官的详情并不清楚，关于引文提到的"民"，若注意当时北魏的政治、军事状况，《魏书》所记北族大半被称为"代人"，以及他们在某些方面与隶属诸军戍者同质等，这些人应即"北人"。也就是说，"北人"的户籍分为属九豆和官与军戍两种类型。这显示出，作为"北人"的一部分的"民"，不像一般州郡民那样户籍属于州郡。该制度与所谓八国制是何种关系，仅据现存史料无法确知，八国制下的"北人"户籍大概也不属于州郡[1]。可以认为，当时的"北人"一般户籍与州郡民（其中大部分为汉人）是各自分开的。那么这些著于独立户籍的"北人"在法律上是什么身份呢？很遗憾，未见能明确此事的史料。假如是"良"，会与这一时期的"北人、南人结构"具有何种关联呢？按后文所述，"南人"中是有"良"这一身份的。那"北人""南人"可以说拥有同一身份，然而，北人作为汉地支配者存在，在孝文帝发动史上著名的汉化改革之前，"北人、南人结构"的规制力较强，这种情况下，良奴制的状态与"北人、南人结构"相比，只能占据从属位置。如果认为"北人"在法律上被规定为与"良"不同的"国人"等身份，这将更加可信。已被数次提到的"南人"又是什么情况呢？他们几乎在所有场合都是一般州郡民。《魏书》卷七上《高祖纪》太和九年（485）八月庚申条述均田制、三长制施行前夕之事，云：

> 诏曰："数州灾水，饥馑荐臻，致有卖鬻男女者。……今自太和六年已来，冀定、冀、幽、相四州饥民良口者，尽还所亲，虽娉为妻妾，遇之非理，情不乐者亦离之。"

引文所见定州等地的"良口"，指北魏经济中心地带的一般州郡民，用本章的表述就是"南人"。换言之，可以认为"南人"在当时法律上的身份一般是"良"（奴婢除外）。不过，众所周知，实行三长制之前，

---

1. 《魏书》卷一一三《官氏志》天赐元年（404）十一月条："以八国姓族难分，故国立大师、小师，令辩其宗党，品举人才。自八国以外，郡各自立师，职分如八国，比今之中正也。宗室立宗师，亦如州郡八国之仪。"如此看来，州郡区别于八国，笔者关于八国的见解已述于第一篇第二章。

脱漏户数量极大，因此应该注意的是，"南人"当中有很多在国家法制上既不是"良"也不是"奴"的人。而同时考虑到当时"北人"在政治和军事上的优势地位，可以认为，这种以汉人为主体的"良"存在于"北人、南人结构"的框架内。那么良奴制施行之后情况如何？接下来将讨论这一点。

《魏书》卷四一《源怀传》记载了源怀于景明四年（503）或正始元年（504）的上表：

> 怀又表曰："景明以来，北蕃连年灾旱，高原陆野，不任营殖，唯有水田，少可菑亩。然主将参僚，专擅腴美，瘠土荒畴给百姓，因此困弊，日月滋甚。诸镇水田，请依地令分给细民，先贫后富……"

如前篇第六章所述，当时大量北族（本章所称"北人"）被配置在北镇。因此上引记载所见"百姓"中，"北人"占据了相当的数目（"专擅腴美"的"主将参僚"大多也是北族）。而且引文可见"给""分给"等术语，据此推测北镇的水田分配与均田制有关。此外，引文中还能看到"地令"这一用词。可推测该记载讲述的是北镇围绕均田制的实施而产生的事态。若此说无误，因据均田制对"良""奴""牛"等进行了田地分配，故可认为北镇大部分"北人"农民的身份是"良"。"北人"农民的身份是"良"，那么"北人"牧民以及专属北镇的"北人"兵士大部分的身份当然也应该是"良"。若如此，作为兵士被广泛分配到北魏疆域各地的"北人"城民，在法律上的身份当然也应是"良"（有关六镇之乱时州镇城人的解放参考脚注[1]）。

据以上考察，至少在均田制制定以后，换言之，即良奴制正式出

---

1. 《魏书》卷九《肃宗纪》正光五年（524）八月丙申条有以下著名记载："诏曰：'……诸州镇城人，本充牙爪……诸州镇军贯，元非犯配者，悉免为民，镇改为州，依旧立称。……'"对此处的"悉免为民"，乍看之下，当时城人的身份似乎低于"民"（即"良"），但该引文绝非表示城人在法制上的身份是"贱"。在北魏后期逐渐增强的门阀主义风潮中，附籍军镇者成为被社会鄙视的对象，因而出现了上述表述。所以不能据该材料说"北人"城人在法制上的身份是"贱"。

第一章　关于北魏的身份制

现以后,"北人"在法律上的身份可谓为"良"。先前所见"南人"在法律上的身份也是"良",因此这时"北人"与"南人"在法律上有了相同的身份。如果此说无误,也许还会产生以下质疑：三长制的施行检括出大量脱漏户,成为"良""奴"者的数量切实增加,故前后可能出现了数量上的差异,而假如"良奴制正式出现"之前的"北人"身份和"南人"同为"良",且这个假设是正确的,因所谓良奴制实行以前和以后"北人"和"南人"都是"良",那前后岂不是不存在任何质的差异？的确,不管是所谓良奴制出现以前还是以后,许多"北人"的户籍都隶属军镇等处,从这一点来看,良奴制实行以前和以后似乎不存在任何质的差别。但正如前篇的考察已明确的,在孝文帝诸项改革的背后可以看出克服之前胡汉对立格局的强烈意向。将良奴制放置在诸改革的整体布局中来看,"北人"与"南人"在同一原理下被视作"良"这一点具有重大意义。如前所述,即便良奴制正式出现之前存在通用于"南人"与"北人"的良奴制,考虑到当时北魏国家所处的状况,它也是被笼罩在"北人、南人结构"之下的。改革克服了这种结构并力图抬升良奴制[1]的地位。正因为如此,还是应该看到其中质的变化。从这个意义上也可以说,"北人"和"南人"因这场改革开始被定位为与后来的良贱制直接关联的、作为身份的"良"。

第三节　何谓"良"？——"北人"的情形与"南人"的情形

本节将考察良奴制实施以后,"良"这一身份对于"北人"和"南人"来说分别具有何种意义。

前节已述,"北人"因良奴制正式出现才成为"良"。众所周知,

---

[1] 孝文帝改革前的司法审判,存在由三都大官负责和由廷尉负责两条并行的路径,改革后则由廷尉单一化地掌管（北魏何时设置廷尉并不清楚,但根据太武帝时长孙道生出任廷尉来看,这一时间应该比较早）。这与本书所论关联甚大。关于三都大官,参见内田吟風《後魏刑官考》（收入《北アジア史研究　鮮卑柔然突厥編》,同朋舍,1975年）、郑钦仁《北魏官僚机构研究》(台北：牧童出版社,1976年,第19页)、松永雅生《北魏の三都》(《東洋史研究》第29卷第2、3号合并号,第4号,1970年、1971年）。

在北魏后期逐渐增强的门阀主义风潮中，"北人"因其户籍不属州郡、著于军镇而被称为"府户"等，遭到社会鄙视（《北齐书》卷二三《魏兰根传》）。那么，舍弃这些"北人"是孝文帝改革的目标吗？答案是否定的，孝文帝迁都洛阳后，有多达十五万近卫兵从"北人"中选出[1]。而且从《魏书》卷二一《元羽传》所记迁都洛阳后的史事也能窥知：

> 高祖（孝文帝）引陆叡、元赞（陆叡、元赞均是北人）等于前曰："北人每言北人何用知书，朕闻此，深用怃然。今知书者甚众，岂皆圣人。朕自行礼九年，置官三载，正欲开导兆人，致之礼教。朕为天子，何假中原，欲令卿等子孙，博见多知。若永居恒北，值不好文主，卿等子孙，不免面墙也。"

如果说改革并不是要舍弃"北人"，那么作为改革一环的良奴制也不应有抛弃"北人"、破坏其生活而使之低于改革前水平这样的意图，至少不会有意让他们沦为"府户"。

那么，从"南人"，也就是汉人一侧来看待良奴制的施行，它又意味着什么呢？以下将就此点展开考察。

第一节所举《魏书》卷二三《卫雄传》的记载显示（"国内大乱，新旧猜嫌，迭相诛戮。雄……谋欲南归，言于众曰：'闻诸旧人忌新人悍战，欲尽杀之，吾等不早为计，恐无种矣。'晋人及乌丸惊惧，皆曰：'死生随二将军。'"），这一时期"新人"与"旧人"之间上演着激烈的对抗。产生这类斗争的根本原因，可简洁地归结为，改变拓跋部既有的结构、寻求权力强化的拓跋王权，同试图维护旧习及与之相伴的各种权益的"旧人"势力之间的对立。"新人"可谓拓跋王权强化的原动力，因此也成为"旧人"憎恶的对象。从这一视角出发，追溯北魏建国以前拓跋部的政治动向，就能观察到如唐长孺氏、谷川道雄氏

---

[1] 关于这一点，参见浜口重国：《秦漢隋唐史の研究》上卷，东京大学出版会，1966年，第86页以下。

第一章　关于北魏的身份制

曾指出的王权与"旧人"（部族势力）长期斗争的历史[1]。在这一过程中，王权陆续将"新人"纳入自己的体制内，即"旧人"化、"国人"化，自身变得强大起来。

那么北魏在中原建国以后又是怎样的情况？王权是否实现了某种变化呢？《魏书》卷二《太祖纪》天兴元年（398）条关于北魏道武帝灭后燕后有一条著名的记载：

> 正月……徙山东六州民吏及徒何、高丽杂夷三十六万，百工伎巧十万余口，以充京师。……二月……诏给内徙新民耕牛，计口受田。

此处的"新民"，与下引《魏书》卷一一三《官氏志》所记昭成帝朝事提到的"乌丸"，即《卫雄传》所谓"新人"，均成为北魏帝权强化的基础，因而可以说两者性质等同：

> 其诸方杂人来附者，总谓之"乌丸"，各以多少称酋、庶长，分为南北部，复置二部大人以统摄之。时帝弟孤监北部，子实君监南部。

换言之，《太祖纪》的"新民"就是本章所说的"新人"，这表明建国后帝权的状态基本上与建国前的相同。《魏书》卷一五《元悦传》记道武帝之子明元帝时事：

> （悦）说帝云："京师杂人，不可保信，宜诛其非类者……"……太宗不从。

此处所见"京师杂人"与《太祖纪》"山东六州民吏及徒何、高丽杂夷

---

1. 参见唐长孺：《拓跋国家的建立及其封建化》，收入《魏晋南北朝史论丛》，生活·读书·新知三联书店，1955年；谷川道雄：《隋唐帝国形成史論》，筑摩书房，1971年，第二编第一章"北魏の統一過程とその構造"。

三十六万,百工伎巧十万余口"中的"新民"当有重合的部分。从这里也能看出要保护"新人"的皇帝一方与意图排斥"新人"的"旧人"一方存在暗斗。立足该视角,追溯北魏建国后的政治史动向,可以发现,拓跋部时代"旧人""新人"之争背后王权同"旧人"阶层暗斗的内情,与以下所有政治事件里的深层趋势基本相同:道武帝暴毙后部落势力的反攻[1]、皇帝与公卿阶层之间围绕崔浩受宠的不同意见[2]、崔浩之死[3]、孝文帝改革时"北人"的叛乱等[4]。但双方也有巨大的差异。那就是北魏建国后掌握着比拓跋鲜卑更高文化的"新人"的数量,因新近广大汉地的纳入,而变得极为庞大,同时新出现了同"旧人""新人"的对立在形式上重合的"南人"与"北人"的对立。但是,尽管有这种变化,仍然不变的一点在于,帝权像过去的拓跋王权那样,以"新人"为杠杆,力求强化自身[5]。这在另一方面就会导致"新人""南人"的"旧人"化,而应该注意的是,过去那种"旧人"化此时已变得走不通。其原因,表面上是"新人"数量过多这一点,但与本章所论"北人、南人结构"结合起来思考,就可以举出以下诸方面:北魏前期胡汉对立严重,以及相对于汉地与汉人,皇帝作为"旧人"的领导者怀有和"旧人"的强烈一体感,而这与为加强帝权吸纳"新人"在方向上互逆等。孝文帝改革前后是胡汉融合向前迈进,上述矛盾渐趋缓和的时期,也终于迎来了扬弃此前格局的可能性。

---

1. 参见严耕望:《北魏尚书制度考》,《中央研究院历史语言研究所集刊》第18本,1948年,第253页以下。
2. 参见拙稿《五胡十六国、北朝期における胡漢融合と華夷觀》(《佐賀大学教養部研究紀要》第16卷,1984年)第三节。收入本书第一篇第一章。
3. 同上。
4. 参见拙稿《北魏高祖の漢化政策の理解について》,《九州大学東洋史論集》第9号,1981年。修订后收入本书第二篇第六章。
5. 《魏书》卷六一《毕元宾传》关于来自南朝的降人毕元宾载:"元宾入国,初娶东平刘氏,有四子……赐妻元氏生二子……故事,前妻虽先有子,后赐之妻子皆承嫡。"《魏书》卷三八《王慧龙传》记太武帝时南朝降人王慧龙去世,其中一句为:"时制,南人入国者皆葬桑干。"《魏书》卷八六《赵琰传》记孝文帝朝初期史事:"时禁制甚严,不听越关葬于旧兆。"据引文,孝文帝改革以前"新人"在结婚、承嫡、坟茔位置等方面都受到强制规定。乍看之下,此类情况很容易被解释为北魏对"新人"抱有疑虑,若基于本节所述内容,反过来可以说,这也展现了国家何以视"新人"势力为必要。

第一章　关于北魏的身份制

另外,《魏书》卷一八《元深传》记六镇之乱爆发前夜六镇形势时提到:

> 昔皇始以移防为重,盛简亲贤,拥麾作镇,配以高门子弟,以死防遏,不但不废仕宦,至乃偏得复除。当时人物,忻慕为之。

从这一著名的记载可以窥测,至少在魏末被称为"府户"等遭鄙视之前,"北人"一直怀有强烈的自豪感,认为是自己支撑了北魏建国并成为强大的国家。因此,尽管在孝文帝改革中被设定为"良",他们仍然保持着作为"国人"的意识[1]。换言之,良奴制施行之后的"良"当中,存在部分人混淆了"良"与"国人"的概念,不过改革后的"良"也包含了许多汉人。将这些与非汉民族国家北魏的帝权自漠北时代以来一贯谋求的"新人"之"旧人"化合观,就能发现在良奴制的另一面还存在以下目的:让作为"新人"的汉人"旧人"化,成为北魏国家的正式成员。顺便提及,如第一篇第一章所述,北魏末年的汉人士大夫中出现了把北魏当作己方王朝的意识,若此见解无误,可认为这一动向与随良奴制施行而来的汉人"良"化在根本上存在关联。

小结

本章所述可总结为以下几点:

一、北魏存在着"新人""旧人"的对立和"北人""南人"的对立,它们以复杂交织的形式组成了具有混合式性格的"北人、南人结构"。

二、帝权为实现自身强化,不断追求"新人"的"旧人"化。

三、孝文帝改革时,受"北人"集团凝聚性弱化的影响,"北人、

---

[1] "良家"一语散见于《魏书》中。多数情况下这是指胡族,尽管并非全部如此(参见片倉穣:《漢唐間における良家の一解釈》,《史林》第48卷4号,1965年)。"北人"可能把"良"的含义理解成了原本与之不同的"良家"概念。

南人结构"产生了极大的混乱。

四、良奴制以控制该乱局为目的，具有取代"北人、南人结构"而产生这一方面。

五、随着孝文帝改革，"良"这一身份正式出现，此前的"良"与此后的"良"可谓存在质的差异，因为后者具有超越"北人、南人结构"的性质。

六、良奴制的施行并不意味着"北人"地位下降，基于北魏帝权一直以来采取的路线，即对"新人"之"旧人"化的追求，倒不如认为该制度的目的在于，赋予作为"新人"的"南人"北魏国家正式成员的地位，将"南人""北人"共置于"良""奴"的同一标准之下。

七、将"南人"定位为国家成员这一点从根本上来说，追求的是使"南人"成为"国人"。

以上是本章所述内容的概要，下面据此对本章开头提出的问题略陈浅见。

"良"这一身份确如堀敏一氏所言，在三国之际即已出现，但北魏均田制制定时期正式出现的"良"身份，与五胡十六国时代等的"良"身份在量与质上差异巨大。从这一意义上说，北魏均田制制定时期以后的良奴制正是隋唐良贱制的直接源头。而三国时期出现的良民、奴婢这一身份划定，经历了此后三百年的漫长时期才得以正式化，其原因除了西嶋定生氏指出的，还在于三百年间胡汉对立严重，故难以将胡汉包容于同一身份制之下。根据这个观点，可以说这三百年间华北社会的基本框架是区别国人和汉人。另外，如尾形勇氏所述，从宏观的角度来看，"良"的确可谓"名义上的良民"，但如果考察北魏时代的"良"这一限定对象，可以认为，其中也存在支撑国家的成员这一源自胡族社会的积极意涵。孝文帝的改革将该意义推广至汉人，力图摆脱异民族国家的框架。但结果却是在改革之后，催生了理念与现实之间的乖离，它最终被始于北镇之乱的魏末大乱轻易摧毁。

顺便提及，良奴制正式出现以后，有关良奴制的记载，诸如以"良"为"奴"而被免官，在《魏书》中变得常见（《魏书》卷一六《元继传》记宣武帝时事："……为家僮取民女为妇妾，又以良人为婢，

第一章　关于北魏的身份制

为御史所弹,坐免官爵")。但管见所及,这类材料不见于《魏书》此前的记载。可以说,这种现象的存在间接地反映了改革以后国家何以变得重视"良"。此后,在北周等朝反复出现解放"奴"、创造"良"的举措,这种现象也是随着时代潮流而发生的。如以下两条材料所示,该潮流的发展甚至促成这样的时代景象:禁止以原本同中国式身份制无关的獠为"奴",獠自称为"良"。《隋书》卷四六《苏沙罗传》关于蜀王杨秀的不当行径提到:

"……又调熟獠,令出奴婢,沙罗隐而不奏。"由是除名。

《周书》卷四九《獠传》关于非汉民族之一的獠载:

被卖者号叫不服,逃窜避之,乃将买人指扐捕逐,若追亡叛,获便缚之。但经被缚者,即服为贱隶,不敢更称良矣。

第四篇将述及,这个时代中国的南部与西部出现了蛮汉融合,可以认为,上述事件产生于北朝社会的胡汉融合动向同蛮汉融合动向被整合进隋唐这一宏阔体制的过程当中[补注]。

补注：本书第四篇将就蛮汉融合展开讨论。本章收录了拙稿《北魏時代における所謂良奴制の成立——良の問題を中心として見た》（载《史学雜誌》第96编12号，1987年）第一节到第三节的内容，该文随后得到堀敏一氏的宝贵批评（《良奴、良賤制はいつ成立したか——川本芳昭氏の論に関連して》，《史学雜誌》第97编7号，1988年）。对于他的质疑，拙稿《胡族国家》（载《魏晋南北朝隋唐時代史の基本問題》，汲古书院，1997年）阐述了个人看法。请一并参看。

第二章

关于五胡十六国北朝史上对周礼的接受

引言

众所周知,西魏、北周朝基于周礼实行了大幅度的改革。从宏观角度来说,这种取向具有对北魏孝文帝改革以后门阀主义趋势的反动一面。但是,通观五胡、北朝的整体历史,大幅度模仿周的官制或制度来调整各项政治制度的举动,不只存在于北周。谷川道雄氏指出的五胡君主采用天王号等正可作为一例[1]。而回过头来整理过往的研究史,以下问题几乎未见论及:周礼在胡族诸朝被赋予了怎样的地位,它又是如何被传承以至于出现北周的改革?检讨此问题可谓是了解当时胡汉相争与融合实态的必要事项。本章将基于以上的认识,针对没有在江南的政治决策中发挥特别作用的周礼,就其在华北受到重视的风潮是如何形成的这一问题,阐述若干个人见解。

第一节 胡族君主的历史认识——胡族如何看待汉族此前的历史

五胡、北朝时期的胡族君主往往向所谓的三皇五帝寻求其始源,如慕容氏以黄帝有熊氏、苻氏以夏禹有扈氏、姚氏以帝舜有虞氏、赫连氏以夏禹、拓跋氏以黄帝、宇文氏以炎帝神农氏作为族源(参照《晋书·载记》和《魏书》)。其中《晋书》卷一三〇《赫连勃勃载记》记载,建立赫连夏的赫连勃勃曾谓:

> 朕大禹之后,世居幽、朔。祖宗重晖,常与汉、魏为敌国。中世不竞,受制于人。……今将应运而兴,复大禹之业。

---

1. 谷川道雄:《五胡十六国、北周における天王の称号》,《隋唐帝国形成史論》第三篇第三章,筑摩书房,1971年。

第二章　关于五胡十六国北朝史上对周礼的接受

他进而标榜复兴夏禹之业。此处值得注意的是，这一假托中没有提到与周代之间的关联。

另一方面，如第一篇第一章所述，当时的胡族强烈反对汉族"胡族终究不可能成为帝王"的观念，主张"胡族也可以成为帝王"。据以下两则材料，该主张在当时搬出夏禹和周文王作为支持。《晋书》卷一〇一《刘元海载记》记刘元海即汉王位前事云：

> 元海曰："……夫帝王岂有常哉，大禹出于西戎，文王生于东夷，顾惟德所授耳。"

同书卷一〇八《慕容廆载记》记慕容廆之语：

> 且大禹出于西羌，文王生于东夷，但问志略何如耳。

结合前述史实，即他们往往向所谓的三皇五帝寻求其始源，来观察此点，尽管因史料寡少而不能妄下结论，但还是可以窥见刘元海、慕容廆这一阶段的胡族对周的部分认识。换言之，对于刘元海和慕容廆这一阶段的胡族，在有关当时现实政治的层面，周具有的意义在于其同周文王的关联，他们对周这个国家以及周这个国家的制度几乎还没有产生兴趣。但是，《魏书》卷一〇八之一《礼志一》天兴元年（398）年条载：

> 群臣奏以国家继黄帝之后，宜为土德，故神兽如牛，牛土畜[1]，又黄星显曜，其符也。于是始从土德[2]，数用五，服尚黄，牺牲用白。祀天之礼用周典。

---

1. 该内容系基于《魏书》卷一《序纪》拓跋诘汾条所谓："有神兽，其形似马，其声类牛，先行导引，历年乃出。始居匈奴之故地。"
2. 据引文，北魏初期的五行次序因假托"国家继黄帝之后"而被定为土德，但孝文帝时对此的解释发生了变化。关于这一点参见第一篇第二章第一节。

如"祀天之礼用周典"所示，至北魏便可找到能据以窥见对周的国家制度有所关注的具体事例。这反映了北魏开始重视周礼的一面。不过，《魏书》卷一一三《官氏志》记道武帝时事：

> 初，帝欲法古纯质，每于制定官号，多不依周汉旧名，或取诸身，或取诸物，或以民事，皆拟远古云鸟之义。诸曹走使谓之凫鸭，取飞之迅疾。……

从不依据周汉官名来制定官号的记载来看，这时北魏对周礼的重视与北周那种真正的重视还相差甚远。

还有必要注意《魏书》卷二《太祖纪》天兴三年（400）十二月条中述北魏应天命而治中国的十二月乙未诏的后续文字：

> 时太史屡奏天文错乱，帝亲览经占，多云改王易政，故数革官号。……"……周姬之末，下凌上替，以号自定，以位制禄，卿世其官，大夫遂事，阳德不畅，议发家陪，故衅由此起，兵由此作。秦汉之弊，舍德崇侈……鉴殷周之失，革秦汉之弊，则几于治矣。"

这一史料传达出以下信息：在上述用周典行祀天之礼、制定官号等的同时，还进行了对北魏以前诸王朝的评价。虽然对"殷周之失""秦汉之弊"的评价在任何时代都会出现，但考虑到这开展于北魏建国后不久，对探索北魏国家在何种政治方针下进行国家运营具有重要的意义。基于此视角，综合上述五胡十六国、北魏双方的情形，可以认为五胡十六国、北魏的君主，正如其将始源上溯至三皇五帝所表现的那样，大体上对三皇五帝时代和殷周时代（但晚期除外）抱有好感。

另一方面，《周书》卷二《文帝纪下》"史臣曰"：

> 太祖（道武帝）……乃摈落魏晋，宪章古昔，修六官之废典，成一代之鸿规。

第二章　关于五胡十六国北朝史上对周礼的接受

同书卷四五《儒林传》序言谓：

> 及太祖受命，雅好经术。求阙文于三古，得至理于千载，黜魏、晋之制度，复姬旦之茂典。

由此可知，西魏北周时代的周礼主义和对魏晋的批判呈现出表里关系。那这种胡族君主对魏晋的批判是何时开始出现的呢？现在将围绕这一点进行考察。

《晋书》卷一一七《姚兴载记上》记姚兴之母虵氏去世时提到：

> 兴哀毁过礼，不亲庶政。群臣议请依汉、魏故事，既葬即吉。兴尚书郎李嵩上疏曰："三王异制，五帝殊礼。孝治天下，先王之高事也……"尹纬驳曰："帝王丧制，汉、魏为准。……"兴曰："嵩忠臣孝子，有何咎乎？尹仆射弃先王之典，而欲遵汉、魏之权制，岂所望于朝贤哉！其一依嵩议。"

《姚兴载记下》记客星入东井、地震频发时提到：

> 兴公卿抗表请罪，兴曰："灾谴之来，咎在元首；近代或归罪三公，甚无谓也。公等其悉冠履复位。"

可以看出姚兴对汉魏制度乃至魏晋制度的态度。但将此事与前述北魏道武帝制定官号、批判前代弊政等合观，"尊重周代与批判魏晋"这一北周政策中的基本方针尚未明确形成。那明确提出此点的胡族君主究竟是谁？

《魏书》卷七下《高祖纪下》太和十七年（493）九月庚午条载：

> 幸洛阳，周巡故宫基址。帝顾谓侍臣曰："晋德不修，早倾宗祀，荒毁至此，用伤朕怀。"

同书卷二二《废太子恂传》记孝文帝废皇太子时提到：

> 高祖（孝文帝）曰："……此小儿今日不灭，乃是国家之大祸，脱待我无后，恐有永嘉之乱。"乃废为庶人。

同书卷五三《李冲传》记孝文帝于清徽堂引见公卿时的话：

> 高祖曰："圣人之大宝，惟位与功，是以功成作乐，治定制礼。今徙极中天，创居嵩洛……取南之计决矣，朕行之谋必矣。若依近代也，则天子下帷深宫之内；准上古也，则有亲行，祚延七百。魏晋不征，旋踵而殒，祚之修短，在德不在征。……"

同书卷七七《辛雄传》记载了孝明帝时代辛雄的上书，其中一段是：

> 故虞舜之盛，穆穆标美；文王受命，济济以康。高祖孝文皇帝，天纵大圣，开复典谟，选三代之异礼，采二汉之典法。

同书卷一〇八之三《礼志三》记载了文明太后死时欲服三年之丧的孝文帝同群臣之间围绕解释三年之丧的问答[1]，其中一段是：

> 高祖对曰："……杜预晋之硕学，论自古天子无有行三年之丧者……"高祖曰："汉魏之事，与今不同，备如向说。（前段提到"古今异同，汉魏成事及先儒所论，朕虽在衰服之中，以丧礼事重，情在必行……"）……至如杜预之论，虽暂适时事，于孺慕之君，谅闇之主，盖亦诬矣。孔圣称'丧与其易也宁戚'，而预于孝道简略，朕无取焉。"

---

1. 关于文明太后死后孝文帝欲服三年之丧的问题，参见本书第二篇第五章。

第二章　关于五胡十六国北朝史上对周礼的接受

从以上史料可以看出孝文帝对汉魏尤其是魏晋的批判态度。也就是说，对先前的问题，即明确提出北周政策中的"尊重周代与批判魏晋"这一基本方针的胡族君主是谁，个人认为答案应为北魏孝文帝。虽然只以胡族君主的框架来看待孝文帝是有问题的，现在暂不讨论[1]。此外，关于孝文帝改革与周礼、周制的总体关系将在后文叙述。

第二节　汉族士大夫的历史认识——汉族如何看待此前的历史

《晋书》卷一〇九《慕容皝载记》记载慕容皝为贫家提供牛和田地，欲课以重税，记室参军封裕发表了著名的谏言，其中一段为：

> 且魏、晋虽道消之世，犹削百姓不至于七八，持官牛田者官得六分，百姓得四分。……

此处"魏、晋虽道消之世"的观念，应该是基于对混乱的汉末三国至八王、永嘉之乱这段时期的认识。西魏北周的苏绰等人，断然据周礼施行改革，也正是以"魏、晋道消之世"的认识为基础，才会"黜魏、晋之制度"（前引《周书·儒林传》），因此可认为，当时大量的汉族士大夫也多少怀有"魏、晋道消之世"的认识。

而西魏北周的汉族还有以下重要特征："魏晋道消之世"不仅停留在认识层面，他们立足于将其克服而重建、创造新型国家与社会的综合性展望，以复古为基础来提出和施行政策。从前举记室参军封裕等事例看不到这样的态度。那该动向真正始于何时呢？如第一篇第一章所论，在回顾整个五胡、北朝史时，北魏统一华北前后是汉族士大夫的胡族观、胡族国家观的分水岭，此后，汉族士大夫逐渐将胡族国家视为自己的国家。注意到这样的历史潮流，可以推测，正式出现的时期也在北魏统一华北时。在这一转换期扮演了重要角色的崔浩，通过

---

1. 关于这一点参见第一篇第一章及前章。

"齐整人伦，分明姓族"（《魏书》卷四七《卢玄传》）、促进道教国教化、大量登用汉族士大夫进入官场等企图大幅改造北魏国家，从这些措施来看，前述观点应该没有太大问题。《魏书》卷三五《崔浩传》记载了明元帝时期关于五等爵制与郡县制是非的讨论：

> 遂与同僚论五等郡县之是非，考秦始皇、汉武帝之违失。好古识治，时伏其言。天师寇谦之每与浩言，闻其论古治乱之迹，常自夜达旦……（谦之）因谓浩曰："吾……当兼修儒教，辅助泰平真君，继千载之绝统。而学不稽古，临事暗昧。卿为吾撰列王者治典，并论其大要。"浩乃著书二十余篇，上推太初，下尽秦汉变弊之迹，大旨先以复五等为本。

引文所述与本节论旨相关而值得注意。崔浩把周代的五等爵制视为首要，并从否定郡县制的立场出发，批评了秦汉以后的制度。也就是说，堪称当时汉族士大夫领袖的崔浩，其政治思想的根本是以复古尤其是以复周为目的的。

据以上事例笔者认为，见于西魏、北周政策的"尊重周代与批判魏晋"的观念，在崔浩时期的汉族士大夫中已经存在，且与此前不同的是，这是基于重建和创造新型国家与社会的综合性展望而形成的。西魏、北周政策体现的"尊重周代与批判魏晋"路线在两者相辅相成的形式下，从这个时候开始具体化。《魏书》卷六九《袁翻传》记袁翻之语：

> 甚知汉世徒欲削灭周典，捐弃旧章，改物创制，故不复拘于载籍。……皇代（北魏）既乘干统历，得一驭宸，自宜稽古则天，宪章文武，追踪周孔，述而不作，四彼三代，使百世可知。

这一路线在北魏后期受到尊崇周礼之风的影响，并逐渐发展到西魏、北周的程度。下一节将阐明北魏接受周礼的过程，从该视角更深入地考察此点。

第三节　北魏接受周礼的历史

第一项：孝文帝以前的时代

如第一节中周礼对祭天礼的影响所示，在孝文帝之前的北魏历史上，周制的影响散见于各处。质的变化从中期开始出现，孝文帝以后大幅度引入周制。以下就这一点进行具体的说明。

《魏书》卷一一三《官氏志》天兴二年（399）三月条记载：

> 分尚书三十六曹及诸外署，凡置三百六十曹，令大夫主之。大夫各有属官。

《周礼》卷三《天官·小宰》（下文作为书籍的周礼记作《周礼》，以区别于作为周之礼的"周礼"）云：

> 以官府之六属举邦治：一曰天官，其属六十……二曰地官，其属六十……三曰春官，其属六十……四曰夏官，其属六十……五曰秋官，其属六十……六曰冬官，其属六十。

注意"三百六十"这一数字系基于六官之属三百六十，从中可以看出周礼的影响[1]。《魏书》卷一一三《官氏志》天赐元年（404）八月条记载：

> 初置六谒官，准古六卿，其秩五品。属官有大夫，秩六品。大夫属官有元士，秩七品。

引文所述制度吸收了周礼六官制的观念，从"准古六卿"一语亦可明了。

---

1. 参见津田左右吉《"周官"の研究》第三章，收入《津田左右吉全集》第十七卷，1965年。

同书同卷天赐三年条载:

> 又制诸州置三刺史,刺史用品第六者,宗室一人,异姓二人,比古之上中下三大夫也。

从"古之上中下三大夫"这一表述可以窥知,上述制度基于以下两条材料所承载的观念。《礼记》卷五《王制》:

> 王者之制:禄爵,公、侯、伯、子、男,凡五等。诸侯之上大夫卿、下大夫、上士、中士、下士,凡五等。

而《周礼》卷一《天官·冢宰》记载:

> 治官之属:大宰,卿一人。小宰,中大夫二人。宰夫,下大夫四人。

另外,北魏存在被称为八部或者八国的鲜卑诸族特别行政区[1],《魏书》卷一一三《官氏志》记载了可以认为是与之相关的八部大人的设置:

> 神瑞元年(414)春,置八大人官,大人下置三属官,总理万机,故世号八公云。

同书同卷后续提到:

> 泰常二年(417)夏,置六部大人官,有天部,地部,

---

1. 关于八部、八国,可参见山崎宏《北魏の大人官における(下)》(载《東洋史研究》第10卷1号,1947年)、内田吟風《南匈奴に関する研究》(载《北アジア史研究 匈奴編》,同朋舍,1975年)、谷川道雄《拓跋国家の展開と貴族制》(载《岩波講座·世界歴史》[五],古代史五,1970年)等的相应部分。笔者的见解见第一篇第二章。另外,严耀中在《北魏前期政治制度》(吉林教育出版社,1990年)中关于八部和六部提出了与以往定论不同的个人新见解。

第二章　关于五胡十六国北朝史上对周礼的接受　　309

东、西、南、北部，皆以诸公为之。大人置三属官。

由于这两条材料在《官氏志》中是连续的记载，且为名称相同的大人官，同样统领三属官，因此可以认为它们共同表明八大人官在泰常二年夏变为了六部大人官。六部大人官包括天部大人和地部大人，东、西、南、北在四时上分别对应春、夏、秋、冬[1]，那么很明显，其中蕴含周礼天官、地官、春官、夏官、秋官和冬官的六官观念。

还有必要注意接下来这一点。第一节提到北魏初年祭天时采用周典，此处也出现了与之相似的情况。即，《魏书》卷一〇八之一《礼志一》云：

祀天之礼用周典，以夏四月亲祀于西郊。

这一祭天礼，如第二篇第四章所论，指的是源自胡族祭天礼仪的西郊祭天，直到被孝文帝废止前，它都保持着浓厚的胡族仪礼的特性。而上引文意味着该礼仪被掺入了周制，先前围绕大人官的考察也揭示了胡族制度添加的周制，双方在这一点上类似。宫崎市定氏曾论曰[2]：

北齐表面上原样继承了北魏的贵族制度，但是与之相对，北周持完全相反的态度。这是对贵族制度的全面否定。该政策的确有一定道理，但它否定汉人社会，使之鲜卑化，令人困惑。而当权者宇文氏以及围绕在他们周围的鲜卑集团，似乎热衷于朝着这个方向前进……说要回到北魏立国的精神。这样一来，汉人就没有立足之地了。为了与之对抗，汉人想出了一个更古老的方案，那就是回归夷夏不分离的周代制度。首倡者是宇文泰的谋臣苏绰，在嘲笑他要恢复两千年前的周

---

1. 《汉书》卷二一上《律历志一》："北，伏也，阳气伏于下，于时为冬。……南，任也，阳气任养物，于时为夏。……西，迁也，阴气迁落物，于时为秋。……东，动也，阳气动物，于时为春。"
2. 参见宫崎市定：《九品官人法の研究》，同朋舍，1956年，第489—490页。

制这一空想政策前，我们应该充分领会他的苦衷。

此等北周政策的苗头在北魏的早期就已经出现，这与本章的宗旨有关，应当关注。

让我们回到孝文帝之前的时代周礼有何影响的问题上。

《魏书》卷四下《世祖纪下》记载了恭宗景穆帝监国时发布的一篇著名令文，其中前半段是[1]：

> 初，恭宗（景穆帝）监国，曾令曰："《周书》言：'任农以耕事，贡九谷；任圃以树事，贡草木；任工以余材，贡器物；任商以市事，贡货贿；任牧以畜事，贡鸟兽；任嫔以女事，贡布帛；任衡以山事，贡其材；任虞以泽事，贡其物。'其制有司课畿内之民，使无牛家以人牛力相贸，垦殖锄耨……"

需要注意这段材料中与本章主旨相关的以下两点。其一，可以认为，到这个时期，周礼的影响甚至已波及经济政策方面。其二，《周礼》卷一三《地官·闾师》的文字被置于令文开篇，由此可窥知，这与以往参考周礼修改官制等做法在程度上有异，以周礼作为国策制定根本基准的态度已经萌芽（这一点因与孝文帝改革有关，将在下一项再次讨论）。

另外，《魏书》卷四八《高允传》记载了献文帝时高允的上表：

> 允表曰："臣闻经纶大业，必以教养为先……自永嘉以来，旧章殄灭。……申祖宗之遗志，兴周礼之绝业，爰发德音，惟新文教。……制大郡立博士二人、助教四人、学生一百人，次郡立博士二人、助教二人、学生八十人，中郡立博士一人、助教二人、学生六十人，下郡立博士一人、助教一人、学生四十人。……"显祖从之。郡国立学，自此始也。

---

1. 《周礼》卷一三《地官·闾师》："任农以耕事，贡九谷；任圃以树事，贡草木；任工以饬材事，贡器物；任商以市事，贡货贿；任牧以畜事，贡鸟兽；任嫔以女事，贡布帛；任衡以山事，贡其物；任虞以泽事，贡其物。"字句中有若干不同。

第二章　关于五胡十六国北朝史上对周礼的接受

据此，在强烈重视周礼的意识下，郡国之学被重建，这里也可以看到与前述参考周礼修改官制在程度上截然不同的态势。

第二项：孝文帝的时代

史上著名的均田制，从孝文帝时代开始实行，它受到了周代井田制的影响，这已不必重复叙述。且众所周知，同样始于孝文帝时期的三长制也是在周代乡党制的巨大影响下实施的，《周礼》卷一〇《地官·大司徒》载：

> 令五家为比，使之相保；五比为闾，使之相受；四闾为族，使之相葬；五族为党，使之相救。

但是，在孝文帝时代，周礼的影响并不止于这样的两三个事例，而是有更深刻、更综合性的形势。循此视角，可以认为孝文帝的改革也有企图复兴周制的一面。这如果属实，再结合前述孝文帝已怀有强烈的"尊重周礼、批判魏晋"这一见于后来北周政策的观念，便可就过往仅将北周采取周礼主义看作是孝文帝改革以降门阀主义趋势之反动的看法，进行一定修正。在某些方面，也可以认为，西魏、北周忠实地继承了孝文帝改革的路线。以下基于该问题意识，列举周礼影响孝文帝时代改革的具体事例并加以检讨。

《魏书》卷七上《高祖纪上》太和八年（484）六月丁卯条载：

> 诏曰："置官班禄，行之尚矣。《周礼》有食禄之典，二汉著受俸之秩。……自中原丧乱，兹制中绝，先朝因循，未遑厘改。……故宪章旧典，始班俸禄……"

一直以来在北魏都没有实施过的俸禄制自此开始行用[1]，从这里也可以看

---

1. 关于俸禄制，参见松永雅生：《北魏の官吏俸禄制実施と均田租制（その一）（その二）》，《九州学園福岡女子短期大学·研究紀要》第2、3号，1969、1970年。

出周礼的影响。当然，俸禄制在汉代和魏晋都有过，所以只凭这一点就指出周礼的影响是危险的。但据上述史料中"《周礼》有食禄之典"，并考虑到即将实行的三长制、均田制与俸禄制实施之间的联动，再加上三长制、均田制均产生于周礼的影响之下，可以说这种吻合绝对不应该被低估。实施均田制的同时，孝文帝也果断推行了税制改革，《魏书》卷七下《高祖纪下》太和十九年（495）七月戊午条记载了对作为税制基础的度量衡制的改革：

> 诏改长尺大斗，依《周礼》制度，班之天下。

这进一步确定了上述的吻合不应被低估的判断，并彰显了均田制等全部政策在周礼的重大影响下是如何被周密考虑的。

周礼的这种影响在其他方面也有浓墨重彩的表现。《魏书》卷七下《高祖纪下》太和十八年（494）十二月己酉条载：

> 诏王、公、侯、伯、子、男开国食邑者：王食半，公三分食一，侯伯四分食一，子男五分食一。

这一改革明显基于《周礼》卷一〇《地官·大司徒》条所谓：

> 凡建邦国，以土圭土其地而制其域：诸公之地，封疆方五百里，其食者半；诸侯之地，封疆方四百里，其食者参之一；诸伯之地，封疆方三百里，其食者参之一；诸子之地，封疆方二百里，其食者四之一；诸男之地，封疆方百里，其食者四之一。

正如赵翼在《廿二史札记》卷一四"异姓封王之滥自后魏始"条所指出的那样，起初北魏的封爵制与历代王朝相比都很特殊。《魏书》卷七下《高祖纪下》太和十六年正月乙丑条载：

> 制诸远属非太祖子孙及异姓为王，皆降为公，公为侯，

第二章 关于五胡十六国北朝史上对周礼的接受

> 侯为伯,子男仍旧,皆除将军之号。

经过这次改革(这一改革也受周礼影响),后来才有了之前提及的太和十八年十二月己酉的改革[1]。

《魏书》卷七下《高祖纪下》太和十六年十一月乙卯条又载:

> 依古六寝,权制三室,以安昌殿为内寝,皇信堂为中寝,四下为外寝。

这一点明显基于《周礼》卷六《天官·宫人》的"六寝"意识:

> 宫人:掌王之六寝之修。

又《魏书》卷一三《皇后列传》序言云:

> 高祖改定内官,左右昭仪位视大司马,三夫人视三公,三嫔视三卿,六嫔视六卿,世妇视中大夫,御女视元士。

同书卷五三《李冲传》记孝文帝改革时事:

> 高祖初依《周礼》,置夫、嫔之列,以冲女为夫人。

孝文帝的这一改革系依据以下观念。《礼记》卷四《昏义》云:

> 古者天子后立六宫、三夫人、九嫔、二十七世妇、八十一御妻,以听天下之内治,以明章妇顺;故天下内和而家理。天子立六官、三公、九卿、二十七大夫、八十一元士,以听天下之外治……

---

1. 关于北魏封爵制参见第二篇第三章。

《周礼》卷七《天官·九嫔》：

> 九嫔：掌妇学之法。

同书卷八《天官·世妇》：

> 世妇：掌祭祀、宾客、丧纪之事。

同书同卷女御条：

> 女御：掌御叙于王之燕寝。

顺便提及，《周书》卷九《皇后列传》序言谓：

> 周氏率由姬制，内职有序。

若与孝文帝的改革比较，可以注意到两者的相似之处[1]。

另外，《魏书》卷一〇八之一《礼志一》太和十五年四月条记载，平文帝的太祖庙号被夺，改以此前被奉为烈祖的道武帝为太祖：

> "朕今奉尊道武为太祖，与显祖为二祧，余者以次而迁。平文既迁，庙唯有六，始今七庙，一则无主。唯当朕躬此事……"

北魏的七庙制起源不明，管见所及，它第一次出现在《魏书》卷十九

---

1. 《南史》卷一一《后妃传上》："六宫位号，前史代有不同。晋武帝采汉魏之制，置贵嫔、夫人、贵人，是为三夫人，位视三公；淑妃、淑媛、淑仪、修华、修容、修仪、婕妤、容华、充华，是为九嫔，位视九卿；其余有美人、才人、中才人，爵视千石以下。宋武帝省二才人，其余仍用晋制。"三夫人等在晋也存在。但是本节引用的《李冲传》记孝文帝改革时提到"高祖初依《周礼》，置夫、嫔之列，以冲女为夫人"，据此，孝文帝的改革是基于周礼的理念。

第二章　关于五胡十六国北朝史上对周礼的接受

中《任城王元云传》关于显祖献文帝禅位于其子孝文帝的记载中：

> 延兴中，显祖集群僚，欲禅位于京兆王子推。王公卿士，莫敢先言。云进曰："……上乖七庙之灵，下长奸乱之道……"于是传位于高祖。

这一七庙制据下引《隋书》卷七《礼仪志二》大业元年（605）条，应该是周代的制度[1]：

> 大业元年，炀帝欲遵周法，营立七庙，诏有司详定其礼。礼部侍郎、摄太常少卿许善心，与博士褚亮等议曰："谨案《礼记》：'天子七庙，三昭三穆，与太祖之庙而七。'郑玄注曰：'此周制也。七者，太祖及文王、武王之祧，与亲庙四也。殷则六庙……夏则五庙……'"

《魏书》中在前引《任城王拓跋云传》之后出现的关于七庙的史料，是《魏书》卷七上《高祖纪上》太和元年春正月乙酉朔条所载改元太和诏，其中一句为：

> 实赖神祇七庙降福之助。

如前所述，北魏对周制的引入是从中期开始出现了质变的征兆，在此基础上，七庙制也从此时开始受到重视，孝文帝以接受这种趋势的形式，结合太祖的变更，使其作为北魏的国家庙制固定下来，这一推断当大致无误（关于太祖变更在北魏史上的重大意义，第二篇第三章已

---

1. 《礼记》卷五《王制》："天子七庙，三昭三穆，与太祖之庙而七。"郑注："此周制也。七者，太祖及文王、武王之祧，与亲庙四也。殷则六庙，契及汤，与二昭二穆也。夏则五庙，无太祖，禹与二昭二穆而已。"另外《隋书》卷七《礼仪志二》叙魏晋南朝的庙制："至魏初，高堂隆为郑学，议立亲庙四，太祖武帝，犹在四亲之内，乃虚置太祖及二祧，以待后代。……就四亲而为六庙。晋武受禅……故祭止六也。江左中兴……至于寝庙之仪，皆依魏、晋旧事。宋武帝……止于六庙。……降及齐、梁，守而弗革，加崇迭毁，礼无违旧。"

有考察）。易言之，从这里也可以看出孝文帝重视周礼的立场。

而迁都洛阳堪称孝文帝所谓汉化政策的象征性事件，它也受到了周礼的巨大影响。《魏书》卷三九《李韶传》的材料如实表明了这一情况：

> 高祖将创迁都之计，诏引侍臣访以古事。韶对："洛阳九鼎旧所，七百攸基，地则土中，实均朝贡，惟王建国，莫尚于此。"高祖称善。

《周礼》卷一《天官·冢宰》开篇云：

> 惟王建国，辨方正位，体国经野。

郑玄注曰：

> 建，立也。周公居摄而作六典之职，谓之《周礼》。营邑于土中，七年，致政成王，以此礼授之，使居雒邑，治天下。

《周礼》卷一〇大司徒条载：

> 日至之景，尺有五寸，谓之地中：天地之所合也，四时之所交也，风雨之所会也，阴阳之所和也。然则百物阜安，乃建王国焉，制其畿，方千里而封树之。

关于这些记载包含的思想，由下引《魏书》卷二一上《咸阳王元禧传》所述孝文帝之语可窥知，它们也确实成为孝文帝自身的思想：

> 高祖曰："伊洛南北之中，此乃天地氤氲，阴阳风雨之所交会……"

此外，《晋书》卷一〇五《石勒载记下》云：

第二章　关于五胡十六国北朝史上对周礼的接受　　　317

> 勒将营邺宫……于是令少府任汪、都水使者张渐等监营邺宫……勒以成周土中，汉晋旧京，复欲有移都之意，乃命洛阳为南都，置行台治书侍御史于洛阳。

比较此事与前述孝文帝迁都洛阳，一方面可以说孝文帝最终实现了石勒的计划。但《魏书》卷五四《高闾传》记迁都洛阳时事：

> 迁都洛阳，闾表谏，言迁有十损，必不获已，请迁于邺。
> 高祖颇嫌之。

从上述记载来看，石勒和孝文帝之间在是否严格区分迁邺和迁洛这一问题上还存在巨大的分别。这种差异的起因是什么呢？此处可以想到北魏首次实现了五胡十六国胡族国家未能达成的华北百余年的统一、石勒与孝文帝两者个性差异等多种理由，然而还可以从本章获取的一项准确因素是：五胡十六国北魏时期，重视周礼的潮流随着时间推移逐渐增强。

众所周知，北魏孝文帝以后诸帝皆祖法孝文帝时代制度。那么，本章所论重视周礼的思想也当照样被传承至魏末（本章第二节所举《魏书》卷六九《袁翻传》中袁翻之语可证），鉴于此，本章开头提出的问题，即周礼在胡族王朝被赋予怎样的地位，以及它是如何被传承以至于出现北周的改革，经过了以上稍显驳杂的考察，大致得以明晰。质言之，这与当时胡汉斗争、融合的问题息息相关，在此过程中，北魏尤其是孝文帝时代起了重要作用。另外，以周礼为中心来看，西魏、北周具有北魏直接继承者的面貌，这显示以下的看法有必要进行一定的修正：北齐是孝文帝改革后北魏的继承者；西魏、北周的周礼主义是以批判贵族制和复古为目标的带有空想性的政策。

小结

本章内容可总结如下。

一、五胡十六国、北魏的君主大都对三皇五帝时代和殷周时代

（末期除外）抱有好感。

二、见于北周政策的"尊重周代与批判魏晋"这一观念已潜伏在五胡十六国时代的胡族君主处，明确提出这一方针的是北魏孝文帝。

三、当时的汉族士大夫大多有"魏晋道消之世"的认识。

四、堪称北魏前期汉族士大夫领袖的崔浩，在其政治思想的根基处，存在复古的意图，亦即以复周为目标。

五、崔浩时代的汉族士大夫中也存在"尊重周代与批判魏晋"的观念，与以往不同，它以围绕重建、创造新型国家和社会的综合性展望为基础。

六、从北魏初期的祭天礼能够看出周礼的影响，孝文帝以前的北魏历史中，周代制度的影响散见于各处。

七、祭天礼和六部大人官制度作为胡族制度却融入了周制，说明北周政策的苗头在北魏初期已显现，因而这一点很重要。

八、周礼的影响在北魏中期开始能看到质的变化，与此前那种参考周礼改订官制的程度有所不同，周礼作为国策决定的根本基准的态势逐渐萌芽。

九、对于孝文帝改革，周礼的影响不只波及均田制、三长制，我们还能看到更深刻的综合性影响。

十、以周礼为中心来看，西魏、北周具有"北魏孝文帝的周礼主义"后继者的面貌，这显示出以下的看法有必要进行一定的修正：北齐是孝文帝改革后北魏的继承者；西魏、北周的周礼主义是以批判贵族制和复古为目标的带有空想性的政策。

第三章

关于胡族汉化的实态

引言

本篇上文就身份制、围绕周礼接受的问题进行了讨论，如果反过来考虑，也许会产生这样的理解：对这些源自中国的制度或思想的接受，归根到底是北族"同化"过程中的路标。换言之，对当时北族汉化的理解，归根到底可能就是他们自身或他们的文化被汉族社会同化。这一面的存在确实无法否定。但它关系到一个根本性的问题：五胡十六国至北朝北族进入中原，随之而来的汉化究竟具有何种意义？如果说汉化或胡汉融合最终是"同化"，也可能会产生这样一种理解，即从作为先进文明的中原一方来看，当时北方民族流入中原所产生的种种事件最终只不过是混乱和文明的倒退。但回顾以往的研究史，此理解是大部分研究者不认同的。笔者也是遵循这一历来看法，而在整理问题后提出北方民族流入给中国文明具体带来了什么这一疑问时，又感觉相关解答在现阶段还没有达成明确共识。这一点维持模糊不清，依然会为上述理解的存续留有余地。那么本章的讨论就围绕北族汉化所具有的历史意义这一问题。

第一节 同化与汉化

踏入中国内地的匈奴、鲜卑等五胡诸族在与汉民族深入接触的过程中，时而缓慢、时而急切地进行着汉化，这些情况下的汉化可能是以胡族单方面"同化"于中国文明的形式实现的。回顾过去的研究史可以见到这样的对立，例如围绕关系到隋唐均田制的北魏均田制的起源，有观点认为其产生于西晋占田、课田制等中国传统土地制度的潮流中，也有观点认为其从北魏国初的计口受田制发展而来[1]。或是关于北

---

1. 気賀沢保规在《均田制研究の展開》（收入谷川道雄编：《戰後日本の中國史論争》第四章，河合文化研究所，1993年）中整理了迄今的研究史。

第三章 关于胡族汉化的实态

魏洛阳城的都市规划（例如坊制的起源），也能见到汉民族式与胡族式这两种看法的对立[1]。本篇第一章所见围绕良奴制的见解也可以看到相似的对立存在[2]。关于府兵制的起源问题也有相似的分歧[3]。这些理解上的对立在现阶段还没有得到充分解决，假设认为这些制度的形成全都受到北族文化的影响，下文就可不必再特别讨论了。而如果说这个时代产生的诸多政治、文化现象全部只是胡族在其汉化过程中单纯采用当时汉民族文化中的既有之物，也可能会产生一种极端的想法，即随北方民族进入中原一道而来的，实际上只有强大的军事力量，它使东汉末以来的分裂以隋唐帝国的形式实现再统一成为可能。

均田制等制度诞生的背景中，不能否认有北方民族强大的军事力量存在的一面。简而言之，这里的问题是，北方民族带到中原来的只有强大的军事力量吗？宫崎市定氏曾讨论北朝厉行考课制度，其中提到：

> 尽管北朝不断模仿南朝，但最终没能形成像南朝一样的贵族制度，这是因为朴素的北族之中存在一种很强的正义感，或者说是尊重公平的观念，不承认不合理特权的意志有效地发挥了作用。这绝不意味着政治是公平的，但却可以成为阻止贵族制度建立的原动力。[4]

另一个地方还提到：

> 对贵族群体来说，最大的威胁是北周政权排斥贵族主义，大胆地提出军阀式的官僚主义。另一方面，他们自己逐渐形成了军阀式贵族制。从某种意义上来说，这可以说是北方民族入侵华北地区后果的总结算。在中国社会里，很难找到与

---

1. 参见朴漢济：《北魏洛陽社会と胡漢体制——都城区画と住民分布を中心に》，《お茶の水史学》第34号，1990年。
2. 关于这一问题可参见本篇第一章。
3. 参见气贺沢保规：《前期府兵制研究序说——その成果と論点をめぐって》，《法制史研究》（42），1992年。
4. 参见宫崎市定：《九品官人法の研究》，同朋舎，1956年，第459页。

贵族制度相抗衡的强大力量的根源。他们强大的政治力量是曹操在短时间内人为地创造出的集团所无法比拟的。这就必须从来自中国以外的北方民族的社会观念中寻求根源。至于继北周之后的隋朝，这种北族式的能量引起了破坏贵族制度的爆发。也就是隋文帝的地方制度、选举制度的改革。[1]

宫崎氏在北方民族朴素的社会观念中找到了他们带入中原的强大能量。也就是说，宫崎氏设想了某种不能归结为军事力量的东西，但这是一个难以根据具体史料加以论证的问题，因此要以具体的形式表明这种能量的存在并不容易。但是，从当时的具体史料来看，宫崎氏所认为的这种能量的存在，在某种程度上也是可能的。现在我们通过北魏墓志的实际情况来观察其中的一些方面。

水野清一氏在关于中国墓志变迁的考证中提到北魏的墓志：

> 北魏的墓志在迁洛（494）之后急剧增加。……于是出现了太和二十二年（498）元偃墓志，二十三年元简、元弼、元彬、韩显宗墓志这样愈发迅速的增加，最终呈现出6、7、8世纪的盛况。这些在形式、文体方面都已完备的墓志……墓志的形制是在北魏时期完善的。此后经北朝后期、东西魏、北齐、北周至隋唐，或是到辽宋，也没有发生太大的变化。[2]

若用赵万里的《汉魏南北朝墓志集释》来展现这一变化，可制成下表。关于该书收录的迁都洛阳以前的墓志，包括墓记、墓碑和墓碑形式的墓志等，我们将汉代以来的通通列入。关于迁洛后的墓志，因数量庞大，仅展示截至北魏末（除东西魏）的元氏一族墓志。东西魏以后的墓志、元氏以外的墓志以及难以视作"完备的墓志"的墓碑等，均被排除在表外。

---

1. 参见前揭宫崎市定书第543页。
2. 参见水野清一：《书道全集》第六卷，平凡社，1958年，第38页。

第三章　关于胡族汉化的实态

汉代	贾武仲妻姜墓记　□通本封记　（以上二例）
曹魏	鲍捐神坐　鲍寄神坐（以上二例）
晋代	冯恭石椁题字　徐夫人菅洛碑并阴　成晃碑　乐生墓记　乐生柩铭　贾充妻郭槐柩铭　魏雏柩铭并阴附石柱　左棻墓志并阴　张朗碑并阴　荀岳暨妻刘简训墓志并阴　石尠墓志并阴　石定墓志　刘韬墓志　郑舒妻刘氏墓志　（以上十四例）
刘宋	刘怀民墓志　（以上一例）
南齐	吕超墓志　（以上一例）
北魏迁洛以前	（无）
北魏迁洛以后	元龙墓志（以下省略"墓志"）　元珍　元孟辉　元天穆　元平　元昭　元诞　元德　元侔　元晖　元信　冯邕妻元氏　元恮　元愔　元引　元保洛　元弼　元广　元鉴　元馗　元倪　元昛　元继　元义　元爽　元维　元绪　元悦　元仙　王夫人元华光　元则　元均之　元宥　元弼（与上述"元弼"不是同一人）　元恩　元朗　元彧　元秀　元飏　元璨　元钦　元崇　元遥　元定　元灵耀　元斌　元液　元袭　元钻远　元偃　元始和　元寿安　穆彦妻元洛神　元固　元周安　元澄　元顺　元彝　元嵩　元瞻　邢峦妻元纯陁　元桢　元英　元熙　元晫　元诱　元略　元纂　元厥　元肃　元鸾　元徽　元显魏　元恭　元显儁　元彬　元湛　元举　元思　元彦　元玨　元诠　元焕　元简　元演　元佑　元子永　元礼之　元延明　王诵妻元贵妃　元谧　元毓　元昉　元谭　元謩　元羽　元端　元详　元颢　元项　元飑　元子直　元文　元子正　王夫人宁陵公主　元宝月　元怀　元悌　元海　元延生　元宁　（以上一百一十二例）

如果使用《石刻史料新编》、気賀沢保規氏的《中国新出石刻関係資料目録》或者赵超氏的《汉魏南北朝墓志汇编》，也能够展现更为详细的变化，此处只揭示大致趋势。

迁都洛阳后墓志的激增可能还有史料不均的因素。但这一现象也能从现在陆续发表在《文物》和《考古》等的墓志看出，不止见于《汉魏南北朝墓志集释》和《石刻史料新编》收录的墓志。换言之，迁洛前后的变化不单是因为史料的不均衡。迁洛后的元氏等胡族为什么全都热衷于制作墓志呢？过往的研究对这种现象何以产生这一点并没有做出解答。简单地说，这是胡族汉化的一项表征。此处想关注的是它的彻底性［迁洛以前的北魏墓铭，据最新的成果《汉魏南北朝墓志汇编》，仅万纵□墓记、鱼玄明之铭、钦文姬辰（司马金龙妻）之铭、司马金龙之铭四例，与迁都后的数量差异极大。此外，上述四例以及汉、魏、晋的墓铭与迁洛后在形式、文体等方面已完善的墓志颇有不同］。这种彻底性意味着什么呢？

众所周知，孝文帝禁胡服、胡语等，废除了种种胡族旧习，同时在短时间内相继果断推行官制、均田制等新制度，而上面围绕墓志的内容，当与孝文帝时期政治、社会体制的巨大改变有关。另外值得注意的是，这些墓志的增加、定型化并不是出自最初创造其原型的汉民族国家，而是形成于作为异民族国家的北魏，该形式又成为隋唐诸制的"祖型"。这两点，即彻底性与成为隋唐诸制的"祖型"，在思考胡族汉化的意义时十分重要。

前篇第五章讨论了孝文帝在其"祖母"文明太后死后执意服三年之丧的缘由，考察他在收继婚下的出身，并论述了掌握汉文化、具有一流教养的孝文帝实行汉化政策的强烈劲头。这种接受汉文化的姿态，或多或少已在当时的胡族里普及，尤其是在上层中，有志于成为具备汉族式教养的士大夫，甚至已然拥有这种士大夫面貌的人物开始出现。此时需要注意的是，尽管接受汉文化，他们当时面对汉文化、汉族几乎没有自卑和自惭，反而能让人感到他们以自身意志来择选汉文化并欲使其更为纯粹的态度。墓志的激增正是在这样的风潮下出现的。若承认这一想法，就可以说，胡族的能量对此后中国文化的形态产生了一定影响，而且可以相当清楚地看出，这种能量不仅仅是从军事力量中产生的。

另外，本篇第一章考察了良奴制，良奴这一原本起源于汉族的风习彻底转变为制度，来自胡族或以胡族为中心的国家的推进，在良奴制正式形成的背后可以见到这种能量的作用。该事例也可支持笔者通过考察墓志而得出的见解。换言之，前文的推测，即这个时代的胡族汉化或胡汉融合不应视作单方面向汉族的"同化"，从具体的史料中得到了验证。

第三章　关于胡族汉化的实态　　　　　　　　　　　　　　　　325

这样的看法还有其他理由。如前述墓志的案例所示，当时的胡族，尤其是迁都洛阳以后的胡族，依靠着自身意愿来选取汉民族文化且欲使其更为纯粹，尽管如此，后来出现的文化还是带有浓厚的北族色彩的烙印。下一节将从这一角度展开探讨。

第二节　胡族要素的残存

宿白氏在其高论《北魏洛阳城和北邙陵墓》中提出，迁洛后，在洛阳北郊的邙山上，以帝陵为首，在元氏皇族、九姓帝族、勋旧八姓等次序下，进行着集中一族之墓的族葬。这是原始社会的族葬遗风，同样从大族墓葬群的内部排列状态来看，母系半部族制的残余也反映在墓葬制度上，这样的族葬形式当继承自代都时代[1]。我大体赞同宿氏的高见。另一方面，《魏书》卷一《序纪》记成皇帝时事：

> 聪明武略，远近所推，统国三十六，大姓九十九，威振北方，莫不率服。

引文颇具传说性，提到了成帝时代有三十六国和九十九姓，据下引《隋书》卷三三《经籍志二》所记迁都洛阳时事，迁都洛阳时也存在这样的结构：

> 后魏迁洛，有八氏十姓，咸出帝族。又有三十六族，则诸国之从魏者；九十二（九？）姓，世为部落大人者，并为河南洛阳人。

再结合孝文帝分定姓族之际以是否为上引文所见部落大人子孙作为重要判断基准（参见《魏书》卷一一三《官氏志》）等史事，这种族葬之风的延续应当表明，拓跋鲜卑原初的观念，即认为九十九姓以拓跋王家为

---

1. 参见宿白：《北魏洛阳城和北邙陵墓——鲜卑遗迹辑录之三》，《文物》1978年第7期。

中心相互联结，或许已经相当形式化，但在迁都洛阳之后仍然存留。

另外，《广弘明集》卷一○《辩惑论》"叙任道林辩周武帝除佛法诏"条记北周武帝宇文邕之语：

> 诏曰："佛生西域寄传东夏，原其风教殊乖中国，汉魏晋世似有若无。五胡乱治风化方盛，朕非五胡，心无敬事，既非正教，所以废之。"

如第一篇第一章所论，此处表明武帝自认为不是五胡而是"华人"。这样的认识应当是继承前述孝文帝时期的风潮而出现的，而另一方面，《隋书》卷四二《李德林传》记武帝宇文邕破北齐后事云：

> 武帝尝于云阳宫作鲜卑语谓群臣云：……

据此，宇文邕说鲜卑语，他还汇集自己对军队发布的号令撰成《鲜卑号令》一书（《隋书》卷三二）。自认为非五胡（"朕非五胡"），却在灭北齐后的同一时间，既使用宇文复姓亦说鲜卑语，似乎相互矛盾，但如第一篇第一章所述，这在其内心并不矛盾，而是共存的。这一点之所以可能，是因为当时存在胡汉融合之时代风潮。将其与先前族葬的情况结合起来思考，可以认为，与北周武帝相同的情形也会存在于冲在汉化最前端的、北魏洛阳的胡族贵族身上。

也就是说，迁都后的胡族有意识地追求成为比汉人更像汉人的"华人"，但另一方面，他们恐怕并未深刻意识到此种矛盾，而依然残留着拓跋鲜卑式的，即胡族式的观念。接下来将从胡族观念的残留这一方面展开论述，希望通过考察被视为府兵制源头的二十四军的事例，来揭示一项制度的诞生就缘于这种残留。

《周书》卷二《文帝纪下》魏恭帝元年条云：

> 魏氏之初，统国三十六，大姓九十九，后多绝灭。至是，以诸将功高者为三十六国后，次功者为九十九姓后，所统军

第三章 关于胡族汉化的实态

人,亦改从其姓。

过去陈寅恪氏根据这一史料,推断西魏二十四军的制度是鲜卑部落制时代的遗制[1]。不过浜口重国氏反对这种看法:

> (笔者按:与陈寅恪氏)有相似观点的还有谷霁光氏。然而鄙意以为,即便"所统军人"指府兵,仅凭这一点就断定府兵是柱国大将军的私兵,进而视二十四军的制度为鲜卑部落时代的遗制,不得不说是一种过于随意的解释。[2]

前文提到,在所谓"彻底化"的背后,还存在北族文化的影响留下深刻烙印的一面,现结合这一点来讨论二十四军的问题。

在考虑此问题时,首先要阐明《周书》卷二《文帝纪下》魏恭帝元年条所见当时北族之"姓"的实际情况。众所周知,北魏道武帝实行了此前的五胡王朝时代未能进行的所谓部族解散。《新唐书》卷七一下《表一一下·宰相世系表一下》窦氏条载:

> ……勤,字羽德,穆帝(拓跋猗卢)复使领旧部落,命为纥豆陵氏。(西)晋穆帝为代王,亦封勤忠义侯,徙居五原。……子真,字玄道,率众入(北)魏,为征西大将军。生朗,字明远,复领父众。……(子)佑,辽东公,亦领部落。……自拓(佑子)不领部落,为魏侍中、辽东宣王。岩(佑子,拓弟),安西大将军、辽东穆公,从孝武(孝文之误)徙洛阳,自是遂为河南洛阳人。

由是可窥知,此前存在的部民相互结合关系在部族解散后仍然存续。这一点已于第一篇第二章中讨论,在这种结合关系中,部民以自身所

---

1. 参见陈寅恪:《府兵制前期史料试释》,《中央研究院历史语言研究所集刊》第7本3分册,1937年;同氏著《隋唐制度渊源略论稿》,生活·读书·新知三联书店,1954年,"兵制"项。
2. 参见浜口重国:《秦漢隋唐史の研究》上卷,东京大学出版会,1966年,第137页。

属部落族长的"姓"作为自己的姓,这一点有以下材料作为证据。《后汉书》卷九〇《乌桓传》关于乌桓云:

> 氏姓无常,以大人健者名字为姓。

这表明乌桓与鲜卑有同样的风俗和习惯,且乌桓存在与汉族的"姓"性质不同的"姓"。《宋书》卷五九《张畅传》记北魏太武帝南侵之际魏宋两国间的交涉,其中一段为:

> 畅因问虏(指鲜卑)使姓,答云:"我是鲜卑,无姓。……"

这说明魏宋对抗时期的鲜卑自认为不存在汉族式的"姓"。《魏书》卷一一三《官氏志》记北魏建国以前事:

> 初,安帝统国,诸部有九十九姓。至献帝时,七分国人,使诸兄弟各摄领之,乃分其氏。自后兼并他国,各有本部,部中别族,为内姓焉。

拓跋鲜卑曾把附属部族的姓作为"内姓"编入了国人部族。一个具体的例子,是《隋书》卷六一《宇文述传》记宇文述先祖隶属鲜卑的俟豆归(宇文俟豆归),遂改姓宇文:

> 宇文述……代郡武川人也。本姓破野头,役属鲜卑俟豆归,后(指部落解散后)从其主为宇文氏。

[宇文述的先祖在役属于鲜卑的俟豆归(宇文俟豆归)后仍为破野头。]《晋书》卷九七《北狄传》匈奴条云:

> 北狄以部落为类,其入居塞者有屠各种、鲜支种、寇头

第三章 关于胡族汉化的实态

种、乌谭种、赤勒种、捍蛭种、黑狼种、赤沙种、郁鞞种、萎莎种、秃童种、勃蔑种、羌渠种、贺赖种、钟跂种、大楼种、雍屈种、真树种、力羯种，凡十九种，皆有部落，不相杂错。屠各最豪贵，故得为单于，统领诸种。……其四姓，有呼延氏、卜氏、兰氏、乔氏。而呼延氏最贵……其国人有綦毋氏、勒氏，皆勇健，好反叛。

如上所见，种、氏分别相当于《魏书·官氏志》的氏、内姓。内田吟風氏关于此氏、种指出：

> 根据这些事例，我们可以认为"氏"是中世蒙古的一个血族团体obog-obox，"种"相当于是由一个或数个obog组成的irgen。[1]

将以上考察所得史实，即鲜卑的姓与汉族的姓在性质上颇有差异、鲜卑以自身所隶属大人的姓自称，在氏、种关系等的认识下，同前引《周书》卷二《文帝纪下》魏恭帝元年条所记"魏氏之初，统国三十六，大姓九十九，后多绝灭，至是，以诸将功高者为三十六国后，次功者为九十九姓后，所统军人，亦改从其姓"相比较，可以窥知，《周书》记载中的军人改姓系基于北族习俗。进一步说，旧有传统的根深蒂固，不仅在于这次改革复活了已绝灭的三十六国、九十九姓，还可以从其细致地进行属下军人的改姓看出。这在思考西魏军制上可以说是极其重要的事项，但过往的研究不知为何没有指出这一点。

不过，浜口氏在前揭引文中说"即便'所统军人'指府兵"，表现出对军人就是府兵的怀疑[2]。考虑到"所统军人"是当时西魏国军的核心组成部分，且这份史料记载的是二十四军制大局已定的大统十六年的四年后即魏恭帝元年的史事，笔者认为不应有此怀疑。为了补充强调

---

1. 参见内田吟風：《北アジア史研究　匈奴编》，同朋舍，1975年。
2. 参见浜口重国：《秦漢隋唐史の研究》上卷，第237页。

以上论述,接下来想以拓展陈寅恪氏之说的形式,来阐释记载二十四军制的基本史料能够显示"鲜卑部落时代的遗制"的存在。《周书》卷一六《侯莫陈凯传》"史臣曰":

> 初,魏孝庄帝以尔朱荣有翊戴之功,拜荣柱国大将军,位在丞相上。荣败后,此官遂废。大统三年(537),魏文帝复以太祖(宇文泰)建中兴之业,始命为之。其后功参佐命,望实俱重者,亦居此职。自大统十六年以前,任者凡有八人。太祖位总百揆,督中外军。魏广陵王欣,元氏懿戚,从容禁闱而已。此外六人,各督二大将军,分掌禁旅,当爪牙御侮之寄。当时荣盛,莫与为比。故今之称门阀者,咸推八柱国家云。

另一方面,《魏书》卷一一三《官氏志》天兴元年(398)十二月条云:

> 置八部大夫、散骑常侍、待诏等官。其八部大夫于皇城四方四维面置一人,以拟八座,谓之八国。

陈寅恪氏曾指出这里的八国或八部与之前的八柱国大将军进而与二十四军之间的关联。后一条记载的八部(八国)制本身是鲜卑部落时代的遗制,但将其进一步推演,同西魏二十四军制联系起来,这在逻辑上存在漏洞,是一种勉强的解释,而被浜口氏视作"随意的解释"。但到底为何八柱国大将军中的两人(宇文泰和广陵王元欣)会被作为特例区别于其他六柱国大将军?《周书》中"太祖位总百揆,督中外军,魏广陵王欣,元氏懿戚,从容禁闱而已"的描述指出,宇文泰在朝廷内地位崇重,元欣则拥有元氏懿戚的角色。这是一个有相当说服力的解释,但浜口氏提出了一个与此不同且本质性的问题,即二十四军制受周礼影响。他就二十四军的战时统率方式论述道:

> 如果真是那样,就必须指出,战时对于二十四军的统率方法与周礼相比只改变了名称,其选任军将的方针则完全一

第三章　关于胡族汉化的实态

致。……二十四军继承了周礼的系统，这应该视作二十四军的一大特征。[1]

众所周知，西魏重视周礼，基于此认为"六柱国大将军"的设置受周礼六官制或六军制的影响应当无误。

那么为什么从最开始"八柱国大将军"制不以"六柱国大将军"制的形式创设呢？对考察该问题十分重要的是，前引《周书》的记载"分掌禁旅，当爪牙御侮之寄，当时荣盛，莫与为比。故今之称门阀者，咸推八柱国家云"显示，当时存在将被任命为柱国大将军的八人的家族视为国家柱石的认识（被任命为柱国大将军者除了前述八人以外，后来还有司马消难、达奚震等例）。相似的例子，是《魏书》卷一一三《官氏志》记北魏孝文帝太和十九年对北族进行姓族分定时其中一段提到的"八姓"：

> 其穆、陆、贺、刘、楼、于、嵇、尉八姓，皆太祖已降，勋著当世，位尽王公，灼然可知者。……

八姓之中，穆、陆、贺、刘、楼、于六姓同样在《官氏志》里被以相同的顺序记载改姓：

> 神元皇帝时，余部诸姓内入者。丘穆陵氏，后改为穆氏。步六孤氏，后改为陆氏。贺赖氏，后改为贺氏。独孤氏，后改为刘氏。贺楼氏，后改为楼氏。勿忸于氏，后改为于氏。

这表明，八姓中的六姓，至少在太和改姓的时间点上被视作神元皇帝拓跋力微以来北魏的柱石之家（另外剩余的二姓中，嵇氏是北方纥奚氏，尉氏是西方尉迟氏）。

继续探讨北魏对"八"的使用，由《魏书》卷一一三《官氏志》

---

1. 参见浜口重国：《秦漢隋唐史の研究》上卷，第179、180页。

神瑞元年（414）春条可见"八大人""八公"等类似的例子：

> 置八大人官，大人下置三属官，总理万机，故世号八公云。

这也可以说是将"八"与国家柱石这一观念联系起来的用例。如果再追溯，就可以举出前述北魏初年于皇城四方四维各置一人的"八部大夫"，以及同为《官氏志》的以下记载（下引文中七族加上作为帝族的拓跋氏就是八族）：

> 献帝以兄为纥骨氏，后改为胡氏。次兄为普氏，后改为周氏。次兄为拓拔氏，后改为长孙氏。弟为达奚氏，后改为奚氏。次弟为伊娄氏，后改为伊氏。次弟为丘敦氏，后改为丘氏。次弟为侯氏，后改为亥氏。七族之兴，自此始也。

这样看来，不得不认为，当时人们对"八"这个数字有强烈的偏好。对"八"的拘执，也许单纯地来自对"四方四维"等八方的"八"的联想。但是，"八柱国家族"的"八"不仅仅是由八方的联想而产生，也不是因柱国大将军有八人等产生。理由在于，它不为"六柱国大将军"制这一因与周礼的关系而出现的制度所吸收，始终以"八柱国家"的形式保持一体性。只能认为，它受到了足以抗衡甚至凌驾周礼政治理念的理念或传统的影响（若非如此，这个制度就不是以八柱国大将军、十二大将军的形式，而是以六柱国大将军、十二大将军的形式成立）。那么这一理念或传统是什么？如前所述，《魏书》卷一一三《官氏志》天兴元年（398）十二月条载：

> 置八部大夫、散骑常侍、待诏等官。其八部大夫于皇城四方四维面置一人，以拟八座，谓之八国。

这里的"八座"即"尚书八座"。首先可以想到，影响来自这个"八"的观念。但是，将此视为与周礼的政治理念相抗衡或凌驾于其上的理

第三章 关于胡族汉化的实态

念或传统不妥。而且,要注意当时的西魏是由胡族掌握政治实权,很难想象尚书八座的理念对军制产生了影响。因此,"八柱国家"的"八"是受别的观念影响。自然就会想到,"八大人""八国""八部"等北魏传统影响了"八柱国家"的"八"。此处需要注意柱国大将军这一职官的性质。柱国大将军一职初见于史料是在《后汉书》卷一五《李通传》对东汉创业期的记载中:

> 更始立,以通为柱国大将军、辅汉侯。从至长安,更拜为大将军……光武即位……

之后没有相关事例,三百五十余年后才出现以下记载。慕容垂称燕王的燕元元年(384),丁零族出身的翟檀成为柱国大将军(《晋书》卷一二三《慕容垂载记》)。接下来的事例是北魏太武帝时期的长孙嵩(《魏书》卷四上《世祖纪上》神䴥四年九月条,同书卷二五《长孙嵩传》)。再之后是前引文(《周书》卷一六"史臣曰")所见尔朱荣的任官,前废帝时期尔朱兆复任此职(《魏书》卷七五本传。顺便一提,这表明前引《周书》卷一六"史臣曰"所谓"荣败后,此官遂废"的说法并不妥当)。宇文泰担任柱国大将军是更晚出的事例,据上文已能窥知柱国大将军一职的特殊性质。即,这一官职的就任者除最开始的李通一例之外,均为非汉民族。想顺带提及的是,"柱国"一语作为普通名词随时都在使用,作为官名,也能在此前中国的历史中找到例子。但《通典》卷三四《职官一六》勋官条载:

> 上柱国、柱国,皆楚之宠官。楚怀王使柱国昭阳将兵攻齐。陈轸问楚国之法,破军杀将者何以贵之,昭阳曰"其官为上柱国"是也。(原注:陈胜为王,蔡赐为上柱国。)历代无闻。至后魏孝庄,以尔朱荣有翊戴之功,拜为柱国大将军,位在丞相上。

据此,作为官名的"柱国"在汉代以前,是同为非中原国家的楚国的官职。本书第二篇第一章考察北魏前期的官制时，讨论了当时具有独特名称且北族色彩浓厚的诸官，指出其中有起源于中原但存在非中原性质的官职，如殿中尚书与给事等。注意到此点，可认为柱国大将军一职在当时具备浓厚的非汉族式武官的性质，这能够支持先前的看法，即"八柱国家"的"八"受到了"八大人""八部""八国"等北魏以来传统的影响。

而前文引用过的《魏书》卷一一三《官氏志》神瑞元年（414）春条云：

> 置八大人官，大人下置三属官，总理万机，故世号八公云。

接续此记载，《官氏志》记三年后即泰常二年（417）夏时事云：

> 置六部大人官，有天部，地部，东、西、南、北部，皆以诸公为之。大人置三属官。

第一篇第三章曾论及，因北魏初年道武帝断然施行部落解散，此前的诸部族被重编为八部，后又变成六部，且至少存续到孝文帝时代，上引神瑞元年条所见"八大人"应该是与前述天兴元年的"八部大夫"有关的官职。而泰常二年条所见"六部大人"官与"八大人"的关联，也可以从《官氏志》中前后相连的两条记载得到确认。换言之，道武帝时代的"八部大夫"与明元帝时代的"八大人""六部大人"是有关联的。那么就应当注意泰常二年条所见"六部大人"各自拥有的名称，即"天部""地部""东部""西部""南部""北部"。原因在于，如《汉书》卷二一上《律历志一上》所示，东部相当于春，西部为秋，南部为夏，北部为冬：

> 北，伏也，阳气伏于下，于时为冬。……南，任也，阳气任养物，于时为夏。……西，迁也，阴气迁落物，于时为秋。……东，动也，阳气动物，于时为春。

第三章　关于胡族汉化的实态

可以看出，泰常二年的"六部大人"系引入了周礼的六官（天官、地官、春官、夏官、秋官、冬官）理念。

在上述考察的基础上来检讨关于西魏二十四军制的史料，可以发现与北魏同样的从"八"到"六"的变化，即在最初八人的柱国大将军中，除去宇文泰和元欣，使其余六人各督二大将军。这样的二十四军制与八部制变迁之间的一致，也许单纯是偶然。但是，若注意到本篇第二章所见周礼在胡族国家政治中扮演的重要角色及其被接受的历史，这种一致或许并不能简单归为偶然性。

另外，所谓的八部制在变为六部制后，至少持续到了孝文帝时代。这可以通过下引《魏书》卷五四《高闾传》所载迁洛以前高闾向孝文帝建议修建长城等史料得知：

> 宜发近州武勇四万人及京师二万人，合六万人为武士，于苑内立征北大将军府……七月发六部兵六万人，各备戎作之具，敕台北诸屯仓库，随近作米，俱送北镇。

亦可推定，孝文帝朝以后，这种制度的一部分还存续于宇文泰等魏末群雄所出身的地域——六镇[1]。另一方面，《隋书》卷二四《食货志》记东魏天平元年（534）事：

> 迁都于邺，出粟一百三十万石，以振贫人。是时六坊之众，从武帝而西者，不能万人，余皆北徙。

后文又记北齐文宣帝受禅时事云：

> 六坊之内徙者，更加简练，每一人必当百人，任其临阵必死，然后取之，谓之百保鲜卑。

---

1. 参见本书第一篇第四章第四节。

这里的"六坊"指的应该是洛阳特定的六个坊,居住在那里的均为鲜卑武人。因此,"六坊之众"当即下引《魏书》卷七下《高祖纪下》太和二十年(496)冬十月条所记从平城迁来的部分鲜卑的后裔:

> 以代迁之士皆为羽林、虎贲。

虽然不清楚这与六部制具体如何接续,但应该认为的确存在某种关系。这就可以说,到了东西魏时代,六部乃至八部制已经消失,但当时北族中还有很多人对此旧制有所了解。也就是说,二十四军制的状态和八部制变迁之间的一致,从总体上来看是存在关联的。

小结

本章探明了以下事项:

一、从墓志和良奴制等案例可以看出,当时的胡族对此后中国文化的形态产生了一定的影响。

二、这种创造文化的能量,不只诞生自胡族持有的强大军事力量。

三、胡族的汉化具有非单纯同化的一面。

四、虽然迁都洛阳后的胡族以自身意志选择汉民族文化并追求彻底汉化,在他们那里仍可看到胡族文化的留存。

五、被认为是府兵制源头的二十四军制中,汉族要素与胡族要素混合在一起,这可以看作是胡族侵入华北所带来的胡汉融合的一项成果。

第四篇　蛮汉抗争与融合的轨迹

在截至前篇的考察中,我们的讨论围绕当时中国北方的民族问题,本篇将目光转向南方,讨论同时代中国南方的民族问题。

第一章

关于六朝时期蛮的汉化

引言

翻阅魏晋南北朝（六朝）时代的正史，可以看到相当多的记载显示，被称作"蛮"的非汉民族几乎遍布从华中到华南的山川薮泽地区。从这些记载可知，在这个时代，隋唐以后仍有大量蛮生活的岭南、贵州、四川等地自不必说，隋唐以后已不大可见其踪迹的淮水流域、洛阳南边地区、汉水流域或江东地区等都有相当数量的蛮存在[1]（但江东地区存在大量蛮的情况只到三国吴时代[补注(1)]）。换言之，当时中国从洛阳以南到岭南各地的山川薮泽中几乎都有大量蛮的存在。这表明，针对该时代蛮的考察，不仅在研究中国中南部非汉民族历史及阐明其民族学问题等方面具有重要意义，在探索汉族开发南方的进展、六朝诸政权治下地方社会的实态等问题时也极其重要。因此，虽然已有许多学者对这个时代的蛮进行了研究，但由于史料制约，还有不少问题没有得到充分的解释。例如，多数论者指出，这个时代大部分蛮随着汉族的南方开发而汉化。那么在这种情况下，蛮的汉化是基于何种因素、经历了何种过程呢？过往研究几乎没有深究这一关乎汉化具体面貌的问题。又如，若细致观察这一时代蛮的分布与其在隋唐以后的分布，可以看出怎样的变化？本章将处理其中蛮人汉化的具体形态问题，分

---

1. 例如《魏书》卷一〇一《蛮传》关于蛮的记载："在江淮之间，依托险阻，部落滋蔓，布于数州，东连寿春（安徽寿县），西通上洛（陕西商洛市商州区），北接汝颍，往往有焉。其于魏氏之时，不甚为患，至晋之末，稍以繁昌，渐为寇暴矣。自刘石乱后，诸蛮无所忌惮，故其族类，渐得北迁，陆浑（河南省嵩县东北）以南，满于山谷，宛洛萧条，略为丘墟矣。"这条记载表明，存在于江淮地区山岳地带的蛮，因永嘉之乱等中原混乱增加了人口，且比以往扩大了活动区域。关于这种情况发展到北魏时代，《魏书》卷四二《韩秀传附韩务传》记迁洛后世宗朝事云："（务）又为征蛮都督李崇司马。崇揃荡群蛮，除近畿之患，务有力焉。"《魏书》卷六六《李崇传附李神轨传》同样记迁洛以后事云："武泰（528）初，蛮帅李洪扇动诸落，伊阙（河南洛阳南）已东，至于巩县（河南巩义西南），多被烧劫。诏神轨为都督，破平之。"可见，蛮寇的威胁已波及近畿地区。另外，本章所述江东地方的蛮是指山越，山越在三国吴时大量存在于扬州，即包括今江苏、浙江、安徽、福建、江西各省的广大区域。关于这一点，先学已有不少研究（参见川胜義雄《貴族制社会と孫吳政権下の江南》[收入《中国中世史研究》，1970年]及文中所引诸论文）。

第一章　关于六朝时期蛮的汉化

别考察国家权力干涉下蛮的汉化、他们与一般汉人接触而产生的汉化，进而讨论蛮在这一时期的政治、社会中扮演的角色与后世相比性质不同这一点，以及汉化过程中蛮人进入中央、地方官场的问题。

第一节　国家权力对蛮的讨伐及其目的

本节将考察这一时期国家权力对蛮的讨伐及其目的，以及对蛮的社会带来的影响等。当时的国家通过征伐使蛮屈服，然后凭借南蛮校尉府、宁蛮校尉府等（以下简称蛮府[1]）这个时代特有的统治机关以及州郡进行支配，而这样的讨伐有时也会导致蛮的社会集团遭到彻底性破坏。例如《宋书》卷九七《夷蛮传》载，宋元嘉中以生存于汉水流域和庐江（安徽省霍山县东北）南部山岳地带的蛮作为对象进行了大规模讨伐，沈约对此的评论相当生动地表明这一点：

> 夫四夷孔炽，患深自古，蛮、僚殊杂，种众特繁，依深傍岨，充积畿甸，咫尺华氓，易兴狡毒，略财据土，岁月滋深。自元嘉将半，寇愿弥广，遂盘结数州，摇乱邦邑。于是命将出师，恣行诛讨，自江汉以北，庐江以南，搜山荡谷，穷兵黩武，系颈囚俘，盖以数百万计。至于孩年耋齿，执讯所遗，将卒申好杀之愤，干戈穷酸惨之用，虽云积怨，为报亦甚。张奂所云："流血于野，伤和致灾。"斯固仁者之言矣。

引文所述容易让人感觉到，这种讨伐是出于汉人社会的自卫或治安的维持，但当时伐蛮的目标并不停留于此。现在围绕这一点进行考察。

《宋史》卷四九三《西南溪峒诸蛮传上》云：

> 西南诸蛮夷，重山复岭，杂厕荆、楚、巴、黔、巫中，

---

1. 另外还有平越中郎将府、南夷校尉府、镇蛮校尉府等蛮府（参见《宋书》卷四〇《百官志》等）。

四面皆王土。乃欲揭上腴之征以取不毛之地,疲易使之众而得梗化之氓,诚何益哉!

在后来的赵宋时代,我们能看到这样的认识:攻伐中国西南的蛮地从国家财政的角度来说并无益处。那魏晋南北朝时代情况如何呢?与上述认识存在微妙差异的记载散见于各处。例如,《晋书》卷六六《陶侃传》记陶侃的部下建议分驻兵力于邾城,他拒绝了:

> 侃乃渡水猎,引将佐语之曰:"我所以设险而御寇,正以长江耳。邾城隔在江北,内无所倚,外接群夷。夷中利深,晋人贪利,夷不堪命,必引寇虏……"

(此处"夷中利深"在后文会阐述,这表现的是,因蛮域往往有其特产,且矿物资源丰富,据为己有就带来了非常之利[1]。)《魏书》卷一〇一《獠传》关于蛮之一种的獠云:

> 萧衍梁益二州岁岁伐獠以自裨润,公私颇藉为利。

《隋书》卷二四《食货志》载:

> 诸蛮陬俚洞(俚是蛮的一种),沾沐王化者,各随轻重,收其賧物,以裨国用。又岭外酋帅,因生口翡翠明珠犀象之饶,雄于乡曲者,朝廷多因而署之,以收其利。历宋、齐、梁、陈,皆因而不改。

这些记载显示,当时蛮所处的地域富含各种利益,而且这种利益使州镇或中央的财政受惠,与前引《宋史》的记载比较,可推测这一时期

---

1. 关于蛮域的具体特产,如据后引《隋书·食货志》,有翡翠、明珠、犀象;据《华阳国志》卷四《南中志》太康三年条("每夷供贡南夷府,入牛、金、旃、马,动以万计……"),有牛马、金、织物等。

第一章　关于六朝时期蛮的汉化

存在将蛮纳入统治会对国家财政有利的认识。下面基于具体事例来确认这一推测正确与否,且尝试论证:当时盛行的伐蛮并非被动地仅仅出于汉人社会的自卫或维持治安等,也具有收夺蛮的财货以助国家财政,进而扩张支配领域等积极意义。

首先,前引《隋书》卷二四《食货志》中能看到"赕物"的相关记载,《后汉书》列传七六《板楯蛮传》关于蛮提到:

> 伤人者论,杀人者得以倓钱赎死。

此条有注曰:

> 何承天《纂文》曰:"倓,蛮夷赎罪货也。"音徒滥反。
> 《集解》:"惠栋曰:'字书皆作赕。'"

也就是说,"赕"本来是蛮犯罪后用来赎罪之货。《南齐书》卷二二《豫章文献王嶷传》记载了这一时期荆州刺史沈攸之从五溪蛮处收取赕钱一事:

> 时沈攸之责赕,伐荆州界内诸蛮,遂及五溪,禁断鱼盐。群蛮怒,酉溪蛮王田头拟杀攸之使,攸之责赕千万,头拟输五百万,发气死。

可知,赕也是作为赎罪之货。另一方面,《南齐书》卷二六《陈显达传》记陈显达任益州刺史期间事:

> 益部山险,多不宾服。大度村(大度是地名)獠,前后刺史不能制,显达遣使责其租赕,獠帅曰:"两眼刺史尚不敢调我(显达失左眼)!"遂杀其使。显达分部将吏,声将出猎,夜往袭之,男女无少长皆斩之。自此由夷震服。

可见"赕"还有作为蛮被课之税的性质。由此推断,这一时期"赕"

的词义发生了变化，在依然意为赎罪之货的同时，新产生了作为税的意义（这种变化的背后是国家试图加强对蛮所处地域进行支配的态势）。前引《隋书》卷二四《食货志》所谓"收其赕物，以裨国用"显示，赕的数额达到了补益当时国家财政的程度，考虑到这一点，赕的大部分当为税收。这种赕（包括作为赎罪之货的赕）应该是以钱（前揭《后汉书》列传七六《板楯蛮传》、《南齐书》卷二二《豫章文献王嶷传》）、布（《晋书》卷二六《食货志》）等形式上缴的，首先由蛮落首领以部落单位进行收集，然后上缴到蛮府等地方政府机构。这一点从上引《南齐书》卷二六《陈显达传》"大度村獠，前后刺史不能制，显达遣使责其租赕，獠帅曰：'两眼刺史尚不敢调我！'遂杀其使"所示蛮帅参与从蛮落征收赕，以及《南齐书》卷二三《豫章文献王嶷传》所载沈攸之征收赕之际，逼迫酉溪（武陵蛮所居五个溪谷之一的名称）蛮王田头拟交纳等史事可以看出。另外，赕的上缴，在蛮落首领与蛮府之间，有时是以统帅数个蛮落的蛮人大酋为媒介的。这一点可以从上引蛮王田头拟的例子中推断，还可再举一个具体事例。《隋书》卷八〇《谯国夫人传》载，大酋谯国夫人洗氏从梁末到隋率领蛮落十万余活跃于岭南，她曾就高州刺史李迁仕的叛乱向其夫高凉太守冯宝阐述应对计策：

"……唱言输赕，得至栅下，贼必可图。"宝从之，迁仕果大喜……

其次是关于赕从地方汇集到中央，《晋书》卷二六《食货志》载东晋时事：

元后渡江，军事草创，蛮陬赕布，不有恒准，中府所储，数四千匹。

《宋书》卷八三《吴喜传》提到：

又遣人入蛮（中），矫诏慰劳，赕伐（责？）所得，一以

第一章 关于六朝时期蛮的汉化

入私。

《陈书》卷二一《萧引传》：

> 时广州刺史马靖甚得岭表人心，而兵甲精练，每年深入俚洞，又数有战功，朝野颇生异议。……（萧）引奉密旨（陈高宗密旨）南行，外托收督赕物。既至番禺，靖即悟旨，尽遣儿弟下都为质。

以及前引《隋书》卷二四《食货志》中"诸蛮陬俚洞，霑沐王化者，各随轻重，收其赕物，以裨国用"等都反映了这一点。与之相关，赕是全部收归中央，抑或按规定有一部分留在地方官署？这是尚不明确的问题。实际情况不该是全部上缴中央，地方官衙当可留存相当一部分。

另外，所有内附的蛮原则上都应负有缴纳作为税收的赕的义务，又据上引《隋书·食货志》的"以裨国用"，来自蛮的税收对地方官署乃至中央政府的财政都有助益，这是在后来的时代里不太能想象的一面。而且，关于赕的记载在这一时代的史书中极易得见，由此可知其征收范围跨越荆州、益州、广州等广大地域，也可以推断其总额相当可观。

在上述通过征伐使蛮内附并缴赕的基础上，这个时代的国家试图进一步掠取蛮所拥有的田地、矿山和盐井等，下面将就此展开讨论。《梁书》卷三《武帝纪下》大同八年（542）条载：

> 正月，安成[1]郡民刘敬躬挟左道以反，内史萧说委郡东奔，敬躬据郡，进攻庐陵，取豫章，妖党遂至数万，前逼新淦、柴桑。二月戊戌，江州刺史湘东王绎遣中兵曹子郢讨之。三月戊辰，大破之，擒敬躬送京师，斩于建康市。是月，于江

---

[1] 在《梁书》的多种版本中，"安成"作"安城"，但应以"安成"为是。关于这一点参见中华书局1973年标点本《梁书》卷三校勘记第29。

> 州新蔡、高塘立颂平屯,垦作蛮田。

这条史料记载的是江州安成郡民刘敬躬挟左道谋反,在其被平定的大同八年三月,江州设立颂平屯垦作"蛮田"。关于"蛮田",《宋书》卷七七《沈庆之传》记伐蛮过程中沈庆之之语:

> 去岁蛮田大稔,积谷重岩,未有饥弊,辛难禽剪。

据此推断,"蛮田"应该是蛮所保有的田土。那么在刘敬躬之乱平定后耕种蛮田,就意味着官方(这一场合是州府)因胜仗掠夺了蛮所拥有的土地。

又,《宋书》卷三七《州郡志三》郢州西阳太守条记于蛮人较多的县分设左县事云[1]:

> 东安左县长,前废帝永光元年(465),复以西阳蕲水、直水、希水三屯为县。

《水经注》卷三五《江水》"又东南,油水从东南来注之"条的注文记载,在蛮大量存在的荆州地方,蛮人尤多的武陵郡及其相邻地区有南蛮府的屯田:

> 水东有景口,口即武陵郡界。景口东有沦口,沦水南与景水合,又南通澧水及诸陂湖。自此渊潭相接,悉是南蛮府屯也。

如果将这些材料与上述《梁书》的记载结合起来思考,可以推断,此处亦存在官方对本属蛮的田地及山川薮泽进行占领或掠取的情况。

---

[1] 关于左县,参见河原正博:《宋書州郡志にみえる左郡、左県の"左"の意味について》,《法政史学》(14),1961年,又收入氏著《漢民族華南發展史研究》,吉川弘文館,1984年。

第一章　关于六朝时期蛮的汉化

此外,《三国志》卷四三《蜀书·张嶷传》载:

> 定莋、台登、卑水三县去郡(越巂郡)三百余里,旧出盐铁及漆,而夷徼久自固食。嶷(越巂太守)率所领夺取,署长吏焉。……遂获盐铁,器用周赡。

这表现了官方夺走蛮拥有的盐池、铁山、漆(山)等情况(《华阳国志》卷三《蜀志》越巂郡定莋县条记载了与上引文相同的事件,但其中还可见"夷有盐池,积薪以齐水灌,而后焚之,成盐"之语)。与之相关的是《宋书》卷九二《良吏·徐豁传》所载始兴太守徐豁于元嘉中的上奏:

> 其一曰:"……"其二曰:"郡领银民三百余户,凿坑采砂,皆二三丈。功役既苦,不顾崩压,一岁之中,每有死者。……谓宜准银课米……"其三曰:"中宿县俚民课银,一子丁输南称半两。寻此县自不出银,又俚民皆巢居鸟语,不闲货易之宜,每至买银,为损已甚。……今若听计丁课米,公私兼利。"

始兴郡是一个蛮汉杂居的郡,根据上引记载来看,该郡出银,但中宿县并不产银。尽管如此,中宿县的俚(蛮的一种)却被课银。那为什么要让本不产银的中宿县的蛮纳银呢?始兴郡依凭赣水和湘水,连接着长江流域与岭南,物资流通十分繁盛,《隋书》卷二四《食货志》载:

> 梁初,唯京师及三吴、荆、郢、江、湘、梁、益用钱。其余州郡,则杂以谷帛交易。交、广之域,全以金银为货。

据此,伴随这样的物资流通,银的流通量也会很大,故大致可推断,国家是在该地易于获取银的认识下,课蛮以银。但徐豁因蛮不善交易而上言请求停止课银。在国家最开始要求此地蛮人纳银时,蛮应该是同样不长于交易。尽管如此,蛮还是被课银,这自然会产生一种推测,当国家开始要求这片土地上的蛮纳银时,他们通过长江、岭南间的"流通经济"以及其他渠道,已获取并保有相当数量的银。结合前引《张嶷传》的记载,当地本为蛮域,以及银山的存在等,可以认为徐豁"其三曰"所见事态的产生缘于以下状况:(一)中宿县外、始兴郡内的银矿曾由中宿县蛮占有,但被国家夺走。而蛮因过去以来积累的现银遭受课税,不久蓄积见底,结果就是《徐豁传》所说的情况。(二)在徐豁上奏的时间点,中宿县已无银矿,但中宿县的蛮被置于国家支配下时,那里还存在蛮掌握的银矿。这后来被国家夺取,然而蛮仍然被允许开采银山。对此国家要求蛮将其采掘的一部分银上交。后来银脉枯竭,但纳银之制并未废止,于是出现了《徐豁传》所见事态。质言之,从徐豁的上奏可以看出国家掠取银矿的史实(另外,徐豁上奏的"其二曰"所见"银民"当中很可能存在从事银矿采掘的蛮人矿夫)。

以上是关于始兴郡的银山,其中包含了相当多的推测。但当时蛮拥有的田土和山川薮泽被国家掠夺一事,从之前的《梁书·本纪》所见刘敬躬之乱和《三国志·蜀书·张嶷传》的记载也可以确认。此外,伴随当时江南地区的开发进程,无论公私,都在频繁占据山川薮泽[1],而如引言提到的,那些山川薮泽中生存着许多蛮。总而言之,上述的掠夺在当时并不罕见。

从上文来看,本节开头的推测应该无误,即这个时代伐蛮的目的,除了保卫汉人社会、维持治安以外,还有掠夺蛮的财货。想顺带提及的是,唐代以后仍有局部性的,例如在岭南和湖南等,以夺取蛮的财货为目的的伐蛮,但这给整个国家财政带来的利益已远非昔日之比。

在掠夺蛮人财货之外,这个时代的国家为获得劳动力还进一步掠取蛮人本身,大规模地开展以搜捕人口为目的的讨伐。接下来结合掠夺蛮人财货的现象,以及对蛮人汉化原因的探讨,来讨论对蛮口的略取。

当时国家盛行掠夺蛮口一事,从《周书》卷四九《獠传》关于蛮之一种的獠的记载可窥知:

---

1. 参见唐长孺:《南朝的屯、邸、别墅及山泽占领》,《历史研究》1954年第3期。

第一章 关于六朝时期蛮的汉化

> 其与华民杂居者，亦颇从赋役。然天性暴乱，旋至扰动。每岁命随近州镇出兵讨之，获其口以充贱隶，谓之为压獠焉。后有商旅往来者，亦资以为货，公卿逮于民庶之家，有獠口者多矣。

另外，下引《北史》卷九五《獠传》中关于梁代的獠的记载，也可以放在这一视角下看待：

> 梁、益二州岁伐獠，以裨润公私，颇藉为利。

在讨伐中被略取的蛮成为营户（配属军营，从事劳动和兵役之户[1]）、兵或奴婢等。这可以从以下材料看出。《宋书》卷七七《沈庆之传》记载了元嘉中伐蛮时对沈庆之所获蛮的处置：

> 庆之前后所获蛮，并移京邑，以为营户。

《三国志》卷六四《吴书·诸葛恪传》记载讨伐山越事：

> 恪以丹杨山险，民多果劲，虽前发兵，徒得外县平民而已，其余深远，莫能禽尽，屡自求乞为官出之，三年可得甲士四万。……岁期，人数皆如本规。恪自领万人，余分给诸将。权（孙权）嘉其功，遣尚书仆射薛综劳军。综先移恪等曰："山越恃阻，不宾历世……"

《隋书》卷五四《庞人秀传》载：

> 于是废（秀）为庶人，幽内侍省，不得与妻子相见，令给獠婢二人驱使。

---

1. 参见滨口重国：《唐王朝の賤人制度》，东洋史研究丛刊之一五，1966年，第331页。

从蛮成为奴隶的现象也可以推测，因讨伐而捕获的蛮口往往遭到贱隶化。因传统中华思想的存在，上述情形很有可能是自然产生的，但为慎重起见，再来看看营户和蛮兵的情况。

首先是关于营户，前面提到其从事兵役等。《魏书》卷八《世祖纪》景明二年（501）九月乙卯条载：

> 免寿春营户为扬州民。

从这条记载推测，营户的身份比一般州郡民更低。这就是将蛮转成营户这种低贱身份的情形。

接下来是关于蛮兵，这一时代蛮被讨伐后成为士兵的情况频繁出现。前引《吴书·诸葛恪传》的记载就是其中一例，如"恪自领万人，余分给诸将"所示，此时存在视征伐所获之蛮为战利品的倾向。这个时代本来连出身汉民族的兵户都会遭到贱视，据上述材料推定贱视蛮兵现象的存在当无大过[1]。

那么就可以说，本节前文所论国家权力对蛮的讨伐，引起了蛮的汉化。因为蛮要么被剥夺了生活手段，要么被迫离开自己的乡村社会成为贱隶，必然会逐渐丧失自我的文化这一构成自身主体性的内核，而被卷入汉文化当中。其次，本来蛮既不是"贱"也不是"良"，但经过这一过程的蛮被当作贱隶，意味着处于中原以外的蛮被纳入"中国国内"的政治秩序之中，因此，蛮的贱隶化可以说是蛮的汉化的一个阶段（关于这一点之后会再提及）。

另外，本节将考察重点置于随伐蛮而出现的对蛮人社会集团（部族等）的剧烈破坏，故未直接触及蛮人社会集团以残存的形式包摄于国家权力当中而产生的缓慢汉化（例如，国家派驻地方的机构，蛮府、

1.《魏书》卷五〇《慕容白曜传》载北魏献文帝时与刘宋交战，慕容白曜攻占刘宋东阳，获得大量战利品，其中提到："城内户八千六百，口四万一千，吴蛮户三百余。"《宋书》卷四一《文帝袁皇后传》所载诏书云："赵、萧、臧光禄、袁敬公、平乐乡君墓，先未给茔户。加世数已远，胤嗣衰陵。外戚尊属，不宜使坟茔芜秽。可各给蛮户三，以供洒扫。"此处的蛮户应即本章所谓营户或与之等同的群体，从这些记载中可以推定蛮的户籍区别于汉人编户。

第一章　关于六朝时期蛮的汉化

州郡等，对蛮进行教化，将郡县制导入蛮域，授予其首长官爵等产生的汉化），但这一面可以通过本节的考察以及次节以下关于蛮与一般汉人接触而产生的汉化、蛮进入官场等问题的讨论得到弥补。

第二节　江南地区蛮与一般汉人的接触

关于这个时代蛮的汉化，前一节考察了国家权力与蛮的接触对它的引发，与此同时，因东汉末大乱与永嘉之乱而起的庞大汉人人口向南方的流徙，导致汉人开拓者、亡命者等与蛮接触，这也进一步促成了其汉化。本节将就后一方面讨论蛮汉化的具体情形。另外，文中也使用了一些江南以外和该时段以外的材料，凭借这些材料可充分了解当时江南的历史景象。

《晋书》卷六六《陶侃传》关于传主载：

> 迁龙骧将军、武昌太守。……又立夷市于郡东，大收其利。

《宋书》卷八三《宗越传》载：

> （宗越）出身补郡吏。父为蛮所杀，杀其父者尝出郡，越于市中刺杀之，太守夏侯穆嘉其意，擢为队主。

从这两条记载，尤其是前一条可以看出供蛮汉交易的市的存在。而汉代以降就有所谓军市，是应士卒的需要在军中设立的市。上引文所见夷市的"夷"，在功能和性质上相当于军市的"军"，是指为了与夷交易设立的市[1]。

此外，《南齐书》卷二五《张敬儿传》所载诛张敬儿诏的其中一

---

1. 关于军市，参见加藤繁：《漢代に於ける国家財政と帝室財政との区別並に帝室財政一般》，《支那経済史考証》上卷，1952年，第58页。

句为：

> 建康民汤天获，商行入蛮……

可见商人中有踏入蛮域者（建康客商汤天获所入蛮域，据《张敬儿传》的记载可知是在雍州。这一时代雍州是蛮的集聚地，并设有蛮府之一的宁蛮校尉府，统辖二十四个属郡）。这种情况下，商人在蛮域买入昂贵的特产，或者用蛮的必需品交换。《周书》卷四九《獠传》载：

> 后有商旅往来者，亦资以为货，公卿逮于民庶之家，有獠口者多矣。

据此，这种交易还包含蛮的人身买卖。

另外，《华阳国志》卷三《蜀志》汶山郡条记载了汉代存在作为季节性劳动者的蛮：

> 土地刚卤，不宜五谷。惟种麦。而多冰寒，盛夏凝冻不释。故夷人冬则避寒入蜀，庸赁自食。夏则避暑反落，岁以为常。故蜀人谓之作五百石子（作氐白石子？）也。

尽管这是汉代的记载，魏晋南北朝时代的蛮也很有可能通过这种雇佣关系来到汉人身边。与此相关，可参考《太平广记》卷四二八虎类斑子条出自《广异记》的记载：

> 山魈者，岭南所在有之，独足反踵，手足三歧。其牝好傅脂粉。于大树空中作窠，有木屏风帐幔。食物甚备。南人山行者，多持黄脂铅粉及钱等以自随。雄者谓之山公，必求金钱。遇雌者谓之山姑，必求脂粉。……每岁中与人营田，人出田及种，余耕地种植，并是山魈，谷熟则来唤人平分。性质直，与人分，不取其多。人亦不敢取多，取多者遇天疫病。

第一章　关于六朝时期蛮的汉化

引文显示,岭南到处都有"山魈(应该是被拟兽化的蛮)"借来"人(应当是汉人)"不耕植的田地和种子,以此从事耕作。《广异记》是唐代的文学作品(传奇集),作为史料有一定局限,但很难认为这样的内容完全出自《广异记》作者戴孚的虚构。戴孚对上引文的撰写,应该是基于现实情形。

《晋书》卷一二〇《李特载记》记载:

> 汉末,张鲁居汉中,以鬼道教百姓,賨人敬信巫觋,多往奉之。

引文显示,蛮种之一的賨人成为五斗米道的信徒。据此也可推知,蛮的汉化已达到皈依宗教的程度。蛮成为五斗米道信徒表明,他们不单是在物质性层面,在精神性层面也受到汉民族的影响,这一点十分重要。

另外《宋书》卷九七《荆雍州蛮传》记载:

> 蛮民顺附者,一户输谷数斛,其余无杂调,而宋民赋役严苦,贫者不复堪命,多逃亡入蛮。

这条材料表明,汉人编户进入蛮域不仅是出于经商、开垦等积极性动机,为逃避国家苛政者亦不在少数。

以上举出表现蛮与一般汉人在经济、政治、宗教方面进行接触的若干例子,这些应该是推动蛮汉化的因素。因为在比较蛮和汉人的时候,存在着未开化和文明的差距,在这种状况下两种文化的接触,尽管后者也会受前者影响,主要还是展现为后者面对前者的优越性。

下面想论述的是,在上述状况下形成了蛮汉结合,甚至出现包含对蛮支配的汉人豪强化。《三国志》卷六〇《吴书·贺齐传》载:

> 贺齐字公苗,会稽山阴人也。少为郡吏,守剡长。县吏斯从轻侠为奸,齐欲治之,主簿谏曰:"从,县大族,山越所

> 附，今日治之，明日寇至。"齐闻大怒，便立斩从。从族党遂相纠合，众千余人，举兵攻县。齐率吏民，开城门突击，大破之，威震山越。

引文记载了剡县的大族斯从与山越的紧密相附。《周书》卷四三《李延孙传》关于伊川人李延孙的父亲李长寿云：

> 父长寿，性雄豪，有武艺。少与蛮酋结托，屡相招引，侵灭关南。孝昌中（北魏孝明帝年号），朝议恐其为乱，乃以长寿为防蛮都督，给其鼓节，以慰其意。

从中可以窥见汉人豪强对蛮的支配。《隋书》卷二九《地理志上》梁益部分云：

> 其边野富人，多规固山泽，以财物雄役夷、獠，故轻为奸藏，权倾州县。

引文记载了汉人（开拓者）进入蛮域，占据山泽并役使蛮人。再者，《梁书》卷一三《范云传》载：

> 复出为始兴内史。郡多豪猾大姓，二千石有不善者，谋共杀害，不则逐去之。边带蛮俚，尤多盗贼，前内史皆以兵刃自卫。云入境，抚以恩德，罢亭候，商贾露宿，郡中称为神明。

结合上文所述，由该材料可以推测，在蛮汉杂居的始兴郡，大姓与蛮形成了连带关系。

而不少进入蛮地的汉人，在豪强化的过程中，通过与蛮结成婚姻关系，力图巩固自身在地域社会里的地位。下文就此展开。

《隋书》卷八〇《谯国夫人传》载：

第一章　关于六朝时期蛮的汉化

> 谯国夫人者，高凉冼氏之女也。世为南越首领，跨据山洞，部落十余万家。夫人幼贤明，多筹略，在父母家，抚循部众，能行军用师，压服诸越。……梁大同初，罗州刺史冯融闻夫人有志行，为其子高凉太守宝娉以为妻。融本北燕苗裔，初，冯弘（北燕主，汉人）之投高丽也，遣融大父业以三百人浮海归宋，因留于新会（广东省台山县东北）。自业及融，三世为守牧，他乡羁旅，号令不行。至是，夫人诫约本宗，使从民礼。

这表明，北来的冯氏与岭南蛮的强宗冼氏结合，强化了他的支配力[1]。《隋书》卷二九《地理志上》梁益部分云：

> 傍南山杂有獠户，富室者颇参夏人为婚，衣服居处言语，殆与华不别。

由此可见当时蛮与汉人的婚姻。另外，《华阳国志》卷四《南中志》载：

> 太康三年（二八二），罢宁州，置南夷，以天水李毅为校尉，……与夷为姓（婚？）曰"遑耶"，诸姓为"自有耶"。世乱犯法，辄依之藏匿。或曰：有为官所法，夷或为报仇。

---

1. 河原正博氏在《漢民族華南發展史研究》（吉川弘文馆，1984年）第一编第三章第一节《馮氏と南海貿易》中引用《新唐书》卷一〇一《冯盎传》后论述道："首先说明高州良德人冯盎的祖先。据引文，北燕冯弘之子、迁居岭南番禺（广州）的冯业是其祖先。但这种传说是一种通行的关于岭南蛮酋始迁之祖的故事，并不可信。"（第84—85页）然而，第一，《宋书》卷九七《高句丽传》关于北燕主冯弘载："(冯弘)太祖世，每岁遣使献方物。……弘败走，奔高骊北丰城，求表迎接。太祖（刘宋的太祖）遣使王白驹、赵次兴迎之，并令高骊料理资遣……"北燕灭亡后，北燕主冯弘企图亡命南朝（宋欲接纳，但被高句丽阻挠，冯弘的逃亡未能实现），在这种状况下，同族的冯业被派遣是完全可能的（顺便一提，关于当时刘宋与北燕的交往可参见本书第五篇第一节）；第二，当时存在以北来投附的王族子孙任岭南地方官的路径（附载于《梁书》卷三九《元法僧传》的北魏亡命王族元法僧之子元景隆，担任广州刺史，其弟元景仲也任广州刺史）；第三，河原氏依据的始迁之祖史料来自赵宋时代广西左右江流域的蛮酋，这是否照样适用于隋唐广东的问题，颇为可疑。故笔者认为不能一概给予否定。

> 与夷至厚者谓之"百世遑耶",恩若骨肉,为其逋逃之薮。故南人轻为祸变,恃此也。

据该引文也可推定,蛮与汉人之间存在婚姻。

将以上内容同前文已部分言及的汉人之豪强化合观,即可认为当时的汉人豪强与蛮结成婚姻关系,是想要进一步巩固自身在地域社会中的地位。而从蛮汉婚姻的存在,可推测当时蛮与汉人(亦包括豪强以外的汉人)之间的血统混合已相当深入。

第三节 蛮入官场

前文的考察通过具体事例探讨了这一时代蛮汉化的各个方面。本节将就其中的一面,即汉化过程中的蛮进入中央、地方官场,进行更细致的观察。

这一时代的蛮担任着如下所述的官职。首先,《晋书》卷一二〇《李特载记附李庠传》关于廪君蛮李特之弟李庠云:

> 少以烈气闻。仕郡督邮、主簿,皆有当官之称。元康四年(294),察孝廉,不就。后以善骑射,举良将,亦不就。州以庠才兼文武,举秀异,固以疾辞。州郡不听,以其名上闻,中护军切征,不得已而应之,拜中军骑督。

引文记载了蛮被举为秀异和孝廉。顺便提及,此处所见中护军执掌当时的武官选举[1]。李庠应其所征被拜为中军骑督,意味着这一时期蛮能够就任武官。也就是说,上述记载表明,无论文官、武官,他都有可能担任,最终履职的是武官。

《周书》卷四四《扶猛传》载:

---

[1] 参见越智重明:《領軍將軍と護軍將軍》,《東洋学報》第44卷1号,1961年。

第一章　关于六朝时期蛮的汉化

> 扶猛字宗略，上甲黄土人也。其种落号白兽（虎）蛮，世为渠帅。猛，梁大同中以直后出为持节、厉锋将军、青州刺史，转上庸新城二郡守、南洛北司二州刺史，封宕渠县男。

可见梁代有从直后转任刺史的蛮。《陈书》卷八《周文育传》载：

> 时新吴洞主余孝顷举兵应勃。

此处的"洞"不是指单纯的洞穴，而是指蛮的聚落。依据如下。《陈书》卷二《高祖纪下》永定二年（558）二月壬申条关于前述新吴县所属的安成郡谓：

> 以安成所部广兴六洞置安乐郡。[1]

而且这样的"洞"频见于描述蛮的记载中，后世所见与蛮有关的"洞"也是指蛮的聚落。换言之，新吴洞主（"洞"的首长[2]）余孝顷极有可能是蛮。他在梁末陈初历任太守、刺史等职（参照《陈书》卷三《世祖纪》天嘉四年十二月条、卷一〇《程文季传》等）。

《北齐书》卷三二《陆法和传》载：

> 陆法和，不知何许人也。隐于江陵百里洲，衣食居处，一与苦行沙门同。……既入荆州汶阳郡高安县之紫石山，无故舍所居山。俄有蛮贼文道期之乱，时人以为预见萌

---

1. 《隋书》卷八一《东夷·流求国传》记载："流求国，居海岛之中，当建安郡东，水行五日而至。土多山洞。其王姓欢斯氏，名渴剌兜，不知其由来有国代数也。彼土人呼之为可老羊，妻曰多拔茶。所居曰波罗檀洞，堑栅三重，环以流水，树棘为藩。王所居舍，其大一十六间，琱刻禽兽。多斗镂树，似橘而叶密，条纤如发，然下垂。国有四五帅，统诸洞，洞有小王。往往有村，村有鸟了帅，并以善战者为之，自相树立，理一村之事。……国人好相攻击，人皆骁健善走，难死而耐创。诸洞各为部队，不相救助。"据这条记载可以窥见当时洞的内部情形。
2. "洞主"一语在唐代以后频见于与蛮有关的史料中，但在这一时代仅能检索到新吴洞主余孝顷和《隋书》卷六八《何稠传》所见洞主莫崇两例。

兆。……（侯）景遣将任约击梁湘东王（后来的元帝）于江陵，法和乃诣湘东乞征约，召诸蛮弟子八百人在江津，二日便发。……梁元帝以法和功业稍重，遂就加司徒，都督、刺史如故。……又法和平常言若不出口，时有所论，则雄辩无敌，然犹带蛮音。……及魏平荆州……法和举州（郢州）入齐。……三年间再为太尉，世犹谓之居士。

笔者认为，陆法和是蛮或者显著蛮化的汉人，理由有三：其一，他在蛮贼文道期之乱未起时就已察觉。除非他是个有预知能力的人，否则就可以推测他和蛮之间存在联系。其二，他的弟子中存在相当数量的蛮。其三，有"犹带蛮音"这一表述。也许可以把蛮音理解为野蛮的声音即不雅的说话方式。但与第一点及第二点结合起来思考，将"犹带蛮音"理解为"陆法和曾经能说蛮的语言，即使成为司徒，也无法摆脱蛮语的发音"比较妥当。据上述理由，笔者推断陆法和是蛮人出身。据此可知，梁（末期）和北齐时有蛮人出身者担任了位极人臣的司徒和太尉的情况。而即使不是蛮，也可以肯定他是蛮化相当深的汉人，因此，这样的人物得以官至司徒或太尉，对于思考蛮进入官场具有重要的意义^{补注（2）}。

另外，《陈书》卷三五《陈宝应传》记载，梁末陈初陈宝应作为潜藏势力存在于福建，并与留异和周迪（可能是汉人）联合反抗陈王朝：

晋安侯官人也。世为闽中四姓。父羽，有材干，为郡雄豪。……侯景平，元帝因以羽为晋安太守。高祖辅政，羽请归老，求传郡于宝应，高祖许之。绍泰元年（555），授壮武将军、晋安太守，寻加员外散骑常侍。二年，封候官县侯，邑五百户。……高祖受禅，授持节、散骑常侍、信武将军、闽州刺史，领会稽太守。世祖嗣位，进号宣毅将军，又加其父光禄大夫，仍命宗正录其本系，编为宗室，并遣使条其子女，无大小并加封爵。宝应娶留异女为妻，侯安都之讨异也，宝应遣兵助之，又资周迪兵粮，出寇临川。……（世祖命诸

第一章 关于六朝时期蛮的汉化

> 将）以讨宝应，并诏宗正绝其属籍。于是尚书下符曰："……案闽寇陈宝应父子，卉服支孽，本迷爱敬。梁季丧乱，闽隅阻绝，父既豪侠，扇动蛮陬，椎髻箕坐，自为渠帅……"

这里所见"卉服"指的是用葛等的草编制而成的服饰，一般多用以表现蛮俗（《禹贡》扬州条有"岛夷卉服"，《后汉书》列传七六《西南夷传》的"赞"有"镂体卉衣"）。"椎髻"是指将头发垂于脑后、盘为一束的发髻，这也多用于表现蛮俗（《汉书》卷四三《陆贾传》谓"尉佗魋［椎］结［髻］箕踞见贾"，同书卷九五《西南夷传》谓"此皆椎结［髻］"）。"箕坐"在中国的礼法中是不礼貌的行为。将这些与陈宝应父子煽动蛮并自为渠帅等史事结合起来思考，可知他们深受蛮俗影响。此处应该注意引文中"卉服支孽"这一表述所反映的情景。"支孽"即庶子，这里当意为"支流"或"微不足道者"。换言之，"卉服支孽"是"蛮的分支"或者说"蛮中微不足道者"的意思。这样来看，陈宝应父子虽然据称是世为福建四姓，但实际上可判断为蛮，或是与蛮有血缘关系者。那么就可以说，梁末陈初有蛮任刺史、太守，甚至成为陈王朝宗室之一员的情况。

接下来是北朝的例子，《魏书》卷八〇《樊子鹄传》载：

> 樊子鹄，代郡平城人。其先荆州蛮首，被迁于代。父兴，平城镇长史，归义侯。普泰中，子鹄贵显，乃赠征虏将军、荆州刺史。

根据平城设镇是在迁洛以后、樊子鹄的父亲曾是归义侯、徙蛮发生在北魏后期（参见《北史》卷九五《蛮传》、《魏书》卷一〇一《蛮传》等）等事实，可以认为樊子鹄的父亲樊兴是"荆州蛮酋"之子，或本身就是蛮。换言之，樊子鹄可能是蛮或者蛮汉混血。如上引文的"贵显"所示，他在魏末历任侍中、御史中尉、吏部尚书、尚书右仆射等官。

此外，《周书》卷四四《泉企传附泉仲遵传》云：

> 仲遵虽出自巴夷，而有方雅之操，历官之处，皆以清白见称。

据此，泉仲遵是巴夷。也就是说，尽管出自巴夷，但从本传其他内容可知，他历任右卫将军和开府仪同三司等职，是西魏北周的重臣。既然泉仲遵是蛮，那么他的兄长泉元礼和父亲泉企也有可能是蛮。有关泉企，《周书》同卷的"史臣曰"提到：

> 泉企长自山谷，素无月旦之誉，而临难慷慨，有人臣之节，岂非蹈仁义欤。

此语正是基于泉企为蛮的认识。顺便提及，泉企是上洛丰阳人，其家族在北魏时世袭丰阳县令一职（他自己也是县令）。他曾率领乡兵作战，以洛州刺史、当州都督兼尚书右仆射，封千户郡公，是西魏的忠臣。

以上举出关于蛮进入官场的若干例子，像这样的情况，当时的汉人士大夫又是怎样看待的呢？关于这一点，《魏书》卷七一《裴叔业传附裴植传》记北魏宣武帝时代任度支尚书的南朝降人河东闻喜裴植云：

> 又表毁征南将军田益宗，言华夷异类，不应在百世衣冠之上。

田益宗是出身光城左郡（关于左郡，参见脚注[1]）的蛮酋，当时降于北魏后被任命为征南将军、金紫光禄大夫（参见《魏书》卷六一《田益宗传》），引文记载的是裴植毁谤田益宗。可以认为这个时代的汉人士大夫阶层对蛮进入官场的态度大致如此，在这样的风潮下，蛮进入官场应当是一件相当困难的事情。尽管如此，必须要注意的是，就像之前看到的那样，也有一定数量的蛮成为尚书等高级官员，其事迹被记入

---

1. 参见河原正博：《宋書州郡志にみえる左郡、左県の"左"の意味について》，《法政史学》（14），1961年，又收入氏著《漢民族華南發展史研究》，吉川弘文館，1984年。

第一章　关于六朝时期蛮的汉化

汉人所撰写的史书中。在上述这些任较高官职的蛮之外，自然可以推知，还有相当数量的蛮任中低职位。这一点还可以据此窥测：前文提到廪君蛮李庠非由战功等偶然机遇任官，而是通过州郡贡举（孝廉等）的常规性铨选路线进入官场，也就是说，当时存在供蛮进入官场的常规途径。此外，《华阳国志》卷四《南中志》载：

> 太康三年（282），罢宁州，置南夷（校尉）。以天水李毅为校尉，持节统兵，镇南中，统五十八部夷族，都监行事。……自四姓子弟仕进，必先经都监。

这条记载展示了南夷校尉府成为蛮族子弟仕进的门户。同样是《华阳国志》，卷八《大同志》太康五年条云：

> 罢宁州，诸郡还益州。置南夷校尉，持节如西夷（校尉），皆举秀才廉良。[1]

这表明南夷府和西夷府都具有举秀才等权限，那么也应该适用于南蛮府和宁蛮府等其他蛮府。将以上两条材料与李庠的记载结合起来思考，之前推定该时代存在供蛮进入官场的常规性路径这一点至少在西晋时可以确认无误。那么西晋之后的王朝（特别是南朝）是什么情况呢？笔者未发现能证明此点的史料，但前文提到，尽管当时汉人士大夫层持反对意见，蛮进入官场却很常见，并且随着江南的开发，蛮汉混融日益推进，结合这些史事，很难认为蛮（包括蛮汉混血）的常规性铨选路线在西晋之后不存在了（当然，路线的内容可能与西晋时代不同）。易言之，至少可以认为，西晋以降对日益汉化的蛮进入官场的路径保持常规性开放，相当数量的蛮跻身官场（特别是就任下级官吏）。

---

1. 关于廉良，宫崎市定氏举出北朝的例子，视其为地方上计吏（参见《九品官人法の研究》，东洋史研究丛刊之一，1956年，第482页）。此处可能也是指上计吏，或者廉良的"良"乃"吏"之误。

小结

本章明确了以下诸点。

一、六朝时期国家盛行伐蛮，这种讨伐在保卫汉族社会、维持治安的目的之外，更重要的还有夺取蛮的财货（特产、田土、盐井、矿山等。也包括劳动力）、服务国家财政此类在后世很难看到的意图。

二、这个时代有蛮汉通过市场交易、汉人商人在蛮域活动、蛮作为季节性劳动者、汉人编户逃亡蛮域等各种经济、政治场景，一般汉人与蛮因而产生了接触。

三、该时代的蛮在以上两点所述状况下逐渐汉化，这样的汉化当然存在各种阶段。因这些阶段而产生了以下种种事态：蛮汉之间的婚姻与混血、进入蛮域的汉人的豪强化、汉人公私对田土等的掠夺，以及蛮的贱隶化、日益汉化的蛮进入中央与地方官场、蛮对道教的皈依等。

顺便提及，《周书》卷四九《獠传》关于獠有言：

> 递相掠卖，不避亲戚。被卖者号叫不服，逃窜避之，乃将买人指扔捕逐，若追亡叛，获便缚之。但经被缚者，即服为贱隶，不敢更称良矣。

由此可知，獠被当作"良"。《隋书》卷四六《苏孝慈传附苏沙罗传》载：

> 会蜀王秀废，吏案奏沙罗云："王奉为奴所杀，秀乃诈称左右斩之。又调熟獠，令出奴婢，沙罗隐而不奏。"由是除名，卒于家。有子康。

可以推测，在隋代将熟獠当作奴婢是一种违法行为（之所以被视为违法，与视买卖良人为违法，当基于同样的原理）。以上史事反映出这个

第一章　关于六朝时期蛮的汉化

时代的晚期存在将汉化的蛮——站在国家的角度更具体地说，就是负担税役的熟蛮——作为"良"来统治的动向[1]。而另一方面，如第一节所述，也存在因讨伐而被掠夺和贱隶化的蛮。一边是往"良"发展，一边通向"贱"，这似乎是两种相反的现象，实则为硬币的两面。回到最初的意义上来说，蛮既非"良"也非"贱"，因其经由本章所述的形式同汉文化接触，且被纳入"中国国内"的政治秩序当中，才最终催生了这两个方面。

补注（1）：关于江东地区的蛮——山越，既有人认为他们是汉人，也有人认为他们是蛮（关于这一点参见前揭川勝義雄氏的论文）。笔者持后者的立场，这关系到本章的基础，所以想借此机会阐述认为山越是"蛮"的理由。其一，山越意为"居住于山中的越人"，应是对非汉民族的称呼，陈寿正是在此意义上使用"山越"一词，故至少可以认为他将山越视作蛮。这从以下材料可以看出：《三国志》卷四七《吴书·吴主传》黄武元年（222）九月条载"时扬、越蛮夷多未平集，内难未弭，故（孙）权卑辞上书（曹魏），求自改厉"，卷五六《朱治传》载"治为吴郡太守……征讨夷越"，山越可与"扬、越蛮夷""夷越"等替换（将《吴主传》所见"扬、越蛮夷"视作山越的理由是卷六〇的史评提到的"山越好为叛乱，难安易动，是以孙权不遑外御，卑词魏氏"。《朱治传》所见"夷越"被断定为山越的理由是当时吴郡之地山越叛乱多发）；卷五五《黄盖传》载"诸山越不宾"，卷六四《诸葛恪传》载"山越恃阻，不宾历世"中，对山越使用了一般用于表述非汉民族不服属中国王朝时的"不宾"。理由之二是，孙吴的官职中可见以讨伐山越为职务的讨越中郎将（卷五五《蒋钦传》）、威越校尉（卷五五《董袭传》）、抚越将军（卷六四《诸葛恪传》）等。这一点表明，不仅是陈寿，孙吴政权自身也将山越，即越人，看作蛮。理由之三是，可以推断陈寿之外的当时人也将山越视作蛮。卷五四《周瑜传》记孙策之语："因谓瑜曰：'吾以此众取吴会平山越已足……'"卷五七《张温传》记

---

1. 刘琳氏引用与《周书·獠传》中"即服为贱隶，不敢更称良矣"内容相同的《北史·獠传》中对应的部分，认为这则史料"说明已有'良'（奴隶主、平民）、'贱'（奴隶）之分"（参见刘琳：《僚人入蜀考》，《中国史研究》1980年第2期，第128页。他将此处的良贱理解成獠社会内部阶层分化的反映）。但是，将要被捕缚的蛮自诉为良的对象在此处主要是"买人"，而从紧接该材料之后的"后有商旅往来者，亦资以为货，公卿逮于民庶之家，有獠口者多矣"这一记载可窥知，"买人"乃汉人，因而刘氏的理解存在问题。

孙权之语："权谓温曰：'（前略）若山越都除，便欲大构于蜀……'"孙策和孙权都用了表示非汉民族的"山越"一词。基于上举理由，笔者认为山越应该是蛮。但不能因为断定山越是蛮，就否认在当时山越已有相当程度的汉化。值得注意的是，山越在当时还没有汉化到完全成为汉人的程度，因此一般汉人依然将之视作蛮。顺便提及，在孙吴时代之后许久，越人还是被视作蛮。这一点如《隋书》卷六八《何稠传》所示，隋代仍将"越人"呼为"蛮夷"。

补注（2）：本章底稿《六朝期における蛮の漢化について》（载《史淵》第118辑，1981年）撰成后，笔者得以读到宫川尚志氏的《梁、北斉の居士陸法和》（收入《仏教史学会三十週年記念：仏教の歴史と文化》，1980年），文中他也认为陆法和可能是蛮（参见该文卷末注释24）。

第二章

关于理解六朝时代蛮的一项考察——
　以山越、蛮汉融合的问题为中心

引言

　　一般来说，标题所见山越主要是指活跃于孙吴时期的古代越族后裔。但也存在异议，中国的吕思勉氏和唐长孺氏等认为《三国志·吴书》等所见山越大部分是汉族[1]。川勝義雄氏对这样的理解加以批判，他强调孙吴时期江南社会的落后性（相比于华北社会）。根据川勝氏的说法，山越应比照"印第安人""虾夷"而被置于非汉族的地位[2]。笔者曾于另文检讨川勝氏这一批判的对错，基本赞同其立场，同时从别的角度指出了山越所具有的非汉族性[3]。这样的想法现在仍没有改变，但将整个六朝纳入视野，考察其民族、种族问题时，关于山越还存留着应该检讨的方面。笔者在前稿撰成后探察了六朝时期蛮的分布与汉、唐有何不同的问题，在此过程中注意到，现存有关六朝的史料中仅有一例记载可显示山越在孙吴之后的六朝时代还存续（详细内容见后述）。这一点似乎与上述川勝氏的理解有一些龃龉。究其原因，无论孙吴的讨伐有多么彻底，也很难认为处在如印第安人一般的发展阶段并广泛存在的山越会在此后陡然衰退。这样一来，必然存在相关的背景[4]。

　　我们又注意到梁末陈初江南土豪层的崛起。陈寅恪氏较早注意到这一点，论证了这些土豪大部分是非汉族[5]。另一方面，榎本あゆち氏对非汉族在梁末陈初的叛乱中扮演的角色给予了一定的承认，但对像陈氏一样只从种族性的视角来看待叛乱的方式提出质疑，并指出梁末陈

---

1. 参见吕思勉：《山越》，收入《吕思勉读史札记》，上海古籍出版社，1982年，第576页；唐长孺：《孙吴建国及汉末江南的宗部与山越》，收入《魏晋南北朝史论丛》，生活·读书·新知三联书店，1955年，第23页等。
2. 参见川勝義雄：《六朝貴族制社会の研究》，岩波书店，1982年，第二部第二章"孫吳政権と江南の開発領主制"，尤其是该书第145、155页。
3. 参见拙稿《六朝期における蛮の漢化について》，《史淵》第118辑，1981年，第125、126页。收入本书第四篇第一章，并参见该章补注（1）。
4. 笔者此前在历史学研究会大会报告的评议中已指出（《歷史学研究》第523号，1983年）。
5. 参见陈寅恪：《〈魏书·司马叡传〉江东民族条释证及推论》，收入《陈寅恪先生文史论集》下卷，香港：文文出版，1973年。

初诸集团大部分是根据任侠性原理结合而成[1]。比较二者的看法,如果把范围限定在民族、种族上,大体可认为此处同样存在前述围绕山越的理解而产生的问题,即种族性是否具有判定该叛乱性质的意义。

这些研究者之间的分歧是如何产生的?也许还存在认识上的问题,即各研究者如何在历史研究中定位民族、种族的问题。但更基本的问题是,通观历来六朝史研究中关于蛮的考论,学者们仅以蛮、汉二元的尺度来把握界限本不明确的六朝时期的汉族与非汉族,在二者界限似乎很分明的情况下展开论述,这一研究视角对阐明六朝民族问题具备多大程度的有效性颇为可疑。当然,其中也有像川胜氏一样认识到蛮汉界限并不明确的研究者。但是,在笔者看来,这些研究者的见解也主要集中在蛮汉的类别上,而对存在于二者边界上的人关注不够,因此最终无法摆脱二元论的观点。

本章尝试探讨山越的存在形态、被称为"洞"的聚落的具体面貌、边缘地带豪强的实态、畜蛊这一饲养虫类风俗的分布等,以此指出以往论著对蛮汉的二元化区分偏离了六朝时期民族、种族的实态,具有很大危险性。此外,本章下文大量使用蛮这一术语,只要没有特别申明,就是取广义,即指包含越族等在内的、居住于中国中南部的非汉族,而不限定于武陵蛮等蛮。

第一节 山越问题的检讨

山越是否如川胜氏所强调的那样,具有强烈的未开化性?这一点是笔者对川胜氏关于山越的见解的基本疑问。在本节中,笔者将从该立场阐述自己的见解,并作为下一节考察的基础。如引言所述,管见所及,孙吴之后的六朝史料对山越一语的使用,仅下引《陈书》卷三《世祖纪》所载陈霸先即位前事这一例[2]:

---

1. 参见榎本あゆち:《梁末陳初の諸集団について——陳霸先集団を中心として》,《名古屋大学東洋史研究報告》(8),1982年。
2. 笔者此前在历史学研究会大会报告的评议中已指出(《歴史学研究》第523号,1983年)。

> 以功授（世祖文帝）持节、都督会稽等十郡诸军事、宣
> 毅将军、会稽太守。山越深险，皆不宾附，世祖分命讨击，
> 悉平之，威惠大振。高祖受禅。

后来成为陈文帝的陈蒨时任会稽太守，因而从引文中"山越深险"所见山越，当存在于会稽郡的山区。如果考虑到孙吴时这一地区就是山越的聚居地[1]，那么视上述山越为孙吴山越的后裔应不致大谬（从孙吴灭亡到梁末这个时间已经过了二百五十余年，因而还是留有疑问）。

六朝之后的时代又是什么情况呢？接下来尝试讨论。（1）《隋书》卷四六《苏孝慈传》(《北史》卷七四同）记载了隋时山越居于岭南的现象：

> 后桂林山越相聚为乱，诏孝慈为行军总管，击平之。

（2）《南史》卷二四《王猛传》同样记载了隋时居于岭南的山越：

> 仍诏猛与行军总管韦洸便留岭表经略。……仍讨平山越，
> 驰驿奏闻。

（3）《旧唐书》卷一六四《王龟传》记载了咸通十四年（873）王龟任浙东团练使一事：

> 转越州刺史、御史大夫、浙东团练观察使。……山越乱，
> 攻郡，为贼所害。

（4）《旧唐书》卷一七七《卢钧传》记载了太和九年（835）卢钧身为岭南节度使在政治上收服山越一事：

---

1. 参见陈可畏：《东越、山越的来源和发展》，《历史论丛》第1辑，北京，1964年。

由是山越之俗，服其德义，令不严而人化。

（5）《旧唐书》卷一七七《裴休传》(《新唐书》卷一八二略同）记载裴休之父裴肃在贞元中击破居于浙东地区的山越：

时山贼栗锽诱山越为乱，陷浙东郡县。肃召州兵讨平之。

（6）《新唐书》卷一三六《柏良器传》记载了安史之乱时柏良器平定山越一事：

（良器）平山越，迁左武卫中郎将。以部兵隶浙西，豫平袁晁、方清。

上述六条记载中，(1)、(2)、(4)发生在岭南地区，因而即便有迁移的可能性，恐怕也不能视文中提到的山越为孙吴山越的直接后裔。(3)、(5)、(6)显示，唐时浙东、西（？）有山越。这一地区曾是孙吴山越的聚居地[1]，因此相比（1)、(2)、(4)，他们更有可能是孙吴山越的后裔。但如果考虑到孙吴和唐之间的时间间隔，还是会留下疑问。

以上是孙吴之后的山越与孙吴时山越是否存在关联的一些问题，总之，显示山越继续存在于孙吴之后的江南地区的史料，管见所及仅上举四例（陈1，唐3），与孙吴时期的频繁出现相比，可以说是极少的。特别是在孙吴之后的六朝时期只有一个例子，对比鲜明。换言之，这就是引言提到的与川胜氏之说的龃龉。那么应该如何看待这个问题呢？将《三国志·吴书》所见山越视作具有非汉族性质的存在，这样的理解方式本身是错误的吗？川胜氏为了论证山越的非汉族性，将当时作为先进地区的华北社会纳入视野，并在与之比较时指出江南社会的落后性，从而推断江南山越的非汉族性[2]。笔者赞同川胜氏的想法，曾提

---

1. 参见陈可畏：《东越、山越的来源和发展》，《历史论丛》第1辑，中华书局，1964年。
2. 参见前揭川胜氏书。

出三项根据：(1)《三国志》的作者陈寿将山越看作蛮；(2)孙吴政权自身也将山越看作蛮；(3)除了陈寿以外，当时人们也认为山越是蛮。简而言之，当时人们把《三国志·吴书》中相当于山越的"贼"视作蛮夷[1]，这种理解现在看来仍然无误。而且山越分布广泛，该势力的存在成为孙吴统治江南和抗衡曹魏的巨大阻碍，这一点也是事实。那接下来可以想到的是，孙吴时山越已相当汉化，在被讨伐后其非汉族性更加淡化，因而山越这一明确标示与汉族有异的表述就不再被使用，这或许就造成了前述表现在史料上的现象。下面举一个具体例子作为参考。《太平寰宇记》卷一一六《江南西道》道州条载[2]：

> 道州土地产民多矮，每年尝配乡户贡其男，号为"矮奴"。唐阳城为刺史，不平以良为贱，又悯其编甿岁有离异之苦，乃抗疏论而免之。自是乃停其贡，民皆赖之，无不泣荷。

同一事迹见于《新唐书》卷一九四《阳城传》中：

> （道）州产侏儒，岁贡诸朝，城哀其生离，无所进。帝使求之，城奏曰："州民尽短，若以贡，不知何者可供。"自是罢。州人感之，以"阳"名子。

道州是湖南南部的州。上引两条史料记载，道州州民被当作矮奴每年上贡，道州长官阳城因怜悯乃抗疏止之。但既是"良"又是"编甿"的道州州民为何会被上贡且不免于"贱"呢[3]？而上引记载画线部分记道州人多矮，这又是为何？众所周知，六朝时在湖南南部地区，蛮大量存在。这一时期，蛮因被讨伐等缘故而成为奴隶的情况非常多[4]。另

---

1. 参见本篇第一章补注（1）。
2. 据《影宋本〈太平寰宇记〉补阙》，台北：文海出版社，1979年。
3. 北朝后期有试图将治下的獠当作"良"的趋势，参见本篇第一章"六朝时期蛮的汉化"，第一篇第一章"五胡十六国北朝时期华夷观的变迁"。
4. 参见本篇第一章第一节。

第二章　关于理解六朝时代蛮的一项考察——以山越、蛮汉融合的问题为中心

外,中国南部的居民平均身高相较北方更矮,据说这可能是与原住种族混血的结果[1]。将这些史事综合起来考虑,可以认为道州人继承了浓厚的蛮族血统。也就是说,他们身上有蛮的成分,又已成为汉族(关于当时蛮的"汉化"具有怎样的内涵,将在后文探究)。

以上所论似有偏离主题之嫌,简而言之,对孙吴时期以及此后的山越,当然也应考虑到这种汉化的问题。但也许是因为史料的限制,管见所及,以往有关山越的研究对这一点缺乏关注,未将孙吴以后山越的存在形态纳入探究[2]。下面就从山越已颇为汉化这一视角出发,对孙吴时期及其以后的状况依次展开考察。

首先是关于孙吴时代。《三国志》卷六〇《吴书·贺齐传》记载,建安十三年(208)贺齐在丹阳郡的黟县、歙县(现在的安徽南部,下文对有必要与今地进行比照的地名用括号注解)讨贼:

> 迁威武中郎将,讨丹阳黟、歙。时武强、叶乡、东阳、丰浦四乡先降,齐表言以叶乡为始新县。而歙贼帅金奇万户屯安勤山,毛甘万户屯乌聊山,黟帅陈仆、祖山等二万户屯林历山。……大破仆等,其余皆降,凡斩首七千。齐复表分歙为新定、黎阳、休阳。并黟、歙凡六县,权遂割为新都郡,齐为太守,立府于始新,加偏将军。

这里所见黟、歙之贼应该是山越。为了后文的全面展开,首先需要明确这一点。关于上述的黟、歙之地(黟县与歙县位于长江以南且相邻),《汉书》卷二八《地理志上》丹阳郡黝(同"黟")县条云:

> 渐江水出南蛮夷中,东入海。

从这条记载可知,该地在西汉时乃蛮域(渐江水即浙江,下游是钱塘

---

1. 参见铃木俊编:《中国史》,山川出版社,1964年,第9页;《アジア歴史事典》第六卷,平凡社,1960年,第214、215页等。
2. 关于以往同山越有关的研究论文,参见前揭川胜氏书。

江，黟县是发源地）。东汉时代也是如此，《后汉书》卷三八《度尚传》记载，与度尚同样被称作名将的抗徐在毗邻黟县、歙县的丹阳郡宣城县（现安徽宣城市宣州区西）试守县长时，将居于"深林远薮"之地的人迁至县下：

> 徐字伯徐，丹阳人，乡邦称其胆智。初试守宣城长，悉移深林远薮椎髻鸟语之人置于县下，由是境内无复盗贼。

上文所见"椎髻"指的是将垂于脑后的头发盘为一束的发髻，多用于标示蛮风[1]。"鸟语"是指鸟鸣般的说话方式，意为汉族无法理解的语言。换言之，从上引记载可以得知，东汉末年，丹阳郡宣城县地区拥有浓厚的蛮地性质。《三国志》卷六四《吴书·诸葛恪传》记载，孙权时诸葛恪讨伐据于丹阳郡山岳地带（丹阳郡是由现在南京周边的平原地区与夹在东、西天目山和长江之间的山岳地区组成，二者之比大概是一比三）的山越，以其所俘为"虎士（兵）"：

> 恪以丹杨（同"阳"[2]）山险，民多果劲……恪到府（丹阳郡府）……于是山民饥穷，渐出降首。……权嘉其功，遣尚书仆射薛综劳军。综先移恪等曰："山越恃阻，不宾历世……魑魅魍魉，更成虎士……"

另外，同书卷三《孙晧传》宝鼎元年（266）条载：

> 分会稽为东阳郡，分吴、丹杨为吴兴郡。

引文显示，孙吴后期分吴郡与丹阳郡置吴兴郡，该条下的裴注对此有

---

1. 例如，《史记》卷一一六《西南夷传》载"此皆魋结"，《汉书》卷四三《陆贾传》中有"尉佗魋结箕踞见贾"。
2. 《三国志·吴书》多记"丹阳"为"丹杨"，如"丹杨太守"（《三国志》卷四七《吴书·吴主传》黄龙三年条）、"丹杨都尉"（卷五五《程普传》）、"丹杨西部都尉"（卷六〇《周鲂传》）。

第二章 关于理解六朝时代蛮的一项考察——以山越、蛮汉融合的问题为中心

更详细的交代：

> 诏曰："……今吴郡阳羡、永安、余杭、临水及丹杨故鄣、安吉、原乡、於潜诸县，地势水流之便，悉注乌程，既宜立郡以镇山越……其亟分此九县为吴兴郡，治乌程。"

分吴郡、丹阳郡而置吴兴郡的目的在于镇压山越。也就是说，从上引《诸葛恪传》及《孙晧传》裴注的记载可知，孙吴时期丹阳郡一直有山越存在。

论证有些冗长，但正是根据上述史实，即西汉时丹阳郡的黟、歙之地是蛮域，东汉时同属丹阳郡的宣城县也具有浓厚的蛮地性质，孙吴时丹阳郡的山岳地带（故鄣、安吉、原乡、於潜、宣城、泾、陵阳、黟、歙各县均包含在这个区域）一直有山越存在，笔者认为前引《吴书·贺齐传》所见黟、歙诸"贼"是山越。如果这一想法无误，那么《贺齐传》引文前半段中"时武强、叶乡、东阳、丰浦四乡先降"的记载值得注意（上述四乡均属歙县[1]）。因为从文字的前后关系考虑，此处所见的四乡之民应该是山越的一部分。可以想见，在讨伐之前的阶段，已有部分山越被纳入郡县制末端的"乡"当中。

简言之，以上考察在于揭示孙吴时期的山越并非处在印第安人式发展阶段的蛮。接下来举出的史料将更加明确地表明山越不是未开化的蛮。先前已部分引用过的《三国志》卷六四《吴书·诸葛恪传》关于诸葛恪讨伐丹阳郡山越云：

> 恪以丹杨山险，民多果劲，虽前发兵，ⓐ <u>徒得外县平民而已</u>，其余深远，莫能禽尽，屡自求乞为官出之，三年可得甲士四万……山谷万重，其幽邃民人，未尝入城邑……ⓑ <u>山出铜铁，自铸甲兵</u>。俗好武习战，高尚气力，其升山赴险，抵突丛棘，ⓒ <u>若鱼之走渊，猨狖之腾木也</u>……（孙）权拜恪

---

1. 参见《宋书》卷三五《州郡志》扬州新安郡始新令条。

抚越将军，领丹杨太守……于是老幼相携而出，岁期，人数皆如本规。恪自领万人，余分给诸将。权嘉其功，遣尚书仆射薛综劳军。综先移恪等曰："山越恃阻，不宾历世……既掃凶慝，又充军用。藜蓧粮莠，化为善草。Ⓓ <u>魑魅魍魉，更成虎士</u>……"

在思考山越是否未开化这个问题时需要注意画线部分Ⓐ"徒得外县平民而已"的记载。因为这表明了山越和其他一般平民几乎没有区别。否则，一般平民就不会被误认为是山越而被抓捕。山越居于山中，尽管被看作"若鱼之走渊，猨狖之腾木"（画线部分Ⓒ）般游荡在山川的"魑魅魍魉"（可能有修辞性的夸张），他们也能如画线部分Ⓑ、Ⓓ所示，成为"山出铜铁，自铸甲兵"的孙吴"虎士"。关于"虎士"，《三国志》卷五四《吴书·周瑜传》裴注提到了孙吴士兵的人群构成：

《江表传》载（黄）盖书曰："……然顾天下事有大势，用江东六郡山越之人，以当中国百万之众，众寡不敌，海内所共见也……"

由"用江东六郡山越之人，以当中国百万之众"可窥知，山越占据孙吴兵力的重要部分。根据这一点再加上前述"自铸甲兵"等，他们不可能尚未开化。

以上进行了若干考察，尽管川胜氏认为孙吴时的山越有很强的未开化部分[1]，但笔者根据从该过程中了解的史实认为，大部分的山越，或至少是生活于山越活动之中心——丹阳等地的山越，并不像印第安人一样存在，而是通过自古以来与汉族的接触，在孙吴时期已经相当文明化（或者说汉化）。

但《三国志》卷四七《吴书·吴主传》黄武元年（223）九月条记载：

---

1. 参见前揭川胜氏书第150—156页。

第二章 关于理解六朝时代蛮的一项考察——以山越、蛮汉融合的问题为中心　　375

　　时扬、越蛮夷多未平集，内难未弭，故（孙）权（向曹魏）卑辞上书，求自改厉。

即使山越已实现了相当的文明化，从这条清晰的记载我们同时可以确认，他们依然被汉族视作蛮（上述的"扬、越蛮夷"指的是山越，《三国志》卷六〇"评曰"提到"山越好为叛乱，难安易动，是以孙权不遑外御，卑词魏氏"，这一内容可与《吴主传》黄武元年条的记载相印证）。另外，《隋书》卷二九《地理志上》梁益条记载：

　　傍南山杂有獠户，富室者颇参夏人为婚，衣服居处言语，殆与华不别。

同书卷三一《地理志下》荆州条记载：

　　南郡（现湖北省江陵县一带）、夷陵（湖北宜昌）、竟陵（湖北钟祥）、沔阳（湖北沔阳）、沅陵（湖南沅陵）、清江（湖北恩施）、襄阳（湖北襄樊）、春陵（湖北枣阳）、汉东（湖北随州）、安陆（湖北安陆）、永安（湖北新洲）、义阳（河南信阳）、九江（江西九江）、江夏（湖北武汉）诸郡，多杂蛮左，其与夏人杂居者，则与诸华不别。

上引记载表明，隋时，作为蛮之一种的獠（前文记载的"獠户"）与湖北、湖南、江西一部分地区的蛮（后一条记载的"蛮左"）[1]，尽管在衣服、住处、语言等方面与汉族相差无几（"与诸华不别"），但他们依然被汉族视为蛮。结合上述山越的两面性，即虽已相当汉化，但仍为蛮的身份，可以认为，在早于隋朝约三百五十年的孙吴，山越的汉化也达到了这样的程度。

接下来是关于孙吴之后的山越，基于孙吴时期他们仍被看作蛮，

---

1. "蛮左"指蛮夷。据《大汉和辞典》，"左"是由"夷"的古字"𡰪"变化而来。

我们在孙吴以后应该也能发现山越汉化过程中与其相关的一些案例。"山越"这一用语就是这样的事例之一。但是如前所述，孙吴之后"山越"一词的用例极少，仅从这一点出发不可能充分地考察关于孙吴之后的山越的状况。所以必须改变视角，《隋书》卷六一《郭衍传》记载开皇十年（590）郭衍讨江南之贼：

> 乃讨东阳（现浙江金华）、永嘉（浙江丽水）、宣城（前出）、黟（前出）、歙（前出）诸洞，尽平之。

笔者认为，此处所见之"洞"，以及后文具体史料所示之边缘地带的豪强等，可以作为线索。因此下一节将就"洞"展开考察，之后在第三节检讨豪强的存在形态。

第二节　关于"洞"

《陈书》卷二《武帝纪》永定二年（558）十二月壬申条载，位于安成郡广兴县（江西莲花）的洞被设置为新郡：

> 以安成所部广兴六洞置安乐郡。

同书卷九《欧阳颁传》记载梁末"湘衡之界"（湖南南部）存在"洞"：

> 时湘衡之界五十余洞不宾。

到六朝末，上引两条记载所见"洞"一词散见于史书中。此外，他们的分布如后文所述，包括了孙吴山越分布的地域。我们先来考察什么是"洞"这一问题，以此为基础探索洞与山越的关联性。

洞不是单纯的洞穴（下文将本章讨论的洞打引号，以区别于单纯的洞穴）。这从上引两条记载与后文的两条史料可以很容易得知。《陈书》卷二〇《华皎传》关于湘州刺史华皎云：

第二章 关于理解六朝时代蛮的一项考察——以山越、蛮汉融合的问题为中心

又征伐川洞，多致铜鼓、生口，并送于京师。

《隋书》卷二四《食货志》记载：

> 而江南之俗，火耕水耨，土地卑湿，无有蓄积之资。诸蛮陬俚洞，沾沐王化者，各随轻重，收其賧物，以裨国用。……历宋、齐、梁、陈，皆因而不改。

而且，前一条中有"多致铜鼓、生口"，后一条记载可见作为蛮之一种的俚被冠以"俚洞"的表述，这种显示蛮与"洞"之间关联的记载在他处还有很多。《陈书》卷二五《孙瑒传》载：

> 仍迁衡州平南府司马。破黄洞蛮贼有功。

《隋书》卷五五《侯莫陈颖传》记侯莫陈颖担任桂州总管时事：

> 民夷悦服，溪洞生越，多来归附。

这些例子表明，"洞"可谓蛮的聚落，这一色彩十分浓厚。

具有这一性质的"洞"，其内部构造的详情受资料制约而有很多不明之处。对此，《隋书》卷八一《流求国传》记载了隋时台湾原住种族洞居的情况[1]：

> 流求国，居海岛之中，当建安郡东，水行五日而至。土多山洞。其王姓欢斯氏，名渴剌兜，不知其由来有国代数也。彼土人呼之为可老羊，妻曰多拔荼。所居曰波罗檀洞，

---

1. 此处从《隋书》流求国为台湾说。关于这一点，可参见和田清：《琉球台湾の名称について》，《東洋学報》第14卷4号，1924年；同氏著《再び隋書の流求国に就いて》，《歴史地理》第57卷3号，1931年；白鸟库吉：《〈隋書〉の流求国の言語に就いて》，《民族学研究》第1卷4号，1935年等。

> 堑栅三重，环以流水，树棘为藩。王所居舍，其大一十六间，琱刻禽兽。……国有四五帅，统诸洞，洞有小王。往往有村，村有鸟了帅，并以善战者为之，自相树立，理一村之事。……王乘木兽，令左右舆之而行，导从不过数十人。小王乘机，镂为兽形。国人好相攻击，人皆骁健善走，难死而耐创。诸洞各为部队，不相救助。两阵相当，勇者三五人出前跳噪，交言相骂，因相击射。如其不胜，一军皆走，遣人致谢，即共和解。……用刑亦无常准，皆临事科决。犯罪皆断于鸟了帅；不伏，则上请于王，王令臣下共议定之。

从中可以相当具体地了解到关于政治、军事、司法的状态。尤其是"洞"的内部有村（"往往有村"）的记述值得注意（顺便提及，这样的记述在后世关于"洞"的构造的史料中也可以看到[1]）。由前引《食货志》和《侯莫陈颖传》也可以看出，"洞"一词在《隋书》中很常见（相关的具体例子在后文举出）。因此，《流求国传》所见的"洞"当与其他中国内地的"洞"具有同质的一面，史家才会如此使用。那么，尽管上引文描述的是与汉族几乎没有交流、处于未开化状态的社会，无法完全等同于中国内地的"洞"，但这可以作为观察"洞"之具体样貌时的一种参考[2]。顺便提及，管见所及，在六朝时期的史籍中，对与蛮相关联的"洞"的内部构造，除上引材料，就没有其他具体记述了。

"洞"一词不指单纯的洞穴，而是在聚落并且是蛮的聚落这一意义上被使用，始于何时？《元和郡县图志》卷二九《江南道五》衡州常宁县条（《太平寰宇记》卷一一五衡州常宁县条略同[3]）记刘宋元徽中，

---

[1] 如《文献通考》卷三三〇《四裔考七》引《桂海虞衡志》佚文记载了侬智高之乱，其中一段提到："侬智高反，朝廷讨平之。因其疆域，参唐制，分析其落，大者为州，小者为县，又小者为洞……"《海南岛志》载："峒之大者十村八村，小者三村五村。村内分族。族各有长，称为老爹。"六朝之后的史书中记载"洞"的具体面貌的史料相当多，这些"洞"内部构造的描述与《流求国传》中"洞"的构造类似。

[2] 据说台湾的习俗与浙江、福建的相似（参见前揭川胜氏书第150页），这一点也支持了笔者的理解。

[3] 据《影宋本〈太平寰宇记〉补阙》，台北：文海出版社，1979年。

第二章　关于理解六朝时代蛮的一项考察——以山越、蛮汉融合的问题为中心　　379

洞蛮反叛：

　　宋元徽中，三洞蛮抄掠州县，移就江东，因蛮寇止息，遂号新宁，即今理是。

前文引用过的《隋书》卷二四《食货志》曰：

　　诸蛮陬俚洞……历宋、齐、梁、陈，皆因而不改。

这样看来，始于刘宋的可能性很高（显示刘宋时"洞"存在的记载仅上引两条。管见所及，刘宋以前无本章所论之"洞"的用例）。但是，考虑到后世的观念有时会影响描述前一个时代的资料，始于刘宋这一看法也只是推测而已。不过可以确认的是，至少在刘宋时已经有"洞"的实体，且被汉族所认识到。宋以后的南齐时期，除了上引《隋书·食货志》的记载外也没有能够据以窥见"洞"存在的材料。接下来是梁，而且是到了梁末，在《梁书》卷三《武帝纪》中大同元年（546）正月条中可以看到"獠洞"（《陈书·武帝纪》《建康实录》等作"屈獠洞"），梁书卷三二《兰钦传》记载了讨伐衡州蛮一事，其中一句为：

　　于是长乐诸洞一时平荡。

"洞"开始散见于史料，此后用例增多，而如所周知，在赵宋、明、清等的史书中则不胜枚举。那么梁末以降，"洞"为何在史料中变得多见呢？想必有各种原因，从全局来看，可以举出：随时代推移而产生的史料飞跃式增加，汉族开发南方，伴随蛮汉接触而对蛮、蛮地理解加深等。为什么又是从梁末开始呢？这也受到资料上的限制，无法明确，也许与梁末大乱，随之而来的中央支配力削弱有关。但此说是否合理只能留待以后的考察。

　　接下来是有关"洞"的分布。《册府元龟》卷一六二《帝王部·命使二》开元二十九年（741）五月条关于江淮间存在的"洞"云：

> 又江淮之间，有深居山洞，多不属州县，自谓莫徭。

（《隋书》卷六五《周罗睺传》记载，隋时身为都督的周罗睺平定位于江淮之间的霍州［现安徽霍山］的"洞"，"平山贼十二洞"。另外，上引所见"莫徭"应当是《梁书》卷三四《张缵传》、《隋书》卷三一《地理志》等中的"莫徭蛮"[1]）《陈书》卷八《周文育传》记载梁末时江州豫章郡的属县新吴（江西奉新）存在"洞"：

> 时新吴洞主余孝顷举兵应（萧）勃。

（这里所见洞主余孝顷可能是孙吴山越的后裔[2]。）《新唐书》卷四一《地理志》鄂州唐年县（湖北大沙坪）条提到：

> 唐年，上。天宝二年（743）开山洞置。

《元和郡县图志》卷二九《江南道》福建观察使福州尤溪（福建尤溪）县条载：

> 尤溪县……开元二十九年（741）开山洞置。

《周书》卷四九《獠传》记载自汉中（陕西南部）到邛（四川西昌）、笮（四川汉源）之间有"洞"存在：

---

1. 关于莫徭，可参见伊藤宏明：《唐代における莫徭について——中国南部少数民族に関する研究ノート》，《名古屋大学文学部研究論集》史学（31），1985年。
2. "洞主"一词在唐代以后多见于与蛮相关的史料中，但这一时期的例子仅有新吴洞主余孝顷和《隋书》卷六八《何稠传》所见洞主莫崇。顺便提及，当时史书无余孝顷的专传，将其散见的事迹收集起来可知，他在梁末与南江州刺史萧勃、王琳联合，永定二年（558）七月被陈俘虏，后在陈朝历任信义太守、益州刺史、南豫州刺史等，在讨伐陈宝应等事件中立功，于废帝光大元年（567）二月因涉嫌谋反被诛杀。另外，他掌握"舴艋三百艘，舰百余乘"（《陈书》卷八《周文育传》），在讨伐陈宝应之际受中央委任，领导水军。由此看来，他应该是擅长水战、行船的越族人，上述仕宦经历表明他已经脱离了蛮域。

第二章 关于理解六朝时代蛮的一项考察——以山越、蛮汉融合的问题为中心

> 獠者,盖南蛮之别种,自汉中达于邛、筰,川洞之间,在所皆有之。

《隋书》卷五五《杜彦传》载,在平陈后的江南,高智慧等挑起的叛乱中有江州(江西九江)、徐州(江苏徐州)地区洞居之人参与:

> 高智慧等之作乱也,复以行军总管从杨素讨之,别解江州围。智慧余党往往屯聚,保投溪洞,彦水陆兼进,攻锦山、阳父、若、石壁四洞,悉平之,皆斩其渠帅……又击徐州、宜丰二洞,悉平之。

《隋书》卷六一《郭衍传》载,同样是高智慧之乱,东阳(浙江金华)、永嘉(浙江丽水)、宣城(安徽宣城)、黟(安徽黟县)、歙(安徽歙县)地区的洞居之人参与其中:

> (开皇)十年(590),从晋王广出镇扬州。遇江表构逆,命衍为总管……乃讨东阳、永嘉、宣城、黟、歙诸洞,尽平之。

考察这些记载与本节前引文所见"洞"的分布,可知其分散在中国中、南部一带。

上文论证了这几个方面:"洞"具有浓厚的蛮人聚落色彩,该词的使用始自梁末(也可能是从刘宋时开始),"洞"散布于中国中南部一带。接下来将通过考察以下问题来探究六朝时"洞"的实态。先前因与后文的关系而未直接说明的是,"洞"既为蛮的聚落,那么住在里面的人们全部是蛮吗?易言之,"洞"等同于蛮的聚落,"洞"的居民就百分之百等同于蛮吗?

六朝时期的隐逸之士多栖于山间洞穴。这就可以说前面的设问不足以构成问题。然而,隐逸之士居住的洞穴规模较小,只能供一人或数人居住,而我们说的"洞"是聚落,且在提到隐逸之士居于洞穴时一般用"岩穴""岩居""石室""石窟""窟居"等形式的表述。从这

两点来看,它与本章所讨论的"洞"并不相同。下面的问题是,是否有汉族居住在作为聚落的"洞"的情形?

《太平寰宇记》卷一〇〇《江南东道一二》南剑州尤溪县条记载了本为"洞"的尤溪县的置县经过:

> 其地与漳州龙岩县、汀州沙县及福州侯官县三处交界。山洞幽深,溪滩险峻,向有千里,其诸境逃人,多投此洞。开元二十八年,经略使唐修忠使以书招谕其人,高伏等千余户请书版籍,因为县。

同书卷一〇四《江南西道二》歙州黟县条关于谯贵谷(位于曾经的山越聚居地——黟、歙之地)引用了《舆地志》(梁顾野王撰)的记述,提到此处有容纳千余家人居住的洞:

> 谯贵谷。《舆地志》云:"黟县北缘岭行得谯贵谷。昔土人入山,行之七日,至一斜穴,廓然周三十里,地甚平沃,中有十余家,云是秦时离乱,人入此避地。"又按《邑图》有潜村,昔有十余家,不知何许人避难至此。入石洞口,悉为松萝所翳。每求盐米,晨出潜处,今见数十家,同为一村。

(后半部分的记载与陶潜的《桃花源记》类似[1])由此可知,对最开始的设问的回答是否定的,虽然存在汉族是进入了蛮洞,还是居住于原本无人的洞穴的问题,但不管怎么说,汉族流民中也有洞居者。那么,这就与前述"洞"所具有的浓厚的蛮人聚落性质相龃龉。不过,从整体上看,笔者认为"洞"具有浓厚的蛮人聚落色彩这一点并无大过。

---

1. 《桃花源记》云:"晋太元中,武陵人捕鱼为业(《异苑》作"武陵蛮人")。缘溪行,忘路之远近。忽逢桃花林……山有小口,髣髴若有光。便舍船,从口入。初极狭,才通人。复行数十步,豁然开朗。土地平旷……"另外,关于《桃花源记》,可参见陈寅恪《〈桃花源记〉旁证》(收入前揭陈氏书)、唐长孺《读〈桃花源记旁证〉质疑》(收入《魏晋南北朝史论丛续编》,生活·读书·新知三联书店,1959年)。

第二章　关于理解六朝时代蛮的一项考察——以山越、蛮汉融合的问题为中心　　383

理由之一是，如前所述，"洞"一语大量用于同非汉族有关的场合。其二在于，唐代李绰的《尚书故实》载：

　　有黄金生者，擢进士第，人问："与颛同房否？"对曰："别洞。"

此条下原书注云：

　　黄本溪洞豪姓，生故以此对。人虽哈之，亦赏其真实也。

引文中的"黄金生"可推测为《新唐书·南蛮传》西原蛮条所见黄洞蛮，由"哈之"可以看出，黄金生"洞"居一事是当时中原人士侮蔑的对象。之所以会被侮蔑，其根本就在于汉族一般不洞居的普遍观念（也有若干例外，如黄土地带的窑洞。但本章的"洞"指岩洞中形成的聚落，或包含其在内的山间小平原，同窑洞在本质上有异）。这应该同样适用于六朝。既然如此，洞居的汉族已有一定程度的蛮化，至少一般汉族是这样认为的（关于这一点将在接下来的第三节检讨）。理由之三是，如先前展示"洞"的分布时引用的《隋书·杜彦传》《郭衍传》等所示，江南的"洞"没有被冠以非汉族名，无蛮洞、俚洞、獠洞等形式，而是单以"洞"或者说"溪洞"的形式被记载（所以对于前文的设问，即住在"洞"里的是汉人还是蛮人，很难确定），这些"洞"与第一节所见作为蛮之一种的山越当有关联。这一点牵涉到第一节考察遗留的孙吴之后山越的问题，接下来一并讨论。

　　前已述及，开皇十年（590）以江南为中心的旧陈之地发生了大规模叛乱，《隋书》卷六一《郭衍传》记述了部分状况[1]：

1.《隋书》卷二《高祖纪下》开皇十年十一月条载："是月，婺州（即东阳郡）人汪文进、会稽人高智慧、苏州（吴郡）人沈玄憎皆举兵反，自称天子，署置百官。乐安蔡道人、蒋山李棱，饶州（鄱阳郡）吴代华、永嘉沈孝澈、泉州（建安郡）王国庆、余杭杨宝英、交趾李春等皆自称大都督，攻陷州县。诏上柱国、内史令、越国公杨素讨平之。"据此，这场叛乱系以江南为中心同时发动的。《隋书》卷四八《杨素传》载平叛过程中诸军总管令杨素征讨泉州事云："素泛海掩至（泉州），国庆（上引所见泉州人王国庆）遑遽……国庆于是执送智慧（高智慧），斩于泉州。自余支党，悉来降附，江南大定。"叛乱以中心人物高智慧之死而终结。

> （开皇）十年，从晋王广出镇扬州。遇江表构逆，命行为总管……乃讨东阳、永嘉、宣城、黟、歙诸洞，尽平之。

引文所见东阳在汉时被置于会稽东部都尉管辖下，孙吴宝鼎元年（266）从会稽郡分出东阳郡（《三国志》卷四八《吴书·孙晧传》、《宋书》卷三五《州郡志》扬州东阳郡条）。如所周知，会稽是山越聚居之地。两汉时期都尉在江南负有镇抚越族之责[1]。紧接其后的永嘉原本也被置于会稽东部都尉管辖下，东晋大宁元年（323）置永嘉郡（《宋书·州郡志》）。这一地区在孙吴也是山越聚居地[2]。接下来的宣城在汉、孙吴时属丹阳郡，西晋太康元年（280）置宣城郡。丹阳之地多山越、东汉末的宣城有"椎髻鸟语之人"等已在第一节论述。接下来的黟、歙之地，汉时被视作"蛮夷"之地，孙吴时诸葛恪对其进行讨伐，前已叙述。在前文揭示"洞"的分布时引用过《隋书》卷五五《杜彦传》的一段材料，提到杜彦讨伐了加入这场叛乱的江州诸洞（"别解江州围。智慧余党往往屯聚，保投溪洞，彦水陆兼进，攻锦山、阳父、若、石壁四洞，悉平之"）。江州的属郡有豫章、临川（过去豫章东部都尉之地，见《宋书·州郡志》，下同）、鄱阳（豫章郡过去的属县）、庐陵（同上）、建安（过去会稽南部都尉之地）、晋安（同上）等，这里也是孙吴时期山越聚居之地[3]。这次叛乱就是以鄱阳的吴代华势力为中心的（《隋书》卷二《高祖纪》开皇十年十一月条）。另外，《隋书》卷五三《史万岁传》记载史万岁应对这次叛乱时从东阳郡别道进攻：

> 自东阳别道而进，逾岭越海，攻陷溪洞不可胜数。前后七百余战，转斗千余里。

这显示了溪洞势力的顽固与广泛分布。

此外，《旧唐书》卷五六《王雄诞传》记隋末叛乱时事：

---

1. 参见前揭陈可畏氏论文第164页。
2. 参见前揭陈可畏氏论文第164、168、169页等。
3. 参见前揭陈可畏氏论文。

第二章　关于理解六朝时代蛮的一项考察——以山越、蛮汉融合的问题为中心

> 歙州首领汪华，隋末据本郡称王十余年，（王）雄诞回军击之。华出新安洞口以拒雄诞，甲兵甚锐。雄诞伏精兵于山谷间，率羸弱数千人当之，战才合，伪退归本营。华攻之不能克，会日暮欲还，雄诞伏兵已据其洞口，华不得入，窘急面缚而降。

此处所见歙州是过去的歙县之地（隋平陈后改为州——《隋书·地理志》），新安是新安郡，即歙州的别名。也就是说，上引史料表明，即使到隋末，从过去以来一直与非汉族紧密关联的黟、歙之地内，仍有据"洞"的势力。

上文以隋时高智慧等叛乱为中心，讨论了其中与"洞"的问题相牵涉的方面，即"洞"的分布如黟、歙等地所展现的那样，与汉以来越族、孙吴山越的分布重合，但这仅仅是偶然的一致吗？虽然稍有循环论证之嫌，若结合"洞"这一用语具有的非汉族性，以及可视作蛮的习俗的畜蛊之风也见于此处（这一点在次节叙述），还是应该认为山越的后裔存续于这些地区。接下来的问题是，他们为什么没有被直接简明地称为表示非汉族的山越，而是被称为乍看之下与蛮族关联不明确的"洞"呢？在有前引《郭衍传》等记载的《隋书》和《旧唐书》中，如第一节所示，存在"山越"一词的用例，所以《隋书》等的作者并不是不知道这个术语。因此，本应称山越却由于不知这一表述而改称"洞"，这一情况是不成立的。应该认为，《隋书》等的作者发现了山越和生活在"洞"中的人们之间的差异。如第一节所述，山越在孙吴时期就已实现相当程度的汉化，甚至出现和汉人相差无几者。既然如此，如果考虑到蛮汉接触的进展，时隔三百多年后隋代时的山越后裔，当如第一节所见唐代作为矮奴被上贡的道州民，应该不会被汉族视为非汉族。《隋书》卷八二《南蛮传》的开头记载：

> 南蛮杂类，与华人错居，曰蜒，曰獽，曰俚，曰獠，曰㐌，俱无君长，随山洞而居，古先所谓百越是也。其俗断发文身，好相攻讨，浸以微弱，稍属于中国，皆列为郡县，同

之齐人，不复详载。

引文谓，到隋时，古代以来诸越族皆属"中国"，连"未开化"的俚和獠都有了齐民化的趋势。但是山越的后裔要比俚、獠等更为汉化，因此可以说上引史料也支持笔者的看法，即山越的后裔不再被汉族视作非汉族（顺便提及，上引材料有若干值得检讨的方面，将在"小结"中论及）。若此说无误，那么使用明确表示非汉族的"山越"一语来称呼洞居之人自然缺乏合理性。总之，笔者认为，作为孙吴山越后裔的江南洞居之人不再直接被称为"山越"，是上述状况的结果。

本节考察了作为理解这个时代蛮的一条线索的"洞"之实态，及其与孙吴以后的山越的关系等，所得比较有限。其中，在"洞"的资料转多的梁末陈初以前，"洞"的实态尤未明晰。这一点期待今后能进一步阐明，而本节当前的目标即"洞"与山越之间的关联，已得到了确认。此外，作为这一考察的结果，对思考六朝民族、种族极为重要且根本的一个新问题也浮现出来。简而言之，这就是如何看待汉化之蛮和蛮化之汉的问题。六朝时期蛮汉进行着广泛的接触。于是，在蛮汉化的各个阶段也出现了蛮汉混血（参见前章）。这样的事例应该非常多，那么由此诞生的混血儿们应该看作蛮还是汉呢？而如前所述，汉族也可能仅仅因为洞居就被视作蛮。汉族作为开拓者进入蛮地，如果接受了蛮的风俗习惯，大概也会被看作是蛮。那么，六朝时期区分蛮汉的标准虽然包含混血之类的种族范畴，但也超越了该层面。基于本章以上考察，不难推测，六朝时期这样的"蛮"不在少数（虽然行文有些重复，但此处的"蛮"也可以说是"汉"）。下一节就从蛮汉融合的视角对该问题展开考察。

第三节　关于豪强的实态与蛮汉之别

第一项：边缘地区的豪强与蛮

《三国志》卷六〇《吴书·贺齐传》载，贺齐在山越聚居地会稽郡剡县守县长时，斩杀了与山越勾结的当地豪强：

第二章 关于理解六朝时代蛮的一项考察——以山越、蛮汉融合的问题为中心

> 贺齐字公苗，会稽山阴人也。少为郡吏，守剡长。县吏斯从轻侠为奸，齐欲治之，主簿谏曰："从，县大族，山越所附，今日治之，明日寇至。"齐闻大怒，便立斩从。从族党遂相纠合，众千余人，举兵攻县。齐率吏民，开城门突击，大破之，威震山越。

此处所见斯从这一人物是汉族还是山越呢？他既为县吏，故笔者认为不能说他是山越，但似乎也不能说成汉族。下面来讨论这一点。《华阳国志》卷四《南中志》载：

> 夷中有桀黠能言议屈服种人者，谓之耆老，便为主。……与夷为姓（当作"婚"——顾广圻之说）曰"遑耶"，诸姓（当有"婚"字——同上）为自有耶。世乱犯法，辄依之藏匿，或曰："有为官所法，夷或为执仇，与夷至厚者，谓之百世遑耶，恩若骨肉，为其逋逃之薮，故南人轻为祸变，恃此也。"[1]

本条记载表明，"与夷至厚者"（当为汉族）并非与夷有骨肉关系，而是"犯法"者。《陈书》卷三五《陈宝应传》关于梁末陈初作为潜伏势力存在于福建，并联合留异、周迪反抗陈王朝的陈宝应云：

> 晋安候官人也。世为闽中四姓。父羽，有材干，为郡雄豪。……（陈文帝命诸将）以讨宝应，并诏宗正绝其属籍。于是尚书下符曰："……案闽寇陈宝应父子，卉服支孽，本迷爱敬。梁季丧乱，闽隔阻绝，父既豪侠，扇动蛮陬，椎髻箕

---

1. 《华阳国志校注》（刘琳校注，巴蜀书社，1984年）第366页注引文所见"遑耶"云："未详。寻其意，'耶'似谓族姓，外来人加入其氏族或结成同盟，即'与夷为姓'，是为'遑耶'；其本部落之诸氏族是为'自有耶'。顾校谓'与夷为姓'当作'与夷为婚'，诸姓当作'诸姓婚'，可备一说。据四川大学蒙默同志言，彝族人士岭光电先生云：'遑耶'以音言略近于彝语ɖɨ ɧɔ，读若furyi，意即'姻家'（fur，通婚；yi，房室）。若果如此，则顾说似可从之。"

坐，自为渠帅……"

引文显示，陈宝应父子作为"卉服"（葛等织成的蛮服）的"支孽"（庶子），成为"椎髻"（蛮的发式，参见第一节）、"箕坐"（胡坐）的蛮帅（前一章从蛮入官场的视角对陈宝应进行了考察）。另外，《隋书》卷八〇《谯国夫人洗氏传》关于梁隋之际身为女性却在岭南隐然扩张威势的越族大酋高凉洗氏云：

谯国夫人者，高凉洗氏之女也。世为南越首领，跨据山洞，部落十余万家。夫人幼贤明，多筹略，在父母家，抚循部众，能行军用师，压服诸越。……梁大同初，罗州刺史冯融闻夫人有志行，为其子高凉太守宝娉以为妻。融本北燕苗裔，初，冯弘（北燕王，汉族）之投高丽也，遣融大父业以三百人浮海归宋，因留于新会（广东台山）。自业及融，三世为守牧，他乡羁旅，号令不行。至是，夫人诫约本宗，使从民礼。

引文显示，北来的冯氏与岭南蛮之强宗洗氏结合，强化了支配力。

以上与《吴书·贺齐传》有关联的三则史料（《华阳国志·南中志》《陈书·陈宝应传》《隋书·谯国夫人传》）都表明，汉族在蛮地的豪强化，必须得到来自蛮的保护、协助，以及与蛮的合作。那么陈宝应父子等人是为了建立对蛮的支配，特意放弃了此前保持的汉族生活方式而接受椎髻、箕坐等形式的蛮族生活方式吗？当然也有这样的可能性。但是，很难想象某些民族，尤其像汉族这样对自身文化抱有强烈自豪感的民族，会一朝舍弃自己的生活方式，转而接受蛮的生活方式。一般来说还是应该认为，移居蛮地的汉族是在经历几代后，逐渐接受了当地的风俗、习惯等，也与蛮产生了婚姻关系。其结果，就像北来的冯氏一族一样，逐渐建立对蛮的支配。要之，在蛮地的汉族为实现豪强化，必须通过和蛮进行接触，在一定程度上蛮化。既然如此，这种情况也当适用于先前《吴书·贺齐传》所见会稽豪强斯从。

第二章　关于理解六朝时代蛮的一项考察——以山越、蛮汉融合的问题为中心

前引《陈宝应传》关于陈宝应提到"晋安候官人也，世为闽中四姓"，陈宝应家族世为福建四姓之一（榎本あゆち氏认为"闽中四姓"的出身应当可靠[1]）。结合上述内容可说明，当时福建地域社会的领导阶层中，竟有与蛮紧密联结且一定程度上蛮化的汉族（陈宝应可能与蛮有血缘关系）。那么像这种与蛮密切联结的汉族跻身地域社会领导阶层的情形仅出现在福建吗？前引《隋书·谯国夫人传》提到，北燕末裔冯氏一族与越族高凉洗氏结合，成为了岭南名族（《新唐书》卷一一〇《冯盎传》载："（冯）宝，聘越大姓洗氏女为妻，遂为首领，授本郡太守，至盎三世矣"）。也就是说，像陈宝应那样的现象不止出现在福建，可以认为是当时蛮地的常见现象。那么不足以称为蛮地的地区，例如孙吴时代的山越分布地——江西、安徽、浙江等区域情况如何？从结论上说，六朝时期在后世观念（唐以降）中不能称为蛮地的地区，也有与蛮紧密联结、已一定程度蛮化的汉族处于地域社会领导阶层的事例。现在就来具体讨论这一点。《南史》卷六三《王僧辩传》记载了江州安成郡（现江西安福）的"望族"刘敬躬率领无赖之徒叛乱一事：

> 元帝为江州刺史，（王）僧辩随府为中兵参军。<u>时有安成望族刘敬躬者[2]，田间得白蛆，化为金龟</u>，将销之，龟生光照室，敬躬以为神而祷之。所请多验，无赖者多依之。平生有德有怨者必报，遂谋作乱，远近响应。元帝命中直兵参军曹子郢讨之，使僧辩袭安成。子郢既破其军，敬躬走安成，僧辩禽之。又讨平安州反蛮，由是以勇略称。

《梁书》卷三《武帝纪下》载：

> （大同）八年（542）春正月，安成郡民刘敬躬挟左道以

---

1. 参见榎本あゆち：《梁末陳初の諸集団について——陳霸先集団を中心として》，《名古屋大学東洋史研究報告》(8)，1982年。
2. 据中华书局标点本《梁书》卷三校勘记29："'安成'各本作'安城'，据《南史》及《通鉴》改。"

> 反，内史萧说委郡东奔，敬躬据郡，进攻庐陵，取豫章，妖党遂至数万，前逼新淦、柴桑。二月戊戌，江州刺史湘东王绎遣中兵曹子郢讨之。三月戊辰，大破之，擒敬躬送京师，斩于建康市。是月，ⒶFlask于江州新蔡、高塘立颂平屯，垦作蛮田。……（九年）二月甲戌，Ⓑ使江州民三十家出奴婢一户，配送司州。

可见这场叛乱始于梁末大同八年正月，同年三月以刘敬躬被杀终结。江州安成郡是叛乱的起点，上引材料画线部分Ⓐ显示叛乱之后江州立"颂平屯"垦"蛮田"，据这些史实可以明确，这次叛乱与蛮有关[1]。另外，根据上引史料中画线部分Ⓑ，叛乱一年后，江州民被要求"三十家出奴婢一户"，从前后关系来推测，这是对参与动乱之人的制裁措施。那么为何在上引文中，通常以"口"为单位的奴婢被按"户"计算呢？《宋书》卷三六《州郡志》南豫州南陈左郡条载：

> 孝建二年（455）以蛮户复立。

同书卷四一《文帝袁皇后传》所载给茔户诏中有一句为：

> 可各给蛮户三，以供洒扫。

《魏书》卷五〇《慕容白曜传》记录了慕容白曜攻占东阳城时的战利品：

> 凡获……城内户八千六百，口四万一千，吴蛮户三百余。

（在《魏书》的用法里，"吴"指东晋南朝[2]）《元和郡县图志》卷三七《岭南道四》柳州洛封县条载：

---

1. 关于蛮田，参见前章。
2. 参见拙稿《北魏高祖の漢化政策についての一考察——北族社会の変質との関係から見た》（载《東洋学報》第63卷4号，1981年），修改后收入本书第二篇第四章。

第二章 关于理解六朝时代蛮的一项考察——以山越、蛮汉融合的问题为中心

> 本乌蛮所住村名,乾封二年(667)招慰蛮户,因为县。

可见,存在以户为单位对蛮进行掌控的现象,"蛮户"一语又显示了其普遍性。前文提到,蛮参与了刘敬躬的叛乱。合而观之,可以认为《梁书·武帝纪》中画线部分Ⓑ所见从江州之民征发的奴婢,是以蛮为对象的(六朝时期蛮的奴婢化是常见现象——参见前章)。

据以上的考察可以推测,蛮在刘敬躬叛乱中扮演的角色,不仅仅是附属的、部分的,而是主角之一。此外还能推断,作为叛乱首谋的刘敬躬本身与蛮有着密切关系。现在就来看刘敬躬个人与蛮的关系。

前引《南史·王僧辩传》的画线部分有"田间得白蛆,化为金龟"一语,应该如何解释呢?"田间的白蛆化作金龟,被刘仁躬发现并捡拾",这样的解读并不合理。还是应读作"刘敬躬在田间'得到'(应该是'捉到'的意思)白蛆,它化作了金龟"。那为什么刘敬躬会捉到白蛆之类的东西?笔者想,这恐怕是因为饲养。如此考虑的理由如下。

《隋书》卷三一《地理志》扬州条载,相当于现今浙江、安徽、江西、福建等的地区,存在畜蛊这种饲养大到蛇、小到虱之"虫"的奇特风俗:

> 新安(安徽黟县)、永嘉(浙江丽水)、建安(福建福州)、遂安(浙江淳安)、鄱阳(江西鄱阳)、九江(江西九江)、临川(江西抚州)、庐陵(江西吉安)、南康(江西赣州)、宜春(江西宜春),其俗又颇同豫章(江西南昌),而庐陵人厖淳,率多寿考。然此数郡,往往畜蛊,而宜春偏甚。其法以五月五日聚百种虫,大者至蛇,小者至虱,合置器中,令自相啖,余一种存者留之,蛇则曰蛇蛊,虱则曰虱蛊,行以杀人。因食入人腹内,食其五藏,死则其产移入蛊主之家。三年不杀他人,则畜者自钟其弊。累世子孙相传不绝,亦有随女子嫁焉。干宝谓之为鬼[1],其实非也。自侯景乱后,蛊家多

---

[1] 参见《搜神记》卷一二"犬蛊"条。

绝，既无主人，故飞游道路之中则殒焉。

刘敬躬本籍所在的安成郡，在隋统一全国后被废，属地分拆至庐陵郡和宜春郡（参见《隋书·地理志》。此外，宜春郡是新置郡，属县全部是原安成郡属县）。根据上引材料可知，庐陵郡和宜春郡都有畜蛊之风，宜春郡尤甚（"宜春偏甚"），故刘敬躬造反的梁代大同年间安成郡亦当盛行畜蛊（"侯景乱后……"）。而且这种畜蛊（虫的饲养）与刘敬躬捉白蛆之虫一事有相通之处。基于时间上、地理上的吻合以及捕捉虫类等相似性，再来思考刘敬躬为何捉蛆这些疑问，便无法认为刘敬躬的事例和畜蛊之风之间的契合是单纯的偶然。也就是说，刘敬躬捕捉白蛆是因为饲养。

另外，《宋史》卷一《太祖纪》乾德二年（964）四月己巳条载：

> 徙永州（湖南零陵）诸县民之畜蛊者三百二十六家于县之僻处，不得复齿于乡。

从这条材料来看，畜蛊之风在前引《隋书》记载所见分布地外的地方还有存在，并且也存在于赵宋时代。《贵州通志》卷七《苗蛮》狆家条载：

> 每畜蛊毒，夜飞而饮于河，有金光一道，谓之金蚕蛊。每以杀人，否则反噬其主，故虽至戚，亦必毒之，以泄蛊怒。又敛毒药，以染箭镞，中人血濡缕，立死。

由此处的畜蛊亦与《隋书》所见相似，以及上述赵宋时湖南的例子可推知，畜蛊之风当一直存续到后世。值得注意的是，《贵州通志》中的畜蛊者是狆家苗，故其被视为蛮俗。如果这是蛮俗，那么在《隋书》中看到的畜蛊之风和刘敬躬的事例，也很有可能是蛮俗。关于苗族饲养虫的专论，李卉以《说蛊毒与巫术》为题进行过考察[1]。见于该文的苗

---

1. 收入"中研院"《民族学研究所集刊》第10期，台北，1960年。

族畜蛊，其实与此处讨论的《隋书》所见畜蛊无异，这也支持了刘敬躬的事例和《隋书》所见畜蛊之风是蛮俗的看法。当然，还要考虑蛮是否受汉族影响而形成了这种习俗。但一般说来汉族没有这种畜蛊风习。也许正因如此，《隋书》将其记录为新安以下诸郡的奇特风俗，而新安郡就是本文在探讨山越、洞时数次提及的黟、歙之地。也就是说，畜蛊应当是新安郡以下诸地区的土俗。并且新安郡以下诸地区全部是山越等蛮的分布地，基于这一点（关于新安、九江，如第一节、第二节所述。关于永嘉、建安、鄱阳、临川、庐陵，如第二节所述。遂安原本属新安郡，在隋大业初年被分置——《隋书·地理志》。南康原属庐江南部都尉，西晋太康三年被分置——《宋书·州郡志》。《宋史》所见永州，即湖南零陵地区，如所周知，自古以来就有大量蛮存在，这里也是第二节所见"洞"的分布地），认为畜蛊原本就是蛮俗应该无误。另外，到了隋代，《隋书》还特别记载畜蛊之风广泛存在于过去的山越分布地，这在思考孙吴之后的山越问题时尤其值得关注。

如前所述，蛮在刘敬躬叛乱中扮演了重要角色，由此可推测刘敬躬本人与蛮关系密切。结合前文对刘敬躬和白蛆、畜蛊和蛮俗这些关系的考察，可以想象，刘敬躬这一人物深受蛮俗影响，不仅是在椎髻、箕坐等外在风习层面，其精神状态的相关方面也受到了影响。而根据前揭李氏的考论，在作为畜蛊对象的虫当中，被称为金蚕的虫饲养得较多。《本草纲目》卷四二《蛊部》金蚕条关于金蚕云：

> 按陈藏器云：故锦灰疗食锦虫蛊毒。注云：虫屈如指环，食故绯帛锦，如蚕之食叶也。……蔡絛《丛话》云：金蚕始于蜀中，近及湖广，闽粤浸多。状如蚕，金色，日食蜀锦四寸。南人畜之，取其粪置饮食中以毒人，人即死也。

据说蛆当中有取食马之类大型动物的内脏而使之倒毙的品种，基于刘敬躬事例里白蛆变成了金龟，或许白蛆就是上述金蚕这种虫。

另外，刘敬躬叛乱的爆发地安成郡如第二节开头所见，那里有"洞"存在（《陈书·武帝纪》永定二年十二月壬申条）。而在安成郡所属江州下辖的南新蔡郡，有蛮聚居的左县存在（阳唐左县——参照《宋书·州郡志》《南齐书·州郡志》[1]）。但是，江州未设置如荆州的南蛮校尉府、雍州的宁蛮校尉府和广州的平越中郎将府之类统治蛮的专门机关（以下称蛮府）。因此，位于现在江西省中西部的安成郡以及邻近的豫章郡、庐陵郡等地，即使存在部分蛮，也不能和蛮府统治下荆州、岭南的地区被视作同等的蛮地。相反，这些地方最初应该是汉地。但是也有像刘敬躬这样与蛮关系密切的人存在于这片土地上。还应该注意的是，先前所引《南史·王僧辩传》述刘敬躬为安成郡的望族（"时有安成望族刘敬躬者"）。望族是与贵族制有深刻关系的词汇，意为被乡里民众"仰视"的一族。换言之，刘敬躬具有安成郡的郡望—贵族的一面[2]。

从以上关于刘敬躬的考察可知，先前提出的问题——在后世观念（唐以后）中不能称为蛮地的地区，地域社会的领导阶层是否也有与蛮联系紧密且一定程度上蛮化的汉族——已有非常明确的解答。蛮地以外的地区亦存在这类人物。

而关于六朝时期的蛮地，先前也有部分讨论，它广泛分布在设置有宁蛮校尉府（雍州）、南蛮校尉府（荆州）、平蛮校尉府（益州）、镇蛮校尉府（宁州）、三巴校尉府（巴州）和平越中郎将府（广州）等蛮府的区域[3]。本节开头还对《三国志·吴书·贺齐传》所见斯从这一人物进行了考察，他是会稽郡剡县的"大族"（同传）。当时也论及其具有蛮族元素，基于对刘敬躬和陈宝应的考察，斯从与他们大概可以等量齐观。考虑到蛮地分布、斯从的事例、山越在孙吴时期江南地区的活跃以及此后慢慢融入汉族社会，安成郡的例子就不只是在当地出现的特殊案例。除了汉族人密布之郡县的都市等地外，六朝时期的中国中、南部的广大区域（山岳地带及与其相连的平原部分）里或多或少都有

---

1. 关于左县，参见前揭河原氏书第一编第二章第二节"宋書州郡志にみえる左郡、左県の'左'の意味について"。
2. 以上贵族的定义，据谷川道雄《世界帝国の形成——新書東洋史②·中国の歴史2》（讲谈社现代新书，1977年）第83页以下。
3. 详细内容参见《晋书》卷二四《职官志》、《宋书》卷四〇《百官志》、《南齐书》卷一六《百官志》、《隋书》卷二六《百官志》等。

第二章　关于理解六朝时代蛮的一项考察——以山越、蛮汉融合的问题为中心

这样的现象发生。

第二项：关于蛮汉之别

本项将考察六朝时人们如何看待蛮汉之间的区别，同时基于序言提到的问题意识，对梁末陈初的叛乱发表个人看法。《魏书》卷九六《僭晋司马叡传》载，东晋初江南多蛮，司马叡仅施以羁縻：

中原冠带呼江东之人，皆为貉子，若狐貉类云。巴、蜀、蛮、獠、溪、俚、楚、越，鸟声禽呼，言语不同，猴蛇鱼鳖，嗜欲皆异。江山辽阔将数千里，叡羁縻而已，未能制服其民。

《魏书》是北朝人魏收所撰，考虑到北朝将南朝蔑称为岛夷，这条记载的内容不能直接当成史实。例如，普遍认为，引文所见作为非汉族名称的"楚"实为汉族[1]。但是《晋书》卷一○四《石勒载记》记石勒攻略豫州事云：

攻掠豫州诸郡，临江而还，屯于葛陂，降诸夷楚，署将军二千石以下，税其义谷。

虽然寥寥数语，但可见《魏书》以外的史书中也有将"楚"与"蛮"相提并论的情况。又，根据过去陈寅恪氏的讨论，在南朝一方的史书中也能大量检出显示《魏书》所载巴、蜀、蛮、獠、溪、俚、楚、越之存在的记录[2]。因此，先前《魏书》的记载一定程度上反映了事实。另外，《晋书》卷六五《王导传》记载苏峻之乱后，有人提议迁都豫章或者会稽，对此王导提出反对：

及贼平，宗庙宫室并为灰烬，温峤议迁都豫章，三吴之豪请都会稽，二论纷纭，未有所适。导曰："建康，古之金陵，

---

1. 详见前揭陈寅恪氏书第236页以下。
2. 参见前揭陈寅恪氏书。

旧为帝里……且北寇游魂，伺我之隙，一旦示弱，窜于蛮越，求之望实，惧非良计。今特宜镇之以静，群情自安。"由是峤等谋并不行。

引文中王导发言所见"蛮越"的"蛮"当对应豫章，"越"当对应会稽。换言之，从王导之语的原意来看，他认为江南的中心就是建康，豫章郡、会稽郡都是蛮越之地。当然，上述言论出自论辩过程，当时豫章郡和会稽郡肯定是汉地，故应视作夸张。但是，如第二节所述，豫章郡是一个存在"洞"的郡，而且，先前所见畜蛊之风盛行的鄱阳、庐陵、宜春各郡包围着豫章（上述诸郡中，九江郡以外各郡之地直到东汉时俱属豫章郡——《宋书·州郡志》）。会稽郡在孙吴时存在大量山越，而且可以确认，很久以后仍有山越残存（《陈书·世祖纪》）。再者，由于王导的发言，迁都计划被取消，这表明王导的发言对参加讨论的人具有说服力。因此，豫章、会稽为蛮越之地的看法是极端的偏见，但也不能说全部是虚构之词。换言之，作为东晋朝士大夫第一人、堪称北来贵族领袖的王导也有上述看法，反映了前引《魏书》的记载并非来自北朝的单方面偏见。

而《宋书》卷八四《孔觊传》记载宋明帝即位之后，阮佃夫招募蜀兵一事云：

先是，龙骧将军阮佃夫募得蜀人数百，多壮勇便战，皆著犀皮铠，执短兵。本应就佃夫向晋陵，未发，会（任）农夫须人，分以配之。及战，每先登，东人并畏惮，又怪其形饰殊异，旧传狐獠食人，每见之，辄奔走。

引文所见"东人"据《孔觊传》的其他部分是指会稽郡或吴地人。"獠"是蛮中一族之名。易言之，引文记载了前述被王导侮蔑为越地（即蛮地）的会稽郡地方的人们，视蜀人为"食人"的"狐獠（类狐之獠？）"。这表明，会稽郡人把蜀地视为蛮地或准蛮地，并把居住在蜀地的人视作与自己不同的存在。这种看法与视蜀人为夷狄相通，同前

第二章　关于理解六朝时代蛮的一项考察——以山越、蛮汉融合的问题为中心　　397

述《魏书》将蜀看作蛮之一种的观念并无二致。

以上就以下三点进行了讨论：（1）《魏书》所见种族名在南朝一方的史书中也很常见；（2）王导的想法；（3）东人的想法。这些事实表明，在六朝时期的江南人中也存在与《魏书》记载所见中原中心主义思想（"中原冠带呼江东之人，皆为貉子……"）同质的思想（江南的话，也许可以称作建康中心主义？），他们认为偏离中原者多少都带有蛮的元素。

另一方面，如先前对"洞"以及陈宝应、刘敬躬等事例的考察所示，都市以外"边境"地带的汉族相当程度地接收了蛮文化。而且，如本节开头引《华阳国志·南中志》和《隋书·谯国夫人传》的记载所见，这类汉族中还有人与蛮结成了婚姻关系。反过来看，同样的情形也见于蛮。如本章第一篇所示，在六朝时期，相当多的蛮已汉化到在衣服、居处和语言方面与汉族无异的程度。质言之，先前提到的都人的观念，即只要脱离都市，多少都沾染蛮元素，其背景是在江南开发的时代状况下正实际发生着上述蛮汉融合，因而可以认为，六朝时期的蛮汉很难进行明确区分。这一点在思考引言提出的蛮汉二元性观点正确与否这一问题时，具有重要意义。

接下来根据引言所述问题意识，对梁末陈初的叛乱发表一些个人见解。铃木修氏有以《梁末陳初の地方豪族について》为题的考论[1]。其中他注意到，史书在表述掀起梁末陈初之叛乱的土豪将帅时，用了一般称呼非汉族领袖的"渠帅"一词（其他还有"酋帅""酋豪"等——《陈书》卷一三《周敷传》、同书卷二〇《华皎传》），所以这些土豪将帅是非汉族或者是与非汉族有密切接触的汉族。虽然该文有些观点令人难以赞同，比如认为叛乱领袖之一的周迪是蛮，但上述见解与本节当前的考察有关，值得参考。"渠帅""酋帅"这些术语确实也可以用于汉族，但大部分情况下还是用于非汉族领导者，因此上述铃木氏的见解大体正确。引言提到，榎本あゆち氏批判了陈寅恪氏关于梁末陈

---

1. 参见铃木修：《梁末陳初の地方豪族について》，《立正史学》第55号，1984年。

初叛乱的理解,认为无法确定土豪将帅就是"原住种族"(蛮)[1],铃木氏的见解在一定程度上可以修正榎本氏的看法。

那为何史籍不以"蛮帅"之类明确显示与蛮有关的形式来表述这些土豪将帅,而是用乍一看与蛮没有关系的"渠帅"等呢(虽然在陈宝应的事例里相当明确)?若确如铃木氏之说,应该会有更清晰的史料表明他们与蛮的关联。但如果排除渠帅、酋帅等可反映与蛮之关联的术语,以及陈宝应的案例,就正如榎本氏所说,不存在明确显示他们与蛮有关系的史料。铃木氏和榎本氏的理解之间出现的这一偏差应该怎样解释呢?基于本章目前对蛮汉融合,以及蛮汉之别的混乱这一时代状况的考察,笔者认为,梁末陈初的土豪将帅即使本为汉族,也具备了厚重的蛮元素,因而在都人看来,他们是难辨蛮汉的存在,所以才产生了上述的结果。有了这样的推断,对上述两者的分歧,乃至引言所述陈寅恪氏和榎本氏围绕梁末陈初叛乱的分歧,应该可以做出整合性的理解。

小结

第二节曾引用过《隋书》卷八二《南蛮传》的开篇:

> 南蛮杂类,与华人错居,曰蜒,曰獽,曰俚,曰獠,曰㐌,俱无君长,随山洞而居,古先所谓百越是也。其俗断发文身,好相攻讨,浸以微弱,稍属于中国,皆列为郡县,同之齐人,不复详载。

引文谓,隋时俚、獠诸越族式微,成为等同齐民的存在,故不再作为"南蛮"被专门立传。但这条材料究竟在多大程度上是事实呢?例如《隋书》卷六八《何稠传》记载:

---

[1]. 参见前揭榎本氏论文第80页。

第二章　关于理解六朝时代蛮的一项考察——以山越、蛮汉融合的问题为中心

> 开皇末，桂州俚李光仕聚众为乱。

同书卷八〇《谯国夫人传》载：

> 谯国夫人者，高凉冼氏之女也。世为南越首领，跨据山洞，部落十余万家。

据此，《隋书》中也能够看到不少隋时以俚为首的诸越族活动的记载，这就与《南蛮传》称他们已式微、变为和齐民同等的存在这一内容龃龉。众所周知，即使到唐代，岭南等地的俚、獠等仍然十分活跃[1]。那么应该怎样理解此矛盾呢？如前所述，《南蛮传》的记载见于该卷开篇。因而对《南蛮传》整体而言，它占据了前言或者总叙的位置，传达的是隋代大势。既然如此，尽管存在矛盾的记载，也无法否定这一大势之论。当然，如果矛盾的记载过多就另当别论，但管见所及，在山越曾经存在过的地方，并没有能够否定这一大势之论的记载（江西和福建的山地地带除外）。进而还有支持这一大势之论的有力事实，即到隋时，先前所见的平越中郎将府、宁蛮校尉府等所谓蛮府全部消失了。蛮府多是在西晋武帝时设置（《宋书》卷四〇《百官志》等），之后经历了反复的改废、复置，存续至陈（《隋书》卷二六《百官志》等）。蛮府的管辖范围如前所述相当广阔，这样的蛮府在整个两晋南朝设立于中国内地，说明此时期蛮占据很大的政治性、社会性比重。而这些蛮府到隋时就消失了。这也就支持了先前《隋书·南蛮传》的说法。众所周知，唐代广泛地设置了由都督府管辖的羁縻州，但除了设置过平越中郎将府的岭南、置镇蛮校尉府的宁州等地外，曾置宁蛮校尉府的雍州，置南蛮校尉府的荆州，孙吴时期置讨越中郎将、威越中郎将的扬州（《三国志》卷五五《吴书·蒋钦传》、卷六四《诸葛恪传》）等地，即现在长江中下游流域、南岭以北的其他地区，都没有设置羁縻州（参考《新唐书》卷四三下《地理志下》羁縻州条）。另一方面，如果

---

1. 例如前揭河原氏书；曾华满：《唐代岭南发展的核心性》，香港中文大学出版社，1973年。

比较汉、孙吴和西晋可知，汉代以来位于扬州并负责讨伐和统治越族的都尉（会稽西部都尉、南部都尉，丹阳都尉，丹阳西部都尉，豫章东部都尉，庐陵南部都尉等），在孙吴、西晋时废止，完全被郡县制取代（《晋书》卷一五《地理志》，《宋书》卷三五《州郡志一》、卷三六《州郡志二》等）。这种蛮府设置区域的缩小，反映了从三吴扩散至江西、福建、广东的殖民、开拓浪潮，以及紧随其后的国家权力支配的强化，笔者认为，《隋书·南蛮传》的记述就是在种族问题的视角下概括了这一趋势发展到隋代的情态。

根据以上内容简要总结本章：东汉、孙吴时期，蛮汉融合从三吴地区真正开始，因而蛮汉之别（限定于孙吴时山越存在过的地域）在经历了本章对山越、"洞"、陈宝应、刘敬躬等的考察所见种种样态、阶段后，逐渐质变为各地区间的风俗差异，这一大势至隋时基本完成[补注]。

补注：本章原稿题为《六朝における蛮の理解についての一考察——山越、蛮漢融合の問題を中心としてみた》，发表于《史学雜誌》第95编8号（1986年）。其后関尾史郎氏发表了题为《山越の"漢化"についての覚書——川本芳昭〈六朝における蛮の理解についての一考察〉を読む》（载《上智史学》第34号，1989年）的文章对拙稿进行批驳。就此，笔者以《山越再論》为题陈述了看法（载《佐賀大学教養部研究紀要》第23卷，1991年）。请一并参考。

第三章

以蛮问题为中心所见六朝时期各地域的状况

引言

对魏晋南北朝时代存在于中国中南部地域的所谓蛮的研究，涉及这一时期的江南开发，汉民族的形成，当时的国家、社会构造，极具意义。因此笔者基于对这一问题的关心发表了若干小文，此间一直怀揣的疑问是，若将这一时代这个区域的民族问题全盘置于中国史的整体进程中，那它将处在何种层级。这个问题在当前的研究者中仍未取得充分的共识。然而，在上述问题意识之下正面考察这一问题，不但对研究这个时代十分重要，对阐明这个时代与前后时代的关联也极具意义，深化关于洞庭湖周边的武陵蛮、长江下游的山越等各个族群的研究则更不在话下。本章作为这项考察的起步，将当时与蛮有关的史料以河南、淮北、淮南、长江下游流域、福建、江西、湖北、湖南各地域单位进行分类，再按分布、人口、状况和豪强等基准加以区别，从而充分揭示这段时期中国中南部各地域的具体状况，希望为今后的研究找到立足点。

基于这项考察，我们可以具体了解到：这一时期蛮所生存的地域极为广阔，甚至已逼近都市，且人口数量超出一般的想象；趁中国的混乱状况，蛮在当时扩大了他们的分布地域；汉化的蛮、蛮化的汉当中已豪强化者，存在与地方、中央政府的相互依存关系，在某些方面，当时的国家建立于这种构造之上；上述地域内有相当多的区域，当时的国家尚未充分贯彻其领域性支配；这个时代的蛮域与后世的蛮域存在区别等。

以下本章的考察，暂且将四川、云南、贵州、广东和广西各地域排除在外。理由在于，这些地区现代仍有许多非汉族存在，而上述河南、淮北、淮南以下诸地域除特殊地点外，后来都成为汉族之地，双方有若干性质上的差异。另外，因考察的焦点置于发掘各地域的史料，下文将以原文的形式展示汉文史料。并且将各史料根据内容按以下顺序排列：当地蛮的分布状况、人口数、生存状况、蛮与当地豪强的关系、后世的状况。且各部分从年代较早者开始考察。还要说明的是，有些显示"分布"的史料中可能有关于"状况"的内容，有些显示"状况"的史料中也包含关于"豪强"的内容等，在此类情况下，已见于前文的"分布""状况"类的史料，不再于"状况""豪强"类罗列。

第一节 河南、淮北

分布

1. 北接淮、汝，南极江、汉，地方数千里。(《宋书》卷九七《豫州蛮传》)

汝水发源于河南省嵩县西南的天息山。淮水发源于河南、湖北省境内的桐柏山。故据此处"北接淮、汝，南极江、汉"可见，豫州蛮的生存地域主要指从洛阳南部山岳地带开始，经伏牛山脉至桐柏山，再沿汉水流域朝东南横向延伸至河南、湖北、安徽三省交界的大别山一带。

2. 曹景宗，字子震，新野人(河南省新野，南阳与襄阳中间)也。父欣之，为宋将……(景宗)未弱冠，欣之于新野遣出州(雍州襄阳)，以匹马将数人，于中路卒逢蛮贼数百围之。景宗带百余箭，乃驰骑四射，每箭杀一蛮，蛮遂散走，因是以胆勇知名。……(《梁书》卷九《曹景宗传》)

曹景宗成年后因伐蛮立功，后来成为萧梁建国的功臣。他伐蛮获得功绩是在南齐建元初(时建元初，蛮寇群动，景宗东西讨击，多所擒破。——本传)，"出京师"是在宋元徽中。也就可以认为，上引史料记载的是刘宋后期史事，他在从新野到襄阳的"中路"受蛮袭击，这对于思考当时该地蛮的分布有重要意义。这一带相当于汉水中游，是被伏牛山脉、桐柏山包围的东西150公里、南北150公里左右的平原地区。虽然不清楚该平原地区当时包括植被在内的自然环境是何种状态，但这条材料表明蛮不仅生存于山区，还分布在南阳、襄阳等重要城市周边的平原地区。

关联文献 A北魏鲁郡太守张猛龙清颂碑，碑阴第十一列新阳县条，与诸士望并列的还有田、樊、雷、梅等姓的蛮。(《金石萃编》卷二九)

北魏鲁郡新阳县所在地不明，应该是在兖州境内。碑阴所见姓田、樊、梅、雷者，因这些姓氏均属蛮姓，所以应是蛮人。这就产生了一个问题：蛮为何居住在这片自古以来的汉族之地？如后文所述，该材料应该反映了因伐蛮出现的徙民。关于这一点，也可参见周一良《魏晋南北朝史札记》(中华书局，1985年)第385页。

B清河城也。后蛮居之，故世称蛮城也。(《水经注》卷五《漯水》)

清河在河北、山东交界处，位于今山东省临清市东部。这里的蛮当与"关联文献"A所见被迁徙的蛮有关。

3. 于时北至商洛，南拒江淮，东西二千余里，巴蛮多叛。(《隋书》卷四〇《王谊传》)

"商洛"也就是商县(今陕西省商洛市商州区东)和上洛县(今陕西省商洛市商州区)。不能确定上述史料1的豫州蛮与此处巴蛮有何种关系。

4. 又击徐州(治江苏省徐州)、宜封二洞，悉平。(《北史》卷七三《杜彦传》)

"洞"是对蛮的聚落的称呼。关于"洞"已在前章中进行了考察。

第三章　以蛮问题为中心所见六朝时期各地域的状况　　　　　　　　405

"宜封二洞"指的是宜洞和封洞这两个洞，还是存在于宜封的两个洞，暂不能确定。另外，管见所及，未发现宜封这一地名。不管怎样，这条材料表明了当时徐州存在洞。

史料1—4均显示，这一时代蛮存在于河南、淮北的广阔区域。此外，收入《颜鲁公集》的《元君表墓志铭》所谓"及边寇首乱，逃难于猗玗洞，因招集二百余家，奔襄阳"显示，住在汝州的元君表在安禄山之乱时避难于猗玗洞。依照日野開三郎氏的研究，唐代被称为"山棚"的狩猎民居住于唐、汝、蔡州等今属河南省的地区，他们在安禄山之乱时站在唐王朝一方，十分活跃（日野開三郎《唐代の戦乱と山棚》，《軍事史学》第2号，1966年）。也许这个"山棚"就是上述诸蛮的后裔。但是，他们的分布密度从后引史料来看，比南北朝时更小。

人口

1. 四年（天统四年，568），除豫州道行台仆射、豫州刺史（北齐时治所在河南省汝南）……管内蛮多华少……比至武平末，招慰生蛮输租赋者数万户。（《北齐书》卷四一《元景安传》）

上引输租赋的数万户生蛮，假定为五万户，以东魏时代平均每户3.78人相乘，就有18.9万人（相乘的比率据梁方仲编《中国历代户口、田地、田赋统计》，上海人民出版社，1980年）。

状况

1. 二年（太安二年，303）五月，义阳蛮（义阳国治所在今河南省新野）张昌举兵反，以山都人丘沈为主，改姓刘氏，伪号汉，建元神凤，攻破郡县，南阳太守刘彬，平南将军羊尹，镇南大将军、新野王歆并遇害。六月，遣荆州刺史刘弘等讨张昌于方城，王师败绩。……张昌陷江南诸郡，武陵太守贾隆、零陵太守孔紘、豫章太守阎济、武昌太守刘根皆遇害。昌别帅石冰寇扬州，刺史陈徽与战，大败，诸郡尽没。……八月……庚申，刘弘及张昌战于清水，斩之。(《晋书》卷四《惠帝纪》)

这里的义阳蛮张昌可能与前揭"分布"中史料1、2的蛮有关联。此外，张昌在《晋书》卷一〇〇中有传，其中有言："张昌，本义阳蛮也，少为平氏县吏。"他少时为"吏"的平氏县，位于义阳东部50千米，在淮水源头桐柏山的西麓，这条记载反映了依附该地区的蛮的生存状况，颇具意趣。

2. 出身补郡吏（南阳郡之吏，南阳即河南省南阳）。父为蛮所杀，杀其父者尝出郡，越于市中刺杀之。(《宋书》卷八三《宗越传》)

从上引文中有蛮出入于市，以及"人口"史料1所见纳租赋之蛮可以窥知，这一地域的蛮已相当程度地熟蛮化。从后揭史料中也可以看到这一点。

3. 后试守鲁阳郡（洛阳东南100千米伏牛山北麓，河南省鲁山），道元表立黉序，崇劝学教。诏曰："鲁阳本以蛮人，不立大学。今可听之，以成良守文翁之化。"（蛮与"大学"《北史》卷二七《郦道元传》）

4. 有巨象自至砀郡（安徽省砀山，徐州市西80千米）陂中，南兖州获送于邺。丁卯，大赦，改元。（在徐州附近捕获巨象 《北史》卷五《魏纪》元象元年正月条）

5. 贺拔胜为荆州刺史（河南鲁山）……值荆蛮骚动……因抚慰蛮左……遂税得马一千五百匹供军。（从蛮处征发马《周书》卷二八《史宁传》）

6. 保定初，出为湖州（襄阳西北80千米，河南省唐河）

第三章　以蛮问题为中心所见六朝时期各地域的状况

刺史。州界既杂蛮左，恒以劫掠为务。慎乃集诸豪帅，具宣朝旨，仍令首领每月一参，或须言事者，不限时节。慎每引见，必殷勤劝诫，及赐酒食。……蛮俗，婚娶之后，父母虽在，即与别居。……慎乃亲自诱导，示以孝慈，并遣守令各喻所部。……于是风化大行，有同华俗。（对蛮的教化　《周书》卷三五《薛慎传》）

史料4中野生巨象的存在值得注意。这种象并非非洲象，现今仍有少数生活在云南，与印度象同属一系。由此可知，接近淮北徐州的地区当时仍有适合这种象生存的环境。显示江北存在象的事例在其他史料中也能看到（下节淮南"状况"史料3）。

另外，史料3和6中设置"大学"与鼓励婚娶后同居意味着孝道等汉族文化的注入，与单纯地征发、征税不同，可以看出，一定程度上的汉化正在该地域推进。

豪强

1. 李延孙，伊川人也。父长寿，性雄豪，有武艺。少与蛮酋结托，屡相招引，侵灭关南。孝昌中，朝议恐其为乱，乃以长寿为防蛮都督，给其鼓节……（长寿）尽其智力，防遏群蛮。伊川左右，寇盗为之稍息。永安之后……长寿乃招集叛亡，徒侣日盛。魏帝藉其力用，因而抚之。……授卫大将军、北华州刺史，赐爵清河郡公。及魏孝武西迁，长寿率励义士拒东魏。孝武嘉之，复授颍川郡守，迁广州刺史。东魏遣行台侯景率兵攻之……城陷，遂遇害。大统元年，追赠太尉……延孙亦雄武有将帅才略。少从长寿征讨，以勇敢闻。……贺拔胜为荆州刺史，表延孙为都督。肃清鸦路，颇有功力焉。及长寿被害，延孙乃还，收集其父之众。自魏孝武西迁之后……（洛阳南边的世代豪强　《周书》卷四三《李延孙传》）

关联文献 A仲遵虽出自巴夷,而有方雅之操,历官之处,皆以清白见称。(《周书》卷四四《泉企传附泉仲遵传》)

B上洛丰阳(陕西省山阳)人也。……寻除上洛郡守。及萧宝夤反,遣其党郭子恢袭据潼关。企率乡兵三千人拒之……史臣曰:"泉企长自山谷,素无月旦之誉,而临难慷慨,有人臣之节……"(《周书》卷四四《泉企传》)

C扶猛字宗略,上甲黄土人也。其种落号白兽(虎)蛮,世为渠帅。……太祖(宇文泰)以其世据本乡,乃厚加抚纳,授车骑大将军、仪同三司……(《周书》卷四四《扶猛传》)

史料1中李长寿及其子李延孙有时与蛮结托,给官方造成威胁,有时候站在官方一边镇压蛮。这样的生存状态,一定缘于他们与蛮的紧密关联。这条材料也是为数不多的在考察当地豪强实态时可作参考的史料之一。"关联文献"A、B所见上洛的巴夷泉企、泉仲遵父子出身于"分布"史料3中"于时北至商洛,南拒江淮,东西二千余里,巴蛮多叛"的巴蛮,他们率领"乡兵",成为北朝重臣(参照本传),这也是在思考蛮生存状况时应注意的事例。

第二节 淮南

淮南之蛮的情况与淮北有较多重合的部分,但为论述之便,还是专辟一节。

分布

1. 在江淮之间,依托险阻,部落滋蔓,布于数州,东连寿春,西通上洛,北接汝颍,往往有焉。其于魏氏之时,不甚为患,至晋之末,稍以繁昌,渐为寇暴矣。自刘石乱后,诸蛮无所忌惮,故其族类,渐得北迁,陆浑以南,满于山谷,宛洛萧条,略为丘墟矣。(《魏书》卷一〇一《蛮传》)

寿春在今安徽省寿县，上洛在今陕西省商洛市商州区，陆浑在今河南省伊川西南、嵩县西北偏北方向，宛在今河南省南阳。这条史料记载的是，五胡十六国时代蛮趁中原混乱，扩张其分布领域，迫近洛阳南边。

  2. 史臣曰："……夫四夷孔炽，患深自古，蛮、僚殊杂，种众特繁……自元嘉将半，寇慝弥广，遂盘结数州，摇乱邦邑。于是命将出师，恣行诛讨，自江汉以北，庐江以南，搜山荡谷，穷兵罄武，系颈囚俘，盖以数百万计。"（《宋书》卷九七《夷蛮传》）

引文所见庐江郡的治所在安徽省霍山县东北。上述材料显示，刘宋时代，庐江以南到江汉以北的地区有数以百万计的蛮存在。这一分布范围涉及湖北地区，所以将在第六节讨论其实态。此外，庐江郡在刘宋时，还有始新左县这样为蛮户而设置的县（参照《宋书》卷三六《州郡志二》南豫州条。关于左县，参见河原正博《宋書州郡志にみえる左郡、左県の"左"の意味について》，《法政史学》第14号，1961年，收入氏著《漢民族華南発展史研究》，吉川弘文館，1984年）。

  3. 于时北至商洛，南拒江淮，东西二千余里，巴蛮多叛。（《隋书》卷四〇《王谊传》）

参见前节"分布"史料3。

  4. 授使持节、都督霍州诸军事。平山贼十二洞。（《隋书》卷六五《周罗睺传》）

当时霍州的治所在今安徽霍山县以东。县名来自霍山。霍山是位于大别山山脉东部的山岳（1 774米）。这条材料中见于隋代的"洞"，大概在霍山北麓的位置。

后代的事例

又江淮之间，有深居山洞，多不属州县。(《册府元龟》卷一六二《帝王部·命使二》开元二十九年条)

上述记载表明，即使到唐代，淮南地区也还存在"洞"，它们可能与"分布"史料4所见霍州的洞位置重合。

状况

1. 魏晋有杂号护军，如将军，今犹有镇蛮、安远等护军。镇蛮以加庐江、晋熙、西阳太守。(《宋书》卷四〇《百官志下》)

关联文献 西阳、南新蔡、晋熙、庐江等郡，置镇蛮护军，武陵郡置安远护军……皆立府，随府主号轻重而不为定。(《隋书》卷二六《百官志上》梁制)

庐江郡是位于大别山脉东边、巢湖南部的今安徽省庐江县；晋熙郡位于大别山脉东南麓的今安徽省潜山县；西阳郡相当于大别山脉南麓的今湖北省黄冈市黄州区东。"关联文献"所见南新蔡郡则位于大别山脉南麓的今湖北省黄梅县西。换言之，当时从大别山脉的南麓到东部，为统治蛮设置了护军府。南新蔡郡中也有阳唐左县(《宋书》卷三六《州郡志二》江州条)。另外，武陵郡是今湖南省常德市。

2. 田益宗，光城蛮也。……世为四山蛮帅，受制于萧赜。太和十七年，遣使张超奉表归款。(《魏书》卷六一《田益宗传》)

光城郡是地处淮南、位于信阳县东75千米的今河南省光山县。田益宗是南北朝对抗时期依附北朝而活跃的蛮族渠帅。

3. 淮南有野象数百,坏人室庐。(《南史》卷八《梁纪》承圣元年十二月条)

上引史料显示了象的存在。此类史料还有前节"状况"史料4的砀郡(安徽省砀山)"巨象"一例。上引史料为观察该地域的状况还提供了更为重要的史实,即梁时淮南地区也有数百单位的野象生存,这表明当时该地保持着能供养如此数量的个体的生态系统,对思考汉人开发的进展状况具有重大启示。

第三节 长江下游

本节对蛮的考察以长江下游的山越为中心。长江下游属淮南的部分已见于前节,故被排除。

分布

1. 安家之民,悉依深山,架立屋舍于栈格上,似楼狀。居处饮食,衣服被饰,与夷州民相似。父母死亡,杀犬祭之,作四方函以盛尸。饮酒歌舞毕,仍悬著高山岩石之间,不埋土中作冢椁也。男女悉无履。今安阳罗江(从浙江省南部瑞安至福建省北部连江)县民,是其子孙也。皆好猴头羹,以菜和,中以醒酒,杂五肉,脠不及之。其俗言:"宁自负人千石之粟,不愿负人猴头羹脠"。(《太平御览》卷七八〇《四夷部一·东夷一》引沈莹《临海水土志》)

关于这条材料,可参见凌纯声《古代闽越人与台湾土著族》(载《学术季刊》第1卷2期,台湾,1952年)和川勝義雄《貴族制社会と孫吴政权下の江南》(载中世史研究会编:《中国中世史研究》,1970年)。

2.（孙）权表治为吴郡太守，行扶义将军，割娄、由拳、无锡、毗陵为奉邑，置长吏。征讨夷越。(《三国志》卷五六《吴书·朱治传》）

吴郡治所在今江苏省苏州，娄县治所在今江苏省昆山东北，由拳治所在今浙江省嘉兴南，无锡治所在今江苏省无锡，毗陵治所在今江苏省常州市武进区。引文表明，在三国吴时代，这些地域是讨伐"夷越"，即讨伐山越的据点。

3.（孙）皓诏曰："……今吴郡阳羡、永安、余杭、临水及丹杨故鄣、安吉、原乡、於潜诸县，地势水流之便，悉注乌程，既宜立郡，以镇山越……其亟分此九县为吴兴郡，治乌程。"(《三国志》卷四八《吴书·孙皓传》裴注）

阳羡县在今江苏省宜兴南，永安在浙江省武康西，余杭在浙江省杭州西，临水在浙江省临安北，故鄣在浙江省安吉西北，安吉在浙江省安吉西南，原乡在浙江省安吉西；於潜在浙江省临安市中部。换言之，吴兴郡是从丹阳郡和吴郡分割太湖西南地域而设置的。吴兴郡这一江南名郡的设置，与镇抚存在于天目山山系中的山越有关。可以说这对思考当时蛮的问题有重要的意义。另外，治所乌程在浙江省湖州西南。

4.讨东阳、永嘉、宣城、黟、歙诸洞，尽平之。(《隋书》卷六一《郭衍传》）

东阳郡治所在今浙江省金华，永嘉郡治所在今浙江省丽水，宣城郡治所在今安徽省宣城，黟治所在今安徽省黟县，歙治所在今安徽省歙县。这些地方是三吴腹地的山区，直到隋代仍存在洞，值得注意。

5. 及高智慧等作乱江南，以行军总管从杨素击之。万岁率众二千，自东阳别道而进，逾岭越海，攻陷溪洞不可胜数。前后七百余战。(《隋书》卷五三《史万岁传》)

这条记载也显示，与史料4相同的地域至隋代存在洞。

状况

1. 会丹杨贼帅费栈受曹公印绶，扇动山越，为作内应。(三国鼎立与对蛮的统治 《三国志》卷五八《吴书·陆逊传》)

引文显示，前节"状况"史料2所揭示的史事，已见于山越的场合。

2. 孙权黄武五年，有大秦贾人字秦论来到交趾，交趾太守吴邈遣送诣权。权问方土谣俗，论具以事对。时诸葛恪讨丹阳，获黝（与"黔"同）、歙短人，论见之曰："大秦希见此人。"权以男女各十人，差吏会稽刘咸送论。(《梁书》卷五四《中天竺国传》)

据《诸葛恪传》(《三国志》卷六四《吴书一九》本传)，此时他在丹阳郡讨伐山越获得了相当多的俘虏。上述赠予罗马使者的"黝、歙短人"应该就是这些俘虏，由此还可推测，山越比当时的汉族更"短"。易言之，山越与汉族在体质上当有差异。

3. 宣城（安徽宣城）多山县，郡旧立屯以供府郡费用，前人多发调工巧，造作器物。敬宣到郡，悉罢私屯，唯伐竹木，治府舍而已。亡叛多首出，遂得三千余户。(《宋书》卷四七《刘敬宣传》)

宣城郡于西晋武帝太康元年分丹阳郡而立。据《后汉书》卷三八

《度尚传》，与度尚并称名将的抗徐曾试守丹阳郡宣城长，该地与上述"状况"史料2捕获短人的黟、歙之地相邻，当时他将生活于"深林远薮"的人迁至县下："徐字伯徐，丹阳人，乡邦称其胆智。初试守宣城长，悉移深林远薮、椎髻鸟语之人置于县下，由是境内无复盗贼。"此处所见"椎髻"指的是将头发垂于脑后再盘为一束的发髻，多用于表现蛮俗之时。"鸟语"是像鸟鸣一样说话，意思是汉族无法理解的语言。也就是说，从《抗徐传》的记载可以窥见，东汉末年丹阳郡宣城县地方具有浓厚的蛮地色彩，而如本节"状况"史料4所揭示，这一地区直至隋代仍有"洞"存在。另外，《南史》卷八《梁纪》承圣元年十二月条与此处《宋书·刘敬宣传》的记载大致同时代，其中有"宣城郡猛兽暴食人"一语，部分展现了当时宣城的状况。基于前述史事，从记载公私立屯盛行的《刘敬宣传》可以窥知当时这一地域的开发状况。

  4. 出为永嘉太守（浙江温州）。……所部横阳县，山谷险峻，为逋逃所聚，前后二千石，讨捕莫能息。（逋逃的流入《梁书》卷五三《范述曾传》）

这一地区如"分布"史料4所见，存在"洞"。

豪强

  1. 诸山越不宾，有寇难之县，辄用盖为守长。石城县吏，特难检御……县中震栗。(《三国志》卷五五《吴书·黄盖传》)
  2. 贺齐字公苗，会稽山阴人也。少为郡吏，守剡（分浙江省嵊州）长。县吏斯从轻侠为奸，齐欲治之，主簿谏曰："从，县大族，山越所附，今日治之，明日寇至。"齐闻大怒，便立斩从。从族党遂相纠合，众千余人，举兵攻县。齐率吏民，开城门突击，大破之，威震山越。(《三国志》卷六〇《吴书·贺齐传》)

史料1、2显示，三国时代，在江南堪称先进的地域，与山越相结的郡县吏作为豪强存在。另外，关于山越，参见本篇第二章。

第四节　福建

分布

1. 晋安候官（福建福州）人也。世为闽中四姓。父羽，有材干，为郡雄豪。……于是尚书下符曰："……案闽寇陈宝应父子，卉服支孽，本迷爱敬。梁季丧乱，闽隅阻绝，父既豪侠，扇动蛮陬，椎髻箕坐，自为渠帅……"（《陈书》卷三五《陈宝应传》）

晋安郡候官县即今福建省福州。由上述记载所见"扇动蛮陬"可以看出，梁末陈初这一地区有蛮存在。"椎髻箕坐，自为渠帅"的陈宝应父子被表述为"卉服支孽"这一点很重要。原因在于，"卉服支孽"一语显示，所谓"世为闽中四姓"的陈氏不仅习得"椎髻箕坐"的蛮风，还存在同蛮的血缘或姻戚关系。

2. 泉郎，即此州之夷户，亦日游艇子，即卢循之余。晋末，卢循寇暴，为刘裕所灭，遗种逃叛，散居山海，至今种类尚繁。……贞观十年，始输半课。（《太平寰宇记》卷一〇二《江南道十四》泉州条）

史料2是关于唐代的情况，作为卢循残党的"夷户"广泛存在，值得注意。关于这一点还可参见后文"豪强"的史料2。

状况

1. 建安太守（建安郡的治所是福建省建瓯），本闽越，秦立为闽中郡。汉武帝世，闽越反，灭之，徙其民于江、淮间，虚其地。后有遁逃山谷者颇出，立为冶县，属会稽。……后分冶地为会稽东、南二部都尉。东部，临海是也；南部，建安是也。……晋安太守，晋武帝太康三年，分建安立。(《宋书》卷三六《州郡志》)

《太平寰宇记》卷一〇二泉州条记载："东晋南渡，衣冠士族多萃其地，以求安堵，因立晋安郡。"换言之，前述作为陈宝应本籍、直到唐代还存在泉郎这种夷户的晋安郡，系因东晋南渡之际衣冠士族的迁居，而从建安郡（原为会稽南部都尉）分立，具有新郡的性质。

2. 吴于此立曲郍都尉，主谪徙之人作船于此。晋置晋安郡。(《元和郡县图志》卷二九《江南道》福州条)

《宋书》卷三六《州郡志》江州晋安太守条载"温麻令，晋武帝太康四年，以温麻船屯立"，据此可推断，唐代江南道福州，即作为陈宝应本籍的晋安候官，也设置了屯。前节"长江下游""状况"史料3提到："宣城（安徽省宣城）多山县，郡旧立屯以供府郡费用，前人多发调工巧，造作器物。敬宣到郡，悉罢私屯，唯伐竹木，治府舍而已。亡叛多首出，遂得三千余户。"相比这一状况，三国吴时此地的发展当带有更浓厚的开发前线的色彩。

3. 闽中本南朝畜牧地，可息羊马。(作为南朝畜牧地的闽地　《新唐书》卷一三二《柳冕传》)
4. 天监十年，有州二十三，郡三百五十，县千二十二。其后务恢境宇，频事经略，开拓闽、越，克复淮浦，平俚洞，破牂柯。(梁武帝的开发与闽越　《隋书》卷二九《地理志》)
5. 出为建安太守。……山酋方善、谢稀聚徒依险，屡为民患，金潜设方略，率众平之。(山酋的活动　《梁书》卷二一《王金传》)

第三章　以蛮问题为中心所见六朝时期各地域的状况　　417

关联文献　《开元录》云："闽州，越地，即古东瓯，今建州亦其地。皆蛇种。有五姓，谓林、黄是其裔。"（唐代人的认识《太平寰宇记》卷一〇〇《江南东道一二》福州条）

如第一节"状况"史料5"贺拔胜为荆州刺史（河南鲁山）……值荆蛮骚动……因抚慰蛮左……遂税得马一千五百匹供军"所见，当时的蛮饲育马匹。这就与上引史料3所见南朝时期有关福建畜牧的情况联系在了一起。总之，从史料3、4可以窥见的状况是，南朝时期的福建具有作为对抗北朝的财政基础的浓厚性质，这在某些方面与诸葛亮支配南中类似。

另一方面，史料5的"关联文献"显示，这片土地上的居民至唐代还被称作蛇种，受到鄙夷。《旧唐书》卷二〇三《欧阳詹传》云："欧阳詹字行周，泉州晋江人……闽人第进士，自詹始。"《通典》卷一五《历代制下》"大唐"条云："其黔中、岭南、闽中郡县之官，不由吏部，以京官五品以上一人充使就补，御史一人监之，四岁一往，谓之'南选'。"这些材料表明，即使到唐代，福建地区仍有浓厚的新开发地域的性质。

豪强

　　1. 出为云麾将军、晋安太守。闽越俗好反乱，前后太守莫能止息，侃至讨击，斩其渠帅陈称、吴满等。（梁代的叛乱《梁书》卷三九《羊侃传》）

　　2. 梁代晋安数反，累杀郡将，羽（陈宝应之父）初并扇惑合成其事，后复为官军乡导破之，由是一郡兵权皆自己出。……宝应自海道寇临安（海？）、永嘉及会稽、余姚、诸暨，又载米粟与之贸易，多致玉帛子女，其有能致舟乘者，亦并奔归之。（陈宝应的交易活动　《陈书》卷三五《陈宝应传》）

　　3. 闽中豪帅，往往立砦以自保，高祖甚患之……乾既至，晓以逆顺，所在渠帅并率部众开壁款附。（梁末陈初闽中豪帅的割据　《陈书》卷二一《萧乾传》）

史料1中所见晋安"渠帅陈称"等的叛乱可以说是史料2中"梁代晋安数反，累杀郡将"的具体例子。史料1中渠帅陈称的姓与陈羽、陈宝应父子相同，故他们很可能是同出晋安郡的一族。也许史料3所见梁末陈初的"闽中豪帅"从很早以前就开始在当地培植势力了。这一点在思考南朝地方支配的实态时值得注意。另外，史料2记载了陈宝应与海贼进行交易的行为，这一"行为"与本节"分布"史料2所载"泉郎，即此州之夷户，亦曰游艇子，即卢循之余。晋末，卢循寇暴，为刘裕所灭，遗种逃叛，散居山海，至今种类尚繁。……贞观十年，始输半课"中的"夷户"可能有关系。而《读史方舆纪要》卷九五《福建方舆纪要叙》中提到："泉州夷户有曰泉郎者，亦曰游艇子，厥类甚繁……往往走异域，称海商，招诱凶徒，渐成暴乱。嘉靖中倭夷蹂躏之祸，此辈所致也。"该卷后文又有："予曰：倭夷之志，在子女玉帛而已。然其倡乱者非皆倭也，即所谓泉郎之徒也……嘉靖三十七年（1558）四月某日，倭贼攻兴化府……"这记载了想要夺取"子女玉帛"的"泉郎"与"倭"的联合。"分布"史料2所见"泉郎"与"豪强"史料2所见陈宝应的"子女玉帛"交易之间的关系很有意思。此外，泉郎与白水郎之间也有关联，这一点可参考藪田喜一郎《白水郎考》（载金関丈夫博士古稀记念委員会编《日本民族と南方文化》，平凡社，1968年）、福島好和《白水郎と海人》（载《関西学院史学》第22号，1988年）等。

之后的时代

上文已举出若干事例说明魏晋南北朝以后该地域的状况，下面再做一些补充性论述。

《元和郡县图志》卷二九《江南道》福建观察使福州尤溪县（今福建省尤溪）条载：

> 尤溪县，开元二十九年（741）开山洞置。县东水路沿流至侯官，县西水路溯流至汀州龙岩县。

福州尤溪县是今福建省尤溪县，上引记载表明闽江上游的尤溪地区直到开元年间仍有"洞"存在。

同书卷二九《江南道》福建观察使福州古田县条载：

> 古田县，开元二十九年（741）开山洞置。东与连江接界，与沙县分界。

引文记载了福州古田县（今福建省古田县东北偏东）之地直到开元年间也有"洞"存在。此外，同书卷二九《江南道》福建观察使福州永泰县条载：

> 永泰二年（766）观察使李承昭开山洞置。

福州永泰县在今福州市西南40千米左右的位置，上引记载表明这一地区也存在"洞"。

以上均为六朝时期的晋安郡，即唐代福州的状况。接下来考察唐代设立的、位于福建省南部的漳州地区的状况。《元和郡县图志》卷二九漳州条载：

> 本泉州地，垂拱二年（686）析龙溪南界置，因漳水为名。初置于今漳浦县西八十里，开元四年（716）改移就李澳川，即今漳浦县东二百步旧城是。……乾元二年（759）缘李澳川（李澳川是河川名）有瘴，遂权移州于龙溪县置，即今州理是也。

据此，漳州设置于垂拱二年，系分割唐代所设泉州（今泉州市）南部的龙溪而来。这一设置是基于陈元光的建言，《全唐文》卷一六四陈元光条云：

> 元光，字廷炬，光州人。高宗朝以左玉铃卫翊府左郎将戍闽，迁岭南行军总管。

接下来收录了他的《请建州县表》,其中一段谓:

> 况兹镇地极七闽,境连百粤,左衽居椎髻之半……穷凶极暴,积弊遂逾于十稔……其本则在创州县……窃以臣镇地曰安仁,诚为治教之邦。江临漳水,实乃建名之本。如蒙乞敕定名号而复入职方……

关于陈元光的事迹,《全唐文》在上引《请建州县表》之后还收录了《漳州刺史谢表》,又仅在《全唐诗》卷四五、《元和姓纂》卷三能见到若干史料,此外便无处可寻。与之相关的是,《漳州府志》卷二四《宦绩一》陈元光条有对"缺传"的批评:

> ……陈元光父子奉命讨贼,扫除凶丑,又为之立郡县,置社稷,捐躯殒命而后已。《唐史》阙而不载,使丰功巨烈无传,有遗憾焉。然而累代之褒崇,庙食百世,河山不改,惠烈无穷。

但是,如引文"庙食百世"所示,当地人为陈元光修建了庙,在那里有庙碑存在,因此可以复原关于他的事迹。关于他的庙,《重纂福建通志》卷二三《坛庙》漳州府漳浦县条载:

> 威惠(烈)庙在西门外三里许,祀唐左玉钤卫翊府左郎将陈元光。唐嗣圣间,始建于云霄。开元四年,随邑治徙今所。庙有绰楔,题曰"盛德世祀之坊"。国朝康熙二十六年,知县杨遇新殿寝,寝祀夫人种氏,一号瀛山庙。……一在云霄镇西门外,右为柔懿夫人宫。或曰夫人元光女,从元光征蛮有功,故特郊于此。康熙初,邑人蔡祚周重建。

关于庙碑,冯登府撰《闽中金石志》卷一《陈元光威烈庙记》云:

> 《舆地碑目》:唐垂拱二年(686)立,在漳州。碑云:公

第三章　以蛮问题为中心所见六朝时期各地域的状况

姓陈，讳元光。永隆三年（682）盗攻潮州。公（陈元光）击贼降之。公请泉潮之间，创置一州。垂拱二年（686），遂敕置漳州，委公镇抚。久之，蛮贼复啸聚，公讨之，战没。因庙食于漳。

亲自考察过福建地区的宋人王象之所撰《舆地纪胜》卷一三一《福建路漳州·官吏》陈元光条提到：

> 庙碑云：公姓陈讳元光，永隆三年（682）盗攻潮州。公（陈元光）击贼降之。公请泉潮之间，创置一州。垂拱二年（686），遂敕置漳州，委公镇抚。久之，蛮贼复啸，公讨之，战没。因庙食于漳。

据此可知该碑在宋代已存在，从前引《全唐文》等记载推断，此庙碑应该正是唐时所立之碑（另外，同书卷一三一《福建路漳州》风俗景胜条："唐垂拱二年《陈元光威烈庙记》云：公乞建一州于泉潮之间，以控岭表。即其屯，置县为治。"字句稍有不同）。再看后世的地方志，《漳州府志》卷二四《宦绩一》陈元光条载：

> 陈元光……总章二年（669），随父领兵入闽。父卒，代领其众。……嗣圣三年（686），上疏言："《周官》七闽，宜增为八。请建一州泉、潮间，以控岭表……"朝议……元光父子久牧兹土，蛮民畏怀……诏从之，给告身，俾建郡邑于绥安地。……乃率众辟地置屯。

同书同卷陈政条关于陈元光的父亲陈政云：

> 陈政，字一民，光州固始人。父克耕，从唐太宗……高宗总章二年，泉潮间蛮獠啸乱，民苦之，佥乞镇帅有威望者……进朝议大夫，统岭南行军总管事……自许天正以下一百二十三

员,俱禀号令。诏曰:"莫辞病,病则朕医;莫辞死,死则朕埋。"比至镇,百凡草创,备极劳瘁。群蛮来侵,自以众寡不敌,退保九龙山,奏请益兵。朝命以政兄敏暨兄敷,领军校五十八姓来援。敏、敷道卒,母魏氏多智,代领其众入闽。乃进师屯御梁山之云霄镇。……仪凤二年(677)四月卒。子元光。

据此能大体窥知光州固始县(今河南固始)出身的陈氏一族在唐代"开拓"福建南部过程中扮演的角色。将这一"开拓"的历史置于本章内容下,可认为福建南部地区在唐代依然具有浓厚的蛮地色彩。尤其是根据下引《漳州府志》卷四〇古迹条的材料,说九龙江以东全部是蛮地也不为过[补注(1)]:

六朝以来戍闽者屯兵于泉州之龙溪,阻江(漳州的九龙江)为界,插柳为营。

那么福建东部又是怎样的情况呢?《元和郡县图志》卷二九《江南道》福建观察使汀州条载:

开元二十一年(733),福州长史唐循忠于潮州北、广州东、福州西光龙洞,检责得诸州避役百姓共三千余户,奏置州,因长汀溪以为名。

据此,光龙洞跨潮州、广州、福州三州,唐廷于此置汀州(州治所是今福建长汀)。另一方面,《新唐书》卷四一汀州临汀郡条有与上引文不同的记载:

开元二十四年开福、抚二州山洞置,治新罗,大历四年(769)徙治白石,皆长汀县地。

在《舆地纪胜》卷一三二《福建路·汀州》州沿革条的注文中,王象之

第三章　以蛮问题为中心所见六朝时期各地域的状况　　　　　　　　　423

试图找出这种分歧的原因：

> 杜佑《通典》以为元和二十六年分置汀州。或为临汀郡。与《唐志》年月亦不同。象之谨按，开元二十一年福州所奏得避役百姓三千余户，乃在潮、广、福之间，而开元二十四年于福、抚二州开置山洞，与二十一年地理小有不同。自开元二十一年建议至二十四年成郡，二十六年又分他郡之地以益之。三者所书虽有不同，大率不过置郡之一节耳。

但无论如何，这个州是建立在"洞"上的，对于了解此地当时的状况有重要意义（另外，前引《元和郡县图志》所见洞居之人是"诸州避役百姓"，所以很可能是汉人。关于这一点，前章第二节"关于'洞'"进行过考察）。

《太平寰宇记》卷一〇二《江南道一四》汀州条载：

> 州（汀州）初置在杂罗（今长汀县西南），以其地瘴，居民多死。

这一地区与前引《元和郡县图志》卷二九漳州条中"本泉州地，垂拱二年（686）析龙溪南界置，因漳水为名。初置于今漳浦县西八十里，开元四年（716）改移就李澳川，即今漳浦县东二百步旧城是。……乾元二年（759）缘李澳川（李澳川是河川名）有瘴，遂权移州于龙溪县置，即今州理是也"中的漳州之地同样是"瘴疠之地"。此外，《资治通鉴》卷二五九《唐纪七五·昭宗纪》乾宁元年（894）条记载了对黄连洞蛮的攻击：

> 是岁，黄连洞蛮二万围汀州（胡注：黄连洞，在汀州宁化县南，今潭飞磜即其地），福建观察使王潮遣其将李承勋将万人击之；蛮解去，承勋追击之，至浆水口，破之。闽地略定。

关于"黄连",《新唐书》卷四一《地理志五·江南道》汀州宁化县条载:

> 本黄连,天宝元年(742)更名。

《太平寰宇记》卷一〇二《江南东道一四》汀州宁化县条载:

> 武德初为黄连县,以地有黄连洞,因以为名。至天宝元年改为宁化县。

据此,"黄连"是宁化县改名前的名称。也就是说,黄连洞蛮就是汀州境内的蛮。

基于上述考察可以看出,这一地区在唐代的情况和先前的漳州大同小异。另外,《太平寰宇记》卷一〇二《江南东道一四》汀州长汀县杂罗古城条载:

> 杂(新)罗故城。牛肃《记闻》云:"开元末,杂罗县令孙奉先昼日坐厅事,有神见庭中,披戈执殳,状甚可畏,奉先见之惊起。神曰:'吾杂罗山神也,今从府主求一牛为食,能见祭乎?祭,吾当佑尔。'奉先对曰:'神既有请,诚不敢违。然格令有文,杀牛事大,请以羊豕代牛可乎?'神怒曰:'惜一牛不以祭,我不佑尔,其能宰乎!'因灭。于是瘴疠大起,月余不息。奉先病死,其家二十口亡尽。"

此处所见新罗县的前身,应当就是《舆地纪胜》卷一三二《福建路·汀州》州沿革条所见新罗县:

> 晋武平吴,分建安置晋安郡。又立新罗县,而汀州始基于此。宋齐梁陈隋废置,无所考据。

据上述汀州的状况,即当地在唐代时仍具有浓厚的蛮地色彩,此处的地方神——新罗山神极可能是蛮神。如果这一推测得当，对于窥探宗教层面蛮汉双方的宗教、政治斗争局势，上引史料是一个极富意趣的事例。

另外，《宋史》卷四一《理宗纪一》绍定三年二月戊戌条记南宋时事：

> 诏汀、赣、吉、建昌蛮獠窃发，经扰郡县复赋税一年。

赣是江南西路赣州，治今江西省赣州。吉是江南西路吉州，是南北朝时代庐陵郡之地，治今江西省吉安市。建昌是江南西路建昌军，治今江西省南城。汀州的位置与唐代时相同。上述记载表明，即使到南宋时代，汀州所辖仍是蛮出没的地区，这些蛮还与邻接的江西地区有联动。此外，上述史料所见汀、赣、吉、建昌之地位于分隔江西与福建的武夷山脉东西两侧。由此可推测，当时蛮的居住地已逐渐被限缩在武夷山脉当中。实际上，像这样的"联动"还能看到许多其他例子，这一点会在次节讨论江西之地的蛮的问题时进行考察^{补注（2）}。

第五节　江西

分布

1. 南康揭阳蛮反，郡县讨破之。（《宋书》卷三《武帝纪下》永初二年［421］正月条）

南康郡揭阳县在今属江西省赣州的宁都东南，位于梅江上游，福建、江西二省交界的武夷山脉西麓。《宋书》卷三六《州郡志》江州南康郡条提到："陂阳男相，吴立曰揭阳，晋武帝太康五年，以西康揭阳移治故陂阳县，改曰陂县，然则陂阳先已为县矣。后汉《郡国》无，疑是吴所立而改曰揭阳也。"这表明揭阳是孙吴时代设置的新县。

2. 于江州新蔡、高塘立颂平屯，垦作蛮田。（《梁书》卷

三《武帝纪下》大同八年［542］三月条）

这个时代国家权力对蛮的讨伐往往伴随掠夺蛮之田土（参见本篇第一章第一节"国家权力对蛮的讨伐及其目的"）。《宋书》卷七七《沈庆之传》记载了伐蛮时沈庆之的话："去岁蛮田大稔，积谷重岩。"这里的"蛮田"应该就是蛮保有的田地。据《南齐书》卷一四《州郡志》，江州由寻阳、豫章、庐陵、鄱阳、安成、南康、南新蔡、建安、晋安各属郡组成。虽然没有新蔡郡之名，但考虑到南新蔡郡的属县中有蛮占多数的阳唐左县，这里的新蔡可能就是南新蔡。南新蔡郡在今江西省九江市西北。

3. 以安成所部广兴六洞置安乐郡。（《陈书》卷二《高祖纪》永定二年［558］十二月条）

作为安成郡属县的广兴县在湖南、江西二省交界处，即今江西省莲花县南部。这一地区如后所述，在魏晋南北朝之后仍有蛮。

4. 时新吴洞主余孝顷举兵应（萧）勃。（《陈书》卷八《周文育传》）

新吴县在今江西省奉新县西。"洞主"当为蛮洞首领之意。同样记载这一时期史事的《隋书》卷六八《何稠传》有"洞主莫崇"之例。当时史书无新吴洞主余孝顷的专传，但将其散见于史料的事迹集合在一起可知：他在梁末投附南江州刺史萧勃、王琳，于永定二年（558）七月被陈捕获；之后他作为陈朝官僚历任信义太守、益州刺史、南豫州刺史等职，讨伐陈宝应有功；废帝光大元年（567）二月被怀疑谋反而遭到诛杀。另外，他曾掌握"舴艋三百艘、舰百余乘"（《陈书》卷八《周文育传》），在讨伐陈宝应之际受中央之任率领水军。

5. 高智慧等之作乱也，复以行军总管从杨素讨之，别解

第三章　以蛮问题为中心所见六朝时期各地域的状况

江州（江西省）围。智慧余党往往屯聚，保投溪洞，彦水陆兼进，攻锦山、阳父、若、石壁四洞，悉平之，皆斩其渠帅。（《隋书》卷五五《杜彦传》）

"锦山、阳父、若、石壁四洞"应该是"锦山、阳父、若、石壁"这"四洞"，各洞今地不详。高智慧等的叛乱参见前章。

状况

1. 新安（安徽黟县）、永嘉（浙江丽水）、建安（福建福州）、遂安（浙江淳安）、鄱阳（江西鄱阳）、九江（江西九江）、临川（江西抚州）、庐陵（江西吉安）、南康（江西于都）、宜春（江西宜春），其俗又颇同豫章（江西南昌），而庐陵人厖淳，率多寿考。然此数郡，往往畜蛊，而宜春偏甚。其法以五月五日聚百种虫，大者至蛇，小者至虱，合置器中，令自相啖，余一种存者留之，蛇则曰蛇蛊，虱则曰虱蛊，行以杀人。因食入人腹内，食其五藏，死则其产移入蛊主之家。三年不杀他人，则畜者自钟其弊。累世子孙相传不绝，亦有随女子嫁焉。干宝谓之为鬼，其实非也。自侯景乱后，蛊家多绝，既无主人，故飞游道路之中则殒焉。（《隋书》卷三一《地理志·扬州》）

关于被认为是蛮俗的畜蛊参见前章。关于畜蛊的论文，李卉《说蛊毒与巫术》（载《中研院民族学研究所集刊》第10期，台北，1960年）最为详细。其他还有稻畑耕一郎的《"沅湘之間"における巫俗について——湘巫雜識》（载《中国文学研究》第14期，1988年）包含畜蛊相关的内容。顺便提及，畜蛊与沢田瑞穂《殺人祭鬼》（载《中国民间信仰》，工作社，1982年，第五章）、河原正博《殺人祭鬼の習俗》（载《漢民族華南発展史研究》，吉川弘文馆，1984年）、宫崎市定《宋代における殺人祭鬼の習俗》（载《アジア史研究》[5]，同朋舎，1978年）

等文考察的杀人祭鬼习俗有关。

2. 梁末之灾沴，群凶竞起，郡邑岩穴之长，村屯坞壁之豪，资剽掠以致强，恣陵侮而为大。(《陈书》卷三五《陈宝应传》"史臣曰")

如所周知，在梁末陈初的福建、江西等地我们能够看到引文所谓"郡邑岩穴之长，村屯坞壁之豪"的崛起。这些土豪是何种存在，研究者之间意见不一：一方是从种族和民族的立场来看待，强调他们的非汉族性；而另一方的立场是，重视他们的任侠性格，质疑其非汉族性（参照陈寅恪《〈魏书·司马叡传〉江东民族条释证及推论》，《陈寅恪先生文史论集》下卷，香港：文文出版，1973年；榎本あゆち《梁末陳初の諸集団について——陳霸先集団を中心として》，《名古屋大学東洋史研究報告》[8]，1982年）。笔者在前章已表明自己站在前者的立场，结合本章前节所见六朝以降福建的状况、本节后文所述魏晋南北朝及以后时期江西省的状况，还是认为前者的理解更具意义。

豪强

1. 时有安成望族刘敬躬者，田间得白蛆化为金龟，将销之，龟生光照室，敬躬以为神而祷之。所请多验，无赖者多依之。平生有德有怨者必报，遂谋作乱，远近响应。(望族刘敬躬与畜蛊　《南史》卷六三《王僧辩传》)

2.（华皎）镇湓城，知江州事。时南州守宰多乡里酋豪，不遵朝宪，文帝（陈世祖）令皎以法驭之。(梁末陈初南州守宰多是酋豪　《陈书》卷二〇《华皎传》)

3. 熊昙朗，豫章南昌人也。世为郡著姓。……劫掠邻县，缚卖居民，山谷之中，最为巨患。……绍泰二年，昙朗以南川豪帅，随例除游骑将军。(世为著姓的南川豪帅熊昙朗　《陈书》卷三五《熊昙朗传》)

第三章　以蛮问题为中心所见六朝时期各地域的状况

4. 是时承制……讨侯景。……高祖（陈霸先）率杜僧明等众军及南川豪帅合三万人将会焉。（陈霸先与南川豪帅《陈书》卷一《高祖纪上》）

史料1中安成望族刘敬躬与"状况"史料1所见畜蛊之间的关系参见前章第三节。史料2中酋豪与史料4中豪帅的一个具体事例就是史料3中的熊昙朗。考虑到当时山谷的状况，即使熊昙朗不是蛮族出身，他率领的集团当与先前福建陈宝应事例所见情形相同，具有浓厚的蛮的元素。

之后的时代

1. 钟传，洪州高安人。……时王仙芝猖狂，江南大乱，众推传为长，乃鸠夷獠，依山为壁，至万人，自称高安镇抚使。……中和二年（882），逐江西观察使高茂卿，遂有洪州。（《新唐书》卷一九〇《钟传传》）

洪州在今江西省南昌，也就是"豪强"史料3所见作为熊昙朗本籍的豫章南昌之地。高安县即今高安市，也就是六朝时代的建城县。建城县在"分布"史料4中洞主余孝顷所处新吴县南30千米的位置，位于湖北、湖南省交界的九嶷山东南麓，属于宜春政区。如本节"状况"史料1中"宜春偏甚"一语所示，宜春是畜蛊之风尤为盛行的地方。换言之，上引材料表明，经历如此沿革的洪州高安附近地区即使到唐代，仍有夷獠存在。

2. 吉州刺史彭玕遣使请降于湖南，玕本赤石洞蛮酋，钟传用为吉州刺史。(《资治通鉴》卷二六五天祐三年［605］条）

3. 玕，吉州庐陵人，世居赤石洞为酋豪。黄巢之后，江表寇盗蜂起，玕于乡里保聚徒众，得数千人，自为首领。捕逐群盗有功，本州补玕永新制置使。玕雅好儒学，精《左氏

春秋》。(《九国志》卷一一《楚臣·彭玕》)

史料2、3所见吉州治所在今江西吉安县。如史料3所示,吉安县是赣水中流的庐陵郡之地。赣水的支流泸水和禾水在庐陵地区汇入赣水。本节"豪强"史料1中刘敬躬所在的安成即位于泸水上游。"分布"史料3"以安成所部广兴六洞置安乐郡"中的广兴县在禾水上游的位置。史料2、3"赤石洞蛮酋""赤石洞酋豪"提到的"赤石洞"应当处在这样的沿革脉络下。此外,关于彭玕,伊藤宏明氏与冈田宏二氏之间有过论争。伊藤氏对彭玕是蛮这一点提出质疑,冈田氏则认为他就是蛮。关于二者论证的细节,详见冈田《中華南民族社會史研究》(汲古书院,1993年)第392页以下,笔者根据六朝以来的历史演进,赞同冈田氏的观点。

4.(嘉定二年[1209]十一月)是月,郴州黑风峒寇李元砺作乱,众数万,连破吉、郴诸县……(嘉定三年)二月……壬午,以工部侍郎王居安知隆兴府,督捕峒寇。三月……己亥,以湖南转运判官曹彦约知潭州,督捕峒寇。……六月……是月,池州副都统许俊、江州副都统刘元鼎与李元砺战于江西,皆不利。知潭州曹彦约又与贼战,亦为所败,贼势愈炽。……十二月……丙寅,湖南贼罗世传缚李元砺以降,峒寇悉平。(《宋史》卷三九《宁宗纪三》嘉定三年条)

5.权工部侍郎,以集英殿修撰知隆兴府。初,盗起郴(湖南郴州)黑风峒,罗世传为之倡,势张甚。……李元励、陈廷佐之徒,并起为贼矣。放兵四劫,掀永新(江西永新),撼龙泉(江西遂川),江西列城皆震。……居安督战于黄山,胜之,贼始惧,走韶州(广东韶关)……罗世传果疑元励之貳己,遂交恶。……(罗世传)禽元励以献。时青草峒贼亦就禽,并磔于吉之南门。(《宋史》卷四〇五《王居安传》)

史料4、5记载了湖南郴州(湖南郴州)黑风峒发生的叛乱。史料4

第三章　以蛮问题为中心所见六朝时期各地域的状况　　431

中吉州是史料2、3的赤石洞所在的庐陵郡之地。隆兴府治在今江西省南昌市，潭州治在湖南省长沙市，池州治在安徽省池州市贵池区，江州治在江西省九江市。史料5中永新是江西省永新县，龙泉是江西省遂川县，韶州是广东省韶关市。换言之，这次叛乱起于毗邻江西省省界的湖南郴州，后将江西省全域卷入，发展成波及安徽、广东地区的大乱。接下来指出与本节所论有关的两点：其一，江西地区，尤其是与湖南接壤的西部地区，始终无法摆脱蛮寇侵扰的危险性；其二，根据史料2、3所见吉州地区直至唐末仍有蛮洞，可以认为，宋代江西省西部也存在蛮洞。也就是说，这一地区即使到此时依旧是蛮汉交错地带。此外，下引史料6记载南宋时代吉州也有蛮獠。

  6. 二月……戊戌，诏汀（汀州）、赣（赣州）、吉（吉州）、建昌（建昌军）蛮獠窃发，经扰郡县复赋税一年。(《宋史》卷四一《理宗纪一》绍定三年条）

上述汀州是今福建省长汀县，赣州是今江西省赣州市，吉州如前所见是江西省吉安市，建昌即建昌军，治在今江西省南城县。可以发现，上述地区在南宋时存在蛮獠。建昌军邻接福建省境，在武夷山脉当中。汀州则与建昌军相接。前节已述，福建与江西交界的山岳地带即使在宋代也具有蛮地性质（顺便提及，吉州位于构成湖南、江西两省省界的罗霄山脉东麓）。《江西通志》卷九五引刘壎《汀寇纪略》记载了与史料6相同的事件："廖十六、廖云、廖雷辈由广昌（建昌军广昌）来犯南丰（建昌军南丰）西门。"还提到乱军以松梓山为巢穴。此外，这次叛乱后不久，又有势力占据松梓山，《宋史》卷四一九《陈韡传》记载："陈三枪据松梓山砦，出没江西、广东，所至屠残……遂破松梓山……就禽，槛车载三枪等六人，斩隆兴市。初，贼跨三路数州六十砦，至是悉平。"这一叛乱可能也与上引《宋史·理宗纪》和《江西通志》中的事件有关。

  关联文献　汀、赣，畲贼千余人寇龙溪。(《元史》卷一五《世祖纪》至元二十五年条）

引文表明，史料6所见状况甚至延续到元代。

第六节　湖北

分布

1.《襄阳记》曰："……沮中在上黄界，去襄阳一百五十里。魏时夷王梅敷兄弟三人，部曲万余家屯此，分布在中庐宜城西山鄢、沔二谷中，土地平敞，宜桑麻，有水陆良田，沔南之膏腴沃壤，谓之沮中。"(《三国志》卷六五《吴书·朱然传》赤乌五年征沮中条裴注)

引文记载，三国曹魏时襄阳（今湖北襄阳）南方沔水（汉水）流域的"膏腴沃壤"之地被蛮占据。另外，中庐县在襄阳西南，宜城县在今宜城北的位置。

2. 宜都、天门、巴东、建平、江北诸郡蛮，所居皆深山重阻，人迹罕至焉。(《宋书》卷九七《荆雍州蛮传》)

宜都郡治在今湖北宜都，天门郡治在今湖南石门、洞庭湖西北，巴东郡治在今湖北巴东西北，建平郡治在今重庆巫山。这些郡均位于湖北、湖南、重庆三省市交界的长江沿岸。其中天门郡在长江以南。

3. 南郡、夷陵、竟陵、沔阳、沅陵、清江、襄阳、春陵、汉东、安陆、永安、义阳、九江、江夏诸郡，多杂蛮左。(《隋书》卷三一《地理志》)

南郡治在今湖北江陵，夷陵治在今湖北宜昌，竟陵治在今湖北钟祥，沔阳治在今湖北沔阳，沅陵治在今湖南沅陵，清江治在今湖北恩

第三章　以蛮问题为中心所见六朝时期各地域的状况

施，襄阳治在今湖北襄阳，春陵治在今湖北枣阳，汉东治在今湖北随州，安陆治在今湖北安陆，永安治在今湖北新洲，义阳治在今河南信阳，九江治在今江西九江，江夏治在今湖北武昌。

人口

1. 元嘉十九年，雍州刺史刘道产卒，群蛮大动……庆之专军进讨，大破缘沔诸蛮，禽生口七千人。进征湖阳，又获万余口。迁广陵王诞北中郎中兵参军，领南东平太守，又为世祖抚军中兵参军。世祖以本号为雍州，随府西上。时蛮寇大甚，水陆梗碍，世祖停大堤不得进。分军遣庆之掩讨，大破之，降者二万口。……平定诸山，获七万余口。郧山蛮（郧山是今湖北省随州西南50千米的大洪山的别名）最强盛，鲁宗之屡讨不能克，庆之翦定之，禽三万余口。……雍州蛮又为寇。……大破诸山，斩首三千级，虏生蛮二万八千余口，降蛮二万五千口，牛马七百余头，米粟九万余斛。(《宋书》卷七七《沈庆之传》)

2. 史臣曰："……自元嘉将半……自江汉以北，庐江以南，搜山荡谷，穷兵罄武，系颈囚俘，盖以数百万计。"(《宋书》卷九七《夷蛮传》)

3. 高祖初……朝廷思安边之略……招慰蛮左。……至桐柏山，穷淮源，宣扬恩泽，莫不降附。……凡所招降七万余户，置郡县而还。(来自桐柏山地带的降蛮 《魏书》卷四五《韦珍传》)

4. 延兴中，大阳蛮酋桓诞拥沔水以北，滍叶以南八万余落，遣使内属。……景明初，大阳蛮酋田育丘等二万八千户内附，诏置四郡十八县。(大阳蛮的内属 《魏书》卷一〇一《蛮传》)

史料1和2记述的是同一件事。史料2谓当时被囚俘的蛮达到数以百万计的程度，有不少夸张的成分。但光是把史料1所见实际囚俘数加起来都有18.3万余人。这一数字，即使与大明八年（464）时刘宋掌握的总人口数（4 685 501人）以及雍州的总人口数（167 467人）和荆州的总户数（65 604户）相比，也非常巨大。另外，这些作为囚俘的蛮被送往京师等地后，当地仍存在大量的蛮，史料3、4记录了该状况。史料3所见7万余户，假如与刘宋时期每户平均人口5.98相乘，就有418 600人。平均人口5.98出自梁方仲编《中国历代户口、田地、田赋统计》（上海人民出版社，1980年）。5.98是以掌握的总人口数除以总户数得出的，而位于湖北的雍州仅有4.25，将其与7万相乘则是207 500人。假如把史料4中的"八万余落"认为是8万余户，再加上史料4的"二万八千户"，总数就有10.8万余户，再与4.25相乘就有45.9万余人。史料3、4是几乎同一时期的不同降附事例，合计共有877 600余人。值得注意的是，仅在湖北就存在如此数量的蛮。由此可以预想到当时蛮族社会生产力的进步。

状况

1. 时天下饥荒，山夷多断江劫掠。侃（陶侃，当时的武昌太守，武昌是今湖北鄂州）令诸将诈作商船以诱之。劫果至，生获数人，是西阳（湖北黄冈东）王羕之左右。……侃斩之。自是水陆肃清……又立夷市于郡东，大收其利。（诸王左右与蛮及夷市 《晋书》卷六六《陶侃传》）

2. 初元嘉中，巴东（湖北巴东西北）、建平（重庆巫山）二郡，军府富实，与江夏（湖北武昌）、竟陵（湖北钟祥）、武陵（湖南常德西）并为名郡。世祖于江夏置郢州，郡罢军府，竟陵、武陵亦并残坏，巴东、建平为峡中蛮所破，至是民人流散，存者无几。其年春，攸之遣军入峡讨蛮帅田五郡等。（许多名郡与蛮地邻接 《宋书》卷七四《沈攸之传》）

3. 时有象三头至江陵城北数里，攸之自出格杀之。（江陵

城北的象及其被武将格杀 《南史》卷三七《沈攸之传》）

4. 以蛮户立宋安（湖北应山）、光城（河南光山）二郡。（蛮户立郡 《宋书》卷九七《豫州蛮传》）

5. 部（雍州）领蛮左，故别置蛮府焉。领郡如左：襄阳郡。……宁蛮府（上述的蛮府即宁蛮校尉府）领郡如左：西新安郡（新安、汎阳、安化、南安）、义宁郡（以下县名五）、南襄郡（县名四）、北建武郡（县名六）、蔡阳郡（县名六）、永安郡（县名四）、安定郡（县名六）、怀化郡（县名七）、武宁郡（县名五）、新阳郡（县名八）、义安郡（县名九）、高安郡（县名二）、左义阳郡（以下县名未详）、南襄城郡、广昌郡、东襄城郡、北襄城郡、怀安郡、北弘农郡、西弘农郡、析阳郡、北义阳郡、汉广郡、中襄城郡。右十二郡（左义阳郡以下的十二郡）没虏（虏指北魏）。（宁蛮校尉府所属郡名 《南齐书》卷一五《州郡志下》）

6. 又南通澧水及诸陂湖。自此渊潭相接，悉是南蛮府屯也。故侧江有大城，相承云仓储城，即邸阁也。（南蛮府在蛮地立屯 《水经注》卷三五《江水》）

7.（巴水）南历蛮中，吴时旧立屯于水侧，引巴水以溉野。（蛮地立屯 《水经注》卷三五《江水》）

8. 从此至武昌，尚方作部诸屯相接，枕带长江。（尚方在蛮地立屯 《水经注》卷三五《江水》）

9. 高祖初……朝廷思安边之略……至桐柏山，穷淮源，宣扬恩泽，莫不降附。淮源旧有祠堂，蛮俗恒用人祭之。珍乃晓告曰："……自今已后，悉宜以酒脯代用。"群蛮从约，至今行之。凡所招降七万余户，置郡县而还。（蛮的杀人祭俗与郡县的设置 《魏书》卷四五《韦珍传》）

10. 历监义阳（淮水上游之地）、武宁（竟陵西北）郡，累任皆蛮左，前郡守常选武人，以兵镇之；严独以数门生单车入境，群蛮悦服，遂绝寇盗。（蛮左郡县与武人配置 《梁书》卷五〇《臧严传》）

11. 本江夏郡云杜县之地。《周地图记》曰:"蛮人酋渠田金生代居此地,常为边患。梁普通末,遣郢州刺史元树讨平之,因置新州。"(江夏之地直到梁时代还存在的蛮酋 《元和郡县志》卷二一《郢州》)

12. ① 南郡、夷陵、竟陵、沔阳、沅陵、清江、襄阳、春陵、汉东、安陆、永安、义阳、九江、江夏诸郡,多杂蛮左,② 其与夏人杂居者,则与诸华不别。其僻处山谷者,则言语不通,嗜好居处全异,颇与巴、渝同俗。诸蛮本其所出,承盘瓠之后,故服章多以班布为饰。其相呼以蛮,则为深忌。③ 自晋氏南迁之后,南郡、襄阳,皆为重镇,四方凑会,故益多衣冠之绪,稍尚礼义经籍焉。九江襟带所在,江夏、竟陵、安陆,各置名州,为藩镇重寄,人物乃与诸郡不同。④ 大抵荆州率敬鬼,尤重祠祀之事,昔屈原为制《九歌》,盖由此也。屈原以五月望日赴汨罗,土人追到洞庭不见,湖大船小,莫得济者,乃歌曰:"何由得渡湖!"因尔鼓棹争归,竞会亭上,习以相传,为竞渡之戏。其迅楫齐驰,棹歌乱响,喧振水陆,观者如云,诸郡率然,而南郡、襄阳尤甚。二郡又有牵钩之戏,云从讲武所出,楚将伐吴,以为教战,流迁不改,习以相传。钩初发动,皆有鼓节,群噪歌谣,振惊远近,俗云以此厌胜,用致丰穰。其事亦传于他郡。梁简文之临雍部,发教禁之,由是颇息。⑤ 其死丧之纪,虽无被发袒踊,亦知号叫哭泣。始死,即出尸于中庭,不留室内。敛毕,送到山中,以十三年为限。先择吉日,改入小棺,谓之拾骨。拾骨必须女婿,蛮重女婿,故以委之。拾骨者,除肉取骨,弃小取大。⑥ 当葬之夕,女婿或三数十人,集会于宗长之宅,著芒心接篱,名曰茅绥。各执竹竿,长一丈许,上三四尺许,犹带枝叶。其行伍前却,皆有节奏,歌吟叫呼,亦有章典。传云盘瓠初死,置之于树,乃以竹木刺而下之,故相承至今,以为风俗。隐讳其事,谓之刺北斗。既葬设祭,则亲疏咸哭,哭毕,家人既至,但欢饮而归,无复祭哭也。⑦ 其左人则又

第三章　以蛮问题为中心所见六朝时期各地域的状况　　437

不同，无衰服，不复魄。始死，置尸馆舍，邻里少年，各持弓箭，绕尸而歌，以箭扣弓为节。其歌词说平生乐事，以到终卒，大抵亦犹今之挽歌。歌数十阕，乃衣衾棺敛，送往山林，别为庐舍，安置棺柩。亦有于村侧瘗之，待二三十丧，总葬石窟。(《隋书》卷三一《地理志下》)

前已述及史料1所载西阳郡为统治蛮而设置将军府的史事。另外，西阳郡中有很多左县（参照《宋书》卷三六《州郡志》郢州条）。史料2所见巴东、建平、江夏、武陵等都被视为"富实"的名郡，但它们不断受到蛮寇的威胁，这充分反映了该地域当时处在开发阶段的状况。史料3所见象的存在，其重要性已在前文讨论。史料5是当时统治该地区蛮的宁蛮校尉府所辖属的郡县名。史料6、7、8记载了当时中央、地方权力在蛮地立屯的情况。需要注意的是，相关史料的出处均是《水经注》这一地理书。史料9的杀人祭祀因与后世杀人祭鬼有关，颇具意趣。史料12开头①的诸郡名见于"分布"之史料3。⑤关于葬仪的记述，从其中"蛮重女婿，故以委之"来看，当断定为蛮之风俗。如所周知，苗族每十三年进行一次祀天地祖先的大祭，伴随杀牧牛、共食与使用铜鼓等风俗（铃木正崇、金丸良子《西南中国の少数民族——贵州苗族民俗誌》，古今书院，1985年，第五章"鼓社节"之项），基于此，⑤中"送到山中，以十三年为限，先择吉日，改入小棺，谓之拾骨"所见拾骨之风必定与传承至现在的苗族鼓社节有关。⑥记载的也是伴随此葬仪的风俗。从⑦中"左人"联想到当时蛮左、左郡和左县的用语，可认为这一条也是对蛮中一个种族的描述。

又，从②中"其"字以及③所记不出①列举的郡来看，②、③都是承接①而来。④之"大抵荆州率敬鬼，尤重祠祀之事"以下内容，是基于③所谓"各置名州，为藩镇重寄，人物乃与诸郡不同"，即这些郡与其他郡人物相异这一认识来记述的，同⑤、⑥、⑦关联。如果这一想法无误，《隋书》这条记载的作者就是将④所见"竞渡""牵钩"也视作蛮风，这对认识当时的状况深具兴味。

豪强

1. 施王屯在县北（清江县——湖北省恩施）。《方舆胜览》："东晋末桓诞窜蛮中，自称施王。筑城临施水，号施王城。子孙袭王。至后周保平（定）初，始平之，以其地置施州。"（桓玄子孙入蛮 《太平寰宇记》卷一一九施州清江县条）

关联文献 延兴中，大阳蛮酋桓诞拥沔水以北……遣使内属。……诞字天生，桓玄之子也。初玄西奔至枚回洲，被杀，诞时年数岁，流窜大阳蛮中，遂习其俗。及长，多智谋，为群蛮所归。（《魏书》卷一〇一《蛮传》）

史料1和"关联文献"所见桓玄子孙入蛮是否属实尚存疑问，即使只是王子流亡传说，但当时豪强支配这片土地的正统性可以从此处求得根据，这一点与蛮的汉化具有关联，值得关注。

唐宋时代的发展

1. 后迁房州刺史。州穷险，有蛮夷风，无学校，好祀淫鬼，景骏为诸生贡举，通隘道，作传舍，罢祠房无名者。（《新唐书》卷一九七《韦景骏传》）

2. 初，荆州（湖北省江陵）长史张惟一以衡州蛮酋陈希昂为司马，督家兵千人自防，惟一亲将牟遂金与相忤，希昂率兵至惟一所捕之（牟遂金），惟一惧，斩其首以谢……自是政一出希昂。（《新唐书》卷一四〇《吕諲传》）

史料1显示，韦景骏于治在今湖北省房县的房州任刺史时，此地存在蛮夷之风。史料2显示，衡州蛮酋的影响及于荆州（次节将就衡州蛮进行考察）。但唐代以后，显示湖北地区存在蛮的史料极少。这方面的例子有《元史》卷二三《武宗纪》至大三年（1310）四月条中"容米洞官田墨纠合蛮酋，杀千户及戍卒八十余人，俘掠良民"、同书卷二九

《泰定帝纪》泰定元年（1324）十二月条中"夔路容米洞蛮田先什用等九洞为寇"等。也就是说，蛮只现身于鹤峰直隶厅区域（今鹤峰县）以及"豪强"史料1所见以湖北恩施为中心的施南府地域（参见龚荫《中国土司制度》"湖北土司"条），而管见所及，洞庭湖及长江以北的地域不再有蛮。但是，大沢正昭的《唐、宋畬田考》（载《日野開三郎博士頌寿記念論集　中国社会、制度、文化史の諸問題》，中国书店，1987年）中，援引襄阳巡官温庭筠所作"半坡新路畬才了，一谷寒烟烧不成"吟咏襄阳烧畑的诗歌等事例，基于烧畑与蛮的分布相重合的认识，指出唐代洞庭湖及长江以北的湖北地区仍残存蛮人。不过，"状况"史料5所见支配广大地域的蛮府，"人口"史料1、2所见庞大数量的蛮，在唐代以后的这一地域已不复存在。其主要原因之一当在于"人口"史料1、2中刘宋大规模伐蛮所带来的影响。

第七节　湖南

分布

1.（宁康二年［374］）冬十一月己酉，天门蛮贼攻郡，太守王匪死之，征西将军桓豁遣师讨平之。（《晋书》卷九《孝武帝纪》宁康二年条）

天门郡是今湖南省石门县，在洞庭湖西北方向。这里的"蛮贼"与后述"分布"之史料7的"夷蜒"不能确定是否为同一种族。《南齐书》卷一五《州郡志》荆州条载："道带蛮蜑，田土肥美，立为汶阳郡，以处流民……境域之内，含带蛮蜑，土地辽落，称为殷旷（汶阳郡在今湖北省远安西北，在沮水流域）。"另外《陈书》卷一三《徐世谱传》记载："徐世谱，字兴宗，巴东鱼复人也。世居荆州，为主帅，征伐蛮蜑。至世谱，尤敢勇有膂力，善水战（如上一节"状况"史料2所述，巴东郡在今湖北省巴东西北）。"《隋书》卷四八《杨素传》记隋讨伐南朝陈的情况，其中提到："（陈朝的吕）仲肃复据荆门之延洲。素遣巴蜑

卒千人，乘五牙四艘，以柏槊碎贼十余舰，遂大破之……"可见，蜑族是居住在巴至洞庭湖间长江流域的水上生活民族。关于蜑族，可参考桑田六郎《蜑族の源流に関する文献の考察》(载《南亜細亜学報》第1号，1942年，南亚细亚文化研究所)、小川博《中国史上の蜑——蜑(蛋)についての諸学説の沿革について(一)(二)(三)(四)(五)》(载《海事史研究》第12号，1969年；第13号，1969年；第14号，1970年；第16号，1971年；第17号，1971年)等。

2. 宋元徽中，三洞蛮抄掠州县，移就江东，因蛮寇止息，遂号新宁，即今理是……(《元和郡县图志》卷二九衡州常宁县条)

元徽是刘宋的年号。三洞蛮所抄略的衡州常宁在今湖南省衡阳附近。这一记载如果无误，就是"洞"在这一时期的首次出现。

3. 湘州蛮动，遣世隆以本官总督伐蛮众军。(《南齐书》卷二四《柳世隆传》)

4. 又假(兰)钦节，都督衡州三郡兵，讨桂阳、阳山、始兴叛蛮，至即平破之。封安怀县男，邑五百户。又破天漆蛮帅晚时得。会衡州刺史元庆和为桂阳人严容所围，遣使告急，钦往应援，破容罗溪，于是长乐诸洞一时平荡。(《梁书》卷三二《兰钦传》)

桂阳郡在今湖南省郴州市。桂阳人严容应该是以容罗溪为根据地率领长乐诸洞叛乱。长乐在今何处不明，应该在桂阳郡周边的溪谷地带。

5.(衡州刺史兰)钦南征夷獠，擒陈文彻，所获不可胜计，献大铜鼓，累代所无，颜预其功。……时湘衡之界五十余洞不宾，敕令衡州刺史韦粲讨之。(湘衡之界的洞 《陈书》卷九《欧阳頠传》)

第三章 以蛮问题为中心所见六朝时期各地域的状况

6. 仍迁衡州平南府司马。破黄洞蛮贼有功。（黄洞蛮《陈书》卷二五《孙瑒传》）

上述黄洞蛮与唐代的黄洞蛮具有何种关系，不详。

7. 长沙郡又杂有夷蜒，名曰莫徭，自云其先祖有功，常免徭役，故以为名。其男子但著白布裈衫，更无巾袴；其女子青布衫、班布裙，通无鞋屦。婚嫁用铁钴鐻为聘财。武陵、巴陵、零陵、桂阳、澧阳、衡山、熙平皆同焉。其丧葬之节，颇同于诸左云。(《隋书》卷三一《地理志下》)

武陵治在今湖南常德西，巴陵治在洞庭湖沿岸的今湖南岳阳，零陵治在湘水上游的今湖南零陵，澧阳治在洞庭湖西岸的今湖南澧阳，衡山治在今湖南衡阳，熙平位于湖南、广东交界处的今广东连州。该记载与上一节"状况"之史料12的⑦有关，其中关于莫徭的内容似与史料1所见作为水上生活民族的蜒族有性质上的差异。"左"是蛮左的"左"。

状况

1. 天门溇中（湖南慈利西）令宗矫之徭赋过重，蛮不堪命。（元嘉）十八年（441），蛮田向求等为寇，破溇中，虏略百姓。(《宋书》卷九七《夷蛮传》)

溇中在今湖南慈利西，武陵山北麓，溇水流域内。这条材料表明当时的蛮也被课取"徭"赋。

2. 寻为安远护军、武陵内史。时沈攸之责赕……酉溪蛮王田头拟……发气死。其弟娄侯篡立，头拟子田都走入獠中。于是蛮部大乱，抄掠平民……田都自獠中请立……巚诛娄侯

于郡狱,命田都继其父,蛮众乃安。(《南齐书》卷二三《萧嶷传》)

关于安远护军,第二节"状况"之史料1曾触及。引文记载了"蛮王"的册立。《南齐书》卷五八《蛮传》载:"宋世封西阳蛮梅虫生为高山侯,田治生为威山侯,梅加羊为扞山侯。太祖即位,有司奏蛮封应在解例,参议以:'戎夷疏爵,理章列代;酋豪世袭,事炳前叶。今宸历改物,旧册枸降,而梅生等保落奉政,事须绳总,恩命升赞,有异常品。谓宜存名以训殊俗'。诏:'特留。'"据此,当时也有蛮封侯。赕是蛮被课的一种税。关于这一点可参见本篇第一章。顺便提及,赕可能与本节"分布"史料1所见蜑有关系。理由如下。桑田六郎氏在前揭论著第10页叙述道:"关于蜑的意义,徐松石氏认为'川滇僮族称河为Daan,唐樊绰《蛮书》译为赕字。现在广西僮人则称呼河为Dah、为Dä,蜑字蛋字赕字乃系同意异译'(《粤江流域人民史》,第152页)。而关于蛮语对河的称呼,鸟居博士的《苗族調查报告》认为……另外,F. M. Savina氏的《苗仏词典》中……因此可能如徐松石氏所说,蜑是河的意思。"他指出了蜑即赕、河这种理解的存在。另外,《蛮书》卷一〇云"川谓之赕",读作dan的字很多,此处却故意选用这一特殊的字。

3. 又土俗(湖南衡阳),山民有病,辄云先人为祸,皆开冢剖棺,水洗枯骨,名为除祟。宪之晓喻,为陈生死之别,事不相由,风俗遂改。(《梁书》卷五二《顾宪之传》)

引文记载了当地山民中存在被顾宪之视作"奇习"的洗骨风俗。洗骨过程,包含了对尸体的预先处理,如风化、土化等,还有洗骨后的处理,如地下埋葬、瓮棺葬等形式。可注意的是,引文谓"山民有病,辄云先人为祸,皆开冢剖棺,水洗枯骨,名为除祟",洗骨的目的在于去除祖先之祟,这与金关丈夫氏的以下论述重合,颇具意趣:"洗骨本身应是对祖先的供奉,如贵州的'洗骨苗'和云南的彝族,每逢灾厄都要挖出祖先之骨进行洗涤,持续多次。这缘于他们认为,灾厄和祖先对尸骨

第三章 以蛮问题为中心所见六朝时期各地域的状况　　　　　443

污垢的不满存在因果关系。"(《世界大百科事典》洗骨条,金関丈夫执笔)。此外,引文内容与前节"状况"史料12之⑤也有十分相似之处。

  4. 天嘉五年(564),征(桂州刺史淳于量)为中抚(军)大将军,常侍、仪同、鼓吹并如故。量所部将帅,多恋本土,并欲逃入山谷,不愿入朝。世祖使湘州刺史华皎征衡州界黄洞,且以兵迎量。天康元年(566),至都。(与衡州黄洞蛮的关联 《陈书》卷一一《淳于量传》)

淳于量是南朝重臣,历任梁荆州刺史、陈护军将军等职,引文显示,在其任桂州刺史时,部下士兵试图逃亡山谷,为此国家讨伐衡州的黄洞蛮。可以认为,淳于量的部下中有衡州黄洞蛮或与之相结者。

  5. 湘州刺史……湘川地多所出,所得并入朝廷,粮运竹木,委输甚众;至于油蜜脯菜之属,莫不营办。又征伐川洞,多致铜鼓、生口,并送于京师。(《陈书》卷二〇《华皎传》)
  6. 湘州刺史……叔陵日益暴横,征伐夷獠,所得皆入己,丝毫不以赏赐。(《陈书》卷三六《陈叔陵传》)

由该史料可判断,地方官大量侵吞从蛮地征收的税收是一种广泛的现象。这一点据前揭史料5也能看出。

唐宋时代的发展

  1. 至道州……州产侏儒,岁贡诸朝,城哀其生离,无所进。帝使求之,城奏曰:"州民尽短,若以贡,不知何者可供。"自是罢。州人感之,以"阳"名子。(《新唐书》卷一九四《阳城传》)

道州是过去的零陵郡,现为湖南省道县。关于这一地区上贡"短民",宋本《太平寰宇记》卷——六《江南道》道州条亦载:"道州土地产民多矮,每年尝配乡户贡其男,号为'矮奴'。唐阳城为刺史,不平以良为贱,又悯其编甿岁有离异之苦,乃抗疏论而免之。自是乃停其贡,民皆赖之,无不泣荷。"上贡"短民"与蛮之间的关系参见前章。

2. 妖人申泰芝用左道事李辅国,擢谏议大夫,置军邵、道二州间,以泰芝总之,纳群蛮金,赏以绯紫,出诸中诏书赐衣示之,群蛮怵于赏,而财不足,更为剽掠,吏不敢制。(《新唐书》卷一四〇《吕諲传》)

引文记载了唐代湖南邵州、道州蛮的动向。

3. 朗州武陵人雷满者,本渔师,有勇力……诏授朗州兵马留后……石门(湖南石门)峒酋向瓌闻(雷)满得志,亦集夷獠数千,屠牛劳众,操长刀柘弩寇州县,自称"朗北团"。陷澧州(湖南临澧东),杀刺史吕自牧,自称刺史……向瓌召梅山十峒獠断邵州(湖南邵阳)道……是时,道州蛮酋蔡结、何庚,衡人杨师远各据州叛……(《新唐书》卷一八六《邓处讷传》)

引文是关于唐代湖南蛮酋活动的记载。《新五代史》卷四一《雷满传》载:"雷满,武陵人也。为人凶悍獝勇,文身断发。唐广明中,湖南饥,盗贼起,满与同里人区景思、周岳等聚诸蛮数千……号土团军,诸蛮从之,推满为帅……昭宗以澧、朗为武贞军,拜满节度使。是时,澧阳人向瓌杀刺史吕自牧据澧州,而溪洞诸蛮宋邺昌、师益等,皆起兵剽掠湖外,满亦以轻舟上下荆江,攻劫州县……天祐中,满卒,子彦恭自立。"《旧五代史》卷一七《雷满传》载:"雷满,武陵洞蛮也……满贪秽惨毒,盖非人类……酒酣对客,即取筵中宝器乱掷于潭中,因自褫其衣,裸露其文身,遽跃入水底,遍取所掷宝器,戏弄于水面,久之方出,复整衣就坐,其诡诞如此。及死,子彦恭继之。蛮

第三章 以蛮问题为中心所见六朝时期各地域的状况

蛮狡狯,深有父风……"据此可知,雷满为蛮。梅山是指梅山蛮,关于这一点参考后揭史料9。

4. 诒书言情曰:"……居蛮夷中久……意绪殆非中国人也。楚、越间声音特异,鸠舌啅噪……"(《新唐书》卷一六八《柳宗元传》)

引文记载了柳宗元左迁为永州(湖南省零陵)司马时,湖南南部永州的状况。关于"鸠舌",《孟子》卷五《滕文公章句》云"南蛮鸠舌之人",这是表现蛮发声"异常"的词语。

5. 溆州(湖南洪江)蛮张伯靖杀吏,据辰(湖南沅陵)、锦州(湖南麻阳西),连九洞自固,诏绶进讨。绶勒兵出次,遣将贲檄开晓,群蛮悉降。(《新唐书》卷一二九《严绶传》)

引文记载的是唐代湖南东部蛮的活动。以上是关于唐代的史料。

6. 初,北江蛮酋最大者曰彭氏,世有溪州,州有三,曰上、中、下溪,又有龙赐、天赐、忠顺、保静、感化、永顺州六,懿、安、远、新、给、富、来、宁、南、顺、高州十一,总二十州,皆置刺史。而以下溪州刺史兼都誓主,十九州皆隶焉,谓之誓下州。(《宋史》卷四九三《蛮夷一·西南溪峒诸蛮传上》)

引文是关于北宋北江蛮的记载。当时,北江蛮居住在沅水、澧水流域西北方向。其中心下溪州(会溪城)在今湖南沅陵西北40千米,大致相当于今天的湘西土家族苗族自治州。以下是关于宋代的史料。

7. (大中祥符)三年(1010),澧州言,慈利县蛮相仇劫,知州刘仁霸请率兵定之。上恐深入蛮境，使其疑惧，止令仁霸宣谕诏旨，遂皆感服。（《宋史》卷四九三《蛮夷一·西南溪峒诸蛮传上》）

慈利县是澧州的属县，治在今湖南慈利。"状况"之史料1所见天门溇中在慈利县西。也就是说，这里是南北朝时代天门郡之地。

8. 南江诸蛮自辰州达于长沙、邵阳，各有溪峒：曰叙、曰峡、曰中胜、曰元，则舒氏居之；曰奖、曰锦、曰懿、曰晃，则田氏居之；曰富、曰鹤、曰保顺、曰天赐、曰古，则向氏居之。舒氏则德郭、德言、君疆、光银，田氏则处达、汉琼、汉希、汉能、汉权、保全，向氏则通汉、光普、行猛、永丰、永晤，皆受朝命。自治平（1064—1067）末，光银入贡。故事，南江诸蛮亦隶辰州，贡进则给以驿券……南江州峒悉平，遂置沅州，以懿州新城为治所。（《宋史》卷四九三《蛮夷一·西南溪峒诸蛮传上》）

南江蛮指居住于沅水中游的蛮。辰州即今湖南省沅陵县，沅州即今湖南省芷江县。

9. 梅山峒蛮，旧不与中国通。其地东接潭，南接邵，其西则辰，其北则鼎、澧，而梅山居其中。（《宋史》卷四九四《蛮夷二·西南溪峒诸蛮传下》梅山峒条）

梅山是指湖南安化西南、与新化县相接的资水流域。安化被称为下梅山，新化被称为上梅山，梅山蛮聚居于此。《益阳县志》卷一一《武备》记北宋神宗时事："熙宁五年（1072），益阳梅山蛮降。"《新化县志》卷二《形势》："梅山蛮纳土，置新化、安化二县。"据此，梅山蛮至宋时归附，这一地区始置郡县。

第三章 以蛮问题为中心所见六朝时期各地域的状况　　　　447

10. 诚徽州，唐溪峒州。宋初，杨氏居之，号十峒首领，以其族姓散掌州峒。太平兴国四年（979），首领杨蕴始来内附。五年，杨通宝始入贡，命为诚州刺史。淳化二年（991），其刺史杨政岩复来贡。……崇宁（1102—1106）初，改诚州为靖州。(《宋史》卷四九四《蛮夷传二》诚徽州条）

诚徽州蛮居于沅水上游。靖州治在今湖南省靖州县^{补注（3）}。

11.（开宝）八年（975）五月，诏邵州武冈等三县、潭州长沙等七县应遭山洞贼劫人户，去年欠税租及今年夏税，并与除放。(《宋会要辑稿·食货七〇之一五五》）

邵州（湖南邵阳）存在蛮这一点在史料2中已述。武冈是今湖南南部的武冈市，《宋史》卷四九四《西南溪峒诸蛮传下》绍兴三年（1133）条载："绍兴三年，臣僚言：'武冈军溪峒旧尝集人户为义保，盖其风土、习俗、服食、器械悉同徭人。故可为疆场捍蔽……'"

12.（乾道）十年（1174）四月，全州上言："本州密迩溪峒……故游民恶少之弃本者，商旅之避征税者，盗贼之亡命者，往往由之以入。萃为渊薮，交相鼓扇，深为边患。……"(《宋史》卷四九四《西南溪峒诸蛮传下》乾道十年条）

全州属于今广西壮族自治区，因与湖南省相接，当时属于荆湖南路。

13. 庆历三年（1043），桂阳监蛮猺内寇，诏发兵捕击之。蛮猺者，居山谷间，其山自衡州常宁县属于桂阳、郴连贺韶四州，环纡千余里，蛮居其中，不事赋役，谓之猺人。初，有吉州亡黄捉鬼与其兄弟数人皆习蛮法，往来常宁，出入溪峒……出桂阳蓝山县华阴峒……蛮所至杀掠居民，纵火劫财物，被害者甚众。……是时，湖湘骚动，兵不得息。(《宋史》

卷四九三《西南溪峒诸蛮传上》）

衡州常宁是衡州南部的属县，即今常宁县。桂阳南接衡州，置监。郴州东接桂阳监，治在今郴州市。《宋史》卷四九四《西南溪峒诸蛮传下》嘉定元年（1208）条载："郴州黑风峒瑶人罗世传寇边，飞虎统制边宁战没。江西、湖南惊扰……二年，李元砺、罗孟二寇江西……"可见郴州成为黑风峒之乱的据点。黑风峒之乱，如第五节"唐宋时代的发展"之史料4、5的考察，是席卷了湖南、江西、安徽、广东的大乱（关于黑风峒之乱有李荣村以《黑风峒变乱始末——南宋中叶湘粤赣间峒民的变乱》为题的专论，载台北"中研院"《历史语言研究所集刊》第41本之3，1969年）。连州、贺州、邵州均邻接湖南省，属广东、广西。故史料13的记载揭示了北宋时代湖南省西部蛮之分布的具体状况。另外，史料13中这一分布的起点被置于衡州常宁，而据《大明一统志》卷五七《袁州府》山川条所谓"武功山……（南）宋绍兴间（1131—1162）洞寇猖獗路分，赵户方领兵剿捕于此，因名武功"可知，其分布进一步向西北延伸，及于武功山区。

以上由史料5—13探寻了宋代蛮的分布，最终我们窥知，在当时的湖南省地区，除以长沙为中心的地域以及湘水流域的平原部分，蛮的分布几乎遍及全部山地地带。《宋会要辑稿·藩夷五之一〇二》南宋宁宗嘉泰三年（1203）条简明地表述了这一点：

正月十二日前知潭州、湖南安抚赵彦励言："湖南九郡皆与溪洞相接……其人狼子野心……越界生事，为害不细……"

同书《藩夷五之一〇二》嘉泰三年正月十二日条记录了前知潭州、湖南安抚赵彦励之语：

湖南九郡皆与溪洞相接，其地阔远，南接二广，北连湖右。

此处所见九郡据下引《宋史》卷八八《地理志》荆湖南、北路的南路条，

第三章　以蛮问题为中心所见六朝时期各地域的状况　　　　　　　　　449

指潭州、衡州、道州、永州、邵州、郴州、全州、武冈军和桂阳监：

> 南路。州七：潭，衡，道，永，邵，郴，全。军一：武
> 冈。监一：桂阳。县三十九。

换言之，上面的史料显示，构成宋代荆湖南路的全部州都存在蛮，简明地展现了先前通过具体考察各州所获得的认识。这对于思考此前的时代，即唐代或本章主要关心的六朝时代蛮的问题，极具意义。

补注（1）：本章原稿为《蛮の問題を中心としてみた六朝期段階における各地域の状況について》（载《史淵》第123辑，1995年）和《蛮の問題を中心としてみた六朝期段階における各地域の状況について（その二）》（载《九州大学東洋史論集》第23号，1995年1月）。关于陈元光的事迹，在拙稿撰成后得见谢重光《陈元光与漳州早期开发史研究》（台北：文史哲出版社，1994年11月）。请一并参考。

补注（2）：关于唐宋时代福建的民族问题，最近佐竹靖彦发表了《唐宋期の家族と社会——山洞と洞蛮》，《人文学報都立大》第277号，1997年3月。

补注（3）：关于梅山蛮、诚徽州蛮，亦请参见上西泰之《北宋期荆湖路"溪洞蛮"地開拓について》（载《東洋史研究》第54卷4号，1996年）及其引用诸文。

第五篇　4、5世纪东亚的国际关系

以上四篇考察了魏晋南北朝时代中国诸民族间抗争、融合的种种样态，本篇将就中国大陆与同时代相邻地域诸民族的互动展开考察，主要关注北魏与日本的关系，由此说明这段时期诸民族的动向不单只是在中国内部相互关联，邻接中国的诸民族的动向与其也有密切的联结。关于当时的国际关系，我们将从以下两个角度来进行展望：一是个别的、具体的外交交涉的侧面，二是在鲜卑、蛮处也见到过的对异文明的接受。

第一章

倭五王遣使刘宋的开始与终结

引言

本章考察五王时代倭国同东亚诸国政治交涉的过程,并探讨它与北魏的关系。

如所周知,关于倭五王已有大量研究,因而现今给人题无剩义之感。不过也许是受史料制约,前人未充分阐明的问题并非不存在。其中一项就是,倭国女王台与遣使西晋后中断的倭向中国的遣使,为何会在五王时代恢复,及其为何又在刘宋末顺帝昇明二年(478)终止。也可以换一种问法,即倭国的遣使为何几乎集中在十六国南北朝时代诸王朝中的刘宋一朝(在代晋造宋的刘裕掌权的东晋末期,也有一次遣使)。来自倭国的遣使从刘宋建国前后持续到宋亡,然而,在此前的百余年间,即从台与遣使至东晋末(据现存史料为147年),以及此后的百余年,即从昇明二年遣使到公元600年的遣隋使(122年),两段如此漫长的时间内都没有遣使的发生,考虑到这一点,先前的疑问又具有了更深的意义。关于该问题的解答,首先可以举出的一种说法是,史料的偏颇造成了遣使史实的漏记。例如大庭脩氏就认为西晋泰始二年(266)以降遣使仍然在进行[1]。即便存在这一可能性,长达百余年的时间内全然不见遣使的材料,只凭上述漏记的理由也是无法解释的。而概观当时的时代状况,还可以找出以下种种理由:始于八王之乱、永嘉之乱的东亚动乱;倭与高句丽围绕朝鲜半岛南部的斗争;倭寻求对百济地区的军事支配权但刘宋始终不予承认,倭因此产生了不满等。不过,这样的解释仍不能充分回答为何遣使的再起发生于5世纪初。总而言之,笔者认为,关于遣使"突然地"恢复与终止,现有的考察难称完满。正由如此,对倭五王发表过诸多高见的坂元義種氏才会有以下的言论:

---

1. 参见大庭脩:《三、四世紀のおける東アジア諸族の動向》,《東アジア世界における日本古代史講座》第三卷,学生社,1981年,第135、146页。

第一章　倭五王遣使刘宋的开始与终结

进入五世纪，倭五王于义熙九年（413）突然遣使东晋，现身在国际社会的舞台上，而昇明二年（478），以来自武的悲壮的上表作为结束，又突然地从舞台上消失。对此的探讨将成为今后的课题。[1]

关于其中的前者，即遣使的恢复，大庭脩氏有以下论述：

还出现了一个疑问是，（为何）高句丽会跟（倭国）在同一年遣使？对此，第123页曾述及以下史实：410年东晋将军刘裕灭南燕，晋的势力北进占领了山东半岛。东晋出现在易于开展海路交通的山东半岛，对于统治着从辽东到旧乐浪郡的高句丽，不得不说是一项甚为紧要的事态。而倭国也必定认识到，现已出现能够经由山东半岛与东晋接触的形势，而绝非循海路前往江南。……最后，我想总结并指出本文中经常出现的另一个大的问题点，即海上交通。连接公孙氏与吴、西晋与交趾、北燕与东晋的沿岸航路未来一定要加以深究。[2]

笔者赞同大庭氏的这一见解，且本章的目的之一就是要将该见解进一步展开。又，西嶋定生氏关于前述问题中的后者，即遣使为何在昇明二年终止，有以下论述：

倭国与中国王朝的邦交，以478年倭王武的上表以及对其的官爵授予作为完结，此后进入漫长的中断期，直到七世纪初。这是什么原因呢？有三个情况可以考虑。第一，478年针对倭王武的上奏进行除任后，中国王朝特别是南朝的政情发生了变化，很可能该政权已无法再被视为维持国际性政治秩序的权威所在。第二，对"倭五王"遣使后的除任，尤其

---

1. 参见坂元義種：《古代東アジアの日本と朝鮮》，吉川弘文館，1978年，第374页。
2. 参见前揭大庭氏论文第145—147页。山尾幸久氏亦有类似表述（《日本古代王権形成史論》，岩波书店，1983年，第300页）。

是倭王武的场合，可能没有带来预期的效果，或是随着朝鲜半岛的形势发生变化，倭国一方遣使朝贡的热情便冷却下来。第三，也许倭国内部的政治形势或是国家意识出现了改变，让遣使朝贡成为不可能或不必要。[1]

西嶋氏在后文否定了第一、第二点的可能性，并根据稻荷山古坟出土的铁剑铭文、船山古坟出土的铁刀铭文等，提倡关注第三点中倭国国家意识的变化[2]。这是从宏观的视角观察当时总体政治形势后得出的卓见，不过，对于遣使为何最终在478年这一时间"突然"断绝，仍然没能给出解答。本章目的之二就是要探明遣使"突然"终止的理由。

以上阐述了作为本章旨趣的两个问题点，但如开篇所言，笔者亦将考察它们与华北非汉族政权，尤其是与北魏的关系。

第一节 关于倭五王遣使中国的开始

公元239年六月倭国女王卑弥呼经带方郡向魏朝遣使入献。三个月前曹魏军团攻灭了东汉末以来割据辽东的公孙氏政权，朝鲜半岛上倭与曹魏之间的障壁被消除，这次遣使的主要因由当在于此[3]。倭五王的遣使应该与卑弥呼的情况相似，路径的通畅与否有很大关系。

如所周知，古代从日本前往中国的路线主要有三条：(1) 渡过对马海峡，由朝鲜半岛经陆路抵达中国；(2) 同样是渡过对马海峡，经朝鲜半岛沿岸的海路北上，待"良风"横穿黄海，抵达中国的山东半岛；(3) 从九州直接横渡东海向江南进发。其中，线路 (1) 因与倭国具有斗争关系的高句丽的存在，在倭五王的时期难以通行，稍微一瞥《宋书·倭国传》即可获知[4]。关于 (3)，岸俊男氏曾论述，倭五王遣使也可

---

1. 参见西嶋定生：《日本歷史の国際環境》，东京大学出版会，1985年，第65页。
2. 参见前揭西嶋氏书第66页以下。
3. 参见大庭脩：《親魏倭王》，学生社，1971年；西嶋定生：《中国古代国家と東アジア世界》，东京大学出版会，1983年，第二编第一部第三章"親魏倭王冊封に至る東アジアの情勢"。
4.《宋书》卷九七《倭国传》所载倭王武上表文提到："臣……归崇天极，道迳百济，装治船舫，而句骊无道，图欲见吞，掠抄边隶，虔刘不已，每致稽滞，以失良风……"

第一章　倭五王遣使刘宋的开始与终结

能采用过这条线路[1]。然而，人所共知，距倭五王时代二百至四百年后的遣唐使，在这条所谓的南路上总是渡海失败。而遣隋使、初期的遣唐使都是取道所谓的北路，即线路（2），从上述情况看，这应该才是倭五王时代的主要路线[2]。

采用线路（2）的倭五王使节在进至山东半岛后，当主要通过内陆水运到达江南[3]。这是因为，如果沿山东半岛经海路南下江南，就意味着舍弃能得到中国方面指引、保护的安全线路，而选择了坎坷之途[4]，山东半岛有成山角等险处，江苏省沿岸至长江口又有众多沙洲。如今，江苏省沿岸可以列数出大沙、长沙、北沙等多处浅滩。比起现在，倭五王时代江苏省的海岸线需朝内陆退缩约50千米[5]。海岸线的东进是元以后才急速发生的，而圆仁入唐之际，其乘船也在这片海域搁浅（参见《入唐求法巡礼行记》），综合起来可推定，5世纪时从江苏省沿岸到长江口的航行并不容易。当然，像现今上海至青岛或上海至连云港的航路那样，避开沙洲进行近海航行也并非不可能。然而，除了"海贼"孙恩这类情况，中国船只通常都不会使用这条航路，当时的倭国既无指南针，船帆技术的掌握程度也很可疑[6]，若循此而进，难度实在太大。况且，现今江苏省沿海缺乏良港，主要的海港仅有位于北边的连云港[7]，注意到这一点就会意识到途中登陆亦大不易。而从航路长短的角度来看，经山东半岛、江苏省沿岸再由长江口溯行至首都建康，比起取道山东的内陆路线，行程也会超出许多。总而言之，倭五王时代的使节前往江南，主要是先由海路到达山东半岛，后续采取的路线将会避开江苏省沿岸的海

---

1. 参见岸俊男：《"吴、唐"へ渡った人々》，《日本の古代》第三卷，1986年，中央公论社，第157页。
2. 从前引《宋书》卷九七《倭国传》所载倭王武上表文可窥知使节采用的是路线（2）。
3. 《魏书》卷五〇《尉元传》云"贼（南朝）向彭城（江苏徐州），必由清泗过宿豫（江苏泗阳），历下邳（江苏邳州）；趋青州（山东青州），路亦由下邳入沂水，经东安（山东沂水）"，可见沂水、泗水能被利用。
4. 参见星斌夫：《大黄河——中国の漕運》，近藤出版社，1971年，第69、78、79页。
5. 参见谭其骧主编：《中国历史地图集·东晋南北朝时期》，地图出版社，1982年。
6. 参见松木哲：《船と航海を推定復原する》，前揭《日本の古代》第三卷。
7. 例如，《アジア歴史事典》（平凡社，1960年）江苏省条（森鹿三执笔）："沿岸多沙洲，缺乏良港，海港只有连云港。"

域。接下来在此基础上，考察倭国女王台与以来中断百余年的遣使在5世纪初重新展开的原因，并且检讨引言所述大庭氏之说。

首先应该关注的是，恢复遣使的5世纪初正值一个过渡期：淝水之战后前秦的崩溃曾引发波及华北、华中的巨大政治变乱，这一事态此时逐渐向北魏与刘宋的对立局面收束。386年北魏建国，随着北魏的扩张，后燕在397年灭亡，同时南燕、北燕建立，而刘裕的北伐又带来南燕、后秦的瓦解，这些都是该过程中发生的具体事件。若思考政治形势的演进与前述路线问题的关系，确实就如大庭氏所说，410年在山东半岛的北燕被灭，对包含朝鲜、日本在内的东北亚的政治状况造成了极大影响。还要注意《晋书》卷一〇《安帝纪》义熙九年（413）条的记载：

是岁，高句丽、倭国及西南夷铜头大师并献方物。

对高句丽来说也是在相隔七十年后再度遣使东晋。关于此处的倭国使，存在着坂元义种氏所提出的是否为正式使节的问题[1、补注]，但至少5世纪初遣使已经恢复这一点可以确认。那么，高句丽恢复遣使与倭国的举动很可能都是由同一原因而起。把它同前述路线的问题以及南燕的灭亡结合考虑，这些事项相互间存在关联当属事实。

南燕被灭前，山东半岛相继受前燕、前秦、后燕等非汉族国家的统治[2]。这段时期，同倭国围绕朝鲜南部的霸权展开激烈斗争的高句丽，

---

1. 参见坂元義種《倭の五王——空白の五世纪》，教育社，1981年，第一章。
2. 《晋书》卷一五《地理志下》青州条："自永嘉丧乱，青州沦没石氏。……慕容恪灭赵，克青州。苻氏平燕，尽有其地。及苻氏败后，刺史苻朗以州降。朝廷置幽州，以别驾辟闾浑为刺史，镇广固。"此处的苻朗来降即《晋书》卷九《孝武帝纪》太元九年十月条所记"苻坚青州刺史苻朗帅众来降"，可知是在384年。另一方面，《资治通鉴》卷一〇八太元十九年十一月条云："燕辽西王农败辟闾浑于龙水，遂入临淄（广固北）。"综合这些记载，自前秦崩溃到后燕建立其统治的约十年间，东晋一度以辟闾浑等人作为刺史，将山东纳入管辖。不过，《晋书》卷九《孝武帝纪》太元十七年四月条载："齐国内史蒋喆杀乐安太守辟闾潜，据青州反，北平原太守辟闾浑讨平之。"可见辟闾乃复姓（很可能是胡姓），同姓的两人都担任着太守，这反映出苻朗来降后的青州维持着前秦时期的体制，某种意义上来说就是"本领安堵"式的状态。因此晚期的东晋在多大程度上能有效控制这片地区令人怀疑。

其活动受到西邻诸政权的强力限制（尤其是遭遇了被前燕攻陷国都等重大打击[1]）。413年高句丽遣使东晋，正好在承后燕而起的北燕建国（409）之后，此前，丧失中原、势力弱化后的后燕主慕容熙同广开土王之间在5世纪初始围绕辽东的斗争刚告一段落。因慕容云的高句丽血统，高句丽与北燕建立了良好的关系[2]。另一方面，掌握后燕"遗产"而成为华北霸主的北魏要在攻灭北燕的436年前后才将触手伸向高句丽。在这样的国际形势下，并且410年受刘裕支配的东晋攻灭南燕，将扎在渤海、黄海航路上的要冲——山东半岛纳入统治后，高句丽即恢复遣使。对于高句丽，大概也是感到了巨大的威胁。易言之，在一衣带水的渤海对岸，强大的军事力量正在高涨，恢复遣使可以说是尝试应对这项态势的政策表现。作为东亚文明中心的晋如今重振雄风，高句丽重启曾经进行过的遣使也包含了回应这一动向的一面。在因应对岸高涨的军事力量以及晋的重振这一点上，倭国的处境也大致相同，但如果从倭国的立场思考高句丽恢复遣使的意味，就会发现在倭国恢复遣使的原因当中，除了应对上述政治形势之外，还很可能连带着其他事项。这就是借由重启遣使，利用已扩张至山东半岛的东晋南朝的力量，牵制宿敌高句丽，以谋求在朝鲜半岛有所进取。考虑到广开土王碑建立于414年，倭王武上表的内容，以及因东晋挺进山东而被置于微妙立场上的高句丽等事态，这样的推测当不致大谬。

另外，先前提到坂元氏认为，413年的倭国使并非来自倭国的正式使节[3]。笔者同池田温氏等学者一致，持倭国使乃正式使节的观点[4]（关于此点的个人看法见后文的补注）。假如坂元氏之说正确，遣使恢复

---

1. 《晋书》卷一〇九《慕容皝载记》咸康七年（341）条："（燕军）乘胜遂入丸都，钊单马而遁。皝掘钊父利墓，载其尸并其母妻珍宝，掠男女五万余口，焚其宫室，毁丸都而归。"《晋书》卷一一四《苻坚载记》太元八年（383）条："是年，益州西南夷、海东诸国皆遣使贡其方物。"《晋书》卷一二三《慕容垂载记》："进伐高句骊，复辽东、玄菟二郡，还屯龙城。"
2. 《晋书》卷一二四《慕容云载记》："（慕容云）宝之养子也。祖父和，高句骊之支庶。"另可参见《三国史记·高句丽本纪》故国壤王十七年条。
3. 参见坂元義種：《倭の五王——空白の五世紀》，教育社，1981年，第一章。
4. 参见池田温：《義熙九年倭国献方物をめぐって》，《江上波夫教授古稀記念論集》历史编，山川出版社，1977年。

的时间就要推迟到刘宋建国后对倭王进行除授的永初二年（421），那么，这与取道山东半岛的路线得以开通的410年之间会出现比较大的时间差。然而，彼时的遣使依然是以山东路线开通以及随之而来的对刘裕崛起的感知为前提的。还可再以遣隋使为例，他们初到中国是在强国隋建立后十九年、中国再统一后的十一年。从来自山东半岛的影响波及倭国到倭国采取相应对策，或许需要大量时日。注意到这些方面，坂元氏之说即使成立也不会动摇本节的主旨。又，本节目前的考察如果不误，我们同样难以认为，倭国重启遣使的时间可以上溯至南燕灭亡的410年（再将安排对策、派遣使节所需时日纳入考虑的话，413年以前恢复遣使的可能性几乎没有）。那么为何倭国不曾向前赵、后赵、前燕、前秦、后燕诸朝派遣使节呢？对此可以考虑倭国内外的种种因素，其中笔者倾向的是，这些政权均为短命的、欠缺正统性的胡族国家，以及高句丽对航路造成了较大妨碍。而且也有必要深入挖掘，当时与倭国关系密切的百济宣称奉晋朝为正统这一史实所具有的意义（这一点在后文也有若干涉及）。

综上，本节论述了以下问题：随着刘裕主导的东晋占领山东半岛，东晋南朝国家对包含朝鲜半岛在内的东北亚地域产生了强大的政治、军事影响力，在这一进程下，山东半岛路线的开通是倭国重启遣使的主因。那么遣使为何又在478年以后突然终止呢？接下来的第二、三节将就此问题进行考察。

第二节　北魏伐北燕以降东亚政治史的演进

太武帝延和元年（432）六月庚寅，北魏针对据守和龙城（现辽宁省朝阳）的北燕发动了进攻。事件最终演化为太延二年（436）五月乙卯北燕主冯弘出奔高句丽，不过，在交战正酣时，一位人物却从北魏经北燕逃至刘宋。《魏书》卷四三《毛脩之传》记此事云：

> （毛脩之）从讨和龙。……云中镇将朱脩之，刘义隆故将也，时从在军，欲率吴兵谋为大逆，因入和龙，冀浮海南

第一章　倭五王遣使刘宋的开始与终结

> 归。……朱脩之遂亡奔冯文通（文通为冯弘字）。

同卷附《朱脩之传》云：

> 为云中镇将。及入冯文通，文通送之江南。

朱脩之归宋时所取道路就是经由山东半岛的路线。明确显示此点的材料是《宋书》卷七六《朱脩之传》（《南史》卷一六《朱脩之传》略同）：

> （朱脩之奔冯弘后）弘不礼。留一年，会宋使传诏至，脩之名位素显，传诏见即拜之，彼国（即北燕）敬传诏，谓为"天子边人"，见其致敬于脩之，乃始加礼。时魏屡伐弘，或说弘遣脩之归求救，遂遣之。泛海至东莱，遇猛风柁折，垂以长索，船乃复正。海师望见飞鸟，知其近岸，须臾至东莱。元嘉九年（432），至京邑，以为黄门侍郎。

可以据此推测出，山东半岛是当时连接刘宋与北燕的主要线路。《晋书》卷一二五《冯跋载记》记东晋占领山东半岛以后之事：

> 晋青州刺史（青州位于山东）申永遣使浮海来聘，跋乃使其中书郎李扶报之。

《宋书》卷九七《高句骊传》云：

> （冯跋于）太祖（刘宋太祖）世，每岁遣使献方物。……弘败走，奔高骊北丰城，表求迎接。太祖遣使王白驹、赵次兴迎之，并令高骊料理资遣，琏（高琏，高句丽长寿王）不欲使弘南，乃遣将孙漱、高仇等袭杀之。白驹等率所领七千余人掩讨漱等。

结合前一条引文所见青州刺史遣使、后引文所见派兵七千余人，当时连接刘宋与北燕的主要路线经由山东半岛绝对无误。在此基础上，北魏灭北燕，就意味着北魏对此条路线的介入。这对于高句丽与南朝的外交，造成了严重的事态。而且，这也应该成为当时经由山东半岛向刘宋朝贡的倭国的问题。《魏书》卷一〇〇《库莫奚传》记载北魏讨伐北燕后立即设置军镇：

及开辽海，置戍和龙，诸夷震惧，各献方物。

引文清晰地展现了东夷诸国的处境[1]。

北魏攻破北燕后，在其东部将矛头指向了包含山东半岛的青齐之地以及徐州，随着468年控制这片地区，又进一步把战线南移至泗水、淮水流域。接下来详细探讨此间动向，以配合后文的论述。

北燕灭亡三年后，北魏的兵锋一度西转，定都姑臧（现甘肃武威）的北凉遭讨伐（439年）。接下来在与柔然、吐谷浑等缠斗的同时，太平真君十一年（450）九月辛卯北魏又起兵征南朝。十一月壬子迅速地包围徐州彭城，十二月丁卯济淮，随之攻略淮西、淮南，同月癸未终于到达刘宋都城建康对岸的瓜步山（今江苏省南京市六合区东南临江之山）。太武帝于此营建行宫，翌年正月元旦，在长江边集结诸军，并论功行赏。魏军在该月丁亥踏上返途，刘宋又得以收复青齐、淮北、淮南等地的领土，不过从长远看，这一事件可以说是此后北魏逐渐掌控以上地域的起点。

南伐一年后，热衷于对外征讨的太武帝被宦官暗杀，北魏的南进因而暂时受挫。到了这场混乱已平息、国力再度充实的460年代，北魏又启动了在南方的攻势。首先，《宋书》卷八《明帝纪》泰始二年（466）十二月条载：

---

1. 《魏书》卷四上《世祖纪上》太延二年（436）二月壬辰条："遣使者十余辈诣高丽、东夷诸国，诏谕之。"北魏在讨伐北燕过程中已给东夷诸国带来压力。

第一章　倭五王遣使刘宋的开始与终结

> 于是遂失淮北四州及豫州淮西地。

据此，刘宋现已完全丧失了包含淮北重镇彭城等的广大地区。不过当时包含山东半岛的青齐，以及连接该地与江南的沂水、泗水等水路沿线州县依旧在刘宋支配下。是故北魏后续的攻击即集中于这些地区。青齐的重镇可以举出青州治所东阳（山东青州）、齐州治所历城（山东济南）、东平原郡郡治梁邹（山东邹平北）等，468年二月历城、梁邹相继降魏，又据下引《资治通鉴》卷一三二《宋纪一四》明帝泰始四年（469）正月条的记载（《宋书》卷八八《沈文秀传》略同）可知，469年东阳也落入北魏之手：

> 沈文秀守东阳，魏人围之三年，外无救援，士卒昼夜拒战。……乙丑，魏人拔东阳。……于是青、冀之地尽入于魏矣。

另外，《通鉴》提到"外无救援"，这并非意为刘宋弃青齐于不顾，刘宋也数次策划救援，不过均因北魏军队的打击而失效（相关例证可参见《魏书》卷二四《崔道固附崔僧祐传》、《宋书》卷八八《沈文秀传》等）。

徐州及青齐地区丧失以后，宋魏交战的最前线进一步南移至淮水、泗水之间。这体现于《宋书》卷八《明帝纪》末尾关于泰始、泰豫之际史事（《通鉴》系之于泰始七年二月，即471年二月）的记载：

> 泰始、泰豫之际……时经略淮、泗，军旅不息，荒弊积久，府藏空竭。内外百官，并日料禄俸（《魏书·岛夷传》作普断禄俸，《南史》及《通鉴》作断禄俸）。

可见，交战同时还造成了刘宋财政的恶化。

以上用较长篇幅交代了北燕灭亡后至470年初始宋魏在东方交战的概略，是想由此走近本章的目的——倭五王遣使的问题。

第三节　东亚的政治状况与倭五王遣使的终结

首先的问题是,经由山东半岛的路线发生了什么变化? 469年的交战之后,占据山东半岛的北魏立刻对其展开经营,翌年(北魏皇兴四年)将东莱从青州分离,设立新的光州。五年后的延兴五年(475)又在该处置军镇,进一步强化了控制。《魏书》卷一〇六中《地形志中》记此事云:

> 光州,治掖城。皇兴四年分青州置,延兴五年改为镇。……东莱郡……掖,州、郡治。

可以认为,是后北魏便据此为基地,对前往南朝朝贡的东夷船舶严加监视。《魏书》卷一〇〇《高句丽传》载:

> 时光州于海中得琏(高琏,高句丽长寿王)所遣诣萧道成(南齐初代皇帝,479—482年在位)使余奴等送阙,高祖诏责琏曰:"……"

同书同传又载:

> 正光初(520),光州又于海中执得萧衍(梁武帝)所授安(高句丽王安)宁东将军衣冠剑佩,及使人江法盛等,送于京师。

这些都是具体的例子。又,《魏书》卷六《显祖纪》皇兴三年(469)条云:

> 正月乙丑,东阳溃,房沈文秀。……二月,蠕蠕(即柔然)、高丽(即高句丽)、库莫奚、契丹国各遣使朝献。

第一章　倭五王遣使刘宋的开始与终结

高句丽的这一遣使当因前月的东阳陷落而触发。反过来也可以看出，山东半岛被北魏占领对于东夷诸国具有何等重大的意义。《魏书》卷一〇〇《高句丽传》关于471年孝文帝即位以后的记载有言：

　　至高祖时，琏贡献倍前，其报赐亦稍加焉。

贡献的倍增恐怕与前述史实不无关系。

　　另一方面，在469年丧失山东半岛（青州之地）以后，刘宋面向东北亚的据点转移至郁洲（今江苏省连云港云台山）。《宋书》卷三六《州郡志二》青州条记此事为：

　　明帝失淮北，于郁洲侨立青州……

质言之，山东半岛陷入北魏以降，欲前往南朝的东夷诸国使节在渡过渤海、黄海后沿山东半岛南下，直到抵达刘宋版图最北端的郁洲前，再无可停泊之处，加上又要尽可能避开北魏的监视网，就必须离岸航行。此时倭国已进入倭王武的时代，其使节除非选择线路（3）的南道，仍不得不依循上述路线前进。此外，对于倭国来说，当前还产生了若干加剧遣使南朝困难的因素。下面就来说明。

　　一是郁洲方面亦面临北魏的攻击，停靠该地也绝非安全。这可以从《南齐书》卷二五《垣崇祖传》关于郁洲对岸朐山城的记载中窥知：

　　虏（即北魏）既陷徐州……（萧道成）板（垣崇祖）为朐山戍主。……朐山边海孤险，人情未安。崇祖常浮身舸于水侧，有急得以入海。……（北魏）遣步骑二万袭崇祖，屯洛要，去朐山城二十里。崇祖出送客未归，城中惊恐，皆下船欲去。……时虏声当寇淮南。……泰豫元年（472）[1]，行徐州事，徙戍龙沮，在朐山南。崇祖启断水注平地，以绝虏

---

1. 各种版本均作泰豫九年，但泰豫只有元年。

马。……未成。虏主谓伪彭城镇将平阳公曰:"龙沮若立,国之耻也,以死争之。"数万骑掩至。……

《资治通鉴》卷一三五《齐纪一》高帝建元二年(480)闰九月条载:

> 魏梁郡王嘉帅众十万围朐山,朐山戍主玄元度婴城固守,青、冀二州刺史范阳卢绍之遣子奂将兵助之。

现今郁洲已成为陆地,但当时是海中岛屿,如《南齐书》卷一四《州郡志上》青州条所记:

> 青州,宋泰始初淮北没虏,六年,始治郁州上。郁州在海中,周回数百里,岛出白鹿,土有田畴鱼盐之利。

上引《垣崇祖传》《通鉴》的材料还显示出,对岸的朐山具有类似堡垒的性质,山东半岛、淮北没魏后,东夷诸国的使节应该可以停泊在这种地方,由此转入内陆水道,向淮水进发。然而,这样的线路也正在陷入难称安全的境地。当时南朝对淮北的控制相当有限,北界不会超过如今的连云港,往西不过江苏洪泽湖,而前揭《南齐书》卷二五《垣崇祖传》已提到"时虏声当寇淮南",《资治通鉴》卷一三五《齐纪一》高帝建元三年(481)正月条又云:

> 魏人寇淮阳,围军主成买于甬城(即角城。角城南临淮水,据济水入淮之口)。……魏人缘淮大掠,江北民皆惊走渡江,成买力战而死。

可见至480年前后,北魏势力已蔓延至淮南。这种情况下东夷诸国的使节还是只能坐自己的船经郁洲南下。但如第一节所述,这是一条充满艰险的道路。

其次,百济的王城汉城(今京畿道广州)在475年因高句丽的进攻

第一章　倭五王遣使刘宋的开始与终结

而陷落，百济濒临灭国。对此，《日本书纪》卷一四雄略天皇二十年冬条引《百济记》云（参见《三国史记·百济本纪》盖卤王二十一年秋九月条）：

> 盖卤王乙卯年冬，狛大军来，攻大城七日七夜。王城降陷，遂失尉礼（汉城）。国王及大后、王子等，皆没敌手。

其结果是，百济不得不将都城南迁至熊津（今忠清南道公州邑），而《宋书》卷九七《夷蛮·倭国传》中著名的倭王武上奏文有以下一段：

> 句骊无道，图欲见吞。……今欲练甲治兵，申父兄之志。……若以帝德覆载，摧此强敌，克靖方难，无替前功。……

可见，倭国在讨伐高句丽之际对援助的请求，同百济的溃败并非没有关系。此处还应注意《魏书》卷七上《高祖纪上》延兴二年（472）八月丙辰条所记：

> 百济国遣使奉表请师伐高丽。

在王城陷落事件的三年前，百济曾遣使北魏，请求征讨高句丽。如所周知，这段时期百济始终奉行南朝正朔，一直作为其册封国[1]。百济仅向北魏遣使过一次，即上引文所记。《魏书》卷一〇〇《百济传》详细载录了这次遣使中百济的上表以及北魏献文帝的回复，还提及了以下史实：北燕灭亡后，高句丽吸收其遗民壮大了自身势力，而百济在与之多年的交战中疲弊；百济向北魏控诉，称臣的高句丽实际暗中勾结刘宋、柔然；百济为讨伐高句丽寻求军事援助，但北魏视高句丽为东方

---

1. 《周书》卷四九《百济传》所谓"（百济）用宋元嘉历，以建寅月为岁首"具体说明了这一点。

藩屏[1]，拒绝了这一请求；百济使节的归国在百济、高句丽、北魏之间引发了问题。关于使节的归国和答礼使的派遣，《魏书》云：

> 诏（高句丽王）琏护送安（邵安，北魏使节之名）等。安等至高句丽，琏称昔与余庆（百济王名）有雠，不令东过，安等于是皆还。乃下诏切责之。五年（475），使安等从东莱浮海，赐余庆玺书，褒其诚节。安等至海滨，遇风飘荡，竟不达而还。

据上引史料，该使节似乎最终没能回到百济。但是《三国史记·百济本纪》盖卤王二十年条记载了同一件事：

> ……竟不达而还。王以丽人屡犯边鄙，上表乞师于魏，不从。王怨之，遂绝朝贡。二十一年秋九月，丽王巨琏（高句丽王高琏）帅兵三万，来围王都汉城。

由此看来，百济中央通过某种方式大体掌握了遣使后发生的事态。那么根据当时百济与倭国之间的密切关系，倭国也应对此有所知晓。另一方面，《南齐书》卷五八《东南夷·百济传》提到北魏对百济的攻伐：

> 是岁（490？），魏虏又发骑数十万攻百济，入其界，牟大遣将沙法名、赞首流、解礼昆、木干那率众袭击虏军，大破之。建武二年（495），牟大遣使上表曰："……去庚午年（490），猃狁弗悛，举兵深逼。臣遣沙法名等领军逆讨，宵袭霆击，匈梨张惶，崩若海荡。……"

《资治通鉴·齐纪》将魏征百济系于南齐永明六年（戊辰年，488），《三

---

1. 此点参见三崎良章：《北魏の対外政策と高句麗》，《朝鮮学報》第102辑，1982年。

国史记·百济本纪》也定为488年[1]，但《魏书》全然没有相关记录。如果发动了这一规模的大军，应该会留下某种记载。因此，这些材料的内容是否属实需要慎重检讨。不过引文所见上表本身恐怕不能视作捏造，毕竟这是百济奉呈南齐朝廷之物[2]。结合前文所指出的472年以后完全不见百济遣使北魏，至少可以确认以下史实，即490年前后百济将北魏视作有可能攻击自己的国家。如所周知，很久以后的7世纪中叶，百济和倭国曾受到唐、新罗联军的威胁。综合考虑北燕灭亡后高句丽的南侵，北燕灭亡与青齐之地的陷落，472年百济遣使北魏的失败，475年百济王城被高句丽攻破，490年北魏伐百济（？）等史实，百济、倭国的统治者们很可能把这些动向视为北魏与高句丽统一步调下的产物，就像后来唐与新罗的联合。这一推测是否切实可暂置不论，但当时百济、倭国的统治者肯定已察觉到，尽管可能不是以如此明确的形式：上述诸变动的产生来自曾经将势力推及山东半岛的刘宋在东北亚所占政治性、军事性比重逐渐走低，与之相反，北魏的存在正在强化。

　　百济打破作为南朝册封国这一传统，特意向北魏遣使，其请求不被将高句丽视作东方藩屏的北魏接受[3]，紧接着汉城沦陷。可以认为，该事态的出现，会迫使以高句丽为敌、遣使南朝的倭国统治者重新检讨外交路线。很可能这是与遣使路线的"不通"相辅相成的，共同导致向刘宋的遣使在478年以降走向终结。另外，倭国没有像百济一样遣使北魏，百济遣使失败、汉城陷落、高句丽与北魏看似步调统一的动向

---

1. 《南齐书》所见"又"字可能就是据此而言。
2. 坂元义種氏在其所著《百济史的研究》（墒书房，1978年）第80页将《南齐书·百济传》所见"魏虏"视作《南齐书》作者的解释，并认为百济所谓"狯犷""匈梨"针对的可能是高句丽，他在《東アジアの国際関係》（岩波讲座《日本通史》第二卷，古代一，岩波书店，1993年）第82页又确认了这一看法。因与本章相关，兹述己见。如本章所言，这一上表本来是由百济奉呈的，既然使用了"狯犷""匈梨"等词，而这又是国家间的公文书，在此篇文意通达的汉文上表的作者心中，"狯犷""匈梨"肯定指的是北魏。百济向被其奉为盟主的南齐上表，作者自然应当是百济当局，即使不是，百济当局也一定会认为"狯犷""匈梨"指北魏。本章引用《三国史记·百济本纪》盖卤王二十年条提到："……竟不达而还。王以丽人屡犯边鄙，上表乞师于魏，不从。王怨之，遂绝朝贡。"将百济一方的"怨"与前述史事合观，可以窥见当时百济将北魏视为敌国。
3. 此点参见三崎良章：《北魏の対外政策と高句麗》，《朝鮮学報》第102辑，1982年。

很可能对此造成了重要影响[1]。

小结

　　5世纪倭国遣使江南，据现存资料共计十次，分别是在413年、421年[2]、425年、430年、438年、443年、451年、460年、477年、479年。本章所考察诸事件的纪年按时代顺序分别为：410年南燕灭亡，413年高句丽遣使刘宋，436年北燕灭亡，450年北魏太武帝南侵至瓜步山，466年淮北四州及豫州淮西部分入魏，469年东阳城陷落，470年设置光州，470年代初宋魏两国围绕淮泗地区的激烈交战，472年百济遣使北魏及其失败，475年光州置镇，同年百济王城陷落，480年代北魏再度南侵，490年北魏攻打百济（？）。前文所言倭五王对刘宋的遣使，特别是其"突然"的开始与终结，与上述东亚的整体动向密切相关，这就是笔者在本章想要表达的观点。正因为如此，倭五王遣使的开启及其终止就不是坂元氏所谓的"突然"事件，而应属"必然"。在西嶋氏所讨论的造成遣使断绝的三条理由中，第二、第三点是应该得到赞同的高见，但第一点笔者认为需要重新思考。在倭国终止遣使之后，百济、高句丽确实还继续向南朝遣使。不过，这能否用以说明南朝在东亚的政治权威，该疑问无法完全否定。至5世纪后半期，南朝政治权威失坠是不折不扣的事实（南齐时高句丽、百济对南朝遣使的锐减[3]就是其反映），而且，当时的国际关系随南北朝两大国家的势力对比而变动，高句丽、百济、倭国又各有不同的内政以及国际政治上的意图。因此，这一项一项的原因及其相互作用（比如百济遣使北魏的意义及其失败，倭国未遣使北魏的理由，路线通与不通对各国影响的大小等）都应被充分考虑。

　　倭五王的遣使始于刘裕掌握江南政界实权之际，终于刘氏王朝覆

---

1. 北魏乃胡族国家这一点可能也带来了影响。
2. 421年的遣使系从坂元氏之说，参见前揭《倭の五王》第二章。
3. 参见坂元义種：《南北朝諸文献に見える朝鮮三国と倭国》，《東アジア世界における　日本古代史講座》第三卷，学生社，1981年，第278—280页。

第一章　倭五王遣使刘宋的开始与终结

亡的前一年，依照本章的考察，这种一致性不单单是偶然的。倭国的统治者很可能通过某些信息对江南的政治形势有相当的掌握，那么可以说，上述一致性明确地展现了倭五王的遣使同东亚的整体动向密切关联。

补注：古代日本向中国的遣使，在《晋书》卷三《武帝纪》泰始二年（266）十一月己卯条"倭人来献方物"（《日本书纪》引《晋起居注》作"十月"）所见倭国女王壹与（台与？）的遣使之后停止，直到同书卷十《安帝纪》义熙九年（413）条所载"是岁，高句丽、倭国及西南夷铜头大师并献方物"才重新开启，中间经历了长久的空白期。《晋书》记录这次遣使重启，是以高句丽、倭国两者并提的形式，如所周知，学界对此已有很多讨论。其中，曾就倭五王及4、5世纪东亚的国际关系提出过不少高见的坂元義種氏主张，当时的倭国使是被高句丽捕获的倭人俘虏（坂元義種《倭の五王——空白の五世紀》，教育社，1981年，第一章"東晉交涉の謎"）。他首先质疑了《南史·倭国传》所见倭王赞朝贡东晋这一记载作为史料的原创性，并认为藤間生大氏等误读了《晋书》中倭国朝贡东晋的记录，又检讨了池田温氏的共同入贡说（池田温《義熙九年倭国献方物をめぐって》,《江上波夫教授古稀記念論集·歷史編》，山川出版社，1977年）。池田氏认为413年倭国入贡是在"先进国高句丽"的"主导"下进行的，对此，坂元氏指出，广开土王碑碑文显示当时倭国与高句丽处于敌对关系，难以想象两国会在不久以前共同入贡，而如果倭国与东晋存在交涉，与倭国一起朝贡的自然应当是与其关系更紧密且已同东晋建立联系的百济，难以想象倭国会越过百济去和高句丽合作。他进而提出了以下多项疑问和指摘：在着实间隔了147年后倭国又向中国遣使，可为何连合乎身份的款待和称号也没有获得；当时倭国献上的贡物为何是貂皮、人参等高句丽物产；高句丽曾有与肃慎一起朝贡中原的经历，但实际入贡的只是高句丽一国；此时在高句丽存在很多因其与倭国的争端而产生的俘虏。正是在此基础上，坂元氏力主"413年的倭国使乃高句丽俘虏"之说。他的观点来自扎实的论证，因而被西嶋定生氏、鈴木靖民氏等许多当代研究者支持。不过这一看法还留下了若干疑点。笔者认为，义熙九年的遣使就是倭国与高句丽同时入贡，而当时的倭国使同样是正式使节。主要基于两个理由：第一，以521年在百济主导下新罗向萧梁的遣使为例，随着官位制的形成，新罗在外交路线上急于拓展，由此而来的这次遣使体现了新罗自身强烈的意志（武田幸男《新羅官位制の成立》，旗田巍先生古稀记念会编《朝鮮歷史論集》上卷，龙溪书舍，1979年，第182—185页），因而说明同时入贡并不意味着其中一方主体性的丧失。尽管当时新罗是在间隔很久后才遣使中国，但也没有被授予称号，与413年倭国遣使东晋的情况相同。第二，《日本书纪》卷十应神天皇三十七年条关于阿知使主遣使的记载提到，阿知使主等人向高句丽（高丽）乞道，与高句丽人久礼波等一起到达吴。因与《雄略纪》相似，该记录的可靠性历来受到怀疑。不过，《雄略纪》的记录不见有关高句丽事。而且考虑到倭王武上表的内容，在倭五王最后一王雄略的时代，难以想象还会有经由高句丽向南朝遣使的情形。那么，只要不认为《日本书纪》制作了这段连人名等都捏造的记录，上述途经高句丽的遣使就应该是发生在倭王武之前的史实。而高句丽使者久礼波等共同至吴一事，极大地强化了该记录实为义熙九年之遣使的可能性。这是因为，通览现存资料，倭国与高句丽的同时入贡，在《晋书》《太平御览》等中国一方的史书中，仅义熙九年一例，《应神纪》的记录与此若合符节。《应神纪》的文字里亦没有线索表明，阿知使主等人是高句丽的俘虏。总之，我认为橋本增吉氏的观点（《東洋史上より観たる　日本上古史研究一》，1932年，第270页以下）不能被说成是"恣意的"（前揭坂元氏书第53页）。

第二章

4、5世纪的中国与朝鲜、日本

引言

上一章围绕倭五王的遣使考述了北魏与倭国的关系，本章将朝鲜三国纳入，从比较北魏与倭国、高句丽、百济、新罗诸制度的角度进一步推动讨论。

基于否定日本古代氏（ウヂ）之氏族性质的津田左右吉学说，吉田孝氏近年提出，单系出身自动决定了对集团的归属，奉行氏族外婚制的单系出身集团是氏的前提，氏也是在具有共同始祖的信仰下结成的血缘集团，可以说是广义的氏族。他依据石田英一郎氏的研究，指出获加多支卤（ワカタケル）大王时期可以理解为"氏族制"（引号为吉田氏原文）的时代。他又探寻了至推古、天智、天武朝的变迁，认为表示朝廷中政治地位的氏名、姓（カバネ），因受中国姓氏制度的影响，被改造为律令制性的姓，在天武朝颁布八色之姓时，忌寸以上姓被赐予特定的氏以上以及同那些氏相关的特定的几个家族，即使没有获赐八色姓的豪族如果在朝廷中的地位升至约五位以上，也会被赐予忌寸以上姓，随之在许多场合，与族长相关的狭小范围内的亲属又会被赐予新的姓[1]。另一方面，本书第一篇的考察指出，因实施均田制而名著于史的北魏孝文帝推动了诸多改革，其中一项是基于中国的姓氏制度，赐予作为北魏统治集团的鲜卑诸族一字之姓（单姓），进而依据一定的标准对其进行划分，将北魏建国以来凡三世名列五品以上官、爵者重编为新的统治阶层（当时称为"姓"或"族"），最终瓦解了鲜卑诸族的氏族制[2]。与前文吉田氏所述现象对比可发现，孝文帝的定姓族、赐鲜卑以姓，同八色之姓的内容及其形成的过程存在相似性。而且，第五位以上被划为居上的特权阶层，其承袭以血缘为基础，这一点在

---

1. 参见吉田孝：《古代社会における"ウヂ"》，《日本の社会史》第六卷《社会的諸集団》，岩波书店，1988年，第55、59页。
2. 本书第一篇第四章第四节。原题《北朝社会における部族制の伝統について》，载《佐賀大学教養部研究紀要》第21号，1989年。

古代朝鲜也能见到[1]。诸国各自的历史都是由各自主动创造出来的,相互之间存在根本区别,因而不可轻易地比较。不过,若站在宏观的角度,考虑到以上诸国均奉中国式的官制秩序为典范,克服了原有族制秩序而建立起古代国家,恐怕就无法再断言这只是偶然的一致。而且这种一致并非止于上述事项,我们还能揭示其他更多例证。下面就来看看作为例证之一的内朝制度。

第一节　内朝制度

此处所谓内朝制度,是指君主身边的近侍集团及赋予其秩序的官司制度。在北魏,这些侍官构成的组织叫作内朝,负责皇帝诏书的起草、传达,皇帝咨询的应对,监督、调查一般行政机关,监察、弹劾中央与地方的官员,以及统领亲卫军[2]。其成员基本上由鲜卑担任,推行过史上著名汉化政策的孝文帝在开展改革时,鉴于汉人入居内朝官、内朝组织的膨胀所带来的行政迟滞等缘由,将该制度废止。易言之,对于汉民族来说,这一组织是在异民族鲜卑支配下的北魏王朝施行其异民族统治的支柱。它起源于,鲜卑拓跋部的统治者从其征服或支配的部族中选取人质(很多时候是部族首长之子),置之身边充当耳目。而拓跋部的首领在北魏建国以前曾被西晋封为代王,随之导入的中国式官制原理对内朝的形成也产生了重要影响。对此有了解后再把目光转向朝鲜三国,可以发现三国都存在相似的组织,分别是:高句丽的中里制,百济的内官十二部司与其中作为国王近侍集团的前内部,新罗的内省与碑文所见里内从人、里来客等[3]。倭国的情况又是怎样的呢?北魏的内朝官执弓刀或持笔侍于皇帝之侧,履行前文所述的职责[4],在倭国也是如此,豪族如筑紫国的磐井、近江毛野臣,或捉大刀或负靫以

---

1. 参见武田幸男:《六世紀における朝鮮三国の国家体制》,《東アジア世界における　日本古代史講座》第四卷,学生社,1980年,第35、36页。
2. 参见本书第二篇第一章。原题《北魏の内朝》,载《九州大学東洋史論集》第6号,1977年。
3. 参见前揭武田氏论文以及三池贤一:《新羅内廷官制考(上)(下)》,《朝鮮学報》第61、62辑,1971、1972年。
4. 参见本书第二篇第一章。

奉仕大王，这被看作服属王权的证明[1]。再注意日本古代外廷成立以前所设近侍天皇的内廷诸官——内廷性的伴（トモ）、近侍性的伴[2]，也能发现与北魏的相似性。北魏建国后经过约150年到了孝文帝的时代，氏族制仍然延续而未失其本质[3]，可以说北魏的内朝制度就是以其为母体而存在的。另一方面，对于倭国，如前所述，获加多支卤大王时代可以视作"氏族制"的时代[4]。而古代朝鲜的族制传统也是根深蒂固的（详见后文）。综合上述不难察觉，倭国、朝鲜三国与北魏三者的情况在根本上有共通之处。接下来就此点结合前大化时代所谓人制的问题继续探讨。

第二节　关于人制

在人制的研究上，直木孝次郎氏曾论及，以6世纪为中心，带有仓人、酒人、宍人、文人等"人"称并具备下级官人性质的实务担当者在倭国广泛出现，处理着大和（ヤマト）朝廷的各种庶务，他指出，人制的意图在于克服伴造、部民制具有的氏族制性质，谋求官司制的拓展[5]。在"官人制的展开"这一论题下，他注意到，6世纪的新罗碑文记有旨为人、助人、书人、执驾人、作上人、将作人等官职名，指出6世纪的一段时期倭国仿效新罗制度，为构成伴的氏族附上"人"称，试图加以整备，进而认为稻荷山古坟铁剑铭所见"仗刀人"、船山古坟铁刀铭所见"典曹人"也与此有关[6]。对直木氏关于人制的见解，后来出现了很多反驳，不过在该领域如今的研究动向中有这样的意见："尽管受到批判，直木氏的人制论不过只是受到一点'轻伤'，作为战后古代史研究的高论之一，今后仍将保持长久的生命力。"[7]近年亦有研究试图

---

1. 参见鎌田元一：《部民制の展開》，《日本の古代》第六卷，中央公論社，1986年。
2. 参见平野邦雄：《大化前代社会組織の研究》，吉川弘文館，1969年。
3. 参见本书第一篇第四章第四节。
4. 参见前揭吉田氏论文。
5. 参见直木孝次郎：《日本古代国家の構造》，青木書店，1958年。
6. 参见直木孝次郎：《東アジア世界における　日本古代史講座》第五卷，学生社，1981年。
7. 参见前之園亮一：《研究史　古代の姓》，吉川弘文館，1983年。

通过对雄略朝的深入考察来重新确认人制的存在[1]。在这些基础上,我们展开下面的论述。

《南齐书》卷五七《魏虏传》关于北魏前期历史提到:

> 国中呼内左右为"直真",外左右为"乌矮真",曹局文书吏为"比德真",檐衣人为"朴大真",带仗人为"胡洛真",通事人为"乞万真",守门人为"可薄真"……

据白鸟库吉氏的观点,引文所见"真"是蒙古语及土耳其语či或ʒi的音写,用以表示掌司或行使某事物者[2]。易言之,此处的"真"与前文所谓的"人"同义。又,白鸟氏讨论了引文内各种拓跋语,提出许多见解,如"比德真"是《元史·兵志》"为天子主文史者曰必阇赤"所见bitikči的音译,又如《成吉思汗实录》有所谓"箭筒士(蒙语:豁儿赤。明译:带弓箭的。《元史·兵志》:火儿赤。《元史·塔察儿传》:火儿赤者,佩囊鞬侍左右者也)","胡洛真"即此koruči的音译。《元史》卷九九《兵志二》宿卫条云:

> 其它预怯薛之职而居禁近者,分冠服、弓矢、食饮、文史、车马、庐帐、府库、医药、卜祝之事,悉世守之。虽以才能受任,使服官政,贵盛之极,然一日归至内庭,则执其事如故。

笔者认为引文叙述的元朝宿卫制度,即怯薛,在北魏也有相似的设置[3]。这就是前引《南齐书》卷五七《魏虏传》所见诸官中的内朝官(《魏虏传》里的"左右"官揭示了其中一部分)及其关系密切者。北魏内朝官中存在"真"官,进一步说明,类似倭国那样的担负具体职责、被

---

1. 参见佐伯有清编:《古代を考える　雄略天皇とその時代》,吉川弘文館,1988年。
2. 参见白鳥庫吉:《東胡民族考》,《白鳥庫吉全集》(四),岩波书店,1970年,第170—176页。
3. 参见本书第二篇第四章,改写自拙稿《北魏高祖の漢化政策についての一考察——北族社会の変質との関係から見た》(载《東洋学報》第62卷3、4号,1981年)。

呼为"×人"的职官亦见于北魏。

当然，古代日本的内廷及其相关诸机构可能无法与北魏内朝相提并论[1]。再比如高句丽中里制的分化与进步也只是一种相对的发展[2]。因此，将北魏与朝鲜三国、日本的情况同等对待必须慎之又慎。不过，如本节开头已声明的，相似性不止存在于这一内朝制度的形态上。下节将稍微改换视角，从族制传统这一侧面继续探寻它们的相似性（另外，倭国的人制与《周礼》所见酒人、舍人等亦有关联）。

第三节 八部、五部、六部

北魏的建立者太祖拓跋珪在建国初，下令将附从拓跋部的诸部族迁居于皇城周边，同时把族长对部民的支配权转交给国家，以之为内容的这项改革未被此前的五胡王朝施行，从而具有划时代意义（这里使用的部族是指支配氏族与被支配氏族的联合体，包含大量无血缘的人员）。聚居在首都平城（今山西省大同）周边的诸部民，并未被编入郡县制的体系，而是被重新安排进与之性质不同的八个特别行政区，成为北魏统治中国的基石。这在当时被称为八部、八国等，后来数量减少，有天部、地部、东部、西部、南部、北部六部（《魏书》卷一一三《官氏志》泰常二年［417］夏条："置六部大人官，有天部，地部，东、西、南、北部，皆以诸公为之"）。不过，尽管发生了改革以及这些变化，部民的相互结合关系，也就是氏族制、部族制的传统，在作为北魏异民族支配核心的所谓三十六国、九十九姓鲜卑及其他诸族中间依然顽强存续，直到孝文帝时期才全面消解[3]。

另一方面，据《翰苑》注所引记载7世纪上半叶史事的《高丽记》，

---

1. 关于日本古代内廷与中国内朝的比较，参见古濑奈津子：《中国の"内廷"と"外廷"——日本古代史における"内廷""外廷"概念再検討のために》，《東洋文化》(68)，1988年。
2. 参见前揭武田氏论文第57、58页。
3. 参见本书第一篇第四章第四节（原题《北朝社会における部族制の伝統について》，载《佐賀大学教養部研究紀要》第21号，1989年）、第二篇第四章（改写自《北魏高祖の漢化政策についての一考察——北族社会の変質との関係から見た》，《東洋学報》第62卷3、4号，1981年）等。

高句丽存在与北魏东部、西部、南部、北部同名的四"部"。关于此四部再加上内部所构成的五部，武田幸男氏认为，其前身是《三国志·魏书》所记3世纪前后的高句丽五族，即桂楼部、绝奴部、顺奴部、灌奴部、消奴部，这是对贵人之族的划分，是聚居王都的支配族团的传统性五分组织[1]。而池内宏氏指出，直到长寿王统治结束后的5世纪末，部族制仍然延续，且并未丧失其存在意义[2]。将高句丽的部与北魏的八部制、六部制比较，可以发现相似性不止停留于名称层面，双方都拥有行政区划的性质，同时又兼具族制性质，因而实质层面也存在相似的内容。

百济的情况如何？据《翰苑》注引《括地志》及《周书·百济传》，百济的王都分为五部，分别称为上部（东部）、前部、中部、下部（西部）、后部（北部）。乍看之下，这应该是受到高句丽的巨大影响。但是，我们无法确认百济五部的族制性质，而其行政区划性质与军事性质非常显著。《括地志》《周书·百济传》所见五部制是经过怎样的过程才形成的，可以等待未来的研究，但如果注意到武田氏所谓"在百济，五部出身即意味着归属于聚居王都的支配集团，可索要相对地方人士的优越身份秩序"[3]，以及给百济带来重要影响的高句丽逐渐改变五族制并塑造五部制，并且思考武田氏提到的支配集团归属意识源于何处这一点，就会发现今后必须进一步检讨百济族制秩序的问题。

而新罗有所谓的六部，由梁部、沙梁部、牟梁部、本彼部、汉岐部、习比部构成。以往的研究推测部与部之间在过去可能存在相互通婚等行为[4]，但一般也认为6世纪以降的六部制在性质上是行政区划（另外，根据1988年4月发现的蔚珍凤坪新罗碑可以毫无疑义地确认，新罗六部在新罗法兴王掌权下的524年这一时间业已成立[5]）。不过近年的研究指出，六部是围绕都城的特殊地带，在具备行政区划性质、军事

---

1. 参见前揭武田氏论文第39页。
2. 参见池内宏：《高句麗の五族及び五部》，《満鮮史研究》上世第一册，吉川弘文馆，1951年，第383页。
3. 参见前揭武田氏论文第30页。
4. 参见末松保和：《新羅六部考》，《新羅史の諸問題》，东洋文库，1954年，第306页。
5. 参见李成市：《蔚珍鳳坪新羅碑の基礎的研究》，《史学雑誌》第98编6号，1989年，第8页。

性质的同时，也顽强地保留了族制元素，六部作为"人之区分"这一性质至少延续到7世纪后半叶[1]。

北魏太祖道武帝在天兴元年（398）八月正封畿、制郊甸，被重新编入八部的鲜卑诸族大部分成为畿内人，一部分成为畿外的郊甸人[2]。另一方面，据木村诚氏，新罗的六部也处于王京之外，围绕王京作为特殊地带存在的王畿就是由六部构成的[3]。我们可以看到两者的差异，但两者在以八部（北魏的场合）、六部（新罗的场合）固着于畿内或王畿，使统治集团集中居住于该地区这一点上具有相似的性质。同样的情况见于存在与新罗相同王畿的高句丽。6世纪时新罗的六部，自北魏建国延续至孝文帝改革时期的北魏八部（后为六部），尽管时、空有异，但我们应该注意双方都以八部、六部固着于畿内或王畿并使统治集团聚居于该地区，也顽强地保留了族制性质，这与本节所论深具关联。

关于倭国，只想指出以下一点。日本古代所谓的部民，与主家之间没有血缘关系。然而部民与主家称同氏。也就是说，其间存在拟制性血缘关系，而北魏的部族、氏族也称主家之氏，同样具有拟制性血缘关系[4]。

第四节　新人与旧人

鲜卑拓跋部随其壮大吸纳了不同的种族。吸纳的模式是对被征服的种族于征服之初以"新人"相待，在其与当前的拓跋成员"旧人"之间设置一定的等级差别，经过一段时日随着条件具备再消除这一区隔。北魏建国后，该吸纳模式也被继承下来，在王权确立与强化的过

---

1. 参见木村誠：《三国時期新羅の王畿と六部》，《人文学報都立大》歴史学167，1984年，第148—150页。"人之区分"的表述系木村氏原文。该文第149页亦可见"部制组织这一传统性、族性要素的顽固残留"的表述。
2. 参见本书第一篇第四章。原题《北朝社会における部族制の伝統について》，载《佐賀大学教養部研究紀要》第21号，1989年。
3. 参见前揭木村氏论文第145—146页。
4. 参见拙稿《北魏時代における所謂良奴制の成立——良の問題を中心として見た》，《史学雜誌》第96編12号，1987年。修改后收入本书第三篇第一章、第三章。

程中反复运用,也一路伴随着新旧之间的深刻对立。由此生成的整合新旧后的势力,可以说是引导拓跋部实现扩张的原动力。在北魏全盛的孝文帝统治时期,随政权强盛而最终产生的拥有最多人口的"新人"即汉民族,也获得了与"旧人"即鲜卑诸族,作为国家良民的同等待遇[1]。关于这一政策,《晋书》卷一一四《苻坚载记下》所记苻融的言论提到:

> 陛下(指苻坚)宠育鲜卑、羌、羯,布诸畿甸,旧人(指前秦的主力氏族)族类,斥徙遐方。

可见,五胡十六国之一的前秦尚处于摸索阶段。此处想关注的是,相似的情形亦见于高句丽。

广开土王碑有一段关于设置守墓人烟户的著名文字,提到:

> 国冈上广开土境好太王,存时教言:"祖王先王,但教取远近旧民守墓洒扫。吾虑旧民转当羸劣。若吾万年之后,安守墓者,但取吾躬巡所略来韩秽,令备洒扫。"言教如此。是以如教令,取韩秽二百廿家。

在阐述为何广开土王要让被自己掠来的韩秽之民作为自己的守墓人这一问题时,井上秀雄氏指出,广开土王以克服五族左右王位、国政的高句丽传统体制为目标,试图让那些想要在王的统领下建立新型国家的势力作为王权的支柱[2]。如果将五族势力置换为"旧人",韩秽之民以"新人"代替,这幅画面就同北魏相差无几,而井上氏还提到,百济也有相似的动向[3]。

新罗的情况如何呢?我们知道,新罗存在六部人与新附人之间的

---

1. 参见本书第三篇第一章。
2. 参见井上秀雄《古代朝鲜》,日本放送协会,1972年,第76—80页。
3. 同上书,第105页。

对立[1]。它清晰地表现于，在六部制形成的同时，京位、外位也已形成（这种二元官位制亦见于古代日本的位阶制）。而六部里的梁部也被写作及梁部，具有"原来的梁部"的意味，沙梁部的沙是意为"新"的新罗语，沙梁部即"新的梁部"[2]，由此可以窥见六部形成过程中发生的变动。末松氏还论述道，新罗通过京位、外位制这一区别彼我的制度接连不断地吸纳新的人物、新的土地[3]。另外，新罗击退唐朝势力与统一三国的主力，并非支撑三国时代的中央贵族，而是地方豪族、下级贵族，以及旧百济、旧高丽的贵族、豪族[4]，三国的统一与外位的废止密切相关，百济人、高句丽人甚至可以获授京官。北魏在其壮大过程中包藏着新旧势力的深刻对立，拓跋鲜卑眼中终极的"新人"——汉人，最后也被吸收入体制，获得了与鲜卑诸族同等的政治待遇，可以说，在新罗所发生的是与之类似的现象。

第五节　族制秩序的变迁

直木孝次郎氏指出，人制受伴造、氏族制发展的影响产生于5世纪末，在占据伴造、氏族制中心位置的大伴氏没落以后，于6世纪末在苏我氏的领导下基本成熟。另一方面，伴造、氏族制逐渐褪去旧有的氏族制色彩，与人制的发展并肩前行，向官司制的形态转变。不过，伴造、氏族制与人制之间的调和并不顺畅，以氏族制形式来守卫伴造、氏族制的倾向，与壮大人制、发展官司制的倾向是对立的，于是演化为物部、苏我氏之争。6世纪末，伴造、氏族制最后的代表物部氏倒台，人制的优势地位得以确定，而7世纪时背负着在官司制方向上调和、整合人制与复杂发达的伴造、氏族制这一课题的政府领导

---

1. 参见武田幸男：《新羅官位制の成立》，旗田巍先生古稀记念会编《朝鲜歷史論集》上卷，龙溪书舍，1979年，第185页。
2. 参见前间恭作：《新羅王の世次と其の名について》，《前間恭作著作集》下卷，京都大学文学部刊，1974年，第63、65页；末松保和：《新羅史の諸問題》，东洋文库，1954年，第300页。
3. 参见前揭末松氏书第289页。
4. 参见前揭井上氏书第218页。

层，基于作为伴造、氏族制的中间组织而成立的人制所具有的局限，为了达成官司制，也必须结合伴造、氏族制来克服人制本身。但对于同人制一起发展起来的苏我氏，这显然很困难，最终皇族出手，发动了从人制走向律令制的改革。这就是大化改新。基于以上论述，直木氏主张，5世纪是以大伴氏为中心的伴造、氏族制时代，6世纪是以结盟皇室的苏我氏为中心的人制时代，7世纪是以天皇家为中心、由人制向律令制转型的时代[1]。前文提及，直木氏关于人制的理解遭遇了不少反驳，不过他的观点以及论证极富说服力，至少此说的大致框架是值得充分仰赖的高见。依照直木氏的论述，将其与北魏诸制及政治史的展开进行比较，就可以认识到两者的相似之处，而且这种相似并不是偶然的。

北魏建国以前，自拓跋力微时代以降，包括代国时期，在以氏族、部族制为基础的守旧势力，与谋求登用新人、强化权力的王权之间存在激烈的斗争。胜利的天平虽慢慢向王权倾斜，但北魏建国后这一斗争还在持续。道武帝暴死后部族势力的反攻、在宠任崔浩一事上皇帝与公卿阶层之间的异心、崔浩被诛、孝文帝改革时北人的叛乱等，都是明确的表现。探寻北魏王权强化的过程，可以发现，道武帝拓跋珪在北魏建国之初断然施行的各项改革是双方斗争史上的重要的分界线。在与后燕争锋的同时，道武帝施行了种种政策，包括建台省、置百官，在作为行政官的尚书郎以下官吏中悉用以汉民族为中心的掌握文书行政能力的"文人"，定王畿与甸服，撰立郊庙、社稷之仪，制律令等，第一编第二章所述部落解散也是其中一项，这些对王权的强化极具意义。此后，对道武帝改革后依然存续于以拓跋魏的内核"三十六国、九十九姓"为中心的这些人们之间的部民相互结合关系，孝文帝通过定姓族和赐姓，以及废止源自北亚游牧民族祭典的西郊祭天等改革进行了消解。在改革中，起于对王的侍奉工作，后作为奉拓跋之王为首的政治统一体（代国、北魏）的职务分掌组织而逐渐复杂化、庞大化的内朝，也被废除。从这些方面来看，孝文帝的改革具有以下性质：

---

1. 参见前揭直木氏书《日本古代国家の構造》，第212—215页。

国初以来王权一方持续推动的部、氏族制解体实现了完结[1]。

将北魏历史的这一进展与前述直木氏的见解比较可以看出，源于亚细亚式共同体内部对首领的侍奉工作、后作为奉大和（ヤマト）之王为首领的政治统一体（大和政权）的职务分掌组织而发展起来的伴（トモ）制，与北魏内朝制度的演进如出一辙，而在两者的演进中，以官司制色彩出现的倭国的人制诸官、北魏内朝诸官都随着对律令制的吸收而发生了变化，这一点也展现出相似性。而且，以上诸制的进展与氏族制的展开、演变、衰退关系密切，双方从受中国皇帝册封的王国（代国、倭国）的框架内建设古代国家，最终都施行基于律令制的改革而改变、克服了氏族制，据此，这种相似性无论如何也不能说是偶然的。

据直木氏先前所述，人制成为实现官司制的阻碍时，对律令制的采用应运而生。具备这一性质的改革正是大化改新。在北魏，道武帝、孝文帝的改革也有这样的性质，即突破基于氏族制原理的鲜卑式诸制，谋求大幅导入中国制度，那么其内容与大化改新很可能会有相似之处。从这个角度来看大化改新之诏，在实施食封制、改革俸禄制（诏书第一条），按检户口、制定畿内（第二条），改革税制（第四条）等方面同道武帝、孝文帝的改革并无二致。尤其是第一条所见取消臣、伴造等领有部曲，第三条所见实施班田收授之法，与道武帝、孝文帝的部族解散以及孝文帝颁行的均田制颇具关联，令人深感兴趣（围绕改新诏书可靠性的问题现暂且搁置）。

那么，这些相似何以产生？按照本章第一节考察倭五王遣使南朝时所述，倭国的外交同当时东亚的政治动向紧密相关。故首先可以考虑，倭国积极地吸收了北魏的全盘制度。不过，从当时总体的国际形势判断，倭国吸收同时代的北魏制度的可能性很小。当然可以认为，北魏诸制通过朝鲜三国或者北魏之后北朝、隋唐等政权的间接传递，造就了这种相似性。但在此之外，笔者还想提出的是，北魏与倭国两

---

1. 参见本书第一篇第四章。原题《北魏太祖の部落解散と高祖の部落解散——所謂部落解散の理解をめぐって》《北朝社会における部族制の伝統について》，分载《佐賀大学教養部研究紀要》第14卷，1982年；《佐賀大学教養部研究紀要》第21卷，1989年。

者开始从氏族社会创建古代国家时，建设蓝图都吸收自赐其王号的中国，继而采纳同样的方案施行了各种改革，因此在宏观视角下同为氏族制社会的倭国与鲜卑，内部的原生惯习以及政治思想也会与吸收自中原者产生同样的争端，而这一问题的解决最终又是依靠更全面地采用中原的政治方略。

另外，倭国于645年末迁都至难波。内廷与外廷的统一、诸官司的集中设置、实力豪族阶层的实质性官人化等以集中权力为主旨的改革在飞鸟地区难以施行，此举目的即在于通过迁都来加以推动。中央集权因而成为可能，从氏族制到官人制的转换得以大幅挺进。大化改新时期的迁都，与本书所论在极类似状况下断然发生的北魏孝文帝迁都洛阳若合符节。所以，迁都之举可以说是上述北魏与倭国建设古代国家过程中轨迹一致的全体现象的表征。

小结

本章所论可总结如下。

关于4、5世纪中国与朝鲜、日本的关系，过去往往从南朝出发来把握，几乎不从北朝入手进行讨论，但这并不能说明北魏与以上诸国在同一时代毫无关系地共存。围绕倭五王遣使，北魏的动向与诸国之间的关联亦可反映此点，而比较北魏与古代朝鲜或日本的历史，可以发现各国之间的关系绝不仅止于斯。质言之，北魏与古代朝鲜、日本在政治、社会制度或具体历史的展开中，均以族制秩序作为起点，又都以中国诸制为典范对其进行克服，随之出现了本章所揭示的强相似性，这也正是其关系所在。在古代东亚，中国周边诸国的历史如出一辙地展开着，此观点得当的话，或许又会有人指出本章所述乃理所当然之事实。若这种情况下本章的探讨多少还有些意义，那应该在于，就以往少有触及的北魏与古代朝鲜、日本制度、历史之比较，本章开展了具体的工作，并且指出，在北魏历史进展的一个方面上蕴含着包括6、7世纪两个阶段的古代朝鲜、日本历史的先行形态（从中国史的立场看，北魏历史在胡汉融合、隋唐统一帝国之形成这个方面也具有重要意义。先前就此已有论述）。

另外，本章在论述中也受到史料的制约，多次做出推测，对它们的验证留待今后。在先行形态这一问题上，对于与北魏历史密切关联的五胡十六国诸政权，尤其是以被北魏所灭，但制度方面被较多继承的后燕为首的诸燕（例如，对朝鲜产生过巨大影响的燕，也存在见于北魏诸政权的东西南北等"方位部"制度），也很有必要用本章采取的视角加以研究[1]。问题还有许多，如倭国如何处理新人、旧人的问题[2]，其与官制、族制的问题又有怎样的缠结等。对它们进一步的探寻与阐释将成为未来的研究课题。

---

1. 参见本篇第三章。
2. 参见本书结语。

第三章

关于高句丽五部与中国"部"的一项考察

引言

关于高句丽所谓五部制度的研究,已有自战前以来的深厚蓄积[1]。不过回顾学术史,研究者在关键问题上至今仍然对立。《三国志》卷三〇《东夷传》高句丽条载:

> 本有五族,有涓奴部、绝奴部、顺奴部、灌奴部、桂娄部。本涓奴部为王,稍微弱,今桂娄部代之。

此处所见五部,当为三国时代高句丽语的音译(以下称为五族)。而《翰苑》卷三〇《蕃夷》高丽条引《高丽记》载(依据吉田光男氏的校订[2]):

> 五部皆贵人之族也。一曰内部。即《后汉书》桂娄部,一名黄部。二曰北部。即绝奴部,一名后部,一名黑部。三曰东部。即顺奴部,一名左部,一名上部,一名青部。四曰南部。即灌奴部,一名前部,一名赤部。五曰西部。即消奴

---

1. 参见那珂通世:《朝鲜古史考——句丽の五族》,《史学雑誌》第5编10号,1894年,又收入《那珂通世遗书》,大日本图书,1915年;白鸟库吉:《丸都城及国内城考》,《史学雑誌》第25编4号,1914年,又收入《白鸟库吉全集》第三卷,岩波书店,1970年;今西龙:《高句丽五族五部考》,《史林》第6卷3号,1921年,又收入《朝鲜古史の研究》,国书刊行会,1970年;池内宏:《高句丽の五族及び五部》,《東洋学報》第16卷1号,1926年,又收入《满鲜史研究》上世篇第一册,吉川弘文馆,1951年;矢沢利彦:《高句丽の五部について》,《埼玉大学紀要——人文·社会》第3号,1954年;三品彰英:《高句丽の五族について》,《朝鲜学报》第6辑,1954年等。
2. 《翰苑》原文为:"五部皆贵人之族也。一人内部。即《后汉书》桂楼部,一名黄部,一名黄部。二曰北部。即绝奴部,即绝奴部,即名后部,一名黑部。三曰东部。即顺奴部,一名左部,一名上部,一名青部。四曰南部。即灌奴部,一名前,一名赤部。五曰西部。即消奴部也,一名右部。其北部如燕。内部姓高,即王族也。高丽称无姓者,皆内部也。"本章引用的校订后文字见吉田光男:《〈翰苑〉註所引〈高丽记〉について》,《朝鲜学报》第85辑,1977年。

第三章　关于高句丽五部与中国"部"的一项考察　　489

部，一名右部，一名下部，一名白部。其北部如燕。内部姓高，即王族也。高丽称无姓者，皆内部也。

此处又可见以东西南北等方位为别的五部（以下称为五部）。两种五部存在怎样的关系？或者说，上引《高丽记》视内部为桂娄部、视北部为绝奴部、视东部为顺奴部、视南部为灌奴部、视西部为消奴部[1]，这种理解正确与否？这一问题于战后经三品彰英氏[2]、矢泽利彦氏[3]等探讨后再无大的进展，在认为《高丽记》所作比对不正确的意见占据优势的状况下，学者们看法不一。另一方面，在韩国，尤其是20世纪70年代以来的研究，如卢泰敦、李锺旭、崔在锡、余昊奎氏等的论著所显示的[4]，对古代国家形成过程的探寻被置于讨论中心，学者们在考察《三国史记·高句丽本纪》等的基础上，具体地、理论性地探求了"那"的实态及其变迁过程，或政治权力的中央集权化过程，但针对上述在理解五族、五部制时十分必要的问题，研究还不充分[5]。另外，朝鲜将三国时代视为封建国家阶段，从这一立场出发，提出了高句丽是早期封建国家等见解，但似乎也没有从前述

---

1. 《后汉书》《高丽记》作消奴部，《三国志》作涓奴部。
2. 参见前揭三品氏论文。
3. 参见前揭矢泽氏论文。
4. 参见卢泰敦《삼국시대의 "부"에 관한 연구——성립과 구조를 중심으로》（《韓國史論》第2号，1975年，首尔大学韩国史学会）、李锺旭《고구려초기의 지방통치제도》（《歷史學報》第94、95合辑号，1982年，历史学会）、崔在锡《고구려의 오부》（《한국전통사회의 구조와 변동》，文学과知性社，首尔，1986年）、余昊奎《고구려초기 나부통치체제의 성립과 운영》（《韓國史論》[27]，1992年，首尔大学韩国史学会）。本章撰写过程中，笔者根据《韓國史研究彙報》（国史编纂委员会编）、《歷史學報》的《回顧와展望》（历史学会）阅读了前述论著之外的以下研究：徐永大《고구려평양천도의 동기——왕권및중앙집권의 지배체제의 강화과정과관련하여》（《韓國文化》第2号，1981年，首尔大学韩国文化研究所）、李基白《고구려의 국가형성문제》（《한국고대의 국가와 사회》，历史学会，1985年）、金賢淑《고구려초기 나부의 분화와 귀족의 성씨》（《慶北史學》第16辑，1993年）、琴京淑《고구려의 나에 관한 연구》（《江原史學》第5号，1991年）、田美姬《고구려초기의 왕실교체와 오부》（《한국사학논총상》永邮朴永錫，규수화갑기년논총，1992年）。
5. 例如崔在锡氏有言："为何那的五部名（本章所谓五族）会变成东西南北方向的五部，如前所述，这是留待今后的课题。"见前揭崔氏论文第61页。

角度探索五族与五部之间直接关联的研究[1]。然而，在《后汉书》卷八五《高句丽传》唐代章怀太子关于五族的注释处可以见到与《高丽记》相同的理解：

> 案今高骊五部，一曰内部，一名黄部，即桂娄部也；二曰北部，一名后部，即绝奴部也；三曰东部，一名左部，即顺奴部也；四曰南部，一名前部，即灌奴部也；五曰西部，一名右部，即消奴部也。

因此，检讨内部相当于桂娄部、北部相当于绝奴部、东部相当于顺奴部、南部相当于灌奴部、西部相当于消奴部这一观点是否正确，对思考高句丽历史具有极为重要的意义。本章基于理论性公设以及日朝关于《高句丽本纪》史料价值的论争，阐述笔者关于《高丽记》将五族与五部等同的认识何以出现这一基本问题的看法。

另外，有一种具有说服力的观点指出，高句丽的五部制对百济的五部、五方制产生了影响[2]。笔者大体赞同此说，也许还可以认为，百济五部之"部"一词的采用借鉴自高句丽使用的"部"。而如所周知，新罗有梁部、沙梁部、牟梁部、本彼部、汉岐部、习比部等六部。我们也知道，日本古代存在被称为部民的人。以上各种"部"的内容、实态相互间有较大差异，但结合东北亚的古代历史，认为高句丽的五部制是朝鲜、日本所用"部"一词的一个主要源头，应不致大谬。那这种"部"的意识是由高句丽独创的吗？还是在他者的影响下被采用的

---

1. 송영종《고구려사（高句丽史）》1（과학백과사전종합출판사，1990年）、림종상《고구려에서의 중앙집권적 통치체의편성과정에 대하여（论高句丽中央集权统治体的确立过程）》（《력사과학》，1979年第1、2号）。
2. 参见前揭池内氏论文。另外，田中俊明氏《百済後期王都泗沘城をめぐる諸問題》（《激動の古代東アジア——6、7世紀を中心に》，帝塚山考古学研究所，1995年）一文第99—100页指出，1995年5月以来对泗沘城宫南池的调查中发现的木简可见西部、中部的名称。

呢？这是本章想要探讨的第二个问题[1]。

第一节　关于高句丽五部制的理解

本节将考察《高丽记》将五族与五部等同的认识为何会存在这一问题。首先应注意的是，前引《翰苑》卷三〇《蕃夷》高丽条关于五部的记述以内部、北部、东部、南部、西部的顺序展开。从内部开始记述五部没有问题，但其后的排列方法，相对于说明东西南北四方时的惯用顺序，是一个破格之举。而五部的这一排列也并非无秩序的记载。《高丽记》内部（桂娄部）、北部（绝奴部）、东部（顺奴部）、南部（灌奴部）、西部（消奴部，即涓奴部）的叙述，若暂且将内部除外，其实是以北为起点顺时针展开的。《高丽记》对内部（桂娄部）、北部（绝奴部）、东部（顺奴部）、南部（灌奴部）、西部（消奴部，即涓奴部）所作比定假如正确，《三国志》所见涓奴部、绝奴部、顺奴部、灌奴部、桂娄部就是按西、北、东、南、内的顺序记述，同样为顺时针方向。这是偶然的结果吗？《北史》卷九四《百济传》关于被认为是受到了高句丽五部影响的百济五部、五方有以下记载[2]：

> 其都曰居拔城，亦曰固麻城。其外更有五方：中方曰古沙城，东方曰得安城，南方曰久知下城，西方曰刀先城，北方曰熊津城。……都下有方（《周书·百济传》作"都下有万家"），分为五部，曰上部、前部、中部、下部、后部，部有

---

1. 平野邦雄氏指出："'部'字的训读大致可分为'ベ'、'トモ'两种。这显示出，'部'由ベ（部）和トモ（伴）这两种实态构成。内田银藏氏认为'ベ'是从汉语'部'字字音'ブ'转化而来。津田左右吉氏进一步拓展内田说，认为我国部民制受百济官司诸部以及作为行政区划的五方五部制影响而建立之际，掌管朝廷记录的百济归化人＝史部，遵从本国习惯，将汉语'部'及其字音'ベ'也运用于我国的伴（トモ）制之上。这基本是目前的定论。"见同氏《大化前代社会組織の研究》，吉川弘文館，1969年，第71页。又请一同参看同书第131页注释4。另外，笔者曾在拙稿《四、五世纪的中国と朝鮮、日本》（《アジアからみた古代日本》新版古代の日本第二卷，角川书店，1992年）就当时诸国间国制的关联提出了个人看法（收入本书第五篇第二章）。

2. 参见前揭池内氏书第334页以下。

五巷,士庶居焉。部统兵五百人。五方各有方领一人,以达率为之,方佐贰之。

《翰苑》卷三〇百济条"西据安城,南邻巨海"注引用李泰《括地志》:

《括地志》曰:百济王城,方一里半。北面累石为之。城水(下?)可方(万?)余家。即五部之所也。一部有兵五百人。又国南二百六十里有古沙城。城方百五十里步。此其中方也。方绕(统?)兵千二百人。国东南百里有得安城。城方一里。此其东方也。国南三百六十里有下城(久知下城之误脱)。城方一百卅步。此其南方也。国西三百五十里有力光城(刀先城?)。城方二百步。此其西(脱方字)也。国东北六十里有熊津城。一名固麻城。城方一里半。此其北方也。……

据池内氏,百济的五方是指都外的五部[1]。也就是说,百济有都下五部与都外五方(部),其中上部、前部、中部、下部、后部这五部,按照先前引用过的《翰苑》卷三〇的以下记载,就相当于高句丽的东部、南部、内部、西部、北部:

五部皆贵人之族也。一曰内部。即《后汉书》桂娄部,一名黄部。二曰北部。即绝奴部,一名后部,一名黑部。三曰东部。即顺奴部,一名左部,一名上部,一名青部。四曰南部。即灌奴部,一名前部,一名赤部。五曰西部。即消奴部,一名右部,一名下部,一名白部。

看来若除了中部,百济都下五部是以东部为起点按顺时针方向记述的。而都外五方(五部)如前引《北史》的材料所示,是以中方、东

---

1. 参见前揭池内氏书第334页以下。

方、南方、西方、北方的顺序被记述的,《翰苑》引《括地志》亦然。或可推测《北史》《括地志》依据的是同源的资料,对此的检讨暂不展开,但应该注意的是,被认为是受到高句丽影响的百济五部、五方同高句丽的五部一样,都是从中部(内部)开始依顺时针方向记述的。

那么顺时针的叙述意味着什么?接下来尝试说明。在《高丽记》中,内部(桂娄部)、北部(绝奴部)、东部(顺奴部)、南部(灌奴部)、西部(消奴部,即涓奴部)这五部有基于五行理论方色思想的别称,即黄部、黑部、青部、赤部、白部。然而,相应于五行生成说中水火木金土的方色次序是黑赤青白黄,此处的黄黑青赤白与之有异。而五行相生说的木火土金水对应的方色次序是青赤黄白黑,同样不符。该次序也区别于五行相克说土木金火水的黄青白赤黑。总之,《高丽记》黄部、黑部、青部、赤部、白部的编排与五行思想的次序之间没有关系。

《翰苑》在前引关于高句丽的材料后又载:

> 又内部虽为王宗,列在东部之下。其国从事,以东为首。故东部居上。

这段记述意义不详。此处"列"的意思是什么?是指王统从涓奴部转移至桂娄部[1]以前的序列,即《三国志》所记涓奴部、绝奴部、顺奴部、灌奴部、桂娄部这一序列吗?如果是的话,王统转移之后,在"国从事"的场合,过去的序列也该存续。易言之,照此理解会产生这样一种可能:上引文显示出作为王宗的内部,即成为王宗后的桂娄部,于"国从事"的场合仍排在如《三国志》所记涓奴部、绝奴部、顺奴部、灌奴部、桂娄部的第五位。然而注意到"以东为首"这一点,再结合前引《北史》卷九四《百济传》的材料以及《翰苑》卷三〇百济条"西据安城,南邻巨海"注引李泰《括地志》所示受高句丽五部制影响的百济五部、五方被以东为起点、依东南西北的顺序记述,此处"列"

---

1. 关于王统的转移,参见前揭三品氏论文。

的意义就应当推定为重视东方的方位顺序。

笔者关于内部与东部之"列"的看法尚属推测,但从前引《翰苑》所谓"列在东部之下""以东为首,故东部居上"的记述至少可以窥知,东部在地位上高于其他诸部,或者说是居于领先的位置。

另外,《三国志》《翰苑》的两条材料所见排在第二位的绝奴部,据《三国志》卷三〇《魏书·东夷传》高句丽条的下列记载,是世代与王通婚的集团:

绝奴部世与王婚,加古雏之号。

这一集团被放在次于王宗的第二位记述,是因为其作为婚族的身份吗?或者是因为位列第二,它才被视作婚族?这些问题尚不清楚,但至少可以显示,该位次具有一定的意义。

以上明确了三点,即《高丽记》的五部记述按顺时针方向展开,东部被安排在次于王宗、姻族的第三位,在《三国志》的五族记述中,东部也次于姻族绝奴部位列第三,由此我们能得出以下认识:结合王宗由涓奴部转移至桂娄部的相关记载,《三国志》五族记述的顺序与《高丽记》五部记述的顺序是一致的。

此时就可以认为,《高丽记》所见内、北、东、南、西的五部顺序,受到了《三国志》或《魏略》等相关早期史书记述的影响。而遵从五族的顺序被叙述的五部在记录中以顺时针方向展开,以及《高丽记》与《三国志》在姻族、东部的位次上依然一致,显示了五族、五部记述顺序的相同不单纯是一种偶然。

上文通过探寻五族与五部的关联以及相关史实,明确了几点:《高丽记》内部(桂娄部)、北部(绝奴部)、东部(顺奴部)、南部(灌奴部)、西部(消奴部,即涓奴部)的记述顺序与《三国志》一致,《三国志》涓奴部、绝奴部、顺奴部、灌奴部、桂娄部的记述顺序含有一定的意义等。由此可以得出以下认识,即乍看《三国志》《高丽记》的话,涓奴部、绝奴部、顺奴部、灌奴部、桂娄部,或内部、北部、东部、南部、西部的顺序,不过是根据王宗、王宗的婚族等各部势力的强弱来记述的，但其实不只如此，它也基于高句丽国内各部"列"的实态。

而白鸟庫吉氏认为：绝奴部的"绝"是通古斯语的duile或朝鲜语tui的对音，意为后或北；顺奴部的"顺"与通古斯语的zeunge、zunge，蒙古语的zegun、zun等词形相同，意为左或东；涓奴部的"涓"是通古斯语han、ange、an的对音，意为右；灌奴部的"灌"与高丽时代朝鲜语的"㺃"（hang、日）相通，表示南方，本意为来自太阳方向的风；五族的各个名称是五部各名称的译语[1]。该说后被矢沢利彦氏等继承[2]，但此处有必要注意的是，白鸟氏的语言学比定并非是在复原高句丽语语言样态的基础上开展的研究。另一方面，今西龍氏、池内宏氏等人的论著显示，也有观点认为五族与五部性质不同，前者是部族、氏族，后者乃行政区划[3]。这一看法在细部亦有分歧，但其主干此后被三品彰英氏[4]、井上秀雄氏[5]等多数学者接受，沿用至今。比如，站在这个立场上，池内宏氏这样论述五族与五部的关系：

> ……（《翰苑》所引《高丽记》将）消奴部、绝奴部、顺奴部、灌奴部、桂娄部等三国时代高句丽的五族与五部一一配对，是严重的附会，从抄摄《魏略》原文同时还添上"五部皆贵人之族也"一语的做法来看，这一定是《高丽记》撰者自己在书斋里的造作。[6]

三品彰英氏则谓：

> 五族与五部完全没有关系这一点已有若干学者的论考，

---

1. 参见前揭白鸟氏论文第440页以下。
2. 参见前揭矢沢氏论文。
3. 参见前揭今西氏、池内氏论文。
4. 参见前揭三品氏论文。
5. 在井上氏译《三国史记》（平凡社，1983年）中可以见到他对"部"作了许多注释，例如《高句丽本纪第四》注24云："唐代高句丽五部是行政区划，五族乃地缘性部族集团，可见两者在实质上无关。"
6. 见前揭池内氏论文第367页。

其实一看章怀太子之说（本文称之为《高丽记》之说——括号内为笔者注），至少就能判明，这是无视汉魏时代制度与唐时现存制度之间的时间隔阂、单纯将两者进行捆绑的做法，没有增加任何关于五族的新史料。[1]

追溯这些先行研究，同时站在前文考察所得五族与五部之间存在一致性的立场上，笔者认为上引池内氏、三品氏的理解是片面的。

那么五族与五部具有完全相同的性质吗？接下来从探求《三国志》所见涓奴部、绝奴部、顺奴部、灌奴部、桂娄部等"部"的实态来思考这一问题。涓奴部、绝奴部、顺奴部、灌奴部、桂娄部等五族，除内部的桂娄部外，都在"部"之前带有"奴"这一术语，白鸟氏认为"奴"是朝鲜语表示四方的nyok的对音。但还是应该按照三品氏的论证，认为"奴"本是意为土地的词语，"奴"集团（以下遵从《三国史记》的用法，以"那"标示"奴"）相当于tribe（部族）或作为"原始小国"（据三品氏用语）的clan（氏族）[2]。这样的话，涓奴部、绝奴部、顺奴部、灌奴部、桂娄部末尾附着的"部"，就是在中式思维下为了易于理解而添加的字。《三国志》卷三〇《魏书·东夷传》高句丽条记载了拔奇与伊夷模之争：

建安中，公孙康出军击之，破其国，焚烧邑落。拔奇怨为兄而不得立（兄拔奇不肖，国人便共立小子伊夷模为王），与涓奴加各将下户三万余口诣康降。

此处所见"涓奴加"的"涓奴"即涓奴部。"加"在高句丽指贵族，相当于蒙古语的khan、han（可汗），契丹语的"呵"[3]。这里用"涓奴加"而非"涓奴部加"，切实显示出涓奴部、绝奴部、顺奴部、灌奴部、桂

---

[1]. 见前揭三品氏论文第一节"高句麗の五族——那集団"，第15页。
[2]. 见前揭三品氏论文第七节"那集団の部族的性質"，第39页。
[3]. 参见白鸟库吉《東胡民族考》（《白鸟库吉全集》第四卷，岩波书店，1970年）可汗条以及白鸟氏《可汗及可敦称号考》（《白鸟库吉全集》第五卷，岩波书店，1970年）。

第三章　关于高句丽五部与中国"部"的一项考察

娄部末尾附着的"部",是单纯为容易理解而添加的语词[1]。换句话说,涓奴部、绝奴部、顺奴部、灌奴部、桂娄部的"部"是报告或史书的作者遵从汉语用法而添附的,再依据先前的论证,这意味着,《三国志》所见五族的实态是"东西南北+那"集团与内集团(王族)。

"东西南北+那"集团与内集团(王族)这一实态到底是怎样的呢?下面试作说明。首先应该指出的是,"那"已非单纯作为血族集团、地缘集团的部族。既然是"东西南北+那"与内(王族)的体制,王权的存在当然是其出现的背景,目前的社会体制理应是在王权促成的变革之后呈现的面貌。不过,从先前所见"加"的存在,或《三国志》卷三〇《魏书·东夷传》高句丽条以下史料所见"(嫡)统大人"的存在、祭祀的延续、陪臣的存在、绝奴部与王家间族外婚的存在等,必须注意到,《三国志》的阶段"那"集团仍然强烈地保持着作为集团的自立性:

> 王之宗族,其大加皆称古雏加。涓奴部本国主,今虽不为王,适(嫡)统大人,得称古雏加,亦得立宗庙,祠灵星、社稷。绝奴部世与王婚,加古雏之号。诸大加亦自置使者、皂衣先人,名皆达于王,如卿大夫之家臣,会同坐起,不得与王家使者、皂衣先人同列。

其意义在于,结合后代五部具有浓厚的行政区划、军制性质,以及缺乏族性性格[2],我们就可以断定,五族与五部性质完全相同的看法是不能成立的。易言之,五族与五部的一致性主要是在东西南北等名称层面。

第二节　关于高句丽的部的起源

本节将围绕本章开篇提出的第二个问题展开考察,即高句丽的"部"这一术语的起源。

---

1. 前揭今西氏论文(《朝鲜古史の研究》第410页)谓:"《魏志》涉及高句丽记录中的'部'只是出于部族的缘故而附加的文字,不属于各部族本来的名称。"这与本节视角不同,但观点相似。
2. 参见前揭矢沢氏论文。

首先应该指出,正因为"部"一词乃汉语,它作为术语的源头不在朝鲜而在中国。该术语何时传播到朝鲜,何时开始被用来表示本章所讨论的那种意思,就成为接下来的问题。关于此,《三国志》卷三〇《魏书·东夷·东沃沮传》有言:

> 汉武帝元封二年,伐朝鲜,杀满(卫满)孙右渠,分其地为四郡,以沃沮城为玄菟郡(此时高句丽县为玄菟郡属县)。……沃沮还属乐浪。汉以土地广远,在单单大领之东,分置东部都尉,治不耐城,别主领东七县,时沃沮亦皆为县。汉光(建)武六年,省边郡,都尉由此罢。

西汉时期的乐浪郡设置了在太守的指挥下掌理郡内军务的都尉。除了东部都尉,乐浪郡亦于昭明县置南部都尉。这种"部"都尉的存在显示,至少西汉时期,表示部分或作为行政区划通称的"部"这一汉语已经在朝鲜地区使用。白鸟氏曾关注到这一点:

> 在中国,西汉时期已有五部都尉之设(即中部、东部、西部、南部、北部等各部都尉——此处为笔者注)。此官职亦见于内地,但主要还是设在边境诸郡,北边尤多。边境诸郡的都尉负责统抚蛮夷中的归降者,并防备其侵寇(《满洲歴史地理》箭内氏《漢代の朝鮮》第76页)。……既然五部都尉从西汉时就在东西两方的边境大量设置,该制度自然也应该传入了高句丽。是后五部制还在渤海、契丹、女真、蒙古诸民族间渐次传播,就此须另撰专文探讨,暂且搁笔。[1]

考虑到《高丽记》的五部是内部与东、西、南、北部,就难以否认高句丽五部与五部都尉的观念存在某种形式的关联。但中国的边郡都尉如严耕望氏阐明的,没有一郡之内五部都尉俱全的例子,比较

---

1. 见前揭白鳥氏论文《丸都城及国内城考》第446—447页。

第三章　关于高句丽五部与中国"部"的一项考察　　499

多见的是中部、东部、西部都尉等三部，大部分情况就像上引《三国志·东沃沮传》所载乐浪郡设东部都尉、南部都尉那样，郡内只置一、二部都尉[1]。而《三国志》的五族据前节所论，在当时的高句丽以"东西南北＋那"集团与内集团（王族），亦即"那体制"的形式存在，《三国志》的"部"一语是汉族撰写报告或史书时因使用中国概念描述高句丽社会产生的。倘若五族、五部制是在五部都尉观念的直接影响下形成的，《三国志》的记述中"奴"字与"部"相伴出现便无法解释。总之，难以认为高句丽五部制的产生是受汉代五部都尉体制的直接影响。

不过，上一节考察过的《翰苑》引《高丽记》所见内、东、西、南、北部的"部"，又与《三国志》时代的情况不同。《三国史记》卷二〇《高句丽本纪第八·荣留王纪》二十五年（642）条云：

　　春正月，遣使入唐朝贡。王命西部大人盖苏文，监长城之役。

按照三品彰英氏的研究，此记载不见于《资治通鉴》等中国方面的文献[2]，因而其依据很可能是高句丽一方的原始材料。《日本书纪》卷二九天武天皇九年五月丁亥条载：

　　高丽遣南部大使卯问、西部大兄俊德等朝贡。

引文显示，日本在提及高句丽人物时也使用东西南北部等方位部的称呼。这应该不是日本一方的捏造，而是来自高句丽方面的自称。另外，被认为是1913年在平壤府镜齐里大同江畔城壁中发现的石刻有以

---

1. 参见严耕望：《中国地方行政制度史·秦汉地方行政制度》，"中研院"《历史语言研究所专刊》之四十五，1974年，第三章"郡尉"。
2. 参见三品彰英：《三国史記高句麗本紀の原典批判》，《大谷大学研究年報》第6集，1953年，第12页。另外，关于《三国史记·高句丽本纪》，也参考了津田左右吉：《三国史記高句麗紀の批判》，《津田左右吉全集》第十二卷，岩波书店，1964年。

下文字：

> 丙戌十二月中，汉城下后部小兄文达节，自此西北行涉之。

1913年忠清北道忠州郡老隐面山中发现的建兴五年释迦文像光背铭文云：

> 建兴五年，岁在丙辰，佛弟子清信女上部兜奄，造释迦文像，原生生世世值佛闻法，一切众生同此愿。

以上材料表明了后部、上部的存在[1]。将这些记载与《高丽记》的叙述合观，可推知当时高句丽自身在国内采取了"部"体制，使用"部"这一称号（附带说明，据《高丽记》，此处的后部指北部，上部指东部）。也就是说，在高句丽的历史上，某种原因造成的变化发生于《三国志》五族的时代至《高丽记》五部的时代之间，此前的"那"被改组为"部"[2]。可以预料到，接下来就会出现两个与之密切相关的问题：其一，这种变化是受什么影响而产生的；其二，变化何时发生。下面尝试回答。

《三国史记》卷四九《盖苏文传》记录了泉盖苏文的政变（《新唐书》卷二二〇《高丽传》、《旧唐书》卷一九九《高丽传》、《资治通鉴》卷一九六《唐纪一二》贞观十六年［642］十一月丁巳条略同[3]）：

---

1. 以上金石材料参见田中俊明：《高句麗の金石文——研究の現状と課題》，《朝鮮史研究会論文集》第18集，1981年。
2. 另外，韩国的研究使用了"那部"（涓奴部、绝奴部、顺奴部、灌奴部、桂娄部等）与"方位部"（东西南北部）的术语，也有观点认为，五族构成的"那部"体制在大祖大王的时代已经出现。参见前揭盧泰敦氏论文第13—14页。也请一并参考前揭余昊奎氏论文第2—5页。
3. 但是此处所见"东部大人"的"东部"在《旧唐书》卷一九九《高丽传》作"西部"。《新唐书》卷二二〇《高丽传》、《资治通鉴》卷一九六《唐纪一二》贞观十六年（642）十一月丁巳条作"东部"。另外，《旧唐书》载："西部大人盖苏文摄职有犯，诸大臣与建武议欲诛之。事泄，苏文乃悉召部兵，云将校阅，并盛陈酒馔于城南，诸大臣皆来临视，苏文勒兵尽杀之，死者百余人。焚仓库，因驰入王宫，杀建武，立建武弟大阳子藏为王。"又，大对卢位列十三等官位制的第一位，是高句丽的最高官位，负责组织国家最高会议，同时总领国政（参见武田幸男：《高句麗官位制とその展開》，《朝鮮学報》第86辑，1978年，收入氏著《高句麗と東アジア》，岩波书店，1989年）。

第三章 关于高句丽五部与中国"部"的一项考察

> 盖苏文,姓泉氏。……其父东部大人大对卢死,盖苏文当嗣。而国人以性忍暴,恶之,不得立。苏文顿首谢众,请摄职。如有不可,虽废无悔。众哀之,遂许。嗣位而凶残不道,诸大人与王密议欲诛。事泄,苏文悉集部兵,若将校阅者,并盛陈酒馔于城南,召诸大臣共临视。宾至,尽杀之,凡百余人。驰入宫弑王,断为数段,弃之沟中。立王弟之子臧为王,自为莫离支。

何为"大人"?从引文可窥见"大人"掌握五部兵权、如同封建诸侯的一面。而前文曾引用《三国志》卷三〇《魏书·东夷传》高句丽条所谓:"王之宗族,其大加皆称古雏加。涓奴部本国主,今虽不为王,适(嫡)统大人,得称古雏加,亦得立宗庙,祠灵星、社稷。绝奴部世与王婚,加古雏之号。诸大加亦自置使者、皂衣先人,名皆达于王,如卿大夫之家臣,会同坐起,不得与王家使者、皂衣先人同列。"这说明三国时代的高句丽已有类似的"大人"之称。不能认为对唐战争时期的"大人"与《三国志》时代的"大人"性质完全相同,但在思考前者时,后者的存在可以作为参考。

另一方面,《三国志》卷三〇《魏书·东夷传》东沃沮条云:

> 东沃沮在高句丽盖马大山之东,滨大海而居。……国小,迫于大国之间,遂臣属句丽。句丽复置其中大人为使者,使相主领,又使大加统责其租税。

同卷倭条云:

> 其俗,国大人皆四五妇,下户或二三妇。……下户与大人相逢道路,逡巡入草。

从前一条引文的"句丽复置其中大人为(高句丽的)使者",可以窥见此处的大人存在作为官的性质。后一条材料的大人指居于统治阶层之上位者。综合来看,《三国志》对大人一语的使用如同普通名词,具有相当广泛的意涵。

本来汉语中的"大人"是对有德者、长者的尊称,用法极其多样(参见赵翼《陔余丛考》卷三七大人条)。上引事例也处于这条脉络之中,而《盖苏文传》所见东部大人这种"方位部+大人"的用法,相对"大人"的一般用法来说具有特殊的含义。《新唐书》卷二二〇《高丽传》关于泉盖苏文有言:

> 有盖苏文者,或号盖金,姓泉氏。……父为东部大人、大对卢,死,盖苏文当嗣,国人恶之,不得立……

东部大人与大对卢并提,反映了当时高句丽存在这样的职役或官职。先前指出,《三国史记》卷二〇《高句丽本纪第八·荣留王纪》二十五年(642)条的下列记载可能依据的是高句丽一方的原始材料:

> 春正月,遣使入唐朝贡。王命西部大人盖苏文,监长城之役。

该引文也支持上述说法。

接下来再从中国方面的史书中举出若干"部+大人"的事例。《后汉书》卷八九《南匈奴传》述及匈奴分裂成南北匈奴之前日逐王比(后来的南单于)的情况:

> (建武)二十四年春,八部大人共议立比为呼韩邪单于。……其冬,比自立为呼韩邪单于。

同书卷九〇《鲜卑传》述桓帝时事:

> 鲜卑檀石槐者……(众)遂推以为大人。檀石槐乃立庭于弹汗山歠仇水上,去高柳北三百余里,兵马甚盛,东西部

第三章 关于高句丽五部与中国"部"的一项考察

> 大人皆归焉。……乃自分其地为三部，从右北平以东至辽东，接夫余、濊貊二十余邑为东部，从右北平以西至上谷十余邑为中部，从上谷以西至敦煌、乌孙二十余邑为西部，各置大人主领之，皆属檀石槐。

《魏书》卷一〇三《宇文莫槐传》云：

> 匈奴宇文莫槐，出于辽东塞外，其先南单于远属也，世为东部大人。

这样的用例在中国汉唐间的史籍中不胜枚举，为避繁琐，不再罗列。我们注意到，此类场合下的"大人"含有浓厚的部落、部族酋长的意味。

如前所述，《三国志·东夷传》所见加、大加、古雏加的"加"字相当于蒙古语的 khan、han（可汗、汗）以及契丹语的"呵"，最初意为族长，这就显示出，高句丽的官位制受到了此类北方文化的影响，以之为基础可推定，高句丽"大人""方位部＋大人"的用法里也存在这一影响。下面为了阐明前文提出的问题，即高句丽的"部"何时以及在何种影响下发生了变化，我们将探讨与高句丽同时代的北亚民族匈奴、鲜卑的"部"制度所见与高句丽五部制的关联。

考察匈奴"部"制度与高句丽五部制的关联时，除了前述《后汉书》卷八九《南匈奴传》之"八部大人"云云，要注意《晋书》卷九七《北狄·匈奴传》所载曹操设置的南匈奴五部[1]：

> 后汉末，天下骚动，群臣竞言胡人猥多，惧必为寇，宜先为其防。建安中，魏武帝始分其众为五部，部立其中贵者为帅，选汉人为司马以监督之。魏末，复改帅为都尉。其左部都尉所统可万余落，居于太原故兹氏县；右部都尉可六千

---

[1] 关于南匈奴，参见内田吟風：《南匈奴に関する研究》，《北アジア史研究　匈奴編》，同朋舍，1975年。

余落，居祁县；南部都尉可三千余落，居蒲子县；北部都尉可四千余落，居新兴县；中部都尉可六千余落，居大陵县。

曹操将南匈奴一分为五的年份，上引《晋书·北狄传》以及同书《江统传》、载记，或《通典》等史书都只记作"建安"中，从前后的形势来看，当在建安二十一年（216）左右。此处所见五部的称呼，即左、右、南、北、中部之名，含有在汉族控制下进行重组而造成的差异，先前所见《翰苑》引《高丽记》的记载与之类似。上文考察都尉时指出，在多数情况下，五部都尉只置其中的一、二部，未见五部俱备的郡，但可以确认的是，东、西、南、北部与中部等五部全都存在于南匈奴。那么，高句丽五部是受南匈奴五部制影响而形成的吗？若认可这一想法，该制度被导入高句丽的时间就应该定在曹魏征讨高句丽前后[1]。然而，关于匈奴五部制与高句丽五部制的联系，从结论上来讲，笔者认为不能从这里寻求高句丽五部制的直接渊源。第一条理由是，匈奴五部制的基础是南匈奴此前的生活形态，同时如前所述，其中也包含了在汉族的控制之下进行改组的一面。第二，匈奴五部中左部都尉所在的兹氏县位于今山西省汾阳市，置右部都尉的祁县位于今山西省祁县东南，设中部都尉的大陵县在今山西省交城西南，在地图上观察各地点，可以发现它们处于今山西省九平泽的西侧、东侧、北侧，与《高丽记》的左部→东部、右部→西部相逆。易言之，匈奴是面向北方来分别左右，而高句丽设置的左右则以朝南为前提。这一差异似乎很小，但是，把何者置于左、何者置于右蕴含着重要意义，完全不需要搬出服制上的左衽问题来说明，基于此，这种左右的分歧其实非常关键。第三点是最主要的理由，如果高句丽吸收此项制度是在匈奴五部形成之后、被曹魏征讨之际，那么从涓奴部、绝奴部、顺奴部、灌奴部、桂娄部处可见之"奴"一语，为何依然出现在所据史料晚于匈奴五部形成

---

1. 关于曹魏远征高句丽，参见池内宏：《曹魏の東方計略》，《満鮮地理歷史研究報告》第12册，1927年，收入《満鮮史研究》上世篇第一册。

第三章 关于高句丽五部与中国"部"的一项考察

的建安二十一年（216）的《三国志》的记述中？对此也许可以简单地认为高句丽遵从了旧日用法，若真是这样，到高句丽后期《高丽记》的阶段，"奴"一语应该仍被使用，但管见所及，该类事例并不存在。由此笔者认为不能从匈奴五部制中寻求高句丽五部制的直接渊源。不过，站在更宏大的视角上，即作为中国政治思想的五部（中部、东西南北部）观念以及前述见于匈奴、鲜卑的"部"制、"部"大人制等北方文化对高句丽政治体制造成的影响，我们也应当注意到，匈奴五部制与上文所论汉代五部都尉制或鲜卑檀石槐的三部制一样，同高句丽五部制的渊源具有系谱性关联。

另外，《魏书》卷八四《儒林·陈奇传》关于北魏时期河北人陈奇有言：

> 陈奇，字修奇……祖刃，仕慕容垂。……（秘书监游）雅曰："君言身且小人，君祖父是何人也？"奇曰："祖，燕东部侯厘。"雅质奇曰："侯厘何官也？"奇曰："三皇不传礼，官名岂同哉？故昔有云师、火正、鸟师之名。以斯而言，世革则官异，时易则礼变。公为皇魏东宫内侍长，侍长竟何职也？"由是雅深憾之。

出身鲜卑慕容部的慕容垂384年在华北建立后燕，引文显示，陈奇祖父陈刃在其中任"东部侯厘"官，应该关注的是，此官被用来同"内侍长"对比。按先前的考察，内侍长在北魏时是极富鲜卑色彩的官职[1]。而与"侯厘"相关的是《资治通鉴》卷九八《晋纪二〇》穆帝永和六年（350）三月甲子条的以下记载：

> 儁（慕容儁，五胡十六国之一前燕的皇帝，慕容垂之兄）使中部侯厘慕舆句督蓟中留事，自将击邓恒于鲁口。

---

1. 参见本书第二篇第一章"内朝制度"。原题《北魏の内朝》，载《九州大学東洋史論集》第6号，1977年。

此处的"俟厘"与前引"俟厘"应该是同一鲜卑语的汉字表记。和鲜卑同为北亚民族的突厥有叶护（yabughu）、设（shad）、特勤（tegin）、颉利发（iltebel）、俟斤（irkin）、吐屯（tudun）等职官称号。其中，iltebel、irkin均意为部族（il、ir）首长[1]。又，与设置"东部俟厘"官的鲜卑慕容部同属鲜卑族的北魏拓跋部有"俟懃地何"一职，白鸟库吉氏《東胡民族考》考"俟懃地何"一语条就该官论述道：

> 案《南齐书》卷五七《魏虏传》所言"又有俟懃地何比尚书，莫堤比刺史，郁若比二千石"，托跋的俟懃地何是可与汉之尚书相比的显官。蒙古语谓无上、卓越、主要、优秀、主君、长上曰erkin、erkim（Kowal. p.268）。想托跋语俟懃地何的俟懃即此erkin的对音。汉人的译法，对外国语音节末尾的r、l音，往往不译。如突厥语的arslan被译为阿萨兰之类是也。因而托跋语俟懃可视为蒙古语erkin略去r音后的形式。……此语亦行于契丹，《辽史》卷一一六《国语解》云："夷离堇，统军马大官。会同初改为大王。"夷离堇正是蒙古语erkin的对音，也可与托跋语俟懃相比。乾隆十二年改刊的《金国语解》谓："诸移里堇，部落墟砦之首领。详稳、移里堇，本辽语，金人因之而稍异同焉。移里堇即伊呼格因（irgen）。"是女真取法辽制，设移里堇，即夷离堇之官也。……又案俟懃地何的地何之意，长城附近蒙古语谓头曰tarigun、tologhai，Khalkha语曰tologi，Buryat语曰……。若以上解释不误，托跋语俟勤地何就是蒙古语erkin-tologhai的略译，意为首长。[2]

据此，"东部俟厘""中部俟厘"等官最初的含义分别是"东部的首

---

1. 護雅夫、神田信夫编：《北アジア史（新版）》，山川出版社，1981年，第92页。
2. 参见前揭白鸟氏论文《東胡民族考》第184页"俟懃地何"条。

第三章 关于高句丽五部与中国"部"的一项考察

长""中部的首长"[1]。那么这一术语就与汉语的"大人"极为相似。

和慕容部同为鲜卑族的拓跋部建立了北魏,《魏书》卷一一〇《食货志》记其初代皇帝道武帝时事云:

> 天兴初,制定京邑。东至代郡,西及善无,南极阴馆,北尽参合,为畿内之田。其外四方四维置八部帅以监之……

同书卷一一三《官氏志》天赐四年条云:

> 五月,增置侍官,侍直左右,出内诏命,取八国良家,代郡、上谷、广宁、雁门四郡民中年长有器望者充之。

由是可知,北魏设置了以方位相区别而被称为八国、八部的组织。八部由鲜卑构成,几乎都带有军籍。关于道武帝之子明元帝时的情况,《官氏志》泰常二年条云:

> 夏,置六部大人官,有天部,地部,东、西、南、北部,皆以诸公为之。大人置三属官。

据此,方位部虽然发生了变动,但还是根据八方、四方的方位以及对其内核的认识来命名,长官现被称作大人[2]。《魏书》卷一一一《刑罚志》记北魏建国之前事:

---

1. 《周书》卷四九《异域上·库莫奚传》:"库莫奚,鲜卑之别种也。其先为慕容晃所破,窜于松漠之间。后种类渐多,分为五部:一曰辱纥主,二曰莫贺弗,三曰契个,四曰木昆,五曰室得。每部置俟斥一人。"此处"俟斥"即俟斤。很有意思的是,与契丹同族、与北魏同期存在的库莫奚中亦设俟斤,建立了五部体制。
2. 关于北魏的大人、部,参见山崎宏:《北魏の大人官に就いて》,《東洋史研究》第9卷第5、6号及第10卷第1号,1947年;拙稿《北魏太祖の部落解散と高祖の部落解散——所謂部落解散の理解をめぐって》(載《佐賀大学教養部研究紀要》第14卷,1982年)、《北朝社会における部族制の伝統について》(載《佐賀大学教養部研究紀要》第21卷,1989年),收入本书第一篇第四章。

> 魏初，礼俗纯朴，刑禁疏简。宣帝南迁，复置四部大人，坐王庭决辞讼。……神元因循，亡所革易。

北魏这一大人统领下的方位部体制，渊源可以上溯至引文所见四部大人制或是前述檀石槐的三部体制。考虑到鲜卑拓跋部与慕容部同为檀石槐三部体制下出现的鲜卑族派别，先前《魏书·陈奇传》所见慕容部的"东部侯厘"、《资治通鉴》所见"中部侯厘"，可以说与北魏的方位部大人体制同根而生。

另一方面，《晋书》卷一〇八《慕容廆载记》云：

> 石勒遣使通和，廆距之，送其使于建邺。勒怒，遣宇文乞得龟击廆，廆遣觑距之。以裴嶷为右部都督，率索头为右翼，命其少子仁自平郭趣柏林为左翼，攻乞得龟，克之。

引文显示了右部都督官的存在。前文提到，《魏书·陈奇传》所见慕容部的"东部侯厘"、《资治通鉴》所见"中部侯厘"与北魏方位部大人体制源自同一处，那么被慕容垂后燕继承的前燕应该也有这一体制。基于此，并注意到设有"东部侯厘""中部侯厘"的燕国存在右部都督官，便可推测，右部都督很可能也被称作西部都督。如果不误，其与以下史料所见"比都督"的褥萨之间的关联就会很有意思。《隋书》卷八一《高丽传》：

> 复有内评、外评、五部褥萨。

《北史》卷九四《高句丽传》：

> 复有内评、五部褥萨。

《旧唐书》卷一九九上《高丽传》：

> 大城置傉萨一，比都督。

第三章　关于高句丽五部与中国"部"的一项考察

《翰苑》"官崇九等"条注：

> 其诸大城置傉萨，比都督。

而《旧唐书》卷一九九上《高丽传》记贞观十九年唐太宗亲征期间攻安市城时事：

> 高丽北部傉萨高延寿、南部傉萨高惠贞率高丽、靺鞨之众十五万来援安市城。

同样是关于高延寿和高惠贞，《册府元龟》卷一七○《帝王部·来远》唐太宗贞观十九年七月条记其诏书云：

> 高丽位头大兄理大夫后部军主高延寿、大兄前部军主高惠真。

北部傉萨高延寿、南部傉萨高惠贞在此处分别被记作后部军主与前部军主。如果认为前文所述前燕的右部都督就是西部都督，那么高句丽与前燕便设有极其相似的职官。

据上述考察也许可以推测，高句丽的"部"制是在继承五族制传统的同时，直接吸收了其强大邻国燕国的制度。结合泉盖苏文及其父乃西部大人或东部大人的史实，笔者认为这一观点具有很大的可能性。

另外，末松保和氏就下引《资治通鉴》卷一九六贞观十六年十一月丁巳条所见莫离支指出，"莫离"即大，"支"作为词尾表示尊敬，莫离支意为"大人"[1]：

> 营州都督张俭奏高丽东部大人泉盖苏文弑其王武。……自为莫离支，其官如中国吏部兼兵部尚书也。

---

1. 末松保和：《新羅史の諸問題》，东洋文库，1954年，第158—161页。另外，关于"支"，参见前揭白鸟氏论文《可汗及可敦称号考》（《白鸟库吉全集》第五卷）第170页以下。

武田幸男氏也认为将莫离支视作"大人"的对译是正确的[1]。这说明"大人"乃汉语，因而支持了前文中笔者的看法。又，管见所及，对唐战争期间高句丽的事例是最后一次使用"方位部+大人"的表述，此后便无法在东亚史书中见到。而在高句丽一方的历史记录里，因为高句丽的灭亡，或是因其原始史料乃王家系谱、王历、传闻，"方位部+大人"一类的表述广泛流传的可能性本来就很小。这一点同样支持了笔者的上述推断。

这一推断正确的话，那么高句丽的"部"制出现于何时？对此，池内氏曾指出：

> 接下来的问题是，上述都内部制的创设年代。……就百济来说，可以认为，最迟从武宁王时（公元501—523）开始，相同的部制就出现在当时的国都固麻城（熊津），因而自然应当将此部制的起源推定于高句丽，而非百济本身。那么高句丽都下部制的设立时间，就能从平原王、阳原王、安原王、安臧王一路上溯，置于比第二十一代文咨明王（公元492—519）更早之时。但如果想要确定上限，只能依靠推测，笔者认为，南北朝初期从丸都（一名国内城）迁移至平壤城的第二十代长寿王，在其任上的第十五年（公元427）于经治新都之际创设了此项制度。[2]

武田幸男氏关于五部论述道：

> 五部是集中居住于王都的支配阶层的政治集结体的五分组织、五个地域分区。各部设置褥萨（地方长官），进一步强化了此性质，简要地说就是走上了从部族、部族联合向地域、行政区划巨变、发展的道路。这发生在何时并不明确，现今能确定的是6世纪，再往前估计也只能到5世纪，但希望能留

---

1. 参见前揭武田氏书《高句麗と東アジア》第382页。
2. 前揭池内氏论文第370—372页。

第三章　关于高句丽五部与中国"部"的一项考察

下追溯到4世纪的可能性。五族与五部之间差别很大，但在思考该问题时，有必要避免将部族与地域机械地对立起来，从而具体地推进关于支配阶层政治性集结的再检讨。[1]

质言之，五族向五部转化时间的确定，现因史料的制约变得很困难，从而留下了遗憾。池内氏将其推定为迁都至平壤时，是因为他持有将五部制视作行政区划的观点。应注意的是，如上文所述，过去的研究中没有学者在此提到笔者指出的与燕国的关联。只有武田氏在上引文中说道"再往前估计也只能到5世纪，但希望能留下追溯到4世纪的可能性"，或许他也想到了这一点吧。现在我们就此更具体地谈一谈。

《三国史记》卷一八《高句丽本纪第六》记故国原王时事（据《资治通鉴》卷九七《晋纪一九》成帝咸康八年十一月条、同卷康帝建元元年二月条、《晋纪二二》穆帝永和十一年十二月条等）：

> 十二年（342）……十一月，皝（慕容皝）自将劲兵四万，出南道。以慕容翰、慕容霸为前锋，别遣长史王寓等，将兵万五千，出北道以来侵。王（故国原王）遣弟武，帅精兵五万，拒北道，自帅赢兵，以备南道。慕容翰等先至战，皝以大众继之，我兵大败。左长史韩寿，斩我将阿佛和度加，诸军乘胜，遂入丸都。王单骑走入断熊谷，将军慕舆埿，追获王母周氏及王妃而归。……（皝）发美川王庙，载其尸，收其府库累世之宝，虏男女五万余口，烧其宫室，毁丸都城而还。十三年春二月，王遣其弟，称臣入朝于燕，贡珍异以千数。燕王皝乃还其父尸，犹留其母为质。秋七月，移居平壤东黄城。……（二十五年，355）冬十二月，王遣使诣燕，纳质修贡，以请其母。燕王隽许之，遣殿中将军刁龛，送王母周氏归国。以王为征东大将军、营州刺史，封乐浪公，王如故。

---

1. 武田幸男：《朝鮮三国の国家体制》，《朝鮮史研究会論文集》第17号，龙溪书舍，1980年，第45页。

同书同卷记广开土王时事（据《资治通鉴》卷一一一《晋纪三三》安帝隆安四年条等）：

> 九年（400）春正月，王（广开土王）遣使入燕朝贡。二月，燕王盛（后燕第三代皇帝慕容盛），以我王（广开土王）礼慢，自将兵三万袭之。以骠骑大将军慕容熙为前锋，拔新城、南苏二城，拓地七百余里，徙五千余户而还。

可见，在整个前燕、后燕时期，高句丽都面临其邻国鲜卑慕容部的威胁，不得不安于册封国的位置。不难想象，这种状况下，遭受攻击的国家会受到周边强大国家的制度尤其是军制的影响。如果笔者在本章所论不误，从"那"到"部"的变化发生的时间节点理应存在。笔者认为此变化出现的契机很可能就在于，设有部大人制这一国制的强国燕对邻国高句丽展开攻伐，而高句丽选择直面其国家危境。

另外，位于百济后期王都泗沘城的韩国忠清南道扶余的扶余博物馆收藏有百济五部标石，田中俊明氏就此有以下论述：

> （以下二例——括号内为笔者注）都发现于乡校、定林寺遗址附近。
> 1. "前部"（图六）
> 2. "上部前部川自此以□□□"（图7）
> （上部、前部的土地［川当意为土地］是从此处以……）
> 不能保证发现的地点就是原位置，但假定如此的话，那么定林寺遗址、乡校一带即为上部与前部的交界处。[1]

他还结合其他出土遗物对百济五部在泗沘城的布局进行了比定。若此说成立（笔者赞同田中氏的这项考察），作为百济五部制模板的高句丽五部制也一定具备这种行政区划性质的层面。由此自然可以推定，该

---

1. 前揭田中氏论文《百済後期王都泗沘城をめぐる諸問題》第91页。

第三章 关于高句丽五部与中国"部"的一项考察　　　　　　　　513

制度也已存在于高句丽都城平壤。

综合以上所述，高句丽引入五部制的时间最迟不晚于迁都平壤之际。

小结

本章论点可简要总结如下：

一、《高丽记》对五部的记载以顺时针方向展开。

二、涓奴部、绝奴部、顺奴部、灌奴部、桂娄部的顺序应被认为具有一定意义。

三、《三国志》所见五族与《高丽记》所见五族在记述顺序上有一致性。

四、因此五族的称呼当为高句丽语五部的汉字表述。

五、因为五族含有四方或前后左右上下与内之意，王权已介入其编成。

六、高句丽的人们用汉语"部"来表述其"奴"不是在《三国志》的阶段。

七、《高丽记》阶段的"部"是高句丽人们的有意识使用。

八、因此在高句丽历史上的某个时期发生了从"奴"到"部"的变化。

九、"部+大人"制是对匈奴、鲜卑等北方民族政治体制的汉语表述。

十、前燕、后燕也存在"部+大人"制。

十一、泉盖苏文所任"东部大人"一职，受到了具有此制度、邻近高句丽的强国燕的影响。

十二、由此能断定，在可以上溯至以汉代五部都尉制为首的中国政治思想以及 khan 称号、部大人等北方民族国制诸渊源的影响下，五部制直接受燕国的影响而出现。

十三、高句丽因燕国的攻伐而面临国家危机，这一变化很可能以此为契机产生，其时间最迟不晚于迁都平壤之际。

结　语

经由以上五个篇章，我们就魏晋南北朝时代的社会以民族问题为中心进行了讨论，当然也留下了许多尚不明晰的疑问。此处可以举出的有：关于第一、二、三篇考察的胡汉诸事项，据魏特夫的研究被视作渗透王朝的北魏，与后来辽金元清等征服王朝的区别是什么，以及近年中国学界热议的这个时代的主要矛盾是阶级矛盾还是民族矛盾等[1]；关于第四篇的蛮汉诸史事，讨论中被搁置的云南、贵州等地域究竟情况如何，这一情况以及当时东亚的动向，与南诏、吐蕃的兴起具有何种关联；关于第五篇讨论的与古代朝鲜、日本的联系，来自华北的文物与人具体是如何抵达的等。这些皆为未来的研究课题，尤其是第四、五篇的主题尚未充分展开，笔者感到今后很有必要在此方面进行深入、具体的研究。

下面想就其中主要与第五篇的主题相关的两点问题，即古代朝鲜、日本的"中华意识"与当时中国的关联，以及所谓"渡来人"与本书考察的"新人"在角色上的相似性，再稍作补论，代为结语。

首先关于"中华意识"的问题，在目前学界，认为所谓中华意识的形成、展开可见于古代东亚诸国，即高句丽、百济、新罗、倭国、渤海等，已是许多研究者的共识[2]。对此观点，笔者也是赞同者之一，不过，历来的研究对于东亚诸国形成中华意识之际，当时中国的中华意识是何种状态这一问题，全然没有讨论。如所周知，中华思想在中国自古以来便存在。因此以往的研究也只是遵循这一认识，基于自古以来中国的中华思想展开，而未对当时中国中华意识的具体形态展开探索。另一方面，在4、5世纪的北中国出现了与以前的中国不同的情势，即该地域发生的被所谓五胡的非汉族占据的情况。随后，北魏从五胡

---

1. 参见市来弘志：《近年の中国における後趙史研究》，《東洋学報》第75卷第1、2号，1993年。
2. 参见酒寄雅志：《古代東アジア諸国の国際意識——"中華思想"を中心として》，《歴史学研究　別冊特集》，青木書店，1983年；《華夷思想の諸相》，《アジアの中の日本史Ⅴ　自意識と相互理解》，东京大学出版会，1993年。

结 语

之一的鲜卑族中崛起，经南北朝时代，中国迎来了隋唐的统一。从中华思想这个层面来看，可以说这是产生了一个逆转现象的过程。原因在于，五胡本非中华，而后续出现的王朝，比如北朝、隋唐，均作为中华帝国君临中国。

对这项变化演进的过程，笔者通过在本书第一篇第一、二章围绕华夷观变迁、当时胡族王朝"正统性"问题的考察，开展了具体探索。《晋书》卷一〇一《刘元海载记》记前赵建立者匈奴刘元海（刘渊）的言论：

> 夫帝王岂有常哉，大禹出于西戎，文王生于东夷，顾惟德所授耳。

这是反映胡族主张夷狄也可以成为中国帝王的史料。《晋书》卷一一一《慕容㢸载记》记苻坚攻前燕时事：

> 㢸忧惧不知所为，乃召其使而问曰："秦众何如？今大师既出，猛等能战不？"或对曰："秦国小兵弱，岂王师之敌……"

这是展现胡族开始称己方军队为"王师"的史料。《晋书》卷一二八《慕容超载记》记东晋刘裕攻南燕时事：

> 刘裕率师将讨之，超（慕容超）引见群臣于东阳殿，议距王师（东晋军）。公孙五楼（南燕尚书）曰："吴兵（东晋军）轻果……"……超不从。（慕容）镇（慕容镇乃鲜卑）出，谓韩諲（南燕尚书）曰："主上既不能芟苗守崄……今年国灭，吾必死之，卿等中华之士，复为文身矣。"

这条史料显示，出身鲜卑的慕容镇产生了以自身为"中华"的意识，视江南为"文身"之地。《洛阳伽蓝记》卷三城南龙华寺条云：

> 伊洛之间，夹御道，东有四夷馆，一曰金陵，二曰燕然，三曰扶桑，四曰崦嵫。道西有四夷里，一曰归正，二曰归德，三曰慕化，四曰慕义。吴人投国者（南朝降人），处金陵馆。三年已后，赐宅归正里。

这条史料显示，北魏后半段的首都洛阳设有四夷馆、四夷里，反映了鲜卑建立的北魏当时在视自身为中华的意识下，对四方诸国以夷狄相待。上述记载清晰展现了这段时期的变化。但必须注意的是，此处的中华意识是借用作为中国政治思想的"中华—夷狄"这一术语、思想而形成的。

那么，如果再扩展视野，上述五胡诸国中华意识形成的问题就不单单局限在华北，对思考从中国看来属于东夷的、以高句丽为首的东亚诸国中华意识的形成，也具有重要意义。在半岛的高句丽等古代国家，其形成同北亚诸民族南下、移动等大潮流相关，如果能注意到这一点，我们的考察就不再仅止于比较日本与五胡诸族中华意识的形成，因为这个问题还预示着这两种动向之间具有内在的联系。

为何在以高句丽为首的东亚诸国形成了与五胡诸国相似的中华意识？这与先前指出的所谓"渡来人"，以及第五篇第二章考察的"新人"扮演的角色密切相关，所以接下来笔者想提供关于此问题的个人看法。

本书第五篇第二章、第三章探讨了见于五胡诸国的"部"制度与高句丽、百济、新罗、日本的"部"制度之间的关联，具体为高句丽的五部制、百济的五部制、新罗的六部制、日本的部民制，但"部"这一术语到底为何会在高句丽五部、百济五部、新罗六部、日本的部等处一致出现？也许只是因为一致地采取"部类"的意思就产生了对"部"的一致使用。然而，仅以这样的理由去解释相似的术语一致出现于古代不同地域的多个国家，肯定难逃粗疏之讥。来看看以往的说法。比如池内宏氏谓：

> 接下来成为问题的是上述都内部制（五部之制——笔者

结 语

注）的创设年代。……百济至迟从武宁王时期（公元501—523）开始，相同的部制就应存在于当时的国都固麻城（熊津）。因而，比起百济自身来说，我们可以更自然地将其部制的起源上溯至高句丽。

他指出了高句丽五部制与百济五部制的联系[1]。平野邦雄氏谓：

"部"字的读法大致可区别为"ベ（be）""トモ（tomo）"两种。这也许显示了，"部"是由ベ（部）和トモ（伴）两种实态构成。内田银藏氏认为"ベ"是汉语"部"的字音"ブ（bu）"的音转。津田左右吉氏进一步拓展内田之说，认为我国的部民制受百济作为官司诸部、行政区划的五方五部制影响而形成，当时掌司朝廷记录的百济归化人＝史部随本国的习惯，亦将汉语的"部"及其字音"ベ"应用于我国的伴（トモ）制度。现在这几乎成为了定论。[2]

大山诚一氏整理了日本关于部民制的诸项研究，并指出：

津田左右吉氏以来，下列两点被普遍认可。第一，"部"这一称呼，来自钦明朝时期掌朝廷记录的百济归化人将本国内官、外官制所见谷部、肉部、马部、刀部等名称应用于朝廷的政治组织。第二……[3]

镰田元一氏也对以往研究进行了梳理，指出：

易言之，据《周书·百济传》等，百济的中央官制由谷

---

1. 池内宏：《高句丽の五族及び五部》，原载《东洋学报》第16卷1号，1921年，收入《满鲜史研究》上世篇第一册，吉川弘文馆，1951年，第370—372页。
2. 平野邦雄：《大化前代社会组织の研究》，吉川弘文馆，1969年，第71页。
3. 大山诚一：《古代国家と大化改新》，吉川弘文馆，1988年，第200页。

部、马部、客部等共计二十二部司的内外官组成，我国部制亦系模仿此而来，其契机是百济系技术者集团的编成。同样的，"部"字的采用也是仿效百济部司制。[1]

总之，关于高句丽、百济、古代日本"部"制度在细节上的联系，目前虽有多种看法，但它们相互间存在着以"部"这一术语的一致性为代表的某种联结，这可谓历来定论[2]。新罗六部制与其他诸国具有何种关系还不清楚，但从时代、地域进而以数字＋"部"这一用语的一致性可推测，新罗六部制也同其他诸国相关联。

不过，高句丽的五部，与单纯表示划分，或是意为部族、氏族等血缘性、地缘性集团的"部"，在性质上差异巨大，它具有显著的军事与行政区划性质[3]，属于部的人员基本上都集中居住在王都及其周边。百济的五部、新罗的六部在这方面也很明显，而此种体制早先也存在于中国。其中一例即北魏的八部制。它是北魏建国后设立的体制，将隶属诸族集中安置在当时的首都平城周边，重新编组为八个特别行政区，并以其作为北魏国家军队的核心[4]。这是否出自北魏独创还有必要进一步论证，而笔者认为，该体制也存在于北魏称霸中原过程中所灭后燕及后燕的前身前燕。理由是，在前燕、后燕可见与北魏相同的"中部大人""东部大人"等以方位命名的部大人制，又据下引《晋书》卷一二四《慕容熙载记》中慕容熙即位后不久的一条记载可

---

1. 鎌田元一：《部民制の展開》，岸俊男编：《日本の古代》第六卷，中央公论社，1986年，第101页。不过，在该页后文，鎌田氏云"关于（采用'部'字的）'品部制'的形成，一般倾向于认为'品部制'存在和旧有伴制不同的革新性，笔者无法赞同"，他认为べ不过是用"部"表示トモ时产生的新读法。
2. 西本昌宏《トモ・トモノヲに関する一考察——日本の部と中国朝鮮の部》（载《続日本紀研究》第217号，1967年）指出了中国东汉时代将军所率领五部与朝鲜五部、日本供奉天孙降临的五部神的相似。
3. 参见矢沢利彦：《高句麗の五部について》，《埼玉大学紀要——人文・社会》第3号，1954年；拙稿《高句麗の五部と中国の"部"についての一考察》，《九州大学東洋史論集》第24号，1996年等。
4. 参见拙稿《北魏太祖の部落解散と高祖の部落解散——所謂部落解散の理解をめぐって》，《佐賀大学教養部研究紀要》第14卷，1982年；《北朝社会における部族制の伝統について》，《佐賀大学教養部研究紀要》第21卷，1989年等。收入本书第一篇第四章。

结　语

知，在继承后燕而来的北燕，设有与州郡分属不同体制、受单于统领的"部"：

　　　改元曰光始，改北燕台为大单于台。……于是引见州郡
　　及单于八部耆旧于东宫，问以疾苦。

按照池内氏百济五部制源自高句丽五部制的观点，可推导出朝鲜、日本"部"制度的源头在于高句丽五部制的看法，他还提出，《三国志·东夷传》所见高句丽的涓奴部、绝奴部、顺奴部、灌奴部、桂娄部五族，在5世纪初高句丽迁都平壤时被编成东部、西部、南部、北部、内部五部，后者即高句丽的五部[1]。而笔者先前考察了从五族到五部的变化问题，依据三品彰英氏指出的涓奴部、绝奴部、顺奴部、灌奴部等名称所见"奴"乃"原始小国"之意，认为在涓奴部、绝奴部、顺奴部、灌奴部、桂娄部中作为尾字的"部"，是为了易于理解而被添附的术语[2]。笔者还指出，东西南北内部的五部制应当受到了设此制度的相邻强国燕国的影响，进一步追溯可以推定，多种渊源影响了高句丽的五部制，包括以汉代五部都尉制为首的中国政治思想及可汗称号、部大人等北方民族诸国制，其出现则直接由慕容燕制度触发。

"部"一词有这样的背景，再与前文据北魏、诸燕"部"体制考察所得史实合观，可以窥知高句丽五部制出现前夜的东亚存在以下对于"部"的理解：该词不只单纯表示划分，或指向血缘、地缘集团，而是包含作为军事、行政单位的意味，其构成人员被王权集中安置于一定地域，并以方位为基准区分。

既然如此，那么是什么人将这种理解传至高句丽又成了一个问题。自然，他们应是能基于"部"这一汉语表述而生成一定印象的人们。例如前文所述，高句丽五族原本称作"奴"。但它们被添加

---

1. 参见前揭池内氏论文《高句麗の五族及び五部》。
2. 参见本书第五篇第三章。原稿为前揭《高句麗の五部と中国の"部"についての一考察》。

"部"一词，成了涓奴部、绝奴部、顺奴部、灌奴部、桂娄部的形式，这应该出自陈寿以及制作《三国志》的原始材料的人们。为了让中国人明白，这些人加上了"部"字。此类汉语表述与非汉语表述夹杂的现象在当时的史书里不胜枚举。从这个观点出发思考是哪些人使用"部"一词的问题，可以让以下旧有看法意趣焕发：古代日本的"ベ"是汉语"部"的字音"ブ"的音转，掌司朝廷记录的百济归化人＝史部随本国的习惯，将汉语"部"及其字音"ベ"应用于我国的伴（トモ）制度。质言之，"部"一语在当时的东亚被通用。因为使用该字的包括倭国、百济，以及作为百济"部"制模板的高句丽，还有新罗，它在这些国家都被读作"ブ"或是经过若干转化的"ベ"等音。

而《翰苑》卷三〇《蕃夷》高丽条引《高丽记》载（依据吉田光男氏的校订[1]）：

> 五部皆贵人之族也。一曰内部。即《后汉书》桂娄部，一名黄部。二曰北部。即绝奴部，一名后部，一名黑部。三曰东部。即顺奴部，一名左部，一名上部，一名青部。四曰南部。即灌奴部，一名前部，一名赤部。五曰西部。即消奴部，一名右部，一名下部，一名白部。其北部如燕。内部姓高，即王族也。高丽称无姓者，皆内部也。

上引史料记录的是本书所论"部"体制确立以后的高句丽五部（东西南北内部），由三国时期的五族（涓奴部、绝奴部、顺奴部、灌奴部、桂娄部）在王权下重新编制而成。此处作为内部与东西南北部别名的黄部、青部、白部、赤部、黑部，是基于五行方色的名称，这与前述关于"部"的理解由何人传至高句丽的问题相关，应该得到关注。据五行说，对应五行（木火土金水）的五方分别为东、南、中央、西、北，五色分别为青、赤、黄、白、黑，《高丽记》的内容与这一配置一

---

1. 参见吉田光男：《〈翰苑〉註所引〈高麗記〉について》，《朝鲜学报》第85辑，1977年。

结　语

致。换句话说，高句丽的五部制明显受到五行说的影响。而且，当五部制被引进高句丽时，我们很难认为内部与东西南北部设置在前，而黄部、青部、白部、赤部、黑部这些基于五行方色的别称产生于后。由此可以推定，在高句丽引入五部制时，高句丽存在理解五行思想并将其投射在五部制上，且知晓当时华北设有"部"制度的人们，他们参与了制度方案的订立。那么，再考虑到"部"在各处都被读作"ブ"或近似的音，这些人应该就是中国渡来人（包括其子孙）。

如所周知，《周礼》六官之长为冢宰、司徒、宗伯、司马、司寇、司空，很有意思的是，因与日本的部相关而经常被追问的百济内外官二十二部，其外官中亦可见司徒部、司寇部、司空部（《周书》《北史》及《翰苑》所引《括地志》）。鬼頭清明氏推断，这并非来自《周礼》的直接影响，而是受仿《周礼》制官名的北周影响[1]。据先前本书第三篇第二章的考察，在中国的"部"制里亦可看出《周礼》的影响[2]。当然这考察的是北周以前的史实，但有一点应该注意，中国和朝鲜添附于"部"的官名都与《周礼》六官有某种形式的联系。而如本书开头的"前言"所述，百济杂有来自新罗、高句丽、倭国之人，亦存在"中国人"。综合岡崎敬氏[3]、韩昇氏[4]的研究，他们的存在对当时诸国的境况产生了极大影响。前述部、《周礼》的传播必定与这些人有关。

西嶋定生氏曾将日本"小天下意识"的形成作为解释倭王武遣使刘宋顺帝后倭国停止向南朝遣使的理由[5]。其立论的根据是，在据说制作于倭王武时代的船山古坟铁刀铭与稻荷山古坟铁剑铭中可见对天下这

---

1. 参见鬼頭清明：《日本の律令官制の成立と百済の官制》，弥永貞三先生還暦記念会編：《日本古代の社会と経済》（上），吉川弘文館，1978年。
2. 原稿为《五胡十六国・北朝における周礼の受容をめぐって》，《佐賀大学教養部研究紀要》第23卷，1991年。收入本书第三篇第二章。
3. 参见岡崎敬：《安岳第三号墳（冬寿墓）の研究——その壁画と墓誌銘を中心として》，《史淵》第93辑，1964年。另请一并参见三上次男《楽浪郡社会の支配構造》，《朝鮮学報》第30辑，1964年。
4. 韩昇：《日本古代的大陆移民研究》，台北：文津出版社，1995年。
5. 参见西嶋定生：《日本歴史の国際環境》，东京大学出版会，1983年。

一术语的使用。铭文所见"治天下""左治天下"的这种天下思想来自中国,因而可认为是大陆"渡来人"将此传播至倭国(船山古坟铁刀铭末尾可见张安之名,似为铭文的撰写者)。

另外,《宋书》卷九七《倭国传》所载史上著名的倭王武于顺帝昇明二年的上表云:

> 遣使上表曰:"封国偏远,作藩于外,自昔祖祢,躬擐甲胄,跋涉山川,不遑宁处。……王道融泰,廓土遐畿,累叶朝宗,不愆于岁。臣虽下愚,忝胤先绪,驱率所统,归崇天极,道迳(遥)百济,装治船舫,而句骊无道,图欲见吞,掠抄边隶,虔刘不已,每致稽滞,以失良风……"

"天极"一般指天道的极点或北极星、自然之道,在这里用作雅言指代刘宋皇帝所居之处(建康)。"句骊"(指高句丽)、"虔刘"(杀害之事,典出《左传》)等语也是庄重的表达,但以当时日本人对中国语的理解水平来说,这种表达是无法实现的。昇明二年17年后的南齐建武二年,百济向南齐上表,《南齐书》卷五八《百济传》载:

> 建武二年,牟大遣使上表曰:"臣自昔受封,世被朝荣,忝荷节钺,克攘列辟。往姐瑾等并蒙光除,臣庶咸泰。去庚午年,猃狁弗悛,举兵深逼。臣遣沙法名等领军逆讨,宵袭霆击,匈梨(犁)张惶,崩若海荡。乘奔追斩,僵尸丹野。由是摧其锐气,鲸暴韬凶……"

在提到拓跋鲜卑建立的北魏时,上表使用的是匈奴的古称"猃狁"以及指匈奴单于的"匈犁",这样的文辞与前文所述的庄重相通(南齐也有将鲜卑称为匈奴的事例——《南齐书》卷四八《王融传》)。另外,在倭王武上表六年之前的472年,百济向北魏遣使,并上表:

> 延兴二年,其王余庆始遣使上表曰:"臣建国东极,豺狼

结　语

> 隔路，虽世承灵化，莫由奉藩，瞻望云阙，驰情罔极。凉风微应，伏惟皇帝陛下协和天休，不胜系仰之情，谨遣私署冠军将军、驸马都尉弗斯侯、长史余礼……司马张茂等投舫波阻，搜径玄津，托命自然之运，遣进万一之诚……"

对比两份上表，双方的相似性应该不只是笔者一人的感觉。在"作藩"与"奉藩"，"天极"与"东极"，"归崇天极"与"瞻望云阙，驰情罔极"，"句骊无道，图欲见吞，掠抄边隶，虔刘不已，每致稽滞"与"豺狼隔路"，"道迂（遥）百济，装治船舫"与"投舫波阻，搜径玄津"等用语及其使用方法中无疑也有类似之处。对此可能产生的一种看法是，这些仅为字句上的类似，抑或当时存在某种指南，两者不过是效仿而成。然而，考虑到百济与倭国均为刘宋册封国且联系紧密，当时处在伴随北魏扩张的刘宋弱化、高句丽南下以及北魏与高句丽联手等国际环境中，孤立化的程度逐渐加深[1]，而通过遣使两国都在向中国王朝寻求对讨伐高句丽的支持，那么两封上表的类似就不是字句这种表面上的类似，应该看作是更深层次上的关联展露出来的结果。其中一个关联应当就是撰成这种文章的共通基础，结合"前言"所述韩昇氏等的研究，我们能推定，当时的百济和倭国都有立于共通基础、熟知中国文化的人们，或是中国人[补注(1)]。

《魏书》卷二三《卫操传》记与卑弥呼同时代的拓跋部始祖拓跋力微死后，卫操从西晋投奔拓跋部：

> 始祖崩后，与从子雄及其宗室乡亲姬澹等十数人，同来归国，说桓穆二帝招纳晋人，于是晋人附者稍众。桓帝嘉之，以为辅相，任以国事。及刘渊、石勒之乱……

引文展现了汉族人流入拓跋部并参与其政治筹划。这些汉族人的加入，

---

1. 参见本书第五篇第一章。原稿为《倭の五王による劉宋遣使の開始とその終焉——海上通交ルートからみた一試見》，《東方学》第76辑，1985年。

在以后的北魏历史中可以一直见到，他们对原本受制于诸部族力量的拓跋王权逐渐成长为超越性权力发挥了极大作用。本书第三篇第一章、第五篇第二章指出，吸收新附的汉族等人员（仿照当时汉籍的用法，称之为"新人"）以及他们在国家建设中效力的动向，不只发生在北魏，也见于五胡诸国扩张其势力之际，且这种新人的加入，也引发了与旧有国家成员（仿照当时汉籍的用法，称之为"旧人"）之间的暗斗，如何克服此矛盾关系到诸国存亡[1]。而该动向基本上也出现在古代朝鲜诸国，另外，《日本书纪》卷一四雄略天皇二年十月条载：

> 是月……天皇以心为师。误杀人众。天下诽谤言"太恶天皇也。"唯所爱宠，史部身狭村主青、桧隈民使博德等。

考虑到归化人与倭王武上奏文的作者应当有关，身狭村主青、桧隈民使博德受雄略天皇宠幸，在此后直到大化改新的改革中归化人扮演的重要角色，超越性王权确立过程中王权与畿内豪族的斗争，以及归化人对其确立发挥的重要作用等史实，基本上可以认为日本也存在上述动向。

魏晋南北朝时代，由于中国内部的混乱等原因，整个东亚、北亚出现了中国历史上罕见的巨型人口流动[补注(2)]。流动人口以汉族为大宗，给周边造成巨大的影响，如大量人口迁徙至长江以南，带来了江南的迅速开发[2]。笔者认为，就像当时内迁中原者，比如五胡诸族，受到留在那里的华北汉族的巨大影响一样，周边诸国也受到从中原内部迁至周边的人们的巨大影响，它们都由这段时期的人口大流动引发，相互之间并非没有关系。上面我们从该观点出发，就中华观念等中国思想的接受及其传播者的动向进行了一些补充性考察，因史料制约还有许多不足之处。这与本章开头指出的问题一起，期望在今后能得到

---

1. 参见本书第三篇第一章。原稿为《北魏時代における所謂良奴制の成立——良の問題を中心として見た》，《史学雑誌》第96编12号，1987年。
2. 参见本书"前言"。原稿为《中国の魏晋南北朝時代における人の移動について》，《MUSEUM KYUSHU》49，1996年。

进一步阐明。

补注（1）：据内田清《百済、倭の上表文の原典について》(载《東アジアの古代文化》第86、87号)，倭王武对刘宋的上表与百济王余庆对北魏的上表在用语上有一致性，原因在于它们的起草者均取材自"旧晋史"。

补注（2）：关于汉唐间东亚的民族移动，最近李成市氏所著《古代東アジアの民族と国家》(岩波书店，1998年3月)与堀敏一氏所著《東アジアのなかの古代日本》(研文出版，1998年9月)相继刊行。请一并参看。

后 记

本书是将已发表的拙稿依相关领域分类，并加以若干调整和订补的成果。下面依发表先后列出本书篇章同已发表拙稿的对应关系，以及拙稿原题、原载刊物。

第二篇第二章：《北魏の御史》，《九州大学東洋史論集》第5号，1977年。

第二篇第一章：《北魏の内朝》，《九州大学東洋史論集》第6号，1977年。

第二篇第三章：《北魏の封爵制》，《東方学》第57辑，1979年。

第二篇第五章：《北魏高祖の漢化政策の理解について》，《九州大学東洋史論集》第9号，1981年。

第二篇第四章：《北魏高祖の漢化政策についての一考察——北族社会の変質との関係から見た》，《東洋学報》第63巻4号，1981年。

第四篇第一章：《六朝期における蛮の漢化について》，《史淵》第118辑，1982年。

第一篇第四章第一至三节：《北魏太祖の部落解散と高祖の部落解散——所謂部落解散の理解をめぐって》，《佐賀大学教養部研究紀要》第14巻，1984年。

第一篇第一章：《五胡十六国、北朝期における胡漢融合と華夷觀》，《佐賀大学教養部研究紀要》第16巻，1984年。

第四篇第二章：《六朝期における蛮の理解についての一考察——山越、蛮漢融合の問題を中心としてみた》，《史学雑誌》第95編8号，1986年。

第三篇第一章：《北魏時代における所謂良奴制の成立——良の問

題を中心として見た》,《史学雑誌》第96編12号,1987年。

第五篇第一章:《倭の五王による劉宋遣使の開始とその終焉——海上交通ルートからみた一試見》,《東方学》第67輯,1988年。

第一篇第四章第四节:《北朝社会における部族制の伝統について》,《佐賀大学教養部研究紀要》第21巻,1989年。

第三篇第二章:《五胡十六国、北朝における周礼の受容をめぐって》,《佐賀大学教養部研究紀要》第23巻,1991年。

第五篇第二章:《五世紀の中国と古代朝鮮、日本》,《新版 古代の日本》第2巻,角川書店,1992年。

第四篇第三章第一至四节:《蛮の問題を中心としてみた六朝期段階における各地域の状況について》,《史淵》第123輯,1995年。

第四篇第三章第五至七节:《蛮の問題を中心としてみた六朝期段階における各地域の状況について(その二)》,《九州大学東洋史論集》第23号,1995年。

前言:《中国の魏晋南北朝時代における人の移動について》,《MUSEUM KYUSHU》,1995年。

第一篇第三章:《景穆太子と崔浩——北魏太武帝による廃仏前後の政局をめぐって》,《東方学》第91輯,1996年。

第五篇第三章:《高句麗の五部と中国の"部"の関係をめぐって》,《九州大学東洋史論集》第24号,1996年。

第三篇第三章:《胡族国家》,《魏晋南北朝隋唐時代史の基本問題》,汲古书院,1997年。

第一篇第二章:《五胡十六国、北朝における"正統"王朝について》,《九州大学東洋史論集》第25号,1997年。

结语:《五胡における中華意識の形成と"部"の制の伝播》,《古代文化》第50巻9号,1998年。

本书在收载上述诸论文时,除了把史料改写为训读文外,尽力保留原貌。对于那些已发表多年的文稿,笔者以脚注、补注的形式展现学界此后的研究动向。也正是出于优先保留原貌,本书的论述中存在史料重出等体例不统一的情况。

后　记

　　本书大半源自平成七年（1995年）于久留米大学提交的、以《魏晉南北朝時代の民族問題——民族間抗争と異文化受容の軌跡》为题的博士论文（主审查：越智重明氏；副审查：岡村繁氏）。直到博士论文动笔前夜，我的研究还远没有建立起首尾一贯的逻辑。之所以下决心撰写博士论文，一方面是因为，在恩师越智重明先生执教久留米大学期间能够提交博士论文，对于长期接受其研究指导的我来说是一个难得的机会；另一方面，随着我当时任职的佐贺大学施行改革，取得博士学位成为迫切的需要。结果提交的论文甚为含糊，缺乏组织，也不成熟。能勉强合格，必须深深感谢负责审查的越智、岡村两位老师。获得博士学位之后我才知道，有义务公开发表博士论文。论文内容的情况如上所述，而且我也感觉没有出版社愿意刊行，所以很伤脑筋。幸而得到汲古书院的接受，而且有希望获得文部省的出版资助。在申请阶段，由于以博士论文的体裁来说页数过多，我考虑过仅以比较成型的有关北魏的第一至三篇申请出版资助。但是，这样就只能展现我此前所作思考的某个部分。尽管不太完善，但本书的结构也具有一定的连贯性，所以还是选择了现在的形式。今后如果要继续拓展自己的研究，可以预想该框架已不再可行，这也是采取这种形式的原因之一。不过，如本书"结语"已指出，第四篇、五篇的主题尚未充分展开，深感有必要进一步深化这方面的研究。

　　通读收入本书的诸文稿，从研究开始以来就几乎没有取得什么成果，现在更觉得自己才能不足，不禁感慨时光如梭。我的本科毕业论文的议题是收入第一篇第四章的北魏部族解散。这受到了当时刊行的谷川道雄先生《隋唐帝国形成史論》的很大影响。另外，我修士论文的主题是收入第四篇第一章的蛮的汉化。从研究之初我就怀有一个朴素的疑问，即汉民族是一个怎样的民族，这自然引起我对汉民族形成问题的关心，而我学生时代所在的九州大学文学部，以六朝至隋唐为研究重心，两相结合，该疑问就被扩展为针对这一时期北方民族、南方民族与汉民族间抗争和融合的研究领域。

　　其间不断蒙受各位师友的学恩与刺激，直至今日。但不得不说，我就读的时候，九州大学的研究人员和研究领域还很有限，关东与关西的环境存在很大差异。现在回想起来，在那样情况下基于这一主题进行研究似乎相当鲁莽。尽管如此，我之所以勉强能发表这些成果，得益于一直以来严格而温和地关照我的越智老师、已经去世的日野開三郎老师、中村治兵衛老师、岡崎敬老师等恩师，菊池英夫先生、草野靖先生、幸徹先生等为首的诸位学长，清木場東氏、紙屋正和氏、野田俊昭氏等为首的诸位同窗，从我开始研究以来对我有知遇之恩的谷川道雄先生、内田吟風先生、布目潮渢先生、池田温先生、堀敏一先生、古賀登先生、西嶋定生先生、尾形勇先生、川勝守先生等，窪添慶文氏、関尾史郎氏、中村圭爾氏、金子修一氏、鶴間和幸氏、石見清裕氏、気賀澤保規氏、妹尾達彦氏等学友，以及改革后已不再是一个自由组织的佐贺大学教养部的同僚诸兄。在此深表感谢。

另外，同样要感谢在本书出版过程中鼎力相助的汲古书院坂本健彦社长以及其他诸位。

本书交付出版，我的东洋史研究总算告一段落，尽管耗时很长。我想与一直以来支持我的妻子和孩子们分享我的喜悦，同时重振心绪，继续开展研究。

（本书出版受平成十年［1998］文部省科学研究费补助金"研究成果公开促进费"［一般学术图书］资助）

追记：在本书校对过程中的8月23日，越智重明先生猝然长逝。他很关心这本书的出版，每次见面都会向我询问进展状况。我努力完成拙作，期待着向先生展示我的成果，但这已经永远不可能实现了。从学于先生的日子里的种种场景，如今时时浮现在心头。

译 者 后 记

本书是川本芳昭《魏晋南北朝時代の民族問題》（汲古书院，1998年）的中译本。川本芳昭先生是日本当前在中国中古史领域的代表性学者，长期致力于与民族相关课题的研究，原书是他的首部专著。该书系统考察了魏晋南北朝时期发生于华北与江南的民族接触与融合，也关注到中国的民族形势对东亚造成的影响，视野宏阔，内容充实，在许多重要问题上都较早地提出了卓见。相信译本的出版能为中文学界的借鉴和参考带来一些便利。

本书翻译由黄桢与张雨怡合作完成。大致的分工为，黄桢译"前言"、第一篇、第二篇的四至六章、第五篇、"结语"，张雨怡译第二篇的一至三章、第三篇、第四篇、"后记"。两人都是魏晋南北朝史的学习者，未经受专业的日语训练，虽力求传达原著本意，受制于语言水平，难免会有疏误。恳请读者不吝指教。

川本芳昭先生对我们的工作给予了充分的信任，并专门撰写中译本序言。本书收入复旦大学历史学系编"日本学者古代中国研究丛刊"，丛刊的策划人徐冲先生一直关心和支持翻译的进展。史立丽老师为本书的编辑付出了艰辛的劳动。四川大学历史文化学院的研究生张孙小大、樊宇然，上海外国语大学日本文化经济学院的本科生陈心玥等同学也提供了不少帮助。在此一并致以衷心感谢。

黄　桢
2022年6月9日

编者后记

日本学者在古代中国研究领域的深厚传统与显赫成绩大概已经是学界常识。不过与之相比，译介到中文学界的相关论著仍然是远远不够的。为此，我们编选了这套"日本学者古代中国研究丛刊"，希望能够对促进中日学界的相互了解、深化相关研究起到积极作用。

丛刊目前的规模为专著十一种。在确定书目的过程中，主要考虑以下两个重点：其一，侧重于汉唐间的历史时段。这应该是在古代中国研究的各专门领域中日本学者的优势和特点最为明显的阶段，对于中国学界来说极具参考价值。其二，主要以二战后成长起来的学者为译介对象。经历了战后左翼思潮的风行，这一代学者大致于1970年代登上学术舞台，并引领了其后二十年的发展潮流。当然，丛刊也希望能够保持开放性，未来还将继续纳入更多优秀的作品。

对于日本学者书中提及的日文论著，丛刊采取了尽量保持文本原貌的处理原则。包括日文人名、书名、期刊名、论文名中的日文汉字，均未转为中文简体，以便利中国学者检索相关文献。由此给读者带来的不便，敬希谅解。

在中国当下的学界环境中，专门学术论著的翻译出版并非易事。丛刊最后能够落实出版，要归功于海内外诸多师友的大力支持和热忱帮助。诸位原著作者对我们的工作均给予了积极回应，并在著作权与版权方面提供了很多协助。日本汲古书院、青木书店和朋友书店，台湾稻禾出版社和台大出版中心，也慷慨赠予了中文简体版版权。对于各位译者来说，数十万字的翻译工作耗时费力，又几乎无法计入所谓"科研成果"，非有对学术本身所抱持的热情不足以成其事。北京大学历史系的阎步克先生和罗新先生对丛刊的策划工作勉励有加。复旦大学历史系时任领导金光耀先生和章清先生为丛刊出版提供了至为关键的经费支持。复旦大学出版社的陈军先生和史立丽编辑欣然接受丛刊出版，史编辑在编务方面的认真负责尤其让人感佩。日本中央大学名誉教授池田雄一先生、御茶水女子大学名誉教授窪添慶文先生、京都府立大学名誉教授渡辺信一郎先生、福冈大学紙屋正和先生、中央大学阿部幸信先生、大东文化大学小尾孝夫先生、阪南大学永田拓治先生、鹿儿岛大学福永善隆先生，台湾大学甘怀真先生、成功大学刘静贞先生，复旦大学韩昇先生、李晓杰先生、姜鹏先生，武汉大学魏斌先生，首都师范大学孙正军先生等诸位师友，在丛刊的策划、版权、翻译、出版等方面给予了诸多帮助。在此一并深致谢意。

徐　冲
2016年元旦于东京阳境原

图书在版编目(CIP)数据

魏晋南北朝时代的社会与国家/(日)川本芳昭著;黄桢,张雨怡译. —上海:复旦大学出版社,2022.9(2024.7 重印)
(日本学者古代中国研究丛刊/徐冲主编)
ISBN 978-7-309-16341-4

Ⅰ.①魏… Ⅱ.①川… ②黄… ③张… Ⅲ.①中国历史-研究-魏晋南北朝时代 Ⅳ.①K235.07

中国版本图书馆 CIP 数据核字(2022)第 139887 号

原书名:《魏晋南北朝時代の民族問題》,川本芳昭著,汲古書院,1998 年

魏晋南北朝时代的社会与国家
[日]川本芳昭 著
黄 桢 张雨怡 译
责任编辑/史立丽

复旦大学出版社有限公司出版发行
上海市国权路 579 号 邮编:200433
网址:fupnet@fudanpress.com http://www.fudanpress.com
门市零售:86-21-65102580 团体订购:86-21-65104505
出版部电话:86-21-65642845
常熟市华顺印刷有限公司

开本 787 毫米×960 毫米 1/16 印张 34.75 字数 500 千字
2022 年 9 月第 1 版
2024 年 7 月第 1 版第 2 次印刷

ISBN 978-7-309-16341-4/K·787
定价:98.00 元

如有印装质量问题,请向复旦大学出版社有限公司出版部调换。
版权所有 侵权必究